*Peter Bründl | Sebastian Kudritzki |*
*Catharina Salamander (Hrsg.)*

# *Im Schatten der Großeltern*

*Jahrbuch der Kinder- und Jugendlichen-Psychoanalyse*
*Band 13*

Jahrbuch der Kinder- und Jugendlichen-Psychoanalyse



Die Reihe *Jahrbuch für Kinder- und Jugendlichen-Psychoanalyse* möchte der Anwendung psychoanalytischer Theorie, Forschung und klinischer Erfahrung in der Arbeit mit Kindern, Jugendlichen und jungen Erwachsenen zwischen 0 und 25 Jahren einen besonderen Raum geben, von dem neue Impulse ausgehen sollen.

Historisch angewachsenes psychoanalytisches Wissen prägt in vielen Schattierungen Theorie und Praxis der psychoanalytischen und tiefenpsychologisch fundierten Einzelpsychotherapie von Kleinkindern, Kindern, Jugendlichen und jungen Erwachsenen samt begleitender Elternarbeit, ist häufig der Bezugsrahmen von Säuglings-Eltern-Psychotherapien, Gruppenpsychotherapien und Erziehungsberatung.

Die Kinder- und Jugendlichen-Psychoanalyse treibt die Psychoanalyse als Wissenschaft und Kunst mit voran, wirkt als kritisches Regulativ für die Psychoanalyse des Erwachsenenalters und trägt interdisziplinär zur Weiterentwicklung und zu neuen Konzeptbildungen in der Entwicklungspsychologie, in der Erziehungswissenschaft, in Pädiatrie, Kinder- und Jugendpsychiatrie, in der Soziologie, in den Neuro-, Rechts- und Kulturwissenschaften bei.

Das *Jahrbuch* soll deshalb als Forum KlinikerInnen, ForscherInnen und am Wissenszuwachs Beteiligten und Interessierten behilflich sein, die Zukunft einer lebendigen, effektiven, kulturkritischen und übernationalen Psychoanalyse offen zu halten.

Peter Bründl | Sebastian Kudritzki |
Catharina Salamander (Hrsg.)

# Im Schatten der Großeltern

## Theoretische und klinische Perspektiven

Jahrbuch der Kinder- und Jugendlichen-Psychoanalyse
Bd. 13

Beiträge von
Denia G. Barrett, Marti Ben Zur, Peter Bründl,
Benedykt Fink, Robert A. Furman, James Herzog,
Agathe Israel, Victoria Nicolodi, Jack Novick,
Kerry K. Novick, Christian Thienel, Alfred Walter,
Orna Wassermann

Brandes & Apsel

Auf Wunsch informieren wir Sie regelmäßig mit unseren Katalogen »Frische Bücher« und »Psychoanalyse-Katalog«. Wir verwenden Ihre Daten ausschließlich für die Zusendung unserer beiden Kataloge laut der EU-Datenschutzrichtlinie und dem BDS-Gesetz. Bitte senden Sie uns dafür eine E-Mail an info@brandes-apsel.de mit Ihrer Postadresse. Außerdem finden Sie unser Gesamtverzeichnis mit aktuellen Informationen im Internet unter: www.brandes-apsel.de

1. Auflage 2024

Umschlag: Brandes & Apsel Verlag, Frankfurt a. M. unter Verwendung eines Bildes von pixabay
DTP: Brandes & Apsel Verlag, Frankfurt a. M.
Druck: STEGA TISAK, d. o. o., Printed in Croatia
Gedruckt auf säurefreiem, alterungsbeständigem und chlorfrei gebleichtem Papier.

Bibliografische Information Der Deutschen Nationalbibliothek:
Die Deutsche Nationalbibliothek verzeichnet diese Publikation in der Deutschen Nationalbibliografie; detaillierte bibliografische Daten sind im Internet über www.ddb.de abrufbar.

ISBN 978-3-95558-381-1

# Inhalt

*Peter Bründl | Sebastian Kudritzki | Catharina Salamander*

# Vorwort

Es liegt nahe, dieses Vorwort mit dem (Groß-)Vater der Psychoanalyse zu beginnen: Sigmund Freud. Freud selbst ist nach seinem väterlichen Großvater Sigmund benannt, welcher kurz vor seiner Geburt gestorben ist. Über seine Beziehung zu den Großeltern ist letztlich nichts bekannt (Furman, 2000, in diesem Band sowie Heisterkamp 2015). Auch hat Freud zu der Thematik der Großeltern aus fachlicher Sicht nichts geschrieben. So waren es seine Schüler Abraham (1913), Ferenczi (1913) und Jones (1913), die sich erstmalig mit den Großeltern beschäftigten. Auch wenn Freud sich auf der theoretischen Ebene nicht mit dem Thema beschäftigte, war er auf der praktischen Ebene ein leidenschaftlicher, liebevoller und stolzer Großvater von insgesamt acht Enkeln (Roazen 1993; Furmann 2000; Freud 2011): W. Ernst Freud (ursprünglich Halberstadt) (1914–2008), Heinz Rudolf »Heinele« Halberstadt (1918–1923), Anton Walter Freud (1921–2004), Stephen Gabriel Freud (1921–2015), Lucian Freud (1922–2011), Eva Freud (1924–1944), Clement Freud (1924–2009), Sophie Freud (1924–2022).

Sigmund Freud mit seinen Enkeln Ernst und Heinele. Sigmund Freud Museum Wien.

Freud war in tiefer Trauer, als sein Enkel Heinele, der jüngste Sohn seiner drei Jahre zuvor verstorbenen Tochter Sophie, am 19. Juni 1923 an Tuberkulose verstarb. Am 15. Oktober 1926 schreibt Freud an Ludwig Binswanger in einem Brief folgende Zeilen: »Dieses Kind hat für mich den Platz aller meiner anderen Kinder und Enkelkinder eingenommen, und seitdem, seit Heineles Tod, kümmere ich mich nicht mehr um meine anderen Enkelkinder und empfinde auch keine Lust mehr am Leben. Das ist auch das Geheimnis meiner Gleichgültigkeit / Indifferenz – was man Mut nannte – in Anbetracht der Bedrohung auf mein eigenes Leben.« (Freud 1960, S. 383) Und dann nochmals an Binswanger am 11. April 1929: »Man weiß, daß die akute Trauer nach einem solchen Verlust ablaufen wird, aber man wird ungetröstet bleiben, nie einen Ersatz finden. Alles, was an die Stelle rückt, und wenn es sie auch ganz ausfüllen sollte, bleibt doch etwas anders. Und eigentlich ist es recht so. Es ist die einzige Art die Liebe fortzusetzen, die man ja nicht aufgeben will.« (ebd.)

Diese Zeilen sind schon bemerkenswert, wenn man daran denkt, das Freud in »Trauer und Melancholie« (1915/1917) noch davon spricht, dass die Trauer ein zeitlich begrenzter Prozess sei, welcher, wenn vollendet, eine neue Liebesfähigkeit zu neuen Objekten aufbauen lasse und jede länger anhaltende Trauer ein Zeichen von Melancholie sei. Die reale Erkenntnis Freuds eines langen Trauerprozesses und einer unersetzbaren Liebe zeugt von seiner tiefen Zuneigung gegenüber seinem Enkel (und seiner Tochter Sophie).

Die Autorinnen und Autoren in diesem Band erforschen klinisch und theoretisch den Bedeutungswandel und die sich ständig wandelnden Beziehungen innerhalb einer mindestens drei Generationen umfassenden Familie an derem soziohistorischen Ort an Niederschlägen im therapeutischen Prozess. Bezeichnenderweise scheint sich auch das Alter, der Lebensplan und diese spezifische Lebenssituation der am therapeutischen Prozess beteiligten Personen auf die Übertragungsphänomene auszuwirken. Oft muss die Therapeutin / der Therapeut als reales neues Entwicklungsobjekt und als Übertragungsobjekt bereit sein, die Erfahrungen seiner Patientinnen und Patienten im generationsübergreifenden System mitzuerleben. Zugleich wird er / sie dies auf die Gegenwart beziehen, um nicht allein Licht auf die Vergangenheit zu werfen. So kann rückwirkend aus der Verhandlung des gegenwärtigen Erlebens beider die Vergangenheit insofern verändert werden, als sich Verknüpfungen neu einstellen, die ursprünglich nicht hergestellt worden waren. Es gilt, das Echo aus weit zurückliegenden Vergangenheiten im Hier und Jetzt zu hören, die durch die Gespenster oder die Engel im Kinderzimmer weitergebend eingeflüstert worden waren – in der Hoffnung, sie verständlich zu machen und in die jeweilige Lebensgeschichte kreativ integrieren zu können.

Wenn das Erlebte und das Widerfahrene zu schmerzlich waren, nicht hinreichend bewältigbar, geht es unsymbolisiert in das implizite Gedächtnis, in das Körpergedächtnis ein. Oft sind es die Enkelkinder, deren Selbstentwicklung z. B. durch die familiäre Verschwörung des Schweigens, durch frühe Objektsverluste oder frühe Krankheiten in ihrer Selbstentwicklung traumatisiert worden waren. Auf die eigene Traumatisierung lagern sich von den vorhergehenden Generationen transgenerational weiter vermittelte Traumata auf, die als unvergessen, aber nicht erinnerbar Fremdes überwältigend in sie eingedrungen sind. Die Heranwachsenden bleiben mit ihrem dann verstörten Verhalten, das sich im Lebenszyklus zunehmend transformierend sich erhält, weiterhin in naher Beziehung, gar Abhängigkeit zu ihrer Familie mit deren Geschichte. Oft inszenieren sie aber ab der Pubertät für sich und die Umwelt verstörende Schwierigkeiten, die darauf geheimnisvoll hinweisen, was ihnen explizit verschwiegen oder als real in der Familiengeschichte Geschehenes verleugnet worden ist. Wenn diese Enkel die Chance einer analytischen Psychotherapie mit begleitender Elternarbeit wahrnehmen können, kann sich auch für die Eltern und Großeltern einstellen, dass die Enkel ein Stück mehr zu einem richtigen Leben im Familiensystem beitragen.

Großeltern leben mittlerweile im Durchschnitt länger und haben u. a. dadurch einen längeren und intensiveren Kontakt zu ihren Enkeln (Chvojka 2003). Das hat auch Auswirkungen auf die psychoanalytische oder psychotherapeutische Arbeit. Die Übertragungssituation wird noch allzu oft im Hinblick auf die Primärobjekte verstanden und interpretiert. Durch die zeitlich längeren Kontakte zu den Großeltern sollten die Übertragungs- (und Gegenübertragungs-) konstellationen verstärkt auch als mögliche Erfahrungen und Phantasien verstanden werden, die von Objekten neben den primären stammen, also die dritte Generation einschließen (Trenk-Hinterberger 2022). »Die Gespenster im Kinderzimmer« (Fraiberg et al. 2022) kommen eben nicht nur als heimliche Besucher aus der nicht erinnerten und konflikthaften elterlichen Vergangenheit, sondern auch aus den großelterlichen Linien. Die intergenerationale Weitergabe traumatischer oder unverarbeiteter Konflikte auf die folgenden Generationen kann massive Konsequenzen haben (Faimberg 2009) und muss entsprechend therapeutisch Beachtung finden.

Den Band eröffnet **Benedykt Fink** mit der dritten Yechsekiel Cohen-Gedächtnisvorlesung: »Die Liebe zum Menschen« bei Yechskiel Cohen – Überlegungen zur Transformation und Transmission in der psychoanalytischen Arbeit mit dem traumatisierten Kind.

Wenn dieser Vortrag auch nicht explizit auf die Großeltern-Enkel verweist, so ist doch unbestreitbar, dass der ihnen selber unbekannte, schon verstorbene israelische Psychoanalytiker in gewisser Weise ihr therapeutischer Großvater ist.

Dem folgt **Robert A Furmans** klassisch gewordene Arbeit »Über Großeltern und Enkelkinder« von 2000. In einer umfassend psychoanalytischen und zugleich persönlich-menschlichen Weise zeichnet er ausgehend von der Pionierphase der Psychoanalyse und von Freuds indirekten Hinweisen auf seine Großelternschaft die Entwicklung der Konzepte von Großelternschaft in den psychoanalytischen Publikationen und in den Nachbarwissenschaften bis zum Ende des 20. Jahrhunderts nach.

**Alfred Walter** verbindet in seinem Beitrag die gegenwärtige psychoanalytische Perspektive mit der familiendynamischen und blickt auf die gesellschaftlichen krisenhaften Entwicklungen auch in ihrer Bedeutung für die transgenerationale Weitergabe belastender, gar traumatisierender Erfahrungen.

**Agathe Israel** betrachtet das Großeltern-Werden und das frühe Großeltern-Sein aus den bewussten und unbewussten Perspektiven von Großeltern und der Therapeutin von Säuglingen, Kleinkindern und deren Eltern im drei Generationen-System.

**Denia Barrett** betrachtet klinisch und theoretisch die analytische Arbeit mit zwei kleinen Jungen, deren Großmütter seit deren Säuglingsalter eng in ihre Betreuung einbezogen waren. Die Fälle veranschaulichen die Verwirrungen und Schwierigkeiten bei der Integration durch die Kinder, die sich daraus ergeben, wenn die Vorstellungen der Erwachsenen miteinander kollidieren, wer sie, abweichend von den Repräsentationen der Kinder, für das Kind sind. Auch wenn solche schwierigen Konstellationen in der ärmeren afroamerikanischen Bevölkerung bereits wissenschaftliches Interesse gefunden haben, worauf auch Furman (s. o.) verweist, so finden sie sich auch in vielen deutschen Familien mit und ohne Migrationshintergrund.

**James »Jim« Herzog** zeigt in seiner Falldarstellung die Aufarbeitung eines frühen Traumas, einer Sehnsucht und der anschließenden Verdrängung bei einem 90-jährigen Mann, der sich bei ihm in Psychoanalyse begab. Der Auslöser war sowohl Verlust und Schmerz durch die Ankunft seines ersten männlichen Enkels, dessen Mutter vor langer Zeit Analysandin von Herzog gewesen war. Diese drei Mitglieder einer Familie über drei Generationen haben zusammen geholfen, die Bedeutungen der konflikthaften Beziehungen zu entschlüsseln, wobei sich auch Alter und Lebensphase der einzelnen Teilnehmer auf den Prozess auswirkten.

**Peter Bründl** verdeutlicht an weit zurückliegendem klinischen Material, wie ein präpubertärer und ein spätadoleszenter Jugendlicher in ihrer jeweils ganz eigenen Weise Zugang zu ihrem authentischen Selbst in der therapeutischen Beziehung und im Feld von Übertragung und Gegenübertragung fanden.

Wohl entscheidend dabei war die allmählich aufdeckende Verschwörung des Schweigens in der Familie über die Beteiligung der Großeltern am NS-Terror, die zur mehr oder minder larvierten Depressionen der Patienten führte, die so als transgenerational Traumatisierte in die Behandlung gekommen waren. Dies erforderte zugleich eine besondere Empathie des Therapeuten, der wie die Eltern noch während des Zweiten Weltkriegs geboren worden ist.

**Christian Thienel**s Arbeit »Von fremden Ländern und Menschen« zeigt in einer detaillierten Weise die therapeutische Beziehung zwischen ihm selber und seinem Patienten Frederic im Latenzalter nach, in die allmählich die Ableger der wiederholten Migration seiner Großeltern und Eltern in deren jeweiligen kulturellen Übergängen und Niederlassungen in den therapeutischen Prozess einfließen, schließlich sogar der traumatische Aufenthalt seiner belgischen Großmutter in einem ehemaligen japanischen Konzentrationslager in Indonesien.

**Victoria Nicolodi**, brasilianische Psychologin, berichtet in ihrer Falldarstellung »Vom Fallen zum Tanzen an der Grenze des Seins« über ihre intensive therapeutische Beziehung in London zu einem siebenjährigen weißen britischen Mädchen in einer für die Therapeutin fremden Umwelt. Die Arbeit skizziert verschiedene »Entwicklungen«: die erste Begegnung, die Schaffung des analytischen Arbeitsbündnisses, die Weiterentwicklung der therapeutischen Beziehung vor und während der Corona-Pandemie sowie nach dem psychischen und physischen Lockdown.

**Orna Wassermann** und **Mati Ben Zur** setzen sich analytisch und literarisch intensiv mit der Übertragung in der psychoanalytischen Behandlung von Verlust und Trauer in der erschütternden und destabilisierenden israelischen Gegenwart auseinander, in der die Zahl der Toten, Entführten und Vertriebenen auf beiden Seiten ständig zunimmt. In dieser kriegsgebeutelten Welt sind es für die Heranwachsenden nicht mehr die liebenden Großeltern, an denen den Enkeln die Unabwendbarkeit des Alters und des Todes begreifbar wird. Die Generationenfolge durchbricht der Krieg (wie ehemals der Holocaust) zerstörerisch, wo Großeltern um ihre verstorbenen Enkel, Eltern um ihre Kinder, die Kinder um ihre Eltern und Großeltern nur dann wirklich trauern können, wenn sie nicht allein gelassen werden, sondern ihre nächsten Mitmenschen oder Analytiker sich den Emanationen der Trauer nicht entziehen, sondern sie aufnehmen und erinnernd bewahren.

**Jack** und **Kerry Kelly Novick** schließen diesen Band ab mit ihren Überlegungen zur integrierten psychoanalytischen Ausbildung und Identität in Ausrichtung auf den ganzen menschlichen Lebenszyklus. Sie gehen von Freuds lebenslänglicher Auseinandersetzung mit der Psychoanalyse aus, die auf die Aufdeckung der Entwicklung zielt. Die Weiterentwicklung der sich seit dem

Kinderseminar um Anna Freud in Wien ständig behandlungstechnisch, aber nicht theoretisch von der Erwachsenenanalyse differenzierenden Kinderanalyse bewahrte sich auch in der Migration im Gegensatz zur Erwachsenenanalyse mehr Altruismus, Pragmatismus und Interdisziplinarität aus dem psychoanalytischen Wien vor 1938. Ausgehend von Anna Freuds Projekten in Wien und London fordern sie dann wie Anna Freud, dass auch Erwachsenenanalytiker zumindest einige Kinder unter Supervision behandeln und Kinder- und Jugendanalytiker Erfahrungen mit der Behandlung von Erwachsenen machen sollten (eine Forderung anfänglich auch in der Bewegung um Melanie Klein und um Winnicott) – zumal bis zum Zweiten Weltkrieg Erwachsenenanalyse und Kinderanalyse gleichwertig von den Auszubildenden und Ausgebildeten durchgeführt wurden.

Die Novicks führten in ihrer Weise dieses Konzept weiter zur Einrichtung einer Integrierten Ausbildung von Erwachsenen- und Kinderanalytikern, die stets gemeinsam an allen Seminaren des Curriculums teilnehmen, die immer die Perspektiven der Erwachsenenbehandlung und die der Kinder- und Jugendlichenbehandlung gleichberechtigt wahren. So ausgebildete Psychoanalytiker werden das Echo aus jeder Entwicklungsphase besser hören können und so ihren Patienten jeglichen Alters im Lebenszyklus empathisch besser begleiten und verstehen können. In ihrer langjährigen Klinik und Forschung geben die Novicks aufgefrischt die umwälzenden Erkenntnisse und Einsichten in die Menschlichkeit der Wiener Gründungsfiguren der Psychoanalyse und der Kinderanalyse weiter, damit sie transformierend weitergetragen werden können.

*München, im August 2024*
*Das Team der Herausgeber*

# Zur Einstimmung

Die komplexe Beziehungsdynamik, die zwischen drei Generationen entstehen kann, sowie die große Liebe, die Enkelkinder gegenüber ihren Großeltern entwickeln können, zeigen sich in einem Märchen der Gebrüder Grimm (1857):

*Der alte Großvater und der Enkel*

Es war einmal ein steinalter Mann, der trübe Augen, taube Ohren und zittrige Knie hatte. Wenn er am Tisch saß und den Löffel kaum halten konnte, schüttete er Suppe auf das Tischtuch.

Sein Sohn und dessen Frau ekelten sich davor – deswegen musste sich der alte Großvater hinter den Ofen in die Ecke setzen, wo er sein Essen aus einer Tonschüssel löffeln musste. Einmal konnten seine zitterigen Hände die Schüssel nicht festhalten, sie fiel zu Boden und zerbrach.

Die junge Frau schimpfte, der junge Mann sagte nichts und seufzte nur. Da kauften sie ihm eine hölzerne Schüssel, aus der er nun hinter dem Ofen essen musste.

Als sie so dasaßen, trug ihr kleiner vierjähriger Sohn auf der Erde kleine Brettlein zusammen. »Was machst du da?«, fragte der Vater. »Ich mache eine Schüssel«, antwortete das Kind. »Daraus sollen Vater und Mutter essen, wenn ich groß bin.« Da sahen sich Mann und Frau eine Weile an, fingen an zu weinen, holten den alten Großvater an den Tisch und ließen ihn von nun an immer mitessen und sagten auch nichts, wenn er ein wenig verschüttete.

In der Regel sind es die Großeltern, die ihren Enkelkindern das Alter mit ihren Unzulänglichkeiten, Zerbrechlichkeiten, aber auch mit seiner möglichen Gelassenheit sowie der Endlichkeit und dem Tod vor Augen führen. Heisterkamp (2015, S. 260) formuliert es wie folgt: »So stellt sich den Großeltern und Enkelkindern die Entwicklungsanforderung, die Spannungen zwischen dem Aufblühen und dem Vergehen zu regulieren.« Diese polare Spannung ist gerade zwischen den Großeltern und den Enkeln am größten, vielleicht erklärt das auch die enorme Wichtigkeit, die diese Beziehung ausmachen kann. Die Großeltern sind im letzten Drittel ihres Lebens, haben nicht die unmittelbare Verantwortung und können so milder, neugieriger und im besten Fall entspannter gegenüber ihren Enkeln und deren Entwicklungsaufgaben sein.

# Literatur

Abraham, K. (1913): Einige Bemerkungen über die Rolle der Großeltern in der Psychologie der Neurosen. *Internationale Zeitschrift für Psychoanalyse, 1(3)*, 224–227.

Chvojka, E. (2003): *Geschichte der Großelternrollen vom 16. bis zum 20. Jahrhundert.* Wien, Köln, Weimar (Böhlau).

Faimberg, H. (2009): *Teleskoping: Die intergenerationelle Weitergabe narzisstischer Bindungen.* Frankfurt a. M. (Brandes & Apsel).

Ferenczi, S. (1913): Zum Thema: »Großvaterkomplex«. *Internationale Zeitschrift für Psychoanalyse, 1(3)*, 228–229.

Fraiberg, S., Adelson, E., Shapiro, V. (2022): Gespenster im Kinderzimmer: Probleme gestörter Mutter-Säugling-Beziehungen aus psychoanalytischer Sicht. In: Fraiberg, S. (Hrsg.) (2022): *Seelische Gesundheit in den ersten Lebensjahren. Studien aus einer psychoanalytischen Klinik für Babys und ihren Eltern.* Gießen (Psychosozial).

Freud, E. (1960): *Briefe 1873–1939.* Frankfurt a. M. (Fischer).

Freud, S. (1915/1917): Trauer und Melancholie. *GW X.*

Freud, S. (2011): *Unterdeß halten wir zusammen. Briefe an die Kinder.* Herausgegeben von M. Schröter. Berlin (Aufbau).

Furmann, R. A. (2000): On grandparents and grandchildren. *Child Analysis, 11*, 17–40. Deutsche Übersetzung in diesem Band.

Grimm, J., Grimm, W. (1857): *Kinder- und Hausmärchen, gesammelt durch die Gebrüder Grimm: Große Ausgabe, Bd. 1.* Göttingen (Verlag der Dieterichschen Buchhandlung).

Heisterkamp, G. (2015): *Vom Glück der Großeltern-Enkel-Beziehung. Wie Generationen sich wechselseitig fördern.* Gießen (Psychosozial).

Jones, E. (1913): Die Bedeutung des Großvaters für das Schicksal des Einzelnen. *Internationale Zeitschrift für Psychoanalyse, 1(3)*, 219–223.

Roazen, P. (1993): Meeting Freud´s family. Amherst (University of Massachusetts Press).

Trenk-Hinterberberger, S. (2022): *Das Zusammenspiel der Generationen. Von der Bedeutung der Großeltern in psychoanalytischen Behandlungen.* Gießen (Psychosozial).

*Benedykt Fink*
(München)

# »Die Liebe zum Menschen« bei Yecheskiel Cohen

## Überlegungen zur Transformation und Transmission in der psychoanalytischen Arbeit mit dem traumatisierten Kind

## Yecheskiel-Cohen-Gedächtnisvorlesung der Ärztlichen Akademie für Kinder- und Jugendlichen-Psychotherapie am 6. Juli 2024 in Brixen

Es ist wenig originell, jedoch aufrichtig und zutreffend, die Gedächtnisvorlesung zu Ehren von Yecheskiel Cohen mit den Worten zu beginnen, dass die an mich herangetragene Bitte, hier in Brixen, vor ihnen allen den großen Psychoanalytiker Chezzi Cohen mit einem Vortrag zu würdigen, mich zutiefst ehrt. Chezzi Cohen, den ich vor über zwanzig Jahren kennengelernt hatte, prägte meine psychoanalytische Haltung und Identität wie kein anderer. Er war mein Lehrer, Intervisor und nicht zuletzt Freund, dessen zutiefst menschliche Zugewandtheit und Güte mich bis heute mit berührender Dankbarkeit erfüllt.

Ich war gerade mit meiner analytischen Ausbildung zum Psychoanalytiker für Kinder Jugendliche fertig, ließ mich in meiner Praxis nieder und übernahm die Leitung der poliklinischen Ambulanz für Kinder und Jugendliche an der Akademie für Psychoanalyse und Psychotherapie in München, als mich die Einladung ereilte, der von Chezzi Cohen geleiteten Intervisionsgruppe beitreten zu können. Ich kann mich nicht mehr präzise erinnern, was der Aufnahme in die Intervisionsgruppe vorausgegangen war, ich weiß nur, dass ich über meine Freude hinaus in ehrfürchtige Aufregung verfiel, als der Jüngste in die Gruppe inmitten erfahrener, sozusagen praxiserprobter Psychoanalytiker zu kommen. Ich muss gestehen, dass die ehrfürchtige Aufregung ebenso schnell verflog, wie sie entstanden war, als ich Chezzi Cohen persönlich begegnete und Chezzi mich mit den Worten begrüßte: »Es ist schön Dich hier zu sehen… ich habe viel von Dir gehört! Willkommen.« Was sich mir eingeprägt hat, ist nicht nur die schlichte Klarheit dieser Begrüßung, die mir vom ersten Augenblick an das Gefühl der Zugehörigkeit zu der Intervisionsgruppe und das Gefühl des unvoreingenommenen Selbstsein-Dürfens vermittelte. Es war auch die in Chezzis

Stimme anklingende Ankündigung eines neuen Erfahrungsraums, in dem gemeinsame kreative, gedankliche wie emotionale Entwicklungen und, ich würde heute sogar sagen, persönlichkeitsbildende Prozesse stattfinden konnten.

Es war jener »potentielle Erfahrungsraum« (Winnicott, 1991), der sich in der und aus der Lebensgeschichte Chezzi Cohens entwickelt hatte, wohl jener Erlebnis- und Erfahrungsraum, der essenziell für die Beziehungsgestaltung zu dem Anderen gewesen war und bei Chezzi Cohen zur Anwendung gekommen war, bevor er die geistig-konzeptionelle Nähe zu den Schriften Winnicotts für sich entdeckte. Darauf weist er in seinen biographischen Aufzeichnungen hin, wenn er schreibt:

> »Je mehr ich mich der psychoanalytischen Begrifflichkeit näherte, umso mehr stieß ich auf Lehrauffassungen, die ich bereits intuitiv umsetzte, allen voran bei Winnicott [...].« Und ein paar Zeilen weiter: »Ich hoffe, der Leser wird mich nicht für arrogant oder hochmütig halten, wenn ich sage, dass ich viele Funktionen, die Winnicott beschreibt, bereits ausfüllte, ohne überhaupt von ihm zu wissen oder seine Terminologie zu kennen, d. h., ich konnte seine Theorien meinem Handeln »überstülpen« [...].« (Cohen, 2010, S. 34f.)

Aber zurück zu den ersten Begegnungen mit Chezzi Cohen: Es war Chezzis neugieriger, ich nenne es »heuristischer Blick« nach dem Innenleben des Anderen bei gleichzeitiger Spiegelung der daraus entspringenden und wahrnehmbaren emotionalen Resonanz bei ihm selbst – eine Art Innenschau bei Wahrung der Grenzen und der Würde des Anderen, die eine Symbolisierungsoffenheit in der Begegnung eröffnete und einen gegenseitigen Beziehungsdialog entstehen ließ. Die Fruchtbarkeit dieses Beziehungsdialogs, die den privaten wie beruflichen Begegnungen innewohnte, ging mit dessen innerer Haltung einer zutiefst menschlichen Zugewandtheit und Integrität einher sowie einer würdevollen Offenheit für den Anderen, jener Liebe zum Menschen, der ich mich in meiner Vorlesung mit phänomenologischer Beschreibungsmethodik zu nähern versuche. Diese Haltung galt gleichermaßen nicht nur meiner Person, sondern auch allen Intervisionsteilnehmern und nicht zuletzt den vorgestellten, phantasmatisch eingeführten Patienten während der Intervisionssitzungen.

Zum Zeitpunkt meiner Aufnahme in die Intervisionsgruppe war mir noch gar nicht in dem Ausmaß bewusst, dass sich in der liebevoll-menschlichen, auch mir zuteil gewordenen Zugewandtheit das Fundament seiner zutiefst persönlichen, lebensgeschichtlich konnotierten Beziehungsgestaltung lag, die Chezzi Cohen in psychoanalytische Konzepte umwandelte und integrierte. In Chezzi Cohens Vorstellung bereitete dieses Beziehungsfundament dem Anderen in seinem wie auch immer gearteten Selbstsein und dessen unvoreingenommenen existentiellen Anerkennung einen nicht nur potenziellen, sondern auch einen heilsamen Entwicklungsraum, den er in der Arbeit mit dem traumatisierten bzw. dem misshandelten Kind essentiell nutzte (Cohen, 2004, 2014).

## Lebensgeschichtlich konnotierte Transformation und Transmission

Bevor ich sie auf die Reise in das Innere des traumatisierten Kindes und dessen Abbildung im Therapeuten mitnehme, um sich dem Blick und der Haltung von Chezzi Cohen anzunähern, möchte ich Ihnen nicht vorenthalten, dass die Entstehung dieses Vortrags mit einem energetischen wie zeitlichen Aufwand einherging, entstehende Textbruchstücke in einen fließenden Text zu überführen. Als Psychoanalytiker musste ich mich schon bald fragen, inwieweit in diesem mühsamen Prozess die »thematische Herausforderung« unbewusst zum Tragen kommt, sich mit traumainduzierten Transformations- und Transmissionsleistungen in der Lebensgeschichte und den konzeptionellen Derivaten Chezzi Cohens auseinanderzusetzen und inwieweit dies alles auf meine Symbolisierungsfähigkeit Einfluss nimmt und einen fließenden Text verunmöglicht. Als mir dies bewusst wurde, entschied ich mich, den Text mit seinen bruchstückhaften Passagen zu belassen und ihnen dies zuzumuten. Letztlich kann man Bruchstückhaftigkeit als Widerhall unbewusster traumatischer Authentizität verstehen.

Vielen von Ihnen wird es nicht zuletzt aus den früheren an dieser Stelle gehaltenen Vorträgen bekannt sein (Bründl, 2022; Schambeck, 2023), dass die Lebensgeschichte von Chezzi Cohen von traumatischen Brüchen, die von existentiellen Bedrohungen und Übergriffen mit dem Aufkommen des Nationalsozialismus in Deutschland, dem Geburtsland Chezzi Cohens, der darauffolgenden Verfolgung, Flucht, Verlustschmerz, Krieg und den sich fortsetzenden schwelenden existenziellen Bedrohungen inmitten der Verheißungen eines neuen Zufluchtsorts in Palästina, später dem jungen und bedrohten Staat Israel geprägt waren, die Chezzi Cohen seit seinem 6. Lebensjahr als Kind akkumuliert erlebt hatte. Er ist ein Überlebender des Holocaust in erster und zweiter Generation zugleich.

Das besondere am Lebenswerk von Chezzi Cohen ist die »Überbrückung« dieser traumatischen, lebensgeschichtlichen Brüche und Einbrüche durch ein persönliches Konzept lebensbejahender und integrativer Traumabewältigung und der fruchtbaren Umwandlung dieses Lebenskonzepts in psychoanalytische Konzeptualisierungen. Die Transgenerationalität des traumatischen Erlebens, auf die Peter Bründl in der ersten Gedächtnisvorlesung einging, und die verortende Kraft einer liebevollen Haltung in Beziehung zu dem traumatisierten Kind, die Franz Schambeck in der zweiten Gedächtnisvorlesung ausführte, sind wichtige Konzeptaspekte, die ich in meinem Vortrag biografisch zusammenzuführen versuche.

Doch woraus speist sich die Genese Chezzi Cohens Lebenskonzepts, diese seine kreative und sublimatorische Transformationsleistung? Wie hängt diese sublimatorische Leistung von Chezzi Cohen mit den elterlichen Transformationsleistungen bei der Weitergabe generationsübergreifender Traumata zusammen? Welche Rolle spielen Identifikationsprozesse bei der Weitergabe und Bewältigung transgenerationaler Traumata? Was wird eigentlich im Rahmen identifikatorischer Prozesse generationsübergreifend vermittelt? Ist es die unbewusste emotionale Last traumatischer Erlebnisse und Empfindungen im Kontext beschädigter parentaler Symbolisierungsfähigkeit, also die sprachlose Inszenierung des elterlichen Unbewussten und dessen konnotative Dechiffrierung seitens des Kindes? Oder geht es hier um das unbewusste Verstummen des Elternteils, im Sinne: »Darüber wurde nicht gesprochen«? Dann müssten wir folgerichtig unseren Blick auf jene Auslassungen richten, die die Eltern-Kind-Beziehung dadurch qualitativ tangieren. Denn in so einem Fall würde es um etwas gehen, was nicht weitergegeben wird bzw. durch das traumatische Erleben nicht mehr weitergegeben werden kann, also um jene unbewussten emotionalen »Auslassungen in der Beantwortheit« des Kindes durch die Elterngeneration, die in der Beziehung zueinander fehlen würden, um eine haltende und sichere Beziehung zu gewährleisten oder erneut, »nach dem Trauma«, zu etablieren. Dies sind nur einige Aspekte, die sich bei der Betrachtung von Transformations- und Transmissionsprozessen transgenerationaler Traumata auftun und die ich hier nur kurz streifen kann, obgleich sie die Komplexität des traumatischen Geschehens offenbaren.

Um Ihnen jetzt nicht alle möglichen Antworten auf die sich hier aufdrängende Fragen vorzuenthalten, möchte ich jetzt nur eines dieser Aspekte mit einem kleinen Ausschnitt aus den autobiografischen Aufzeichnungen Chezzi Cohens exemplarisch aufgreifen. Chezzi Cohen beschreibt dabei seine ihm abhandengekommene Erinnerung an die Flucht aus Nazi-Deutschland, eine Erinnerung, die ihm eigentlich entschwunden ist und die sich an einer einzigen Szene festzumachen scheint, als der sechsjährige Chezzi zum ersten Mal seinen Vater weinen sieht. Diese vereinzelte Erinnerung ist eine Initialszene, in der sich der Anfang jenes sublimatorischen Umgangs des väterlichen Parts mit dem eigenen Trauma andeutet, der eine generationsübergreifende Traumaweitergabe an den Sohn unbewusst zu »unterbrechen« sucht und die sich identifikatorisch in dem Lebenskonzept integrativer Traumabewältigung bei Chezzi Cohen vorfinden lässt. Chezzi Cohen schreibt:

»Ich habe von der gesamten Reise im Zug und auf dem Schiff keinerlei Erinnerung bis auf eine Begebenheit, die mir lebhaft vor Augen steht. Auf der Bahnfahrt nach Triest sah ich meinen Vater weinen – eine ganz besondere Erfahrung, die tief in mir haften geblieben ist. Vielleicht ist das der Grund, warum alle anderen Erinnerungen völlig verblasst sind. Weder an die einwöchige Schiffsfahrt noch an die Ankunft in Tel Aviv kann ich mich erinnern, und alles ist irgendwie in dem Weinen meines Vaters zusammengefasst, das ich mir nicht zu erklären vermochte. Was immer ich mit dem Gedanken an dieses Weinen verbinde, ist die Trennung von seinem Vater, denn bei unserer Abreise wusste er, dass er ihn nicht wiedersehen würde.« (Cohen, 2010, S. 14)

An einer anderen Stelle, etwas weiter, mit der er den für den Familienunterhalt sorgenden Vater als Handlungsreisenden, als Spielzeugwarenverkäufer im neuen Zufluchtsland beschreibt, erinnert er:

»Selten hatte ich das Vergnügen, höchstens in den Schulferien, ihn (den Vater) zu begleiten, wobei ich mir immer vorkam, als widerfahre mir etwas ganz Besonderes. Bis heute erinnere ich mich besonders an das kleine Hotel in Haifa – »Hotel Nescher« –, in dem mein Vater immer übernachtete, und an das weiche Ei, dass es dort zum Frühstück gab. Diese Mahlzeit, bei der nur mein Vater und ich zugegen waren, war ein großes Geschenk für mich. Später hatte er die Spielsachen in unserem Zimmer »ausgestellt«, es kamen verschiedene Einkäufer, um die Ware zu begutachten, und wir trugen uns mit der Hoffnung, dass sie etwas bestellen würden.« (Cohen, 2010, S. 16)

Im ersten zitierten Fragment seiner autobiographischen Erinnerung, trotz des fast völligen Erlöschens des Erinnerungsvermögens, setzt sich bei Chezzi Cohen das innere Bild eines traumatisierten väterliche Parts fest, der um seinen eigenen Vater weint und es zu bewerkstelligen scheint, die Trauer um den eigenen Vater im Eigensein zu verorten, wenn er sich seinem kleinen Sohn gegenüber unbewusst in diesem traumatischen Schmerz zeigt, ohne das Einssein mit seinem Sohn zu gefährden. In dem Sich-Zeigen und der eingrenzenden Verortung des traumatischen Schmerzes bei sich selbst, bleibt der Vater seinem Sohn liebevoll zugewandt, als Liebesobjekt erhalten und sichert damit die fortwährende Erfahrbarkeit des väterlichen Liebesobjekts, was in dem zweiten Erinnerungsfragment deutlich wird. Dieser Umgang des Vaters mit dem eigenen Trauma in der empathischen Beziehung zu seinem Sohn weist auf eine sich unbewusst konstellierende sublimatorische Transformationsleistung hin, die de facto einer Unterbrechung bei der Weitergabe transgenerationaler Traumata gleichkommt. Der Vater von Chezzi Cohen schafft es, in der Trauer um den eigenen Vater mit seinem Sohn nicht zu verschmelzen und ihn damit nicht in eine Art »transgenerationale Pflicht« zu nehmen. Vielmehr bleibt der Vater seinem Sohn gegenüber ein Anderer, der sich nicht beklagt, sondern sein Schicksal als innere Realität auf sich nimmt, um sich für seinen Sohn weiterhin als Liebesobjekt zu bewahren. Bei dieser sublimatorischen Transformationsleistung liegt die Getrenntheit in der Einheit vor, die in die konzeptionelle Sicht Chezzi Cohens und die therapeutische Arbeit mit dem traumatisierten Kind eingehen wird.

## Die Reise in das Innere des traumatisierten Kindes und ihr Abbild im Therapeuten

Die bisherigen Ausführungen machten deutlich, dass die konzeptionelle Leitidee von Chezzi Cohen in der Arbeit mit dem traumatisierten Kind lebensgeschichtlich konnotiert ist. Sie geht mit einer kreativen und lebensbejahenden Traumabewältigung Chezzi Cohens einher, die der liebevollen und zutiefst menschlichen Zugewandtheit aus einem selbstreflexiven Transformationsprozess einen essenziellen Platz einräumt. Bei einer weiteren differenzierteren Betrachtung mündet sie in der Vorstellung, dass die traumatischen Brüche als feste Entitäten der individuellen Lebensgeschichte zwar nicht geheilt werden können, doch deren heilsame Überbrückung in einer neuen »guten« Beziehungserfahrung erfolgen kann, die sich dann in das Selbstsein des bedürftigen Kindes integrieren lässt. Sie ermöglicht dem traumatisch beschädigten Selbst eine »zweite Geburt«, in der durch die Erfahrbarkeit der primärobjektalen, liebevollen Zugewandtheit, mit der das durch Trauma Verlorene oder das bis dahin Nie-Dagewesene aufgewogen wird, indem sie sich wie eine »Erfahrungsfolie« heilsam drüberlegt.

Heilung erfolgt nach Chezzi Cohen also durch eine neue Bindungserfahrung und die Bereitstellung eines strukturierten potenziellen Erfahrungsraums, den er über das klassische therapeutische Setting auf den institutionellen Rahmen eines psychoanalytisch, weltweit einzigartig geführten Heims, dem Residential Treatment Center (RTC), ausgeweitet hat, in dem eine integrierte fünfjährige psychoanalytische Behandlung in Anbindung an strukturell konstant bleibenden Begegnungsgruppen von Betreuern, Lehrern, Sozialarbeitern, Psychologen und Psychotherapeuten stattfand. Dabei betont Chezzi Cohen:

> »Die im RTC stattfindende Behandlung ist in keiner Weise eine Wohnalternative für ›schwierige Kinder‹, sondern eine therapeutische Methode, die solcherart gestörte Kinder brauchen, um ein normales Selbst entwickeln zu können.« (Cohen, 2014, S. 28)

Traumatisierte Kinder sind, um es überspitzt zu formulieren, »aus Raum und Zeit ihrer Selbstentwicklung gefallen«. Von diesen Kindern, deren Schicksal im therapeutischen Kontext anfangs unbekannt und nur allmählich erschlossen werden muss, wird die Fähigkeit zur Anpassung an die bestehende Welt der Heimrealität erwartet, an deren Erschaffung sie keinen Anteil hatten und deshalb auch nicht ein Teil von ihr sein konnten (vgl. Cohen, 2014, S. 28). Für Chezzi Cohen ist die illusionäre Kraft der Erschaffung der für das traumatisierte Kind bereits vorhandenen Welt in neuen Entwicklungskontexten die einzigartige Möglichkeit, das beschädigte Selbst zu restituieren. Ich zitiere:

> »Die Verwirklichung der subjektiven Möglichkeiten, die Entfaltung des einmaligen Selbst des Kindes, müssen das Ziel sein, nicht aber seine Anpassung an seine gesellschaftliche Umwelt, die von Heimen oft in erster Linie angestrebt wird.« (Cohen, 2014, S. 30)

Doch gehen wir jetzt dem Inneren des traumatisierten Kindes und dessen Abbild im Therapeuten nach. Amos Oz, ein großer israelischer Schriftsteller, schrieb in seinem autobiographischen Roman *Eine Geschichte von Liebe und Finsternis* an einer Stelle folgenden Satz:

> »Die einzige Reise, von der man nicht mit leeren Händen zurückkehrt, das ist die Reise nach innen.« (Oz, 2016, S. 451)

Dieser Satz von Amos Oz stimmte mich schon beim Lesen des Romans als Psychoanalytiker nachdenklich und froh zugleich, als ich an die psychotherapeutische Arbeit mit dem traumatisierten Kind denken musste und dabei mir gewahr wurde, was ich von Chezzi Cohen durch seinen unermesslichen Erfahrungsschatz bis dahin gelernt hatte. Es ist eine Reise in das Innere des kindlichen Patienten, aber immer auch eine Reise in das Innere des Therapeuten. Diese getrennten inneren Welten, mit ihren unbewussten, vorbewussten und bewussten Anteilen, mit den jeweiligen schicksalhaften Unwegsamkeiten, kommen in einen Beziehungsdialog zueinander, die wir in unserer psychoanalytischen Übertragungsarbeit mit dem Patienten kreativ nutzen. Diese Arbeit ist nicht bloß Ausdruck gelernter Professionalität und deren gekonnter Anwendung, sondern auch Ausdruck einer zutiefst menschlichen Zugewandtheit des Therapeuten zu dem Patienten und der fortwährenden reziproken Innenschau: So wie sich die Mutter seinem Kind in Liebe zuwendet, so wie sich ein Vater stolz und liebevoll um sein Kind kümmert, pflegte Chezzi Cohen bei schwierigen Patientenschicksalen »in fast liebevoller Ermahnung« erinnern. Es war ihm wichtig, die Erfahrbarkeit des primärobjektalen Menschseins nie aus den Augen zu verlieren, die dem traumatisierten Kind abhanden ging bzw., in manchen Fällen, von diesem nie erfahren wurde.

Die Fähigkeit zu der primärobjektalen, liebevollen menschlichen Zugewandtheit, die Liebe zum Menschen ohne Angst davor (Cohen, 1994), ist für Chezzi Cohen kompromisslos und für das Erleben des Menschseins konstitutiv, weil sie sowohl im realen Beziehungsalltag zwischen Bezugsperson und Kind als auch im therapeutischen Beziehungskontext zwischen Therapeuten und Patienten gilt und zu einer Erweiterung und Bereicherung deren inneren Welten in einem interpersonellen Raum führt (Ferro, 2003). Sie ist das Conditio sine qua non, auf deren Hintergrund sich erst eine heilsame Wirkfähigkeit des therapeutischen Settings für den traumatisierten Patienten entfalten kann, die durch identifikatorische Prozesse angestoßen und befeuert wird.

Während ich die Tiefe dieser Haltung von Chezzi Cohen erfahren und verstehen lernte, musste ich oft daran denken, dass Chezzi in Jerusalem lebte, dort an der Hebrew University studierte und lehrte, wo auch der Philosoph und Religionswissenschaftler Martin Buber wirkte. Martin Buber subsumierte u. a. im Konzept des »dialogischen Prinzip« die wahre Begegnung zwischen zwei Personen mit folgendem Satz:

> »Ich werdend spreche ich Du.« (Buber, 1974, S. 18)

In diesem intellektuellen wie poetischen Satz erschließt sich für mich die philosophisch-anthropologische Metaebene für die Erfahrbarkeit »des Selbstseins durch den Anderen« und die Erfahrung des »Einsseins« – jener psychoanalytischer Konzepte, die Chezzi Cohen in der Arbeit mit dem traumatisierten Kind nutzte und weiterentwickelte und in denen die liebevolle primärobjekale menschliche Zugewandtheit essentiell ist. Martin Buber wies mit dem minimalistischen Satz, »Ich werdend spreche ich Du«, auch auf den »relationalen Modus« der identifikatorischen Prozesse und auf dessen Geltungsbereich hin, der sich auf jeglichen Beziehungsdialog zweier Personen erstreckt, die sich in ihrer Aufeinander-Bezogenheit »wahrhaft« begegnen, um die Terminologie Bubers zu verwenden. Die extensionale Breite des dialogischen Prinzips Bubers lässt den Geltungsbereich identifikatorischer Prozesse auf erzieherische und therapeutische Settings ausweiten – eine Vorstellung, die auch im Denken und den Konzepten von Chezzi Cohen einen Raum einnimmt und zum Verständnis von Transformation, Weitergabe und Behandlung traumatischer Erfahrungen beiträgt. Für Chezzi Cohen erschöpft sich Erziehung nicht in Handlungsverboten oder normativen Handlungsanweisungen zwischen Eltern und Kind, sondern entfaltet sich hauptsächlich durch Identifikation des Kindes mit der Elterngeneration. In einem solchen, durch identifikatorische Prozesse bestimmten Erfahrungsraum nehmen sowohl die transgenerationale Weitergabe von symbolisierten Traumaerlebnissen als auch deren unbewussten, nicht symbolisierten Auslassungen auf die Konstituierung des kindlichen Selbstseins Einfluss (Pulver & Jaffe, 2014).

Doch werfen wir vorher noch einen Blick auf das Fundament jener »wahrhaft« aufeinander bezogenen Begegnung zwischen Eltern und Kind, die sich bei Chezzi in der liebevollen und zutiefst menschlichen Zugewandtheit therapeutisch verdichtet und die er letztlich auf den strukturierten institutionellen Rahmen eines Heims für traumatisierte Kinder ausweitet. Die Liebe zum Menschen hat für Chezzi Cohen eine hohe Affinität zu der primärobjektalen Haltung, den damit einhergehenden frühen Beziehungsmodalitäten der »primären Mütterlichkeit«, welche die Ausbildung eines kohäsives Selbst und einer guten und zuverlässigen inneren Objektwelt ermöglichen. Bei dem traumatisierten Kind ist das Selbst beschädigt und das Selbstsein gestört, wenn durch eintretende Grenzerfahrungen die existentielle Selbstsicherheit erschüttert wird. Wie ich eingangs schon ausführte, das lastende Abbild traumatischer Brüche und Einbrüche im Innern des Traumatisierten lässt sich nicht heilen, jedoch durch eine neue Folie von Bindungserfahrungen überbrücken, indem sie dem durch das Trauma wundgewordenen Selbst den heilsamen Verband einer liebevollen primärobjektalen Erfahrung anlegen.

Das »Erleben von Einssein«, das Konzept, das Chezzi Cohen in der Arbeit mit traumatisierten Borderline-Kindern herausgearbeitet hat (Cohen, 1995, 2014), führt nicht nur zu einer prolongierten Selbstentwicklung durch den therapeutischen Anderen; »das Erleben von Einssein« im therapeutischen Behandlungssetting bedeutet das Erschaffen eines Übergangsraums, in dem das traumatisierte Kind und der liebevoll zugewandte Therapeut in eine Union tiefer emotionaler Aufeinander-Bezogenheit zueinander treten, ohne das jeweilige Erleben des Eigenseins zu verlieren und ohne den Verschmelzungswünschen mit dem guten therapeutischen Objekt, dem in die Übertragung kommenden Liebesobjekt, nachzugeben. Dieses Konzept werde ich mit einer kleinen Vignette eines von mir behandelten, transgenerational traumatisierten Kindes mit körperdysmorph assoziierten Ängsten verdeutlichen.

# Generationsübergreifendes Trauma – Fallvignette eines Jungen mit körperassoziierten Ängsten

Wie schon erwähnt geht das Erleben von Einssein mit dem Erleben von Eigensein und zugleich dem Erleben der Getrenntheit in der Einheit einher. Dieses Konzept spielt zwar eine wichtige Rolle in der Behandlung traumatisierter Kinder, entwickelt aber eine prozessfördernde und heilsame Wirkung verstärkt dann, wenn die Therapeutin oder der Therapeut in der eigenen Entwicklung das Erleben des Eigenseins in seiner Innenwelt als gesichert repräsentiert haben, wie ich das vorher mit den autobiographischen Aufzeichnungen von Chezzi Cohen illustrierte, als ich die »Unterbrechung« bei der Weitergabe des transgenerationalen Traumas beschrieb.

Im Folgenden möchte ich »das Erleben des Einsseins« und die Gestaltung des »Selbstgefühls durch den Anderen« mit einem kleinen Ausschnitt aus meiner psychotherapeutischen Arbeit mit einem zehnjährigen Jungen, den ich hier Felix nenne, illustrieren. Ich trug Felix' Not in Chezzis Intervisionsgruppe vor und es prägte sich bei mir zum Schluss der Sitzung Chezzis Äußerung ein: »Felix braucht dich sehr, damit er das Gefühl für das Selbst wiederfinden kann.« Der Behandlung von Felix lag die aus der Familienanamnese und der diagnostischen Exploration abgeleitete Arbeitshypothese zugrunde, dass die exponierte Angstsymptomatik des Jungen, mit den z.T. abstrus anmutenden körperdysmorph assoziierten Ängsten, mit der generationsübergreifenden Weitergabe elterlicher, insbesondere mütterlicher Traumata in Zusammenhang steht (Moré, 2013; Traxl, 2016). In dem von mir vorgestellten Ausschnitt werde ich auf Felix repetitives Spiel mit dessen sich darin zwanghaft wiederholenden Inszenierungen eingehen, die den therapeutischen Übergangsraum grenzenlos auszufüllten. Damit denke ich, zeigen zu können, wie die unbewusste Überflutung meines Patienten mit transmittierten traumatischen Erlebnissen und undifferenzierten Empfindungen, v.a. durch den mütterlichen Part, über einen längeren Zeitraum von über 50 Stunden hinweg reinszeniert wird und wie wichtig die primärobjektale Zugewandtheit, die ich bereits an mehreren Stellen meines Vortrags thematisiert habe, für Felix ist, um in Momenten höchster innerer Not ihm das Erleben des Einsseins zu ermöglichen und zugleich als ein Anderer an dessen Seite zu stehen.

Erstmals vorgestellt wird Felix von seiner Mutter; er ist zehn Jahre alt und leidet unter vielfältigen archaischen, ihn überschwemmenden Ängsten, die er in seinen »von Monstern und Schlangen« bevölkerten Fantasiewelten mit ritualisierter Agitiertheit »zu bekämpfen« scheint. Seit der frühesten Kindheit imponiert Felix mit einer gestörten Körper- und Selbstwahrnehmung, und er hat die sehr einzigartige, abstrus anmutende Angst entwickelt, »mit seinem Körper würde etwas Schlimmes passieren und ihm könnte der Kopf herunterfallen«, was ihn in große existentielle Aufregung versetzt. Die Mutter berichtet auch von anderen körperassoziierten Ängsten, dass auch andere Körperteile von ihm beschädigt oder verletzt werden könnten. Diese konkretistisch repräsentierte Angst vor Verlust der körperlichen Integrität und somit vor Selbstverlust ist bei Felix immer mit der Angst gepaart, einer unvorhergesehenen Wendung, die »das Schlimme« herbeiführt, nicht entkommen zu können. Über die körperdysmorph assoziierten Ängste hinaus wird »seit eh und je« von der Angst vor Alleinsein, von nächtlichen Trennungs-, Dunkelheits- und Nachtängsten berichtet, welche eine massive Einschlaf- und Durchschlafproblematik nach sich ziehen und eine Beruhigung seitens der Mutter erfordern.

Die ersten Begegnungen mit Felix finden im Sommer 2019 statt, und obwohl mir schnell klar wird, dass Felix eine Therapie braucht, kann ich ihm zu diesem Zeitpunkt keinen Therapieplatz anbieten, was die Mutter zu einer weiteren Suche veranlasst. Ein Jahr später nimmt Felix' Mutter unerwartet telefonischen Kontakt mit mir auf (es ist die Zeit des Lockdowns), um mir mitzuteilen, dass Felix ebenso unerwartet geäußert hat, nur zu mir in die Therapie gehen zu wollen, die er dann auch im selben Jahr in meiner Praxis beginnen kann.

Die Anamnese in der Phase der Therapieeinleitung ist bruchstückhaft, durch mnestische Defizite und Mentalisierungsschwierigkeiten der Mutter determiniert. Auf die ungeplante Schwangerschaft mit Felix, während der sie bis zum Schluss gearbeitet hat, folgt eine komplikationsreiche Geburt, an die beide Elternteile keine emotionale Erinnerung haben. In weiteren Sitzungen glaubt sich die Mutter erinnern zu können, dass Felix ein körpersuchendes Baby gewesen ist, keine primären Übergangsobjekte gebrauchte und erst mit sechs Jahren das erste Stofftier für sich zum Schlafen entdeckte. Die Krippen- und Kindergartenzeit ist von entstehenden vielfältigen Ängsten und den zunehmenden reaktiven Wutattacken sowie seiner kategorischen Forderung, eine enge Strumpfhose tragen zu wollen, die ihm nach Auskunft der Mutter Halt gab und, ich würde ergänzen, die ihm die von seinen Ängsten bedrohte körperliche Integrität wie eine zweite Haut zusammenhalten half.

Die Familienanamnese zu Primärfamilie der Mutter bleibt redundant und ist nur über mehrere Sitzungen hinweg mosaikhaft zu rekonstruieren. Sie wächst als Einzelkind in einer dominanten und wenig einfühlsamen Familie auf, ausgesetzt unzähligen Ratschlägen und verdeckten Aggressionen seitens ihrer Mutter und der Unzugänglichkeit ihres nur mit seinem Lebensmittelladen beschäftigten Vaters. Als Felix Mutter fünf Jahre alt ist, erleidet ihre Mutter einen schweren Unfall, als deren rollendes Auto diese gegen die Torausfahrt zusammendrückt, fast zerquetscht und schwer verletzt. Es bleibt unklar in der Erinnerung der Mutter von Felix, ob sie den Unfall ihrer eigenen Mutter miterlebt habe. Ihre Mutter fällt für sie für fast zwei Jahre durch mehrere Operationen und Klinikaufenthalte völlig aus, oft weiß sie nicht, wie es ihrer Mutter geht und ob sie noch in Gefahr ist. Affektisolierend »bewertet« sie diese Zeit »als sehr schwer und traumatisch«. Als nach zwei Jahren ihre Mutter wieder da ist, fühlt sie sich bis zu ihrem 18. Lebensjahr »gezwungen«, im Bett ihrer Mutter übernachten zu müssen – affektarm stellt sie fest: »Ich konnte sie nachtsüber nie alleine lassen!«

In dieser Rollenumkehr kreiert sie möglicherweise die nie dagewesene Symbiose frühester Beziehungsformen mit ihrer Mutter, um gleichzeitig im Wiederholungszwang dieser Rollenumkehr die unverarbeiteten traumatischen Verlust- und Schuldängste zu beruhigen. In ihrer Kindheit schwer traumatisiert und in ihrer Symbolisierungsfähigkeit beeinträchtigt scheint Felix' Mutter ihre traumatischen Empfindungen lebenslang zu agieren und in versorgenden Rettungsfantasien zu externalisieren, als sie sich über Jahre hinweg aus ihrer ersten Ehe mit einem drogen- und alkoholabhängigen Gewalttäter zu befreien oder mit zwanghaft kontrollierendem Verhalten zu kompensieren sucht. In ihrer zweiten Ehe heiratet sie Felix` Vater, dessen verlangsamte und aufgesetzt ruhige Art eine depressive Grundstimmung offenbaren. Lange muss ich während der Anamnese auf Antworten warten und bin mir oft nicht sicher, ob ich mit meinen Fragen durchgedrungen bin. Was das bedeutet, glaube ich zu erahnen, als mir Felix` Vater von »körperlicher Gewalt und wenig Liebe«, der strengen Erziehung und massiven Alkoholproblemen seiner Mutter berichtet. »Schon während meiner Kindheit«, sagt er, »war meine Mutter für mich wegen ihres Rausches oft nicht ansprechbar, ich habe keine Antworten bekommen, vor zehn Jahren ist sie an ihrer Alkoholkrankheit gestorben.« Es deutet sich bald an, dass Felix Vater es schwer hat, die Rolle eines triangulierenden Retters für Felix auszufüllen.

Die traumatischen Erlebnisse der Mutter, zu der Felix eine sehr enge symbiotische Beziehung lebt, wurden gegenüber ihrem Sohn nie bewusst kommuniziert. Doch ich ging während der Behandlung zunehmend davon aus, dass bei der in ihrer Symbolisierungsfähigkeit beeinträchtigen Mutter der »traumatische Schrecken« zu einer Ansammlung undifferenzierter »Gifte« aufgestaut wurde, ohne eine gedankliche Entsprechung zu finden, zumal auch Felix' Vater durch seine eigenen Traumatisierungen verstummt und unerreichbar blieb. In der »identifikatorischen Verklebung« mit der Mutter wird der traumatische Schrecken in den frühesten Beziehungsdialog zwischen Mutter und Sohn körpernah und präverbal ausgetragen. Eine Transformation dieser traumabedingten Affekte und Empfindungen findet keine seelische Repräsentation bei Felix, da die undifferenzierten traumatischen Empfindungen ohne symbolisiert zu werden und ohne haltende innere Repräsentanz in seiner bedrohlichen Virulenz im Unbewusstem verwahrt bleiben (vgl. Pulver Jaffe, 2014; Pretorius, 2009).

In dem sich bald etablierenden kontinuierlichen psychoanalytischen Rahmen gewährt mir Felix während der Behandlung nach und nach den Zugang zu seiner inneren Welt, einer Welt, die von körperdysphormen Ängsten und paranoiden Bedrohungsszenarien durchdrungen ist. Ich komme jetzt zu dem szenischen Verlauf des repetitiven Spiels von Felix, in dem die transgenerationale Wiederbelebung des traumatischen Unbewussten zum Vorschein kommt:

Felix ist ein zierlicher und zugleich großgewachsener (ja gestreckter) Junge, mit einem weichen, sanften und weiblich anmutenden Gesicht, dessen Augen hastig und unruhig das Behandlungszimmer beim Betreten explorieren. Er scheint von vornherein zu wissen, was er im Therapiezimmer machen will. Wie im Wiederholungszwang externalisiert und konkretisiert Felix die Beschaffenheit seiner inneren Welt: Auf dem Papier zeichnet er Monster, Kreaturen und »böse Gestalten«, die einen erbitterten Kampf um Leben und Tod miteinander austragen. Dieser Kampf bringt Zerstörung, Vernichtung, Beschädigung ihrer (körperlichen) Integrität und schließlich Tod übereinander. Dabei spielen List und Grausamkeit, aber auch narzisstisch aufgeladene, übernatürliche Kräfte und Fähigkeiten eine Rolle, was unerwartete Wendungen, aber auch Gefühle der Ohnmacht, Angst und hilfloser Wut nach sich zieht.

Mich verdammt er zum passiven Beobachter seiner grausamen Inszenierungen. Meine Kommentare, Bemerkungen oder Spiegelungen der Übertragungs- und Gegenübertragungsgefühle lässt er ins Leere laufen, wenngleich er körpersprachlich mir das Gefühl gibt, meinen Äußerungen durchaus zugehört zu haben. Felix behält die Kontrolle über seine Inszenierungen und lässt das therapeutische Spiel zu einem von mir im Außen beobachtbaren Monolog werden, während er zugleich in einem Dialog mit seiner inneren Welt und deren Repräsentanzen zu stehen scheint. Mit ekstatischer, aber zugleich ich-systoner Erzählwese geht er über die traumatischen Inszenierungen der Vernichtung und des Selbstverlustes hinweg, um in Momenten unerwarteter Wendungen, wenn ich es am wenigstens erwarte, grausame Vernichtung zu inszenieren und für einen Moment mich mit seinem Blick zu fixieren, als wollte er meine emotionale Reaktion darauf gespiegelt bekommen.

Konkret stellt sich seine ich-systone Erzählweise während des Spiels u. a. so dar:

»Hast du gesehen, bevor das Messer ihn durchbohrt hat, hatte er sich teleportiert, jetzt ist er hinten und hat ihm den Kopf abgeschnitten, der ist jetzt tot! Das Blut fließt, er konnte nichts machen, darum ist er tot!« Oder: »Schau mal, meine Monster und meine Kreaturen greifen das Puppenhaus an, die im Haus fürchten sich, aber sie können nichts machen, weil meine Kreaturen so stark sind und immer böse.«

Felix verbiegt dabei die meisten Puppen: Die Oma-Puppe verbiegt er zu einem ungewöhnlichen Spagat, der Mutter-Puppe verdrillt er die Beine und der Vater-Puppe verdreht er den Kopf um 180°, und ich bin besorgt, ob meine aus Holz und Draht gefertigten Puppen diesen Verbiegungen und Misshandlungen durch Felix standhalten können. Ich versuche mich zurückzuhalten und es ist schwierig für mich, diese Inszenierungen auszuhalten. Der unerwartete Angriff der Kreaturen von Felix endet mit der Vernichtung der Familienpuppen und dem Ausruf: »Schau der Kopf ist zerquetscht, der Körper ist zerquetscht, die Beine sind zerquetscht, tot.« Die toten Puppen, die getöteten Monster und Kreaturen verschwinden in der Therapiekiste, um in der folgenden Stunde verlebendig zu werden. »Das ist eben Felix` Magie!«, pflegt er affektisolierend festzustellen.

Der ritualisierte szenische Rahmen zeigt im Verlauf eine vorsichtige Veränderung der inneren Repräsentanzen und der Verhaltenskorrelate im Außen. Dies geschieht, als ich mich der Ohnmacht des Stunde für Stunde stattfindenden Gemetzels durch Einführung eigener, in das Geschehen eingreifender Monster und Kreaturen zu bedienen versuche. Felix akzeptiert diese Intervention und bezieht meine gezeichneten Monster in seine Inszenierungen mit ein. Er behält jedoch die Kontrolle über die Eigenschaften meiner Monster und macht mir zugleich deutlich, dass auch meine Monster bis auf weiteres von Grund auf böse und unberechenbar sind. Er formuliert: »Gute Monster, jetzt sind sie noch nicht, jetzt sind sie noch böse, später vielleicht!« Zu dem Zeitpunkt, als ich mit meinen Monstern in der Behandlungsstunde interveniere, berichtet mir die Mutter von den ersten Veränderungen im Felix` Verhalten: Er würde leichter einschlafen können als sonst, er bleibe auch länger alleine im Zimmer, was ihn vor nicht allzu langer Zeit sehr geängstigt habe, und wenn er auf die Toilette geht, verschließt er zum ersten Mal die Tür, was früher unmöglich wäre, da er sich auf der Toilette mit abgesperrter Tür enorm fürchtete. Zum ersten Mal folgt er der Einladung von einer Gruppe von Kindern, was früher undenkbar wäre.

Ich denke, dass der Wiederholungszwang im therapeutischen Spiel der Wiederbelebung der frühesten präverbalen, körperbezogenen Erinnerungen dient, jener Körpererinnerungen, in die die nicht symbolisierbaren traumatischen Empfindungen des elterlichen, v. a. mütterlichen Parts eingegangen sind. Sie wurden in den frühen Beziehungsmodalitäten zwischen Mutter und Kind als traumatisches »Gift« des mütterlichen Unbewussten spürbar und sie setzten sich transgenerational in dem lädierten Psychischen meines Patienten als undifferenzierte Anmutungen fest. Die Wiederholung bzw. der Wiederholungszwang, auch wenn er für mich schwer zu ertragen ist und als Ohnmacht einer festgesetzten Stagnation erlebt wird, hat letztlich auch eine progressive Dimension (vgl. Pretorius, 2009). Er kann als ein Versuch von Felix gesehen werden, die undifferenzierten Empfindungen zu dechiffrieren, um in Gegenwart und mit Hilfe des Anderen allmählich Worte dafür zu finden, was ihn da überschwemmt. Ich denke, dies kann nur dann erfolgen, wenn in dem therapeutischen Übergangsraum mit mir das Erleben des Einsseins für Felix möglich wird und ich als der Andere in Union mit ihm die ihn überflutenden affektiven Bedrohungen durchleben kann, während er sein Selbstgefühl reorganisieren und neu gestalten kann.

Pulver und Jaffe (2014) betonen, dass es im therapeutischen Prozess mit dem traumatisierten Kind die Aufgabe des Therapeuten ist, symbolische seelische Räume zu schaffen, damit das Kind sein Selbstgefühl restituieren und gestalten kann. Die beiden Autoren gehen von der Grundprämisse aus, »dass die Fähigkeit in der Entwicklung der seelischen Repräsentation eines ›denkenden Selbst‹ mit der hingebungsvollen Präsenz des Anderen, ›der mich denkt‹, zusammenhängt. Der Therapeut ist der ›Andere‹, welcher darum kämpft, auch inmitten des Chaos ›denkend‹ zu bleiben.« (ebd., S. 258)

## Die zutiefst menschliche Zugewandtheit in ihrer moralischen Dimension

Kommen wir jetzt zu dem letzten »Text-Bruchstück« meines Vortrags, der Moralität in der Arbeit mit dem traumatisierten Kind. Für Chezzi Cohen sind die zutiefst menschliche und liebevolle Zugewandtheit und die Aufeinander-Bezogenheit von Selbst und dem Anderen essenziell. Sie ist das Fundament im Kontext normaler und gesunder Kindesentwicklung in der bereits anzutreffenden Objektwelt. Gleichzeitig setzt sie die Bereitstellung einer emphatischen, vom Kind wahrgenommenen Objektwelt voraus, die dem sich normal entwickelnden Kind die Möglichkeit bietet, in einem Übergangsraum die Fähigkeit zu entfalten, diese bereits vorhandene Welt illusorisch selbst erschaffen zu haben. Nur Kraft dieser Illusion ist es für das Kind möglich, ein »wahres« Selbst und seine einzigartige Identität zu entwickeln und dabei sich in seinem Eigensein als Teil dieser bestehenden Welt zu erleben (vgl. Winnicott, 1991).

Das Selbstsein kann nur durch eine würdevolle Anerkennung seiner existentiellen Einzigartigkeit, des »So-Seins«, durch den Anderen identifikatorisch entstehen und in die eigene Beziehungsgestaltung einfließen. Es ist diese konzeptionelle Vorstellung von Chezzi Cohen, die den Vorstellungen Winnicotts nahekommt und die die Erfahrbarkeit der primärobjektalen Zugewandtheit mit seinen frühesten Beziehungsmodalitäten in seiner Wirksamkeit auf einen normalen und ungestörten Entwicklungsverlauf unterstreicht.

Die zutiefst menschliche Haltung im Beziehungsdialog kann aber kaum als nur entwicklungspsychologische Prämisse biologistischer Naturgesetzmäßigkeit verstanden werden, sondern sie erfährt folgerichtig eine normative, kulturanthropologische Erweiterung, wenn wir bei der Behandlung des traumatisierten Kindes von deren heilsamen Wirkung ausgehen. Das Ziel dieser heilsamen Wirkung besteht in der Wiederherstellung eines Selbstgefühls, in dem sich das traumatisierte Kind selbstreflexiv in seinem Menschsein und seiner existenziellen Würde erleben kann. Die Erfahrbarkeit des primärobjektalen Menschseins und der menschlichen Zugewandtheit dem Anderen gegenüber wird im zeitlichen Verlauf und in neuen Entwicklungskontexten zur vernunftgeleiteten Conditio humane, die der therapeutischen Haltung verpflichtend ist, wenn sie der Reparation des beschädigten Selbstseins dienen soll. Um diesen Gedanken folgen und verstehen zu können, müssen wir uns bewusst werden, wie schwere Traumata das Erleben unseres Menschseins beeinträchtigen bzw. beschädigen können. Sic wirken sich direkt und/oder durch Transmissionen generationsübergreifender Traumata auf die 2. und sogar 3. Generation schädigend aus, was die evidenzbasierten Ergebnisse der Holocaustforschung belegen (vgl. Kogan, 1990).

Es ist für uns als Therapeuten, die mit traumatisierten Kindern arbeiten, mal mehr mal weniger präsent, dass das Durchleben des Traumas das Realitäts- und Empathieempfinden dieser Kinder verändert und deren Symbolisierungsfähigkeit stark beeinträchtigt hat (Keilson, 1984). Die schwer traumatisierten Kinder entwickeln nicht selten einen eigenen Realitätsbegriff und eine eigene Sprache, die die sozialgesellschaftlich verbindliche Sprachübereinkunft außer Kraft setzen und den Beziehungsdialog erschweren. Das Realitäts- und Empathieempfinden sowie die Symbolisierungsfähigkeit gehören zu den frühesten Grundfesten unseres Menschseins und werden im interpersonellen Dialog mit dem Anderen im Entwicklungskontext durch frühe Beziehungsmodalitäten aufgebaut und geformt. Chezzi Cohen verweist auf einen, wie er sagt, »bewegenden Aufsatz« seines Freundes und Psychoanalytikers Raanan Kulka, in dem dieser aufzeigt, dass im therapeutischen Setting »der Patient den Therapeuten als jemanden braucht, durch den das Selbstgefühl des Patienten Gestalt gewinnt« (Cohen, 2014, S. 96). Und ich möchte im Kontext meines Vortrags ergänzen, dass das traumatisierte Kind die Therapeutin bzw. den Therapeuten als jemanden braucht, damit es sich in seinem Menschsein selbstreflexiv wiedererleben kann.

Das Traumaerleben beschädigt unser Selbstsein und bringt das Selbsterleben unseres Menschseins ins Wanken, weil es über dessen Grenzen geht und durch Entgrenzungserfahrungen bis zur Entmenschlichung unser Menschsein erodieren lässt. Mit und in der Haltung bzw. Fähigkeit zu der primärobjektalen Zugewandtheit im aufeinander bezogenen Beziehungsdialog kann sich das traumatisierte Kind erfahren, wie es in seinem Menschsein sein sollte, was auf die moralische Dimension der primärobjektalen Zugewandtheit weist. Seit Immanuel Kant wissen wir, dass die zutiefst menschliche Zugewandtheit mit existentieller würdevoller Anerkennung des Anderen in seinem Selbstsein keine natürliche Eigenschaft des Menschen ist. Die Erfahrbarkeit des Menschseins unterliegt einer Entwicklung und ist Ausdruck einer vernunftgeleiteten menschlichen Entwicklungsmöglichkeit, frei zu sein, dem Anderen mit würdevoller und liebevoller Zugewandtheit zu begegnen und diese Haltung zum Imperativ menschlicher Moralität zu erheben (Boehm, 2022; Kant, 1999, 2012). Das Menschsein bedeutet also, den Menschen frei zu denken, seiner Verpflichtung auf Moralität zu folgen, und zwar auch dann, wenn die eigenen Traumatisierungen es schwer machen, sich selbst und den Anderen als Subjekte absoluter Würde in seinem Inneren zu bewahren. Wie schwierig und komplex solche Transformationsprozesse zu bewerkstelligen sind, mag uns auf der Makroebene die momentane politische Weltwetterlage mit der unendlichen Schleife täglich generierter Traumatisierungen schmerzhaft vor Augen führen.

So haben Transformation und Transmission von Traumata immer auch eine moralische Dimension, die wir bewusst mitdenken und uns auch verpflichtet fühlen sollten. Chezzi Cohen hatte trotz traumatischen Schicksals das Glück und die Gabe, die Transformationsleistung seines elterlichen Parts im familiären Beziehungsdialog identifikatorisch für sein eigenes Lebenskonzept zu nutzen und dieses in psychoanalytische Arbeit mit dem traumatisierten Kind konzeptuell umzuwandeln. Es sind Konzepte, deren Weiterentwicklung vom biographischen Widerhall eigener traumatischer Erfahrungen durchzogen ist.

## Epilog

Zum Ausklang meines Vortrags möchte ich noch einmal den israelischen Schriftsteller Amos Oz paraphrasieren in der Hoffnung, dass ich Sie mit meinen Ausführungen und Überlegungen auf »eine Reise nach innen« zum Menschen und Psychoanalytiker Chezzi Cohen mitnehmen konnte, einer Reise, die vom Widerhall eigener traumatischer Erfahrungen durchzogen die biografischen Konnotationen seines Lebenswerks zu erhellen suchte und von der Sie hoffentlich nicht mit leeren Händen zurückkehren mussten.

Meinen Vortrag möchte ich mit dem vollständigen Textfragment aus dem Roman *Eine Geschichte von Liebe und Finsternis* von Amos Oz abschließen:

> »Die einzige Reise, von der man nicht mit leeren Händen zurückkehrt, das ist die Reise nach innen. Im Innern gibt es keine Grenzen und keinen Zoll, man kann sogar zu den fernsten Sternen gelangen. Oder an Orten spazieren gehen, die nicht mehr existieren, Menschen besuchen, die nicht mehr sind. Sogar Orte aufsuchen, die es nie gegeben hat und vielleicht auch nicht geben konnte, aber an denen es mir gut geht. Oder zumindest – nicht schlecht.« (Amos Oz, 2016, S. 451)

## Literatur

Bründl, P. (2022): Migration, Transgenerationalität und Kreativität in der Kinder- und Jugendlichen-Psychotherapie. Yecheskiel-Cohen-Gedächtnisvorlesung am 2. Juli 2022 in der Ärztlichen Akademie für Kinder- und Jugendlichen- Psychotherapie, Brixen. In: P. Bründl, K. Hörter, S. Kudritzki &I. Schuber (Hrsg.): *Wandern, Wandeln und Mäandern. Jahrbuch der Kinder- und Jugendlichen-Psychoanalyse, Bd.11*. Frankfurt a. M. (Brandes & Apsel), 19–27.

Cohen, Y. (1994): Die Angst zu lieben. *Zeitschrift für psychoanalytische Theorie und Praxis*, *9*, 6–24.

Cohen, Y. (1995): Zur psychoanalytischen Realität des Borderline-Kindes. *Zeitschrift für psychoanalytische Theorie und Praxis*, *10*, 233–257.

Cohen, Y. (2004): *Das misshandelte Kind. Ein psychoanalytisches Konzept zur integrierten Behandlung von Kindern und Jugendlichen*. Frankfurt a. M. (Brandes & Apsel).

Cohen, Y. (2010): »Wie mir doch die Welt gefällt!«. In: L. M. Ludger (Hrsg.): *Psychoanalyse in Selbstdarstellungen. Band VIII*. Frankfurt a. M. (Brandes & Apsel), 9–57.

Cohen, Y. (2014): *Das traumatisierte Kind. Psychoanalytische Therapie im Kinderheim*. Frankfurt a. M. (Brandes & Apsel), 3. Aufl. 2024.

Ferro, A. (2003): *Das bipersonale Feld. Konstruktivismus und Feldtheorie in der Kinderanalyse*. Gießen (Psychosozial).

Kant, I. (1999): *Was ist Aufklärung?* Hamburg (Felix Meiner).

Kant, I. (2012). *Grundlegung zur Metaphysik der Sitten*. Stuttgart (Reclam).

Keilson, H. (1984): Wohin die Sprache nicht reicht. *Psyche – Z Psychoanal, 38*, 915–926.

Kogan, I. (1990): Vermitteltes und reales Trauma in der Psychoanalyse von Kindern von Holocaust-Überlebenden. *Psyche – Z Psychoanal,, 44*, 533–544.

Moré, A. (2013): Die unbewusste Weitergabe von Traumata und Schuldverstrickungen an nachfolgende Generationen. *Journal für Psychologie, 21*, 1–34.

Oz, A. (2016): *Eine Geschichte von Liebe und Finsternis.* Frankfurt a. M.: Suhrkamp.

Pretorius, I.-M. (2009): Wiederbelebung einer präverbalen Erinnerung im Spiel: Behandlung eines früh traumatisierten Jungen. *Psyche – Z Psychoanal, 6,* 540–565.

Pulver, G. & Jaffe, O. (2014): Vom Körper zum Denken. Die Aufgabe des Therapeuten bei der Schaffung symbolischer seelischer Räume. In: Y. Cohen: *Das traumatisierte Kind. Psychoanalytische Therapie im Kinderheim.* Frankfurt a. M. (Brandes & Apsel), 258–272.

Schambeck, F. (2023): »Wer hat gewonnen?« – »Wir beide!« Yecheskiel Cohens Überlegungen zu »Zugehörigkeit und Liebe«. In: P. Bründl, S. Kudritzki, U. Simon & C. Weber (Hrsg.): *Entwicklungskrise und Entwicklungszusammenbruch in Kindheit und Jugendalter. Jahrbuch der Kinder- und Jugendlichen-Psychoanalyse, Bd. 12*. Frankfurt a. M. (Brandes & Apsel), 15–27.

Traxl, B. (2016): Der Schrecken im Auge der Mutter. *Kinderanalyse, 24*, 144–169.

Winnicott, D. W. (1991): *Playing and Reality*. London: Routledge. Dt.: *Vom Spiel zur Kreativität.* Stuttgart (Klett) 1974.

*Robert A. Furman*
(Cleveland)

# Über Großeltern und Enkelkinder[1]

Mein Interesse an diesem Thema stammt aus drei Quellen: Dem Wunsch, mehr über meine derzeitige Lebensphase zu erfahren, weil ich interessiert daran bin, welche Aspekte der Großeltern-Enkel-Beziehung einmalig sind, im Gegensatz zu den zufälligen, nicht vitalen, nicht entscheidenden Aspekten. Und schließlich war ich neugierig, warum es dazu relativ wenig psychoanalytische Literatur gibt. Der Titel meiner Arbeit verweist nicht nur darauf, dass wir, um Großeltern zu sein, Enkel haben müssen, sondern zudem auf mein Interesse an den sich gegenseitig bedingenden Beziehungen zwischen ihnen; d. h. meiner Meinung ist gleich wichtig und bedeutsam, was Enkel ihren Großeltern geben, und was Großeltern ihren Enkeln geben. Darüber hinaus bin ich überzeugt von triebbedingter Gegenseitigkeit, die die Großeltern-Enkel-Beziehung auszeichnet, weil auf der einen Seite die libidinösen Kräfte zunehmen und gleichzeitig auf der anderen Seite abnehmen, so als geschähe die Veränderung des einen fast offensichtlich im kausalen Zusammenhang mit der des anderen.

Von Anfang an ergaben sich zwei Forschungsprobleme: Wann immer ich Kollegen und Kolleginnen erzähle, dass ich interessiert daran bin, über Großeltern zu arbeiten, kam gewöhnlich die Antwort, wie »nett« die Arbeit wohl ausfallen werde. Dies klang für mich, als würde ich romantisierend, sentimental und idealisierend eine Haltung einnehmen, und ein realitätsbezogener Artikel würde mich bestimmt enttäuschen. Das zweite Problem ergab sich aus der schmalen psychoanalytischen Literatur, die dazu verführen könnte, sich auf persönliche und anekdotische Erfahrungen zu verlassen, die eine ungute Grundlage für wissenschaftliche Arbeit sind.

---

1 Original: »On Grandparents and Grandchildren«, in: Vol. 11, June 2000 von *Child Analysis*. Published by Cleveland Center for Research in Child Development, Cleveland, Ohio. Übersetzung mit freundlicher Genehmigung des Hanna Perkins Center for Child Development.

## Frühe psychoanalytische Literatur

Traditionell beginnt 1913 die psychoanalytische Literatur über Großeltern mit drei kurzen, aufeinander folgenden Arbeiten von Jones, Abraham und Ferenczi im *International Journal for Medical Psychoanalysis*. Die drei Autoren erklärten deutlich, das über Großväter Geschriebene gelte gleichermaßen auch für Großmütter, was später von den Autoren übersehen wurde, die diese Arbeiten weiter erforschten.

Jones leitet durchgehend die Einstellungen gegenüber dem Großvater direkt von denen gegenüber dem Vater ab, letztendlich dient der Großvater als Verschiebungsobjekt angesichts ödipaler Gefühle und Konflikte. Dieser Vorgang schien ihm dadurch befördert zu sein, dass der Großvater für den Familienroman im Sinne Freuds benutzt wird, wobei der so oft geschätzte, warmherzige Großvater von verantwortungsvoller Elternschaft befreit erscheint. Jones erläutert die seiner Meinung nach allen Kindern gemeinsame Phantasie, nämlich der Wunsch zur Elternperson der eigenen Eltern zu werden, sich deren Macht anzueignen und den kindlichen Zustand von Abhängigkeit durch die Phantasie von der »Verkehrung der Generationen« mittels der Identifikation mit dem Großvater zu beenden.

Jones verweist auf Rank, der der Frage nach den Großeltern in der Mythologie nachging, etwa in der Perseus-Sage, bei der ein eifersüchtiger Vater seine Tochter eingesperrt gehalten hatte, um zu verhindern, dass sie heirate. Schließlich nimmt ihr Sohn für sie Rache, indem er ihren Vater, seinen Großvater, erschlägt. Ganz offensichtlich war das in unserer Literatur eine noch frühere Auseinandersetzung mit dem Großvaterthema.

Abraham berichtet, wie häufig seine Analysanden mit ihren Großeltern beschäftigt waren. Dies schien ihm immer auf eine heftige Abneigung gegenüber den Eltern hinzuweisen. Er bringt zwei besonders nette Vignetten über einen offensichtlich ödipalen Buben, der lange phantasierte, er sei der Prinz eines imaginären Königreichs und ordnet dabei dem König all die Stärken und Merkmale zu, die er an seinem Vater bewunderte. Aber dann forderte er die Autorität seines Vaters dadurch heraus, dass er dem imaginierten König einen allmächtigen Vater überordnete, er sich dadurch selbst einen Großvater schuf, dessen Anwesenheit die Omnipotenz seines imaginierten Vaters einschränkte. Abraham berichtete darüber hinaus, wie der Junge eines Tages, als die Mutter ihn bestrafte und damit seine Gefühle verletzte, ihr entgegnete: »… und jetzt heirate ich Großmama.«

Anschließend erläuterte er drei Weisen, wie Neurotiker ihr Konflikte mit ihren Eltern handhaben: erstens, mit Todeswünschen, zweitens, im Sine des

Familienromans andere Eltern zu haben, und, drittens, durch Entwertung der Eltern, indem sie ihre Großeltern als mächtiger verehren als ihre Eltern. Letzteres, wenn eine Autorität gegen eine andere ausgespielt wird, könnte nach Abraham als Abwehr gegenüber dem Analytiker eingesetzt werden, wenn beispielsweise die Kirche als wichtigere Autorität im Gegensatz zu der des Analytikers aufgerufen wird.

Ferenczi gab seinem Beitrag den Titel »Der Großvaterkomplex«. Damit verwies er auf zwei gemeinsame, aber gegensätzliche Haltungen, die Kinder gegenüber ihren Großeltern einnehmen können. Die eine schafft eine allmächtige Gestalt, die die Eltern als Zwerge erschienen lasse, weil diese Gestalt mit ihrer Stärke und Allmacht eine wundervolle Identifikationsfigur ist, Die andere handelt von schwachen und alten Großeltern, die das Kind wegen ihrer Senilität abwertet. Klug merkt Ferenczi an, dass es die Großeltern sind, die erstmals für das Kind die Frage nach dem Tod eines geliebten Menschen entstehen lassen, vielleicht in einzigartiger und besonderer Funktion. Er verweist auch auf den Kleinen Hans, wo Freud beschreibt, wie der Kleine, als er sich seine Mutter aneignet, er seinen Vater dadurch tröstet, indem er ihm seine Mutter, also die Großmutter von Hans, zuordnet.

Bei diesen drei sehr kurzen Beiträgen beeindruckten mich vier Dinge: Sie zeigen auf frühere Verweise bei Rank und Freud, sie sind erfreuliche, kurze Kommunikationen mit erläuternden Vignetten, wie wir sie – so fürchte ich – in der aktuellen Literatur nur mehr ganz selten finden, sie zollen dem Familienroman Respekt, wie man es heutzutage nur mehr selten sieht, und schließlich fokussieren alle drei Aufsätze durchgehend auf Gedanken zur Ödipalität.

## Freud, die Großeltern und die Enkelkinder

Interessanterweise verfasste Freud keinen Aufsatz und keinen kurzen Beitrag über Großeltern. Es finden sich auch keinerlei Hinweise in der Gesamtausgabe, in den Biographien von Jones und Gay, in seinen Briefen an Jung und Fließ oder in denen, die sein Sohn Ernst herausgegeben hat. Am nächsten kommt dem seine Bemerkung über die Beziehung zwischen Schwiegersohn und Schwiegermutter auf einigen Inseln im Pazifik und dortigen Kulturen. Er bemerkte, diese müssten gewissenhaft jeglichen Kontakt miteinander vermeiden. Humorvoller meiner Meinung nach als sonst irgendwo in der Gesamtausgabe, heißt es, dass es in weißen europäischen und amerikanischen Gesellschaften diese Vermeidungsregel nicht mehr gibt. Aber mancher Streit und manch Unerfreuliches wäre vermeidbar, wenn es dieses Vermeidungssystem in der Regel gäbe, ohne dass es dann durch Einzelpersonen wieder aufgerichtet werden müsste (Freud 1912).

Bekanntlich ist Freud nach seinem väterlichen Großvater benannt worden, der kurz vor seiner Geburt verstorben war, aber es bleibt unklar, ob er jemals seine väterliche Gro0mutter kennen gelernt hat. Die Eltern seiner Mutter kannte er wohl, die mindestens fünf Jahre in ihrer Nachbarschaft lebten, nachdem er im Alter von drei Jahren mit seiner Familie nach Wien umgezogen war. Dort soll er nach Krülls Buch *Freud and his Father* gehört haben, wie sein Großvater seinen Vater zurechtgewiesen hatte. Freud war acht, als dieser Großvater starb. Obwohl seine Großmutter ein hohes Alter erreicht haben soll, kann ich keinen Hinweis auf eine bedeutsame Beziehung zu ihr von ihm finden.

Die frühere Ehe seines Vaters samt ihren ungewöhnlichen Umständen – vor der mit seiner Mutter – bescherte Freud zwei Halbbrüder, die ihrem Alter nach leicht seine Väter hätten sein können, sowie eine Nichte und einen Neffen in seinem Alter als seine Spielgefährten. Nach Jones (1953, Vol. 1:8) nannten diese Spielgefährten seinen Vater ganz selbstverständlich »Großvater«. Später, als Freud vielleicht 19 war, meinte sein Halbbruder Emanuel, seine Familie bestünde aus drei Generationen, so als könnte man Freuds Vater Jakob auch für Freuds Großvater halten (Jones 1953, Vol. 1:9).

Doch andererseits lässt sich viel über Freuds tiefe Gefühle bezüglich seiner Rolle und seiner Lebensphase als Großvater sagen. Man schaue sich nur die Fotos mit seinen drei Enkeln in Jones Biographie (1957) an, das eine mit Ernst und Heinerle, das andere mit Stefan Gabriel (ebd., S. 78–79). Freuds Ausdruck ist dort von so warmer Zärtlichkeit, wie es sich meiner Erinnerung nach auf keinem seiner anderen Fotografien finden lässt. Heinerle und Ernst waren die Söhne von Sophie, die 1921 an der epidemisch grassierenden Grippe starb. Heinerle starb an Tuberkulose, 1923, kurz nachdem die Wucherung in Freuds Kiefer entdeckt worden war, Bezeichnenderweise sagte Freud nach dem Tod von Heinerle, der ihm besonders lieb war, dass er fortan keine Freude am Leben mehr haben konnte. Freud meinte dieser Verlust sei das »secret of my indifference – people call it courage – toward the danger to my own life« (ebd., S. 92). Später werde ich auf diese Gegensätzlichkeit von Leben und Tod bei Großeltern und Enkelkindern zurückkommen, die auch Ferenczi 1913 festgestellt hatte.

Letztendlich hatte Freud sechs Enkelsöhne und zwei Enkeltöchter. Letztere kamen allerdings recht spät, sodass er sich länger darüber beschwerte, dass ihm Enkeltöchter fehlten. Eva Mathilda, die Tochter von Sohn Oliver, starb im Alter von 20, aber Miriam Sophie, die Tochter von Martin, lebt noch und gehört dem Lehrkörper des Simons College (für Sozialarbeit) in Boston an. Krüll beschreibt sie 1979 als bekennende glühende Feministin, »die lebenslängliche Konflikte mit der Delegation, mit Loyalität und Verrat der Traditionen der Familie Freud« (Übers. P. B.; Krüll 1979, S. xvi) hatte. In diesem Zusammenhang sei zitiert, was sie nach der *New York Times* zur Freud-Ausstellung in der Library of Congress gesagt haben soll; »Manche Vorstellungen meines Großvaters sind überholt.« (Smith 1998, Übers. P.B.) Einer der Enkelsöhne wurde Analytiker, ein zweiter Abgeordneter im Parlament und Enkel Lucien gilt als Führungsfigur der sogenannten Britischen Schule in der zweiten Hälfte des 20. Jahrhunderts. In der ständigen Sammlung des Cleveland Museum of Art befindet sich ein, meiner Meinung nach, hervorragendes Beispiel seiner Malkunst.

## Spätere psychoanalytische Literatur

Die den frühen drei Arbeiten nachfolgende Literatur ist irgendwie merkwürdig, insofern der beste klinische Beitrag unveröffentlicht ist, und fundierte Beiträge von Analytikern sich in Bänden aus angrenzenden Disziplinen finden. Deshalb kann ich nicht darauf vertrauen, unsere Literatur sorgfältig und vollständig durchforstet zu haben. Dies bestätigte sich mir, nachdem ich diese Arbeit erstmals vortrug. Van Dam wies mich 1999 auf eine Arbeit von Rangell (1970) hin, die mir entgangen war. Rangell beschreibt, dass der ödipale Konflikt sich in kritischen Lebenssituationen wieder einstellen kann, beispielsweise, wenn die eigenen Kinder ihrerseits Kinder bekommen. Dies kann zu der in klinischer Arbeit beobachtbaren pathologischen Formen vom »dümmlichen Großvater, der mit jungen Mädchen herummacht« (ebd., S. 332, Übers. P. B.) führen. Solche Peinlichkeiten haben sich in meiner Arbeit gleichermaßen bei Großmüttern wie bei Großvätern finden lassen. Mit dieser Warnung ist das Nachfolgende eine persönliche Auswahl an Literaturbeiträgen, die mir besonders wichtig und interessant erschienen.

Angefangen werden muss mit Rappaports Arbeit von 1958. Sie gilt schon lange als Meilenstein für unser Thema. Er reflektiert die entsprechende Literatur, die bis dahin erschienen war, und berichtet ausführlich über den Fall einer arg verwirrten Familie, in der ein Kind von einer sehr gestörten Großmutter versorgt wird, und ergänzt seinen Bericht durch mehrere Fallvignetten. La-Barre, Jessner und Ussery stellen 1959 die zweifache Bemutterung durch die Großmutter und die berufstätige Mutter zur Diskussion. Sie beschreiben, wie schwierig dieses Arrangement für Kinder unter Drei ist. Sie zitieren eine Mutter, dass die dabei durchgeführten Sauberkeitserziehungsweisen »zu einem völlig verwirrten kleinen Bub« geführt haben. Ähnlich berichtet Werman 1980 von seinem von Mutter und Großmutter aufgezogenen Patienten, der in seinen Masturbationsphantasien hintereinander mit einer jüngeren Frau und dann mit einer älteren Frau Geschlechtsverkehr hatte. In ihren ersten beiden nicht aufeinander bezogenen Arbeiten berichten Myerson und Epstein (1976) von ihren Erfahrungen in der Ambulanz des New York Psychoanalytic Institute mit drei Patienten, die sehr liebevoll mit ihren Enkeln umgingen, nachdem ihre Eltern sie abgelehnt hatten. Auf die Analytiker übertrugen die Patienten Gefühle, die aus ihren Elternbeziehungen stammten, aber auf die sehr kostengünstige Ambulanz waren die Gefühle gerichtet, die den Großeltern galten. Im zweiten, nicht dazugehörigen Artikel stellt Pfesser eine Fallvignette vor, die Horrowitz (1980) diskutiert. Der äußert sich sehr wohlwollend über die »gefühlsvolle unsexuelle Wärme der Großeltern auf die liebevoll ödipale Züge ohne leidenschaftliche Übertöne verschoben wurden« (ebd., S. 59, Übers. P. B.).

Der zweite wegweisende Artikel stammt von Cash (1982) in einem von ihm mitherausgegebenen Buch. Darin gibt er einen Überblick über die Beiträge nach Rappaport, gefolgt von einer Mischung aus Mythologischem und seinen persönlichen Vorstellungen über Großeltern, die beschenken, die Familiengeschichte hüten und eine Quelle zusätzlicher emotionaler Zuwendung für ihre Kinder und Kindeskinder sind. Bezugnehmend auf Jones findet Cash die warme Zärtlichkeit des Großvaters wichtig, die dem Enkelsohn es erleichtern mag, in gesunder Weise seine passiven Strebungen zu akzeptieren. Cash zeichnet ein realistisches Bild einschließlich negativer Haltungen von Großeltern, die sehr beschwert nichts mit ihren Enkelkindern zu tun haben möchten.

Ehe ich zu den schwer auffindbaren Artikeln komme, möchte ich zunächst zu zwei vor Kurzem erschienenen Veröffentlichungen kommen. 1983 formulierte Blum sehr feinfühlig die Rolle der Großeltern, wenn ihre unfruchtbar gebliebenen Kinder sich zur Adoption entschließen. Er beschreibt, wie Großeltern in solch schwierigen Zeiten eine Unterstützung sein können, aber auch wie arg sie sich narzisstisch verletzt fühlen mögen, weil so genetisch ihre Familie nicht mehr weitergeführt wird. 1985 äußerte sich Peter Blos Jr. zur indirekten Rolle der Großeltern als »Gespenster im Kinderzimmer«, wenn aus der Vergangenheit die pathologische Mutter-Tochter-Beziehung wieder auftaucht und in der Folge die Mütterlichkeit der Tochter stört. Blos betont, dass diese Situation eine Chance für die Therapie sein kann, wenn die jüngere Generation therapeutisch früh in ihrer Elternschaft erreicht wird.

Eine der schwierig auffindbaren Arbeiten ist nicht publiziert, an der Sam Lerner, ehemals Cliveland (jetzt Georgia), mich freundlicherweise hat mitarbeiten lassen. Lerner berichtet ausführlich faszinierende psychoanalytische Fallvignetten und zeigt, wie die ganz spezifische und besondere Rolle des jeweiligen Großvaters in die Psychopathologie dreier männlicher Patienten hereinspielte. Er beginnt die Arbeit mit einer hübschen persönlichen Erinnerung: Er war auf Besuch bei seiner dreijährigen Enkeltochter, die offensichtlich ganz verliebt in ihn war und ihn stolz ihrer Kindergartengruppe vorstellte. Als die Mutter sie während seines Besuchs rügte, antwortete sie: »Wenn Du nicht lieb bist, geh ich zum Großvater und sag es ihm.« Die Vorstellung vom Großvater als Chef der sonst allmächtigen Mutter erschien ihm in Resonanz mit seinen Falldarstellungen.

Ich bringe nur beispielhaft einen Ausschnitt aus einer analytischen Behandlung. »Der männliche Patient war in seiner frühen Kindheit traumatisch operiert worden. Er wurde später ein begeisteter Amateurfunker. Dieses Hobby nahm seine ganze Zeit in Anspruch, weil er nie mit seiner Antenne zufrieden war. Er war ständig auf der Suche nach einer noch größeren und noch stärkeren. Nachdem der Analytiker all die offensichtlichen Deutungen gegeben hatte, bemerkte er leicht humorvoll, der Patient sei wohl erst dann zufrieden, wenn seine Antenne bis zum Himmel reichte. Überraschenderweise antwortete der Patient seinem Analytiker, das sei ganz richtig, denn dann könnte er sich mit seinem Großvater austauschen, dessen Tod die Depression seiner Mutter auslöste, als er drei war. So tauchte zum ersten Mal diese mächtige Gestalt als Chef der Mutter des Patienten in der Analyse auf. Weil der Großvater so zugänglich wurde, erwies sich das in der Analyse als zentral und entscheidend, weil es dem Patienten half, seine Schwierigkeiten integrierend aufzulösen.

Auch die anderen Analysen von Lerner fokussierten auf die merkwürdigen Verhaltensformen seiner Patienten, die solange unverständlich blieben, bis sie sich als Identifikation mit dem schützenden Großvater zeigten, der erneut so etwas wie der übermächtige Chef der Mütter zu sein schien. Das klinische Material untermauerte Lerners Überzeugung, dass das Verständnis der Rolle der Großväter oft hilfreich dazu beitragen kann, wie wir die pathologische Entwicklung unserer Patienten besser verstehen können.

Analytiker, die in nicht-analytischen Publikationen zitiert werden, fangen mit einem Zitat von Helene Deutsch von 1945 an. Nach ihr hänge die erfolgreiche Großmutterschaft einer Frau davon ab, wie sie ihr höheres Alter annehmen kann und wie zufrieden sie ihre mütterliche Rolle hat ausfüllen können. Die gute Großmutter war einmal eine gute Mutter und wird ihre Tochter in deren Mutterschaft unterstützen, wird »eine positive Kraft, eine bereichernde Gestalt für ihre Enkelkinder sein, die ohne narzisstische Anklänge zur wirklichen Objektliebe fähig ist« (ebd., S. 145, Übers. P. B.).

Auch das Zitat von Therese Benedek (1970) ist schwer zu finden. Eine Zusammenfassung verliert leicht deren sprachliche Eleganz. Anfangs bemerkt sie: Sobald Großeltern ihre Enkel lieben können, nutzen die Enkel ganz selbstverständlich dieses echte Liebesangebot. Das bedeutet nicht notwendig Süßigkeiten, Spielzeug oder gemeinsam verbrachte Zeit. Die großelterliche Liebe vermittelt dem Kind das sichere Gefühl, unverdienterweise liebenswert zu sein. Diese selbstlose Liebe der Großeltern bewahrt dem Kind in seinem unbewussten Erleben ein Stück selbstverwöhnender Omnipotenz. Was bekommen die Großeltern dafür zurück? Ein liebevoller Blick des Kindes, eine vertrauensvolle Hand, die signalisieren, dass sie oder er gebraucht, gewollt, geliebt wird. Dies ist der Beitrag zu einem neuen Stück Leben.

Deshalb möchte ich jetzt an den Titel von Cashs Arbeit erinnern: »Schicksale der Großväterlichkeit. Eine wunderbare Revitalisierung« (1980). Denn seine Überlegungen ergänzen sich mit Benedeks »Beitrag zu einem neuen Stück Leben«. An dieser Stelle sollte auch die Analyse mit älteren Patienten erwähnt werden, die möglicherweise Abraham initiiert hatte und von King (1980) wieder aufgegriffen wurde. Deren analytische Behandlungen verdeutlichen, dass Großelternschaft im Lebenslauf eine wirkliche entwicklungsspezifische Anpassung an das Berufsende und an eine Lebensphase ist, die mit den Tod enden wird. Das erinnert an Ferenczis Beobachtung, dass Großeltern ihren Enkeln den Tod geliebter Menschen nahebringen. Oft repräsentieren sie die erste wichtige Beziehung, die vom Tod unterbrochen wird.

Aus der Perspektive der Menschen im Großelternalter ist der Tod nichts Theoretisches, sondern ein Vorstellungsraum davon, wann sie wohl sterben werden, wie sie sterben und wie sie mit der einen oder anderen Krankheit als ständigem Begleiter leben werden. In diesem Zusammenhang möchte ich zwei nachdenkenswerte Überlegungen vorschlagen.

Der erste Gedanke gilt dem Gedanken an den Tod, der für die älteren Menschen so zentral ist, sodass für manche Analytiker und Analytikerinnen, darüber zu schreiben, dies zu viel Unbehagen bereiten würde.

Der zweite Gedanke gilt dem »Beitrag zu einem neuen Stück Leben« (Benedek 1970) und der »Wunderbaren Vitalisierung« von Cash (1980), die möglicherweise von einer gewissen Aura umgeben zu sein scheint, die den näherrückenden Tod verleugnet. Mir scheint, dass beide ein Konzept teilen, das in den USA nur selten benutzt wird, das aber unsere finnischen Kollegen gerne nutzen, damit gut zurechtkommen, so wie sie es verstehen – und zwar den Todestrieb. In diesem Zusammenhang könnte sich die Frage stellen, ob mit fortschreitendem Alter eine Entmischung der Lebens- und der Todeskräfte sich vollzieht, und sie zunehmend wahrnehmen, wie der Todestrieb aufsteigt. Dabei können Enkelkinder ganz besonders hilfreich und tröstend sein. Denn sie verkörpern in ihren kraftvollen Aktivitäten, mit ihren Schwierigkeiten, in ihrem sicheren Containment der libidinösen Triebe, ganz essentiell die vollen Lebenskräfte. Ab und zu können die Großeltern an diesen Kräften teilhaben und erinnern sich zum Trost vielleicht an ihre frühen so bewegten Tage, als sie noch hüpften und rannten, anstatt wie jetzt zu gehen.

Hier möchte ich nochmals betonen, worauf ich schon weiter oben zu Beginn der Arbeit hingewiesen habe, nämlich auf die Gegenseitigkeit des Triebhaften in dem Sinne, dass bei den Großeltern die libidinösen Triebregungen nachlassen, während sie gleichzeitig in den Enkelkindern ansteigen. Ich will versuchen, Ferenczis Beobachtung, dass die Großeltern die Enkelkinder mit der Vorstellung vom Tode eines geliebten Menschen vertraut machen, zu integrieren mit Freuds Feststellung, dass der Tod seines Enkels ihm alle Lebensfreude genommen hatte. Dazu der Gedanke von Horowitz (1980) über die »nicht-sexuelle Wärme der Großeltern auf die (die ödipalen Strebungen) von ihren leidenschaftlichen Elementen befreit verschoben werden«. All diese drei Positionen lassen sich umschreiben im Sinne von: Freud spricht die Lebenskräfte seines Enkelsohn an und was das ihm bedeutet. Horowitz spricht die schwindende Libido in den Großeltern an, was sie zum geeigneten Objekt macht, um auf sie eingehegte ödipale Gefühle zu verschieben, und die Großeltern ermöglichen, wie Ferenczi bezüglich des Todes eines geliebten Menschen meint, durch ihre liebevollen Beziehung den Enkeln, traurig über den Tod nachzudenken anstatt Angst vor den Alten zu haben, wie es sonst üblich für Jugendliche ist.

Um dies zu illustrieren, möchte ich hier eine Anekdote einfügen. Eine Großmutter, die in ihrem letzten Lebensjahr sich ihres bevorstehenden Todes bewusst war, sagte, der Tod mache ihr nichts aus und sie hätte keine Angst vor dem Sterben, nachdem sie ihre Enkelkinder gesehen hatte. An ihnen hätte sie gemerkt, »dass das Leben ein geschlossener Zyklus ist«, dass das Leben nach ihr weiterginge. Diese Bemerkung war mir rätselhaft, ich konnte sie mir nie letztlich erklären. Ich fragte mich, warum ihre eigenen Kinder ihr kein vergleichbares Sicherheitsempfinden vermitteln konnten. Ich bin mir nicht ganz sicher. Aber ich glaube, sie erlebte ihre Kinder als ihre eigenen Geschöpfe, dagegen in der Großelternrolle nicht so ihre Enkelkinder, Vielmehr repräsentierten diese die Lebenskräfte, die ganz außerhalb und unabhängig von ihr wirken. Nach Erna Furman schien diese Frau zu denken: Obwohl ich dem Todestrieb unterworfen bin, sehe ich in meinen Enkelkinder die Libido, die Lebenskräfte, die zweifelsohne weiterwirken, irgendwie siegt das Leben über den Tod – selbst im Tod. Möglicherweise beinhaltet das für mich, dass mit meinem Tod nicht alles zu Ende geht, nicht alles vernichtet wird. So kann ich dem Tod entgegensehen als unvermeidliches Ergebnis des Todestriebs ohne jegliche Vernichtungsangst.

## Nicht-psychoanalytische Arbeiten

Die Schriften aus unseren Nachbarwissenschaften tendieren erheblich zu Demographie und Statistik, weit weg von Gefühlslagen und Erklärungen der statistischen Daten. Ein komplexerer Text wurde von dem Kinderpsychiater Arthur Kronhaber verfasst mit dem Titel »Contemporary Grandparenting« (1996). Er führte über viele Jahre eine Großeltern-Langzeitstudie durch. Sie ermöglichte es ihm, Konzepte zu entwickeln wie »latente großelterliche Identität« und einen »Großelterntrieb«, der in »funktionaler großelterlicher Identität« sich aktiviert, sobald ein Enkelkind geboren wird. Er zählt vielfältige großelterliche Rollen auf: der lebende Vorfahre und Familienhistoriker, Mentor, Rollenmodel, Ernährer, Spielgefährte und Spießgeselle, Zauberer und Held. Es ist ein recht komplexes, umfangreiches Art Lehrbuch, benennt die gesetzlichen Rechte von Großeltern, die Rollen und allgemein bekannten Tatsachen über Urgroßeltern und zitiert, überraschend, dass 40% der Bevölkerung über 65 Jahre Großeltern sind. Am besten gefiel mir eingestandenermaßen sein erstes Zitat aus der schönen Literatur (1977) von Jean Paul Sartre: »Zu meinem Erstaunen brach meine Großmutter stets in Freudeschreie aus, nur weil ich Hunger hatte.«

Ähnlich wie das Buch von Kornhaber zeigt die Literatur im Ganzen manch interessante Fakten auf. Meist verweisen diese darauf, dass die Großeltern für sie spät besondere Bedeutung erlangen. In den letzten zwei Jahrzehnten hat die Literatur über Großeltern beträchtlich zugenommen. Seit 1979 ist (in den USA) der erste Sonntag nach Labor Day offiziell der Großelterntag (Werner 1991). In allen der 50 Staaten (der USA) gibt es die Gesetzgebung bezüglich Großeltern und ihrem Besuchsrecht bei Enkeln, wenn deren Eltern geschieden sind (Smith 1991). So wurde die »Scale of Intergenerational Relationship Quality« (SIRQ) entwickelt (Watschleg 1996). 70% der Menschen in der Großeltern-Altersgruppe sind Großeltern und bleiben es für ein Drittel ihres Lebens (Smith 1991). Uninteressierte Großeltern kommen auf etwa durchgehend 10% der möglichen Population (Werner 1991). Die jüngste Großelternkohorte beginnt meiner Lektüre nach bei 28 Jahren (Smith 1991).

Zusätzlich zu solch vereinzelten Daten gibt es einige einsichtige Beobachtungen, beispielsweise dass Großeltern ihre Fragebögen anscheinend wenig spontan ausfüllen. Sie berichten nur, was sie mit ihren Enkeln machen, aber nie, was die Enkelkinder ihnen bedeuten (Hurme 1991). Ähnlich einseitig berichtet eine Großmutter, dass – als sie zum ersten Mal ihr Enkelkind auf den Arm nahm – »unmittelbar alles von ganz früher zurückkam« (Fisher 1983).

Es finden sich auch einige gute Bemerkungen darüber, wie ungeheuer komplex das Thema »Großeltern« ist, insbesondere in Hinblick auf die kulturellen

Unterschiede zwischen einer Gesellschaft mit der Kernfamilie im Zentrum im Gegensatz zu einer anderen, die sich aus weitgespannten Großfamilien aufbaut. Dort gibt es die Unterschiede zwischen Großmüttern und Großvätern, zwischen väterlichen und mütterlichen Großeltern. Wobei die mütterlichen Großeltern gewöhnlich sich am meisten einbringen. Smith (1991) bezeichnet als »off-time Großeltern« solche, für die die Enkelkinder entweder viel zu früh in deren Leben kamen oder viel zu spät als beispielsweise Erkrankungen eine aktivere Großelternrolle verunmöglichten.

## Bestimmte afroamerikanische Großmütter und die transgenerationale Weitergabe von Trauma

Ich möchte dies spezifische Thema beleuchten, das viel Aufmerksamkeit auf sich gezogen hat. Gemeint sind die afroamerikanischen Großmütter in den Großstädten der USA, die die Kinder von Töchter versorgen, die im Crack- und Kokain-Morast steckengeblieben sind, oder solche Großmütter, die die Kinder ihrer adoleszenten Töchter aufziehen. Ganz viele Faktoren verkomplizieren diese Ersatz-Elternschaft. Da sind die Sorgen um die drogenabhängige Tochter, die Angst, Fehler in der Elternschaft zu wiederholen, die zur Drogenabhängigkeit der Tochter geführt hatten. Solch elterliches Fehlverhalten stellt sich tatsächlich ein, wenn in der Familie vor dem Kind der Mann verleugnet wird. Häufig wechseln sich die Verwandten innerhalb der Großfamilie in der elterlichen Fürsorge ab. Damit verändert sich ständig die Verhaltenskontrolle, und mit dem jeweiligen Gesundheitszustand der Großmutter verbinden sich Sorgen und Probleme. Dieses Thema ist so komplex, dass ich mir kaum vorstellen kann, wie die Analyse von Statistiken dabei viel weiterhelfen soll. Und was die adoleszenten Mütter betrifft, kann die Rolle der Großmutter bestenfalls eine Balance herstellen, indem sie einerseits die mütterlichen Strebungen ihrer Tochter fördert, aber andererseits auch die offensichtlichen Bedürfnisse ihrer Tochter nach Ausbildung und nach einem adoleszenten Leben unterstützt. Wenn sie aber tatsächlich der Tochter die Betreuung ihres Enkelkindes abnimmt, verhindert sie die Aneignung mütterlicher Fähigkeiten durch ihre Tochter. Und erneut schein mir bei solch einem komplexen Thema die Analyse statistischer Daten nicht hinreichend hilfreich.

Dazu eine persönliche Erfahrung: Vor vielen Jahren wurde mir als angehender Psychiater eine Frau in ihren Zwanzigern überwiesen, die Mutter von zwei Vorschulkindern war. Sie kam nach dem Tod ihrer Mutter in die Klinikambulanz. Sie kam nicht wegen Trauerschwierigkeiten, sondern ihre Belastung bestand darin, dass sie jetzt die Bemutterung ihrer beiden Kinder übernehmen musste, die ihre Mutter bis zu ihrem Tod ausgeübt hatte. Sie fühlte sich völlig unvorbereitet auf diese Rollenübernahme. Sie haderte mit dem Schicksal, das ihr mit dem Tod der Mutter diese Rolle nun angetan hatte. Sie erklärte mir, dass man in ihrer Familie erst als Großmutter die Säuglinge bemutterte und die Kinder aufzog. Ihres Wissens nach war das so schon seit vielen Generationen.

Diese persönliche Erfahrung passt zum Bericht von Erna Furman über ihre Zusammenarbeit mit Mrs. Rous über jugendliche Schülerinnen, die entweder schwanger oder schon Mütter geworden waren. Sie arbeiteten intensiv daran, dass diesen Jugendlichen die Mutterschaft am allerwichtigsten werden sollte, dass sie eine Familie gründen wollten. Und dennoch fand sich recht häufig eine Großmutter, die die Betreuung des Enkelkindes übernehmen wollte und den Kindsvater ganz aus seiner Rolle als Vaters ausschießen wollte und damit gnadenlos den Start einer Kleinfamilie wirklich verhinderte. All das erinnerte mich an eine Analyse, die ich vor vielen Jahren supervidiert hatte. Der afroamerikanische Vater des Analysanden war ein wirklicher »pater familias«, der für die ganze Großfamilie verantwortlich war, sie aber zuweilen so sadistisch kontrollierte, dass der Analysand seinen Vater eher wie einen Sklavenaufseher oder Plantagenbesitzer erleben ließ.

In diesem Zusammenhang sei an die Arbeiten von Vamik Volkan (u.a. 1996) erinnert. Er konzipierte das erwählte historische Trauma im Gegensatz zu historisch glorreichen Siegen, dessen Erzählung von Generation zu Generation weitergegeben wird.

Wenn die Traumata so schlimm waren, die Opfer so hilflos und gedemütigt ohne Bewältigungsmöglichkeiten sind, wiederholt sich das Trauma, indem es sich für die nächste Generation ins Familiensystem einschreibt. Ich erinnere mich, wie ich außerhalb von Charleston in South Carolina die Überreste einer Plantage besuchte. Dort gab es eine Zeichnung aus der Zeit vor dem Sezessionskrieg, auf der eine Reihe von Matratzen zu sehen ist, auf denen die dunkelhäutigen Babys lagen, die von älteren afroamerikanischen Frauen beaufsichtigt wurden, möglicherweise von Großmüttern oder sogar von Urgroßmüttern, die für die Feldarbeit zu alt geworden waren. Die Mütter der Babys waren möglicherweise auf den Feldern oder kümmerten sich im Herrenhaus der Plantage um die Kinder ihrer weißen Besitzer. Grundsätzlich war in dieser Gesellschaftskultur die Heirat zwischen den Eltern dieser Babys verboten, die Identität des Babys war, Mutters Kind zu sein. Wenn man dies unter Volkans Konzept der transgenerationalen Weitergabe des Traumas betrachtet, so drängt sich die Kinderpflege durch die Großmutter und der Ausschluss des Kindsvaters aus der Familie als Wiederholung zwingend auf.

## Weitere Sonderfälle

Ehe ich zu meinen eigenen entsprechenden analytischen Erfahrungen komme, möchte ich mich noch dem verwandten Thema der doppelten Mutterschaft zuwenden, bei der die erwachsenen Kinder eine Vermittlerrolle einnehmen zwischen ihren Eltern und ihren eigenen Kindern, zwischen Großeltern und Enkelkindern. Das lässt die Frage nach der essentiellen Natur der Großelternfunktion aufkommen. Nie scheint darauf hingewiesen worden zu sein, was geschieht, wenn bei einer doppelten Bemutterung durch Mutter und die zur Mutter gewordenen Großmutter sie nach ihrem Tod diese Rolle nicht mehr einnehmen kann, um nach Horowitz (1980) als neutrales Objekt zur Verfügung zu stehen, auf das zur Bewältigung die ödipalen Wünsche verschoben werden können. Das verweist direkt auf die Vermittlerrolle der erwachsenen Kinder in den Beziehungen zwischen ihren eigenen Kindern und ihren eigenen Eltern. Es ist doch offensichtlich eine große Freude, wenn ein erwachsenes Kind seinen Eltern das Enkelkind präsentieren kann Wer wird denn nach der Geburt des Babys als Erster angerufen? Diese Freude und der aktive Wunsch, die Großeltern-Enkel-Beziehung zu stärken. hängt wohl davon ab, ob die Objektentfernung (Katan 1951, object removal) erfolgreich bewältigt worden ist. Blieb diese unvollständig, dann können die jungen Eltern mit ihren Eltern nicht hinreichend lernen und teilen, wie es nötig wäre, werden sich nicht über Elternschaft und Kindschaft freuen können, wenn sie ihren Eltern als wirklich Gleiche begegnen, die die schwierigen Turbulenzen in der Elternschaft gut kennen.

Ich frage mich, ob die Rolle der Großeltern für das Kind entscheidend ist oder nicht. Deshalb zähle ich zunächst auf, welche möglichen Rollen die Großeltern oder Ersatzgroßeltern für die Enkelkinder spielen können. Ein ödipales Mädchen zieht plötzlich die Gerichte seiner Großmutter denen ihrer Mutter vor, ganz offensichtlich aggressiv gegenüber der Mutter als zweitbesten Köchin. Das mag so sein, aber andererseits gilt es zu bedenken, dass das Kind einfach von so vielen libidinösen und aggressiven Triebregungen bedrängt wird, die integriert werden sollten, dass es zuweilen entlastend die liebevollen Gefühle auf die Großmutter verschiebt. Sobald das Kind das Latenzzeitalter erreicht hat, wird es das von der Mutter Gekochte wieder besonders schätzen, das von der Großmutter nicht mehr übermäßig. Das Mädchen fängt an, sich bedeutsam mit Mutter und Großmutter sublimierend zu identifizieren, wenn es dann selber kocht, backt und näht. In der Literatur finden sich Hinweise darauf, wie die Jugendlichen in der Beziehung zu ihren Großeltern elterliche Fürsorge für die Großeltern übernehmen, während sie sich zuhause noch ganz unerwachsen als Kinder benehmen. Mir scheint, es gibt einen ganz natürlichen »Hunger« kleinerer Kinder und Jugendlicher nach Großeltern einerseits und von Großeltern nach Enkelkindern andererseits. Ich bin nicht sicher, ob dieser »Hunger« durch Ersatzfiguren gestillt werden kann. Ich kenne Nachbarn und Familienfreunde, die von kleineren Kindern adoptiert wurden, um fehlende Großelternfiguren zu ersetzen. Ähnliches erlebten wir umgekehrt in einer Straße, in der wir seit 30 Jahren leben und in der drei Generationen wohnen. Ein allen bekannter, liebenswerter älterer Herr ging morgens immer mit seinem Hund spazieren. In der einen Hosentasche befanden sich die vielen Bonbons für die Kinder auf dem Schulweg und in der anderen die Hundekuchen für die anderen Hunde, die zur gleichen Zeit spazieren geführt wurden. Nach seinem Tod sammelte die Nachbarschaft Geld, um ein Zootier zu seinem Gedenken zu unterstützen Ganz offensichtlich hatte er im Straßenblock seine Ersatzenkelkinder gefunden, und gleichzeitig erfüllte er für deren Eltern eine Vaterrolle, weil sie die Adoption eines Zootiers möglich machten.

Die Frage nach Ersatzgroßeltern und Ersatzenkelkindern lässt sich nicht so einfach beantworten. Ich bin im Konflikt beim Beantworten, weil ich am liebsten sagen würde, dass der Ersatz nie so gut wie das Original ist; andererseits sagt mir mein Verstand, wie wirksam Ersatzpersonen sein können. Zunächst lässt mich wissenschaftliche Forschung, aber auch der gute Menschenverstand darauf verweisen, wie deutlich und kontinuierlich Kinder Entwicklungsschwierigkeiten aufweisen, denen – aus welchen Gründen auch immer – Großeltern fehlten. Ferner gilt es darauf hinzuweisen, wie die Kinder in Nachbarn, in Familienfreunden oder im Nachbarn mit den Bonbons Ersatzfiguren finden. Aber dann denke ich an den Unterricht in der High School Oberklasse zurück. Wir studierten »Helping young children grow« (Furman 1987) im Seminar Kinderentwicklung, in dem die Mehrheit der Teilnehmenden aus Familien kamen, bei denen Vater bzw. Mutter nicht zusammen in deren Wohnungen lebten. Für diese klugen jungen Leute war es ganz selbstverständlich, dass ein Verwandter oder ein Freund der Mutter ein Ersatzvater war, auch wenn er einfach nicht der letztlich mit der Mutter verheiratete Vater war, so war er doch ihr oder sein Vater. Sie verstanden die Bemerkung der kleinen Patientin von Erna Furman, deren Vater ermordet worden war, nur zu gut, als sie in der Analyse sagte: »Etwas ist besser als gar nichts«, zumal sie dadurch auch zu verstehen gab, dass ihr Vater durch nichts ersetzt werden kann. Wie lassen sich diese zwei gegensätzlichen Ansichten zusammenbringen? Dafür möchte ich die mögliche Bedeutung von Ersatzfiguren bis zum Schluss aufschieben.

## Meine analytischen Erfahrungen

Ich komme nun zu meinen eigenen analytischen Erfahrungen. Ich erinnere zwei Analysen, bei denen die Großeltern in der Arbeit eine entscheidende Rolle gespielt haben, wenn ihre Bedeutung auch unterschiedlich gewichtet war. In der ersten Behandlung ging es um einen Knaben in der Latenz. Er litt an schwerer Verlustangst bezüglich seiner Mutter. Diese zeigte sich täglich überdeutlich, wenn sie stets bis zu 20 Minuten zu spät kam, um ihn nach der Sitzung abzuholen. In dieser Zeit kämpfte er innerlich heftig mit seinen angstvollen Vorstellungen, welche ihr zugestoßenen Unfälle Grund für ihre Verspätung sein könnten. Als die väterliche Großmutter es übernahm, ihn abzuholen, waren seine Aggressionen auf die Mutter noch nicht ganz durchgearbeitet und von ihm noch nicht hinreichend bewältigt. Deshalb glaubte ich, so abgeholt zu werden, würde ihn sehr erleichtern. Dem war nicht so. Tatsächlich kam nun neu die Angst auf, seine Großmutter könnte sterben.

Er erklärte mir, wahrscheinlich würde ich niemanden kennen, der so klein ist, sodass er durchs Steuerrad hindurch und nicht drüber hinaus auf die Straße schauen muss. Für die analytische Arbeit wurde die Urszene zentral. Mit drei wollte er den Ursprung seiner Baby-Schwester erkunden. Der Vater bestätigte, dass er dabei einer Urszene ausgesetzt gewesen war. Als mein Patient erstmals außer Haus übernachtete, kam er zu seinen Großeltern. Sie stellten sein Bett in ihr Schlafzimmer und konfrontierten ihn umgehend mit einer weiteren Urszene, Dies bestärkte mich in meiner Überzeugung von der transgenerationalen Transmission. Wahrscheinlich beraubte die Urszene der Großmutter ihrer nicht-triebhaften Position, und das machte sie umso mehr – und weniger, so wie sie das Auto steuerte – zum passenden Objekt, auf das er seine Angst, die Mutter zu verlieren, verschieben konnte.

Die zweite analytische Arbeit über Großeltern war deutlich komplexer und bedeutsam. Mein Analysand hatte gerade das College abgeschlossen und wollte sich über seine Lebensgeschichte klar werden, die von Beginn an ganz ungewöhnlich und kompliziert war. In seiner Narration gab es anfänglich eine Haushaltshilfe, die schon vor seiner Geburt und dann bis er zwölf geworden war, von 9 h früh bis 5 h nachmittags arbeitete In seinem ersten Lebensjahr war seine Mutter wohl die meiste Zeit für ihn da. Dann verbrachte sie wohl ihre Tage im Familiengeschäft, während er hauptsächlich der Haushälterin überlassen war. Mit drei kam er vormittags in den Kindergarten, den Nachmittag verbrachte er unter der Aufsicht einer Reihe von älterem Angestellten im Familiengeschäft. Einige von denen waren verantwortungsvoll und fürsorglich. Seine väterlichen Großeltern, die den Familienbetrieb aufgebaut hatten, lebten ganz in der Nähe. Manche Wochenenden war er bei ihnen, aber das war ganz ungewohnt für ihn, weil es in ihrem Haus keinerlei Spielzeug gab. Seine liebste Erinnerung daran war, wie er mit seinem Vater im tollen großen Auto bei Höchstgeschwindigkeit auf Vaters Schoß saß.

Die Beziehung seiner Eltern war recht schwierig, das gemeinsame Interesse am Familienunternehmen interessierte sie gemeinsam, aber nicht das Familienleben selber. Die Familie traf sich nur auswärts in teuren, eleganten Restaurants zum gemeinsamen Essen. Die Mutter tat viel, um das Zuhause blitzsauber zu halten. Die Möbel waren mit Plastikfolien überzogen, und er sollte keine Freunde mitbringen, weil die das Haus schmutzig machen könnten. Stattdessen gab es im Keller eine Unmenge an teurem Spielzeug, das ihm die Anwesenheit von Eltern und Freund ersetzen sollte.

Zu Beginn der Analyse war sein ungewöhnliches Symptom leicht verständlich, auch wenn er es überhaupt nicht pathologisch fand. Das war seine Neigung ungeheure Geldsummen auszugeben für Reisen, Hotels und Kleidung, eben für alles, was Unsummen verschlang. Gemeinsam verstanden wir, dass er Geld symbolisch vernichten wollte, das ihm die Eltern anstatt Zuwendung und Zärtlichkeit gegeben hatten.

In der Anfangsphase erzählte er mir eines Tages, dass er jedes zweite Wochenende in einen Flieger gesetzt wurde, um auswärts Zeit mit seinen mütterlichen Großeltern zu verbringen. Die Vorstellung von einem Dreijährigen ganz allein in einem Flugzeug berührte mich dermaßen, dass ich spontan etwas sagte wie: »Wie schrecklich, das tut mir wirklich leid.« Sofort sagte er mir, wie sehr ich mich irrte. Diese Reisen waren der beste Teil in seinem Leben; das sei auch der Grund, warum er gerne reise, insbesondere mit Flugzeugen. Seine Großeltern respektierten ihn als Mensch; da gab es Pflichten, die sie von ihm erwarteten, wie sein Bett zu machen, und er fühlte sich geliebt und fühlte gegenseitigen Respekt. Im Verlaufe der Analyse wurde einsichtig, dass seine über neun Jahre lange Beziehung zu diesen Großeltern es ihm ermöglicht hatte, ein fühlender Mensch zu werden.

Diese Welt ging leider zu Ende, als er zwölf Jahre alt war, als seine Mutter schlimm an schwerer Multipler Sklerose erkrankte und sich ihre Persönlichkeit zunehmend veränderte. Diese Erkrankung machte ihr Leben in den ihr noch verbleibenden zehn Jahren extrem schwierig. Die mütterliche Großmutter übersiedelte an den Wohnort ihrer Tochter, um ihr nahe sein zu können. Dabei schien auch sie sich zu verändern und sich mehr in sich zurückzuziehen, hatte nicht mehr wie gewohnt viel Zeit für ihn, wo doch Abwechslung von seiner Einsamkeit für ihn so wichtig gewesen wäre. Das war nun alles vorbei. Auch die Haushaltshilfe ging weg. Das alles geschah zu Beginn eine verwirrenden und einsamen Adoleszenz, in deren Verlauf ihm nie etwas über die Krankheit seiner Mutter erklärt worden war. Darüber hinaus wurde er schon ab acht Jahren stets ins Sommer-Camp geschickt. Nach dem Tod seiner Mutter fand er in deren Krankenhausakte daheim die Notiz von einem Arzt, der der Familie dringend nahelegte, doch den 14-jährigen Sohn über die Erkrankung seiner Mutter aufzuklären.

Mitten in der Analyse brach ihm fast sein Herz, als er unabweislich erfuhr, dass sein geliebter mütterlicher Großvater der zweite Ehemann seiner Großmutter war, mit dem er gar nicht blutsverwandt war. Er fühlte sich tief verletzt, weil keiner von ihnen wirklich ehrlich zu ihm gewesen war und weil sich diese Unfähigkeit der Familie, ehrlich und respektvoll zu sein, bis in sein Erwachsenenalter fortsetzte. Gegen Ende der Analyse war die Beziehung zu seinen noch lebenden Großeltern sehr schwierig. Perfektionistisch tat er mit ihnen und für sie Dinge, die früher für ihn Lebenslust ausgemacht hatten.

Nach der fast achtjährigen Analyse kam er im Durchschnitt alle vier Monate wieder, um mich zu sehen. Es wurde deutlich, dass seine täglichen Behandlungsstunden an ein Ende gekommen waren, aber seine Analyse nicht. Ganz aktiv reflektierte er den ehemaligen Therapieverlauf und versuchte, ihn ganz selbstständig zu integrieren. Er sucht mich immer dann auf, wenn er sich in seinem Beruf irgendwie blockiert fühlte. Besonders wollte er aus der Analyse die Schwächen seines Vaters und die Unfähigkeit seiner Großeltern, ehrlich mit ihm zu sein, in den Griff bekommen. Zu meiner Verwunderung hörte ich ihn dann sagen: »Unabhängig vom Blut und all dem anderen ist er mein Großvater. Er ist immer mein Großvater gewesen.« Beeindruckt fragte ich ihn, wie er sich das erarbeitet hatte. Unaufgeregt bemerkt er, seine ständigen Anstrengungen zu integrieren und sich mit seinem Vater und seinem Großvater zu versöhnen, verdanke er unserer Arbeit.

Dabei zeigte sich, dass ich bei ihm im Gegensatz zu manch anderen Analysen kaum nach der Integration gefragt hatte. Ich hatte es als Wort benutzt, er hatte es dann aufgegriffen und sich ganz zu eigen gemacht. Er erklärte mir, wie notwendig ihm diese Arbeit war, denn innerlich hatte er sich in seinem Herzen ganz fragmentiert gefühlt, sodass er, nur er, dies erarbeiten konnte. Er meinte, die Fragmentierung sei einerseits dadurch bedingt, dass er so viele Betreuungspersonen hatte: seine Mutter, die Haushälterin, die Verkäuferinnen im Geschäft, zwei Großmütter und eine Tante. Es resultiere auch aus seinem Bemühen, in einer Person das unterzubringen, was er von seinen Großeltern bekommen habe. Seiner mütterlichen Großmutter und seinem psychologisch mütterlichen Großvater verdankt er seine Gefühle, seinen Respekt für sich selbst als einer wertvollen Person, obwohl es zuweilen so schien, dass niemand ihn genügend wertvoll fand, um mit ihm ständig zusammen zu bleiben. Neu für mich war, obwohl ich es doch hätte wissen können, dass er von seiner väterlichen Großmutter seine Weltläufigkeit und den Geschäftssinn geerbt hatte. »Sie war meine Mentorin. Sie brachte mir bei, wie man Flüge und Hotels reserviert, begreifen, was Geld und die Börse bedeuten. Als meine Mutter erkrankte, als ich zwölf war, war es meine Aufgabe, für die Familienreisen alles zu reservieren, einschließlich Taxis und Limosienen.« Dabei ist von Interesse, dass er die ihm so wichtige Integrationsarbeit als bedeutsamen Entwicklungsschritt verstand, den er angemessen ganz alleine bewältigte. In der analytischen Arbeit waren alle Teilelemente auf den Tisch gekommen als Vorspiel ihrer Internalisierung und Bewältigung durch ihn selbst.

Um mehrere Gesichtspunkte zu unterstreichen, habe ich in gedrängter Form das Herzstück der Analyse dieses jungen Mannes dargestellt. Zunächst spielten die Großeltern als Ersatzeltern eine zentrale Rolle, die es ihm ermöglichten, eine lebendige Person zu werden. Zweitens ermöglichte ihm ihre Fürsorge die Integrationsarbeit, die ja angesichts der zahlreichen Pflegepersonen gewaltig sein musste. Sie nahm wohl ihren Anfang in der Analyse, bleibt aber vielleicht lebenslänglich erforderlich. Im Sinne der Ansicht von Helene Deutsch, dass eine gute Mutterschaft die Voraussetzung dafür ist, eine gute Grußmutter zu werden, scheint die mütterliche Großmutter meines Analysanden irgendwie auch eine gute Mutter gewesen zu sein, wie es sich auch in ihrer Hinwendung zu meinem Patienten zeigt, wenn auch nur in einer begrenzten Zeit. Vielleicht wiederholen wir als Großeltern, was wir selber von unseren Großeltern gelernt haben, auch wenn wir für unsere Falldarstellung über keine gesicherten Informationen verfügen. Dieser Fall kann auch ein Hinweis dafür sein, warum es relativ wenige analytische Arbeiten über Großeltern gibt.

Die Großeltern meines Patienten übernahmen die Rolle der Ersatzeltern. Andere Verwandte hätten diese Rolle auch spielen können oder gar Adoptiv- bzw. Pflegeltern, sogar von Menschen, die überhaupt nicht miteinander verwandt sind. Deshalb lässt sich nicht sagen, die Rolle der Ersatzeltern sei eine ganz spezifische und nur ihnen zugehörige, zu erforschende Funktion der Großelternschaft. Blutsverwandte Ersatzeltern mögen dem Kind all die Belastungen und Traumata ersparen, die oft in Zusammenhang mit Pflegeelternschaft gebracht werden. Aber bekanntlich können auch Blutsverwandte das Kind den gleichen Umständen aussetzen, die zur Drogenabhängigkeit geführt haben, die zum Verlust der Mutter für das Kind geführt hat.

Jetzt kehre ich zu meiner Anfangsfrage zurück, aus welchen Quellen mein Interesse am Thema Großeltern und deren Enkelkinder stammen könnte. Zu allererst frage ich nach den vitalen, entscheidenden essentiellen Kräften, die die Großeltern den Enkelkindern entgegenbringen: Gibt es unter all den möglichen Funktionen, die ich aus persönlichen und analytischen Beobachtungen zusammengetragen habe, ganz einzigartige und grundlegende für die normale gesunde Entwicklung des Kindes? Ich fürchte, ich muss die Frage negativ beantworten. Weil Ersatzelternschaft auch durch andere ausgeübt werden kann. Bedingungslos lieben können auch andere. Andere können die Familien- und die nationale Geschichte vermitteln, in gewissen Entwicklungsphasen dienen oft andere zur Verschiebung von Strebungen und Affekten. In ähnlicher Weise lassen sich reichlich Ersatzenkelkinder finden, wie es der Mann, der seinen Hund in der Nachbarschaft ausführt, so liebevoll aufzeigt. Dies eingestanden, muss ich trotzdem wiederholen, dass für mich eine erfolgreiche Großeltern-Enkel-Beziehung für beide Parteien etwas ganz Besonderes und Bereicherndes hat. Denn diese Beziehung steigert potenziell die Lebensqualität in beiden Gruppen.

Angesichts der relativen Schmalheit an analytischen Arbeiten über Großeltern, frage ich mich, ob einer der Gründe dafür fehlende spezifische Entwicklungskonzepte für Großelternschaft sind; möglicherweise aber auch, dass man mit dieser Altersgruppe Tod assoziiert.

Drittens hatte ich mich gefragt, was ich über meine eigene Entwicklungsphase lernen würde. Und so schlage ich drei Gedanken vor, die mir bei den Vorbereitungen zu dieser Arbeit geholfen haben. Ähnlich wie Erna Furman (1982) das grundlegende Bedürfnis: »Mütter sind da, um verlassen zu werden«, formuliert hat, so bedarf es vielleicht der Großeltern, die da sind, um gebraucht zu werden, die so viel wie möglich verfügbar sind, um je nach Bedürfnis benutzt zu werden. Das gilt mit der Einschränkung, sofern die Großeltern zu Ersatz- oder Co-Eltern werden, besteht das Risiko, dass sie die neutrale großelterliche Position verlieren. Dann habe ich noch von Erna Furman (1992) und Therese Benedek (1970) gelernt, wie wichtig die Balance zwischen narzisstischer und objektaler Besetzung der Enkelkinder ist (wie schon bei den eigenen Kindern), eine Besetzung, die sich den Bedürfnissen der Jüngeren entsprechend beweglich anpassen kann. Und letztendlich habe ich gelernt, welch Glück es ist, Enkelkinder zu haben, auch wenn sie uns Schwierigkeiten, Sorgen und Stress machen können. Denn dank ihrer starken lebendigen Ausstrahlung und ihrem Können steigern sie die Lebensqualität.

Abschließend möchte ich das Gedicht eines unbekannten Autors zitieren. Es ist recht kurz und drückt aus, was ich versucht habe zu vermitteln.

In winter when I walk my two-year old
No matter how I exercise, I′m cold
She ambles pink and warm and I infer
That winter walks with me and spring with her.

Mit meiner Zweijährigen gehe ich im Winter spazieren
Wie sehr ich mich auch bewege, mir bleibt es kalt
Sie bummelt ganz in rosa und warm, woraus ich schließe
Dass der Winter mich begleitet, und der Frühling sie.

*Übersetzung aus dem amerikanischen Englisch*
*von Peter Bründl, München*

## Literatur


Abraham, K. (1913): Some remarks on the role of grandparents in the psychology of neurotics. In: K. Abraham: *Clinical papers and essays on psychoanalysis.* New York (Basic Books) (1955).

Benedek, T. (1970): Grandparenthood. In: E. J. Anthony and T. Benedek: *Its psychology and psychopathology.* Boston (Little Brown).

Blos, Peter, Jr. (1985): Intergenerational separation-individuation. *Psychoanalytic Study of the Child, 40*:41–56.

Blum, H. P. (1983): Adoptive parents. Generative conflict and generational continuity. *Psychoanalytic Study of the Child, 38*: 141–163.

Cath, S. H. (1980): Vicissitudes of grandfatherhood: A miracle of revitalisation? In: Carg, S. H., Gurwitt, A. R. and Ross, J. M. (Eds.): Father and child. *Development and clinical perspectives.* Boston (Little Brown).

Deutsch, H. (1946): *The pathology of women.* New York (Grune and Serratton).

Ferenczi, S. (1939): The grandfather complex. In: *Further contributions to theory and technique of psychoanalysis.* New York (Boni and Liveright) 1977.

Fisher, L. R. (1973): Transition to grandmotherhood. *International Journal of Aging and Development*, 1*6(1)*:67–78.

Freud, S. (1912): *Totem and Taboo. The Standard Edition of the complete work of Sigmund Freud* (Ed. J. Strachey). Vol. 13:1–162. London (Howarth Press).

Furman, E. (1982): Mothers have to be there to be left. *Psychoanalytic Study of the Child, 37*:15.28.

Dies. (1983): Something is better than nothing, *Bulletin if the Hampstead Clinic*, *6(2)*: 168–171.

Dies. (1987): *Helping children grow.* Madison CT (International University Press).

Dies. (1992): *Toddlers and mothers.* Madison CT (International University Press).

Horowitz, N. (1980): Discussion of Pfeffer, A. Z.: Memories of positive experiences in the resolution of conflict. In: *Psychoanalytic Quarterly*, *49*:557–560.

Hurme, H. (1991): Dimension of the grandparental role in Finland. In: P. K. Smith (Ed.): The psychology of grandparenthood. *An international perspective*: 18–31. London (Routledge).

Jones, E. (1913): The significance of the grandfather for the fate of the individual. In: *Papers on psychoanalysis.* New York (William Wood) 1919.

Ders. (1953): The formative years and the great discoveries. In: *The Life and Work of Sigmund Freud* (Vol. 1). New York (Basic Books).

Ders. (1957): The last phase 1919–1939. *The life and work of Sigmund Freud* (Vol. 3). New York (Basic Books).

Katan, A. (1951): The role of »displacement« in agoraphobia. In: *The International Journal of Psychoanalysis*, *32*: 1–10.

King, P. (1980): The life cycle as indicated by the nature of transference in psychoanalysis of the middleaged and elderly. In: *International Journal of Psychoanalysis*, *61*:153–160.

Kornhaber, A. (1996): *Contemporary grandparenting.* New York (St. Martins Press).

Krüll, M. (1979): *Freud and his father.* New York (W. W. Norton) 1986.

LeBarre, M. B., Jessner, L., and Ussery, L. (1960): The significance of grandmothers in the psychopathology of children. *American Journal of Orthopsychiatry*, *30*:175–188.

Lerner, S. (1980): *Grandfathers and other things.* Unpublished manuscript.

Meyerson, A. T., and Epstein, G. (1976): The psychoanalytic center as a transference object. In: *Psychoanalytic Quarterly*, *15*: 274–287.

Rangel, L. (1970): The return of the repressed Oedipus. In: J. Anthony and T. Benedek (Eds.): *Parenthood. Its psychology and psychopathology.* Boston (Little Brown).

Rappaport, E. A. (1958): The grandparent syndrome. In: *Psychoanalytic Quarterly*, *27*:518–530.

Smith, D. (1998, July 8): Revised after protests: Freud shows back. New York Times, E: 1–10.

Smith, P. K. (1991): Introduction. In: P. K. Smith (Ed.): *The psychology of grandparenthood – an international perspective.* London (Routledge).

van Dam, H. (1999): personal communication.

Volkan, V. (1996): Bosnia-Herzegovina, Ancient fuel of modern inferno. In: *Mind and human interaction*, 7(3): 110–127.

Watschleg, L. S., Chase-Landsdale, P. J., and Beooks-Gunn (1996): »Ghosts in the nursery«. Contemporary transgenerational relationships and parenting in young African-American families. In: *Child Development*, 67 (5): 2131–2147.

Werman, D. S. (1980): Effects of family constellation and dynamics on the form of the Oedipus complex. In: *International Journal of Psychoanalysis*, *61*: 505–512.

*Agathe Israel*
(Berlin)

# Bewusste und unbewusste Kräfte in den frühen Beziehungen zwischen Großeltern und Enkeln

Im Mittelpunkt meines Textes stehen das Großeltern-Werden und das frühe Großeltern-Sein aus der Perspektive der Großeltern und der Therapeutin von Säuglingen und Kleinstkindern. Den Buchtitel *Im Schatten der Großeltern* verstehe ich als Idee, über die Kontur ihres Schutzes und zugleich ihr Unbewusstes nachzudenken.

## Präambel

Weil sie sich sicher ist; ihre Großmutter wird es einfach aufnehmen und sie weder auslachen, noch belehren oder sie vertrösten, dass sie das erst später verstehen würde, fragt die fünfjährige Enkelin: »Und was passiert, wenn Himmel und Erde zusammenkommen? Ich denke und denke.« Sie sitzen zusammen am Meeresufer und schauen in die Ferne dorthin, was die Erwachsenen Horizont nennen. Und beide spüren, während sie gemeinsam nachdenklich ihre Ideen hin und her fließen lassen, ein unvergleichbar wohliges Gefühl von Verbundenheit und Aufgehobensein. Man könnte es auch Glücklichsein nennen. Das Besondere dieses Glücklichseins besteht darin, dass es weniger aus Erregung oder spektakulären sensorischen Reizen (Wahrnehmungen) oder Verschmelzung besteht, sondern in einem tiefen Interesse für den Anderen, in gegenseitiger Achtung und der (Lebens-) Lust am Spiel der Gedanken in ihrem ursprünglichen Sinn: alles, was erfahren wird, mit Phantasien, Gefühlen und Bedeutung zu versehen, die Welt neu zu erfinden und augenzwinkernd die Realität mit einzubeziehen: Ich weiß, dass Du weißt, dass es auch ganz anders sein könnte.

Diesen wunderbaren *Spielraum* können im wörtlichen, aber besonders im übertragenen Sinne nur Großeltern geben, denn sie stehen im Alltag in der zweiten Reihe. Sie müssen weder die Verantwortung für dieses Kind tragen, noch es erziehen. Sie können dabei die *Eltern unterstützen*, auch dabei *Werte und Traditionen* weitergeben, *den Familienzusammenhalt* stärken, falls sie nicht mit einer realen Versorgungsposition beauftragt sind, die Eltern ersetzen müssen, wie es unter *besonderen Umständen* nötig oder *in einigen Kulturen* üblich ist.

Und darüber hinaus spannen Großeltern das letzte *familiäre Auffangnetz,* wenn die Eltern-Kind-Beziehung zerstört wurde. Zerreisst auch das, dann folgt der freie Fall der Enkelkinder in die Welt. Wohin der führt und wie er endet, ob in Erlösung oder ins Verderben, bleibt offen, denn die familiären Verbindungen sind nicht immer förderlich, sie können auch *hemmend, entwicklungsbehindernd oder zerstörerisch* sein.

## Evolutionäre Perspektive

### *Geschichte der Großelternschaft*

Menschheitsgeschichtlich gesehen scheint die Großelternschaft etwas mit der Natur des Menschen zu tun zu haben, denn es gibt die Fürsorge für Enkelkinder und die Unterstützung der Eltern »in dieser ausgeprägten Form nur bei uns Menschen" als eine Investition in Nachkommen (Pahos 2019, S. 29–50). Aus evolutionärer Sicht wird angenommen, dass das Konzept der Großelternschaft schon sehr lange in der Menschheitsgeschichte existiert. Wahrscheinlich kannten bereits Neandertaler Großeltern. Deren Hilfe und die anderer naher Verwandter scheint unentbehrlich für das Überleben steinzeitlicher Menschen gewesen zu sein. Es war nur in einem Familienverband möglich. Also gab es über die Jahrhunderte genügend Zeit, einen neuronalen Code bzw. ein Neuron zu entwickeln, das eine Person zentralnervös repräsentiert, die nicht visuell, sondern in ihrem emotionalen Fußabdruck einer anderen wichtigen Person ähnelt (Spitzer 2006). Großelternbeziehungen sind sozial konstruierte Verwandtschaftsbeziehungen. Sie wachsen von Geburt an.

In heutigen modernen Gesellschaften scheint das Überleben von Kindern kaum noch vom Vorhandensein familiärer Helfer abzuhängen, gibt es doch viele nichtfamiliäre medizinisch-technische-institutionelle Hilfen. Dennoch ist intensive Großelternfürsorge vor allem ein modernes Phänomen, denn im Alltag existieren[1] Großfamilienverbände nicht mehr, dafür mehr kleine Kern-

1 In Skandinavien ergeben sich Veränderungen der engen Verbindung zwischen den Generationen; Großmütter und -väter sind überwiegend gleichberechtigte Babysitter und

familien (Vater-Mutter-Kind) und alleinerziehende Eltern. Wie bedeutend sie ist, wird erst dann spürbar, wenn sie versagt oder fehlt; sie ist kaum durch soziale Hilfeleistungen ersetzbar (Cherlin & Furstenberg 1986).

Vor hundert Jahren haben Enkel selten ihre Großeltern noch miterlebt (Lauterbach 1995, 2002; Lauterbach & Klein 1997), meist waren sie wegen der Kriege und der niedrigeren Lebenserwartung bereits verstorben. Ab der zweiten Hälfte des 20. Jahrhunderts entwickeln sich multigenerationale Familien. Es ist keine Seltenheit mehr, dass Großeltern und Enkel bis ins Erwachsenenalter eine längere gemeinsame Lebenszeit über Jahrzehnte haben. Auch verfügen Großeltern heutzutage über mehr Zeit, sich um die Enkel zu kümmern. Ihre kürzere Lebensarbeitszeit, relativer Wohlstand und Fitness im Alter machen es ihnen möglich. Dass weniger Kinder geboren werden, kommt einer intensiveren großelterlichen Fürsorge zugute.

### *Kulturelle und geschlechtliche Unterschiede der Großelternfürsorge*

Die gesellschaftliche Funktion und Rolle, die Großeltern übernehmen, kann sich in verschiedenen Kulturen erheblich unterscheiden. Daraus ergeben sich innerhalb der Großelterngeneration deutliche Unterschiede der Fürsorge.

Weltweit *universal* besteht jedoch eine asymmetrische Intensität zu Gunsten der *Großmütter und mütterlichen Familie* (matrilinear). Vermutet wird eine natürliche Nähe der Mutter zur Großmutter und damit zur mütterlichen Familie. Das Engagement in der Fürsorge hat (nach Studienlage) für die Großmütter einen positiven Gesundheitseffekt, der bei den Großvätern nicht nachzuweisen war (vgl. Becker, Steinbach 2012).

In Deutschland investieren die Großmütter mütterlicherseits die meiste Zeit, gefolgt von den Großvätern mütterlicherseits (Shmith 1988), während regelhaft andere Muster in Ländern wie Griechenland, Kirgistan oder China dafür sprechen, dass Fürsorgestrukturen nicht zufällig entstehen oder erfunden wurden, sondern sich aus einem menschlichen Verhaltensspektrum ergeben, das aus der Anpassung der lokalen sozialen Gegebenheiten entstand, wie

Helfer; vermutlich sind deshalb mehr Frauen berufstätig; Ferien und Feiertage werden gemeinsam verbracht; Verwandtschaft ist das Herzstück der Gesellschaft (Gaunt, Nyström 1994). Löste man früher die Probleme innerhalb der Familie, kommen im 21. Jahrhundert zunehmend in den urbanen Räumen andere Menschen, Wohngemeinschaften, Institutionen oder Kleinfamilien ins Spiel.

z. B. patriarchalische Strukturen[2] oder Räume[3] oder Umstände wie denen von alleinerziehenden Frauen in der Stadt.

Diese Befunde machen auf einen neuen Aspekt aufmerksam, der die Eltern als Vermittler oder Ankerpersonen zwischen den Generationen betrifft:

*Familiäre Beziehungen und großelterliche Fürsorgemuster*

Insbesondere wenn die Beziehung zwischen der Mutter und Großmutter mütterlicherseits besonders gut ist, kümmert sich die Mutter der Mutter außergewöhnlich stark um die Enkel. Aber nicht nur die Beziehung der Mutter zu ihrer Mutter ist relevant. Auch die Qualität der Eltern-Großeltern-Beziehung hat einen großen Einfluss auf ein mögliches asymmetrisches Fürsorgemuster der Großeltern (Monserud 2008; Pashos & McBurney 2008).

Die Eltern können die Beziehung zwischen Großeltern und Enkeln nicht direkt beeinflussen, aber sie können die Brücke zwischen der dritten und ersten Generation bilden und damit beeinflussen, wie die beiden zueinanderzukommen. Ebenso wie die kulturellen Regeln in einer Gesellschaft die Beziehung beeinflussen, aber nicht erschaffen. Die wird durch die Erfahrungen, die Großeltern und Enkeln miteinander machen, bestimmt. Und deshalb darf Großelternfürsorge nicht auf instrumentelle Hilfe für die Eltern reduziert werden.

Das soziale Beziehungsgeflecht formt Pfade, die die evolutionsbiologische Motivation der Großeltern, sich um ihre Enkel zu kümmern, beeinflussen und in Interaktion mit der sozialen Umwelt moderieren. Biologisches und Soziales können hier nicht getrennt voneinander betrachtet werden. Erst durch häufigen sozialen Kontakt können enge interpersonale Beziehungen aufgebaut werden, die ein Gefühl der emotionalen Nähe schaffen und so die altruistische Enkelfürsorge auslösen bzw. fördern (Pashos 2019, S. 46).

2 In China kümmern sich chinesische Großeltern insgesamt mehr um die Kinder von Söhnen als von Töchtern. Empirisch belegt ist auch für das ländliche China bei der Kinderbetreuung eine größere Bedeutung der Großeltern väterlicherseits verglichen mit den Großeltern mütterlicherseits (Kaptijn, Thomese, Liefbroer & Silverstein2013).

3 Im ländlichen Festlandsgriechenland kümmern bzw. kümmerten sich Großeltern väterlicherseits nachweislich mehr um die Enkel als Großeltern mütterlicherseits (Pashos 2000; Daly & Perry 2019).

## Vom Großelternwerden zum Großelternsein

### *Der Wandlungsprozess*

Ähnlich dem *Elternwerden*, dem Prozess, der Töchter und Söhne (ihrer Eltern) in Mütter und Väter wandelt und in die Elternschaft führt, sollten wir auch das *Großelternwerden* betrachten. Wenig ist bisher über den Prozess, der Eltern in Großeltern wandelt, bekannt und geforscht worden, ebenso darüber, was die *Großelternschaft* ausmacht.

Spätestens mit der Geburt des ersten Enkelkindes können Großeltern nicht mehr ausblenden, dass ihre generative Lebenszeit sich dem Ende zuneigt und sie in der Generationenfolge ihrer Familie eine Stufe höherrücken, näher zum eigenen Lebensende hin.

Dieses Ereignis wird meist begleitet von anerkennenden Gratulationen der Altersgenossinnen zum ersten Enkelkind und verbunden mit mehr oder weniger deutlichen Hinweisen, dass man, obwohl noch so jung und fit erscheinend, nun zu den Alten gehöre. Das kann beunruhigen, vielleicht auch narzisstisch kränken und dazu anstacheln, sich selbst das Gegenteil zu beweisen. Bewusste Abwehrbewegungen sind leicht zu arrangieren[4] und stehen in keinem Vergleich zu den unbewussten Kräften, die die inneren Veränderungen begleiten und – wenn es gutgeht – dazu führen, die Großelternschaft anzunehmen und sich im Großeltern-Sein zu üben.

### *Reaktivierte Konstellationen der eigenen Elternschaft*

Die Geburt des ersten Enkelkindes reaktiviert in den neu *geschaffenen* Großeltern nicht nur szenische Früherfahrungen, wie die Stunden der Geburt der eigenen Kinder oder z. B. die Nächte der ersten Lebenswochen oder das erste antwortende Lächeln oder das schrille Schreien, als der erste Zahn durchbrach. Auch werden die damit verbundenen Gefühlszustände aus der Vergangenheit wieder lebendig, wie die Zweifel: »Werden wir es schaffen, unser Kindchen zu beruhigen, ihm das Richtige zu geben? Werden wir durchhalten?« Ebenso können sie wieder Glück und Freude über das neue Leben durchfluten, neben dem etwas selbstgefälligen großelterlichen Stolz. Wir sollten davon ausgehen, dass sich, wie bei den Eltern, die (gewachsenen) Ich-Abwehren der Großeltern verflüssigen und sie wieder offener sein lässt für alles, was von dem abhängi-

4 Antiaging durch hormonelle Substitution, Ernährungsergänzung und Lebensführung.

gen Baby ausgeht. Sie geraten also in einen ähnlichen psychischen Zustand wie die jungen Eltern. Allerdings beruht der Zustand mehr auf den reaktivierte Erinnerungen als auf sinnlichen Begegnungen mit dem realen Baby, denn in unserer Kultur ist es weniger üblich in den ersten Lebenswochen, dass andere Menschen als die leiblichen Eltern das Neugeborene bzw. Baby ausgiebig berühren, halten und täglich pflegen. Wir kennen die neurobiologischen Studien zum Bindungshormon Oxytocin, das junge Eltern, auch die Väter, bilden, wenn sie während der Schwangerschaft über das Kind träumen und sinnen und sich nach der Geburt um ihr Kind kümmern (Gordon et al. 2005). Bisher wurde jedoch noch keine Untersuchung unternommen, ob sich Großeltern ähnlich – vielleicht abgeschwächter – hormonell auf Enkel einstellen können.

Je älter das Enkelkind wird, desto mehr reale Begegnungserfahrungen werden – wenn alles gutgeht – von beiden Seiten gesammelt, senken sich ab in ihr Unbewusstes, werden verbunden und im Enkelkind entsteht ein inneres Arbeitsmodell (inneres Objekt) über die Großmutter, den Großvater, so wie sich auch im Erwachsenen ein inneres Bild vom Kind bildet und dazu führt: »Aha, dieses Kind ist so, es ist nicht das Abbild seiner Mutter, ich muss meine Erfahrungen korrigieren.«

Besonders Großmütter nehmen feinfühlig nicht nur die kleinen Signale kindlichen Wohlbefindens auf, sie spüren ebenso, wie ausgeliefert das Baby seinen wechselnden körperlichen Zuständen ist und wie angewiesen auf verständnisvolle Erwachsene. Dies alles fühlen sie intensiver, als damals als die eigenen Kinder so klein waren, denn jetzt sind sie weniger verantwortlich und involviert in die Pflegeaufgaben oder die Haushaltsführung. Zugleich schauen sie aus der etwas größeren äußeren Distanz der Beobachterin auf das Baby und das Mutter (bzw. Vater)-Kind-Paar, denn sie stehen in der zweiten Reihe. Innerlich jedoch herrscht in der Regel Leidenschaft, die nicht ausgelebt werden darf, und daraus erwachsen Konflikte, auf die ich später eingehen möchte. Mehr als die Großväter müssen sich die Großmütter bewegen, um die neue Position zu erreichen und sich aus der Mutterrolle zu lösen, weil sie in ihr zweifach verankert ist: in gelebten Körpererfahrungen während Schwangerschaft, Gebären, Stillen und in ihrem Selbstbild als Frau.

Auch die Großväter müssen sich innerlich aus der Vaterrolle herausbewegen, wenn auch in der Regel nicht so weitgehend, weil sie nicht die mütterlichen Körperverbindungen mit dem Kind hinter sich lassen müssen, sondern eher ihrem infantil-jungenhaften Selbstteil in der Beziehung zum Enkelkind Raum geben können, wenn sie mit ihm spielerisch forschen, ausprobieren, Unsinn machen, toben.

### *Wandel in der Großeltern- und Elternbeziehung*

Eines ist sicher: Während Frauen und Männer mehr oder weniger selbst bestimmen, ob und wann sie Eltern werden wollen, haben sich Großeltern in ihr Schicksal ungefragt zu fügen, werden mehr oder weniger überrascht von dieser Situation. Sie können sich nicht direkt vorbereiten. Ähnliche Fragen und Ängste, die den Schritt in die Elternschaft begleiten (Stern 1998), werden auch bei der unumkehrbaren Wandlung in die Großelternschaft aufkommen. Die familiäre Triade dehnt sich nun über drei Generationen Eltern, Kind, Großeltern und eine Umorganisation im Alltag und in der Identität werden nötig Auch bewegt die Großeltern unbewusst die Angst, ob es ihnen gelingt, eine authentische emotionale Beziehung zum Kind aufzunehmen, es so lieben zu können, dass es *ihr* Enkelkind wird.

Unabhängig davon verändert sich mit der Geburt des Enkelkindes auch die Beziehung zu den eigenen Töchtern und Söhnen, den eigenen Kindern, die zwar noch nicht so viele gelebte Erfahrungen in der Elternschaft haben, aber nun in der gleichen Position auf Augenhöhe stehen: ein Kind gezeugt zu haben, für das primär sie verantwortlich sind, sein Überleben zu sichern.

Auch ist sicher: Je mehr die Großeltern in das Großziehen der Enkelkinder einbezogen sind, also die Elternposition zu vertreten haben, desto schwächer sind der Wandlungsprozess und der Ablösungsprozess in der Elterngeneration; es sei denn, alle Beteiligten machen sich diesen Aspekt bewusst. In traditionsgeleiteten Kulturen geschieht das nicht.

### *Machtverlust*

Machtverlust könnte man den Umstand nennen, von gewachsenen Gewohnheiten, die in der Kindheit entstanden und unreflektiert weitergeführt werden, zu lassen. Sie präsentieren reale Macht und Deutungshoheit und meist infantile Abhängigkeit wie z. B. über die Zeit der erwachsenen Kinder verfügen zu dürfen.

(Groß-) Elternschaft verlangt bisher versäumte Ablösungsprozesse spätestens zu diesem Zeitpunkt zu bewältigen.

Ich erinnere eine Szene aus einer psychoanalytischen Säuglings-Kleinkind-Eltern-Psychotherapie (SKEPT*)*:[5]

5 In der psychoanalytischen SKEPT (von der Geburt bis zum vollendeten 2. Lebensjahr möglich) ist in der Regel die Kernfamilie anwesend. Das Baby, das den geringsten Widerstand gegen die Situation aufbringt, sondern direkt zeigt, was es erlebt und braucht, führt durch die Sitzung. Indem im Hier und Jetzt beobachtet und analysiert wird, wie es

Ein junges Elternpaar kommt mit ihrem zwei Monate alten Kindchen, weil das Baby – es ist ein Junge – (zu-) viel schrie, unruhig schlief, oft angespannt wirkte. Sie erzählen die Geschichte ihrer Beziehung, betonen, dass sie zwar gerne in der Großstadt leben, aber die ländliche Heimat und Gebräuche lieben. Sie waren über die Zeugung ihres Kindes froh. Die Mutter betont, dass seine Schwangerschaft und Geburt gut verliefen, Stillen und Pflege sie unerwartet intensiv empfindet. Auch der Vater schildert seine Gefühle im Zusammenleben mit dem Kind, das ihn fesselt, beglückt und zugleich erschüttert, weil er das Baby oft so »bedrängend« erlebt. Darauf sei er nicht gefasst gewesen. Aber das bedrücke ihn nicht so, jedoch ein tiefer unerwarteter Konflikt zwischen ihm und seinem Vater, der vor vier Wochen mit einem Telefonat begann. Er konnte seinem Vater nicht mehr wie über viele Jahre gewohnt zusagen, ihm am kommenden Sonnabend seine Winterreifen zu wechseln. Der Großvater zeigte sich empört, bestand auf dem Kommen. Herr P. weint, als er weiterspricht: »Ich erklärte ihm, dass ich keine Zeit habe, weil ich nicht weg wollte von unserem Baby. Es wären ja immerhin viele Stunden gewesen. Als er wütend wurde, hat mich das so tief verletzt und zerrissen.« Aus dieser für Außenstehende nachvollziehbaren Absage entstand ein Zerwürfnis, das wie ein Buschfeuer die Schwiegertochter und die väterliche Familie erfasste. Die junge Mutter, empört über ihre starren Schwiegereltern, bestand darauf, ihr Mann müsse sich »entscheiden zwischen denen oder dem Baby und mir«. Plötzlich standen, ausgelöst durch einen scheinbar banalen Anlass, Liebe und Loyalität auf dem Spiel und das Baby schien ein anspruchsvoller Störer zu sein, der die Generationen spaltete.

In wenigen Sitzungen gelang es dem jungen Vater zu erkennen, wie wenig er sich bis dahin von der elterlichen Autorität, also ihrer inneren Macht, aber auch von seinen Fusionswünschen hatte lösen können, so dass das »nicht-großväterliche« Verhalten ihn abstürzen ließ. Eine reife Lösung der ödipalen Situation war durch das Arrangement »gehorsamer Sohn im elterlichen Nest« bisher umgangen worden, ebenso Rivalität, Abgrenzung, Auseinandersetzung über ein unterschiedliches männliches Rollenverständnis. Aber nun ist als Vater die Liebe zum eigenen Sohn stärker. Er nimmt die erste Stelle ein und »zwingt« ihn, sich vom eigenen Sohn-Sein zu verabschieden, bisher ungeklärte kindliche Abhängigkeit, phantasierte Elternmacht und damit verbundene Vorteile oder Unterwerfung zu klären.

von seinen Eltern (miss-)verstanden wird, können (unbewusste) Hindernisse aufgedeckt werden. Da ihr abhängiges Baby in den Eltern eigene Früherfahrungen reaktivieren, die sie in das Baby projizieren, sind sie in einer wohlwollend-schützenden Atmosphäre einmalig offen, dies zu erkennen und zu reflektieren (vgl. Israel 2008).

Im Zusammenhang mit den schmerzhaften, aber auch befreienden Erkenntnissen, werden reifere Ich-Anteile aktiv und der Vater projiziert seine Ängste vor dem mächtigen Vater nicht mehr in das Baby, dessen Bedürfnis er nun weniger grenzenlos oder bedrängend wahrnimmt. Das Kind reagierte auf diese Veränderung, zeigte sich ausgeglichener. Die Spaltung in der Elternbeziehung löste sich auf, weil die Mutter nunmehr das Verhalten ihres Mannes besser verstand, ihn dabei stützen konnte, wieder Kontakt zu seinen Eltern zu suchen und sich während der Besuche nicht zu unterwerfen. Wir erkennen in diesem Zusammenhang, wie nötig es für alle ist, sich darin zu üben.

Der Kindsvater zog am Ende der SKEPT eine längere Therapie in Erwägung, die über die »erste Hilfe« beim Generationswechsel hinausgehen würde.

### *Eifersucht oder Neid getarnt als Sorge*

Eine tiefe Kluft aus Zorn, sogar Hass zwischen Müttern und den Großmüttern, besonders denen mütterlicherseits, kann sich mit der Geburt des Enkelkindes auftun, wenn sich Großmütter *aus Sorge um sein Wohl* ungebeten einmischen. Diese »Übergriffe« wegen scheinbarer Fehler der Eltern führen oft zu Streit, gegenseitiger Abwertung oder Kontaktabriss.

*»Und dann erteilte mein Mann seiner Mutter Besuchsverbot. Sie war einfach zu übergriffig!«*

Auf der bewussten Ebene erleben sich die Großmütter völlig zu recht besorgt und spüren in sich selbst eine *nicht abwendbare Dringlichkeit*, eingreifen zu müssen. Sie können nicht einfach als Dritte auf Mutter und Baby oder auf das Mutter-Kind-Paar schauen. Im Gegenteil, weil sie sich dem Kind so nahe fühlt, es so innig liebt, ist sie überzeugt, sie kann das Kind am besten verstehen und versorgen. Und gleichzeitig darf sie dies aber nicht tatkräftig ausleben, denn sie ist nicht wie Mutter / Vater für das Baby verantwortlich, für seine Behütung, seine Pflege und Moderation seiner Bedürfnisse. Dies liegt jetzt in den Händen der Mutter bzw. seiner Eltern.

Dieser *Konflikt* schmerzt besonders die Großmutter ungemein, droht sie zu zerreißen.

Welche Kräfte wirken hier?

Am Lebensanfang, wenn das Baby in rohen existentiellen Körperzuständen zwischen Leben und Tod und heftigen Gefühlen zwischen Geborgenheit und Bedrohung schwankt, braucht es Erwachsene, die mentalisieren, was mit ihm ist, was es braucht und Abhilfe schaffen. Die Großmutter ist, gerade weil sie *nicht aktiv* am Baby tätig ist, eine besonders geeignete Empfängerin für seine unerträglichen Zustände, Nöte, Bedürfnisse, die es loswerden muss.

Ihr Impuls einzugreifen ist Ausdruck ihrer Identifikation mit dem Baby. Kann sie ihre Denkfähigkeit nutzen, wird ihr bewusst, dass dieses Kind bereits eine Mutter, einen Vater hat, die / der sich kümmert auf ihre / seine besondere Weise. *Neidet* sie jedoch der Mutter (Tochter, Schwiegertochter) den »Reichtum der Mutterschaft«, den Umstand ein Kind zu haben, das Baby versorgen zu können, des Weiteren, dass sie jünger ist, dann wird sie dem Impuls nachgeben[6] und dadurch mehr oder weniger radikal Mutter oder Vater in Frage stellen und damit ihre elterliche Autorität schwächen, zerstören.

Ähnlich, wenn auch etwas milder, verläuft die Interaktion mit den Eltern, wenn die Großmütter / Großeltern *eifersüchtig* sind, sich also ausgeschlossen fühlen aus der Zweiheit des Mutter-Kind-Paars oder der Vater-Mutter-Kind-Triade, wenn sie fürchten, vergessen zu werden, keine Rolle mehr zu spielen.

In der SKEPT, aber auch im Alltag begegne ich immer wieder gekränkten Großeltern, weil sie *»das Baby noch nicht einmal in den Arm nehmen durften«*. Sie beklagen und beschweren sich, dass ihnen die Eltern das Kind »entziehen«, sie erst abwägen, ob jetzt der richtige Moment für das Kind sei. Es sei doch ganz selbstverständliches Großelternrecht, das jederzeit tun zu dürfen. Die Eltern sehen das anders, nicht zuletzt, weil die gesellschaftliche Sensibilität für Zusammenkommen und Getrenntsein gewachsen ist, wozu auch der Zutritt Dritter in den primären Personenkreis des Babys gehört.

In einer Säuglingsbeobachtung *erzählt die Mutter[7] eines sechs Wochen alten Babys dem Beobachter, dass sie sehr vorsichtig ist, wer aus der Familie den Sohn auf den Arm nehmen darf. Ihre Mutter durfte es erst einige Tage nach der Geburt. Die Mutter des Vaters habe den Enkelsohn erst nach vier Wochen gesehen und »direkt an sich gerissen«. Die »Quittung« sei dann in der Folgenacht gekommen, als C. sehr viel geschrien habe.* Wir erfahren nicht, ob der Kindsvater das Verhalten seiner Mutter ebenso kritisch sieht und ob auch er eine Verbindung zwischen dem An-sich-Reißen zum nächtlichen Schreien zieht.

Oft haben Eltern weitere unausgesprochene Gründe, weil sie fürchten, eigene Kindheitserfahrungen könnten sich wiederholen, oder weil sie skeptisch

6 Selbstverständlich sind Rat und reale Hilfe der Großmutter (Großeltern) von Wert, wenn sie aktiv in die Pflege einbezogen werden, um Familie und Beruf zu vereinbaren oder wenn die Primärbeziehungen versagen, weil Mutter/Vater die Fürsorge nicht ausreichend leisten kann und das Baby eine zuverlässige Ersatzperson braucht.

7 Gespräche und Erzählungen kommen während der teilnehmenden Säuglingsbeobachtung selten auf; hier scheint der Mutter das Herz überzufließen, vermutlich auch, weil noch nicht klar ist, was in der Empörung gegen die Schwiegermutter noch verborgen ist.

sind, ob die Großeltern im elterlichen Sinne handeln werden. Wenn solche inneren Barrieren nur in einem Elternteil bestehen, werden beide gemeinsam geteilte Umgangsmodalitäten aushandeln müssen, damit es nicht zu Spaltungen im Paar kommt.

Unabhängig davon, ob die Großeltern die Gründe für die elterlichen Entscheidungen nachvollziehen können oder nicht, müssen sie erkennen lernen, dass ihre Klagen auch aus ihrer Eifersucht kommen, weil die junge Familie eigene zentripetal wirkende Kräfte etabliert, wie Rituale, ihre Sprache und Werte. Es ist ein Zeichen ihrer Entwicklung, wenn sie nicht direkt die (großelterlichen) Familientraditionen fortsetzt, sondern davon abweicht. Diese Bewegung erinnert an den Enkulturationsprozess in der Adoleszenz, der den Schritt aus der Familie in die Gesellschaft braucht (Erdheim 1984).

Großeltern gehören dazu, spielen aber im *Familiensystem* als bedeutende Andere eine nachgeordnete Rolle und als Dritte müssen sie sich anpassen. Wenn sie diese Konstellation respektieren, können sich intensive Zweierbeziehungen, Intimität und Unterstützung aufbauen. Wenn sie das nicht reflektieren, kommt ihre positive Wirkung nicht zum Zuge.

Wenn sie in der Ferne leben und ihre Enkel sie seltener im Alltag erleben und nutzen können, repräsentieren sie zumindest die Kontinuität der Generationen und zugleich die Begrenzungen des Lebens.

### *Großeltern werden durch Abstinenz und Teilhabe zu entwicklungsfördernden Dritten*

Die transgenerationale Weitergabe von Werten und Traumata durch das großelterliche Verhalten und über Familienmythen ist in der Fachliteratur ausführlich beschrieben worden (vgl. Radebold, Bohleber, Zinnecker, 2009; Wilkins-Smith 2023; Bründl 2005; Atlas 2023; Lück 2023), auch wie ambivalent die Enkel ihre Großeltern wahrnehmen: als mächtig-allwissende und zugleich altersschwache Menschen, deren Kräfte schwinden. Auch werden die bewusst erbrachten Leistungen benannt, wie als Zeugen der Geschichte erzählen und Traditionen weitergeben, (be-)raten, weniger lösungsorientiert als die Eltern zu agieren, verwöhnen u. ä. m. (vgl. Steinbach, Henke, 1998). Deshalb werde ich in diesem Text darauf nicht weiter eingehen.

Kaum jedoch sind die unbewussten Ich-stärkenden Aspekte der Großeltern-Enkel-Beziehung gewürdigt worden, wie z. B. die unbewusste Überzeugung der Enkelgeneration, dass die Großeltern Erwachsene sind, die wie sie empfinden, die sich wie sie zuerst in einem frühinfantilen, präambivalenten Zustand befinden. Mit unseren Erwachsenenworten gesagt: omnipotent, in Träumerei (Reverie), neugierig und selbstverständlich immer auf der Seite des Kindes, darüber hinaus unendlich gütig, nicht nachtragend, freigiebig, unkonventionell, ohne Zeitgefühl.

Und in den weiteren Kinderjahren erwarten sie, dass ihre Großeltern selbstverständlich fasziniert von ihren Enkelkindern sind, über alle Fehler und Schwächen hinwegsehen. Damit kommen wir zum spezifischen Potenzial der Großelternschaft, das zum einen in der Position der Großeltern als Dritte im Familiensystem liegt, weil sie immer als gedachte, phantasierte oder gelebte Alternative dabei sind, ob sie nun anwesend oder abwesend sind.[8] Zum anderen liegt es in ihrer Bereitschaft, sich *inspirieren* zu lassen und zugleich *abstinent* zu bleiben.

Wie ist das gemeint? Die Begegnung von unbewusst zu unbewusst *initiiert* das Kind *aktiv* entlang seiner (früh-) infantilen Bedürfnisse, Einssein durch Verschmelzung und Kontrolle zu sichern und den Anderen zu erkennen. Die damit verbundenen Gefühlsqualitäten wie Angst vor Vernichtung, Neugier, Liebe und Hass werden durch seine (primären) Erfahrungen moduliert. Die Großeltern sind »von Natur aus« aufnehmend, folgen dem Enkelkind, lassen sich von ihm inspirieren, anstecken, machen mit, übernehmen ihnen zugewiesene Rollen, melden jedoch keine eigenen Bedürfnisse, Absichten oder Ziele an bzw. wenn sie es tun, geht es meist um überschaubare körperliche Bedürfnisse wie müde oder hungrig zu sein oder dass ein Zipperlein plagt. Diese Konstellation ist die Matrix für die unbewusste Phantasie, für das innere Bild von Großeltern im Enkelkind, das, wie oben beschrieben, aus anderen Quellen ergänzt wird.

Eine besondere Rolle nimmt dabei das *Spiel und Spielen* ein, das in einer Welt stattfindet, in der alles passieren und erfunden werden kann. Die Großeltern (er-) dulden, dass die innere Realität der äußeren Realität übergeordnet bleibt ohne Kommentar oder Korrektiv und unterstützen dadurch die Intentionen und Pläne des Kindes.

Das Spiel hilft dem Kind seine Wahrnehmung der äußeren Realität innerlich zu untersuchen, auseinanderzunehmen oder zusammenzusetzen, einzuordnen, zu bewerten sowie sich in seelischen und realen Umständen zu üben. *Vielleicht beginnt es damit, dass das Baby mit Juchzen immer wieder seinen Löffel fallen lässt, nachhorcht, wie er klappernd auf dem Boden ankommt, er dann von Großmutter oder Großvater immer wieder aufgehoben und so überreicht*

8 Auch der Vater ist ein Dritter, stellt die Triade her, die die Mutter-Kind-Dyade von Anfang an im Spektrum Fusion–Zerfall zugleich schützt und begrenzt. Aber er agiert innerhalb einer Generation, während Großeltern als Dritte sich zwischen den Generation bewegen.

*wird, als fände ein großes Ereignis statt.* Was ja auch stimmt, da Schwerkraft, Selbstwirksamkeit und Zustände wie Fort und Da erkundet werden.

Wenn später *das Kleinkind seiner Großmutter oder seinem Großvater verschiedene Rollen gibt und sie im Spiel zerfetzt, verwundet, angegriffen, gepflegt, gefüttert oder schlafen gelegt werden, jammern, schreien, trotzig, glücklich sein müssen,* dann wiederholen sich unter der Regie der Enkel Szenen aus ihrem Alltag, die sie entwirren und dann in ihr Selbst integrieren können. Aber auch inneres Chaos oder schwankende Zustände wie zwischen Bedrohung und Sicherheit, Groll und Liebe, Omnipotenz und Ohnmacht können deutlicher werden. Sie können mehr wagen, die Großeltern direkt als Projektionsfiguren und -orte für eigene unkontrollierbare, heftige Zustände nutzen, da sie ihre Rache weniger fürchten müssen, weil sie real von den Großeltern nicht in dem Maße abhängig sind wie von ihren Eltern.

Und wenn sich im Vorschulalter Großeltern zum Beispiel in die endlosen Spiele Gut gegen Böse oder umgekehrt einbinden lassen, dann leisten sie Entwicklungsarbeit, erweitern den Entwicklungsraum wie in dem folgenden Beispiel eines »Wiederholungsspiels«.

> Der 5-jährige Enkelsohn lässt die guten Ritter und die bösen Ritter antreten, kämpfen und inszeniert für beide Parteien Tod und Auferstehung vom Tod immer wieder neu. Der Großvater muss die Guten übernehmen.
>
> Das sind die weißen Ritter, die dumm sind. Das Kind führt die bösen schwarzen Ritter an. Sie sind schlau und gemein. Selbstverständlich wogt der Kampf unentschieden hin und her, da es keine endgültigen Verluste gibt. Das anfängliche Feuer erlischt. Eintönig schleppt sich das Spiel dahin, verebbt schließlich, ohne dass sich eine alltagsübliche Lösung, wie Einsicht und Versöhnung, abzeichnet. Der Großvater zügelt seinen Impuls, mit einem sinnstiftenden Vorschlag die Situation zu klären, und fühlt sich öde und ratlos.

Offenbar diente das Spiel dazu, die Gut-böse-Spaltung und ihre primitive Begründung zu externalisieren. Das Kind konnte seine innere Welt sichtbar machen. Zum einen, dass es Selbstteile oder Konstellationen aufspaltet, in verschiedenen Personen unterbringt und dann – in diesem Fall schlau und gemein – ganz »gewissenlos« ausleben kann. Zum anderen gibt es Legierungen dumm = gut = ein kleines unschuldiges Kindchen; schlau = böse = der gemeine Erwachsene. Und zum dritten erlaubt die Spielsituation, dass der erwachsene Großvater die Rolle des dummen Kindes übernehmen muss und sich dem Erleben des Kindes annähert. Diese primitive Lösung des unverbundenen

Entweder-Oder ist vorübergehend nötig, bis die kindlichen Fähigkeiten soweit gewachsen sind, ein Sowohl-als-Auch und die damit verbundenen (Ambivalenz-) Konflikte in sich selbst und in der Welt zu ertragen.

Wie sich die frühe Gelegenheit, »im Schatten der Großeltern« spielen zu dürfen, auf die spätere Entwicklung auswirken kann, zeigt das Beispiel der 18-jährigen Enkelin, der so furchtlos der Schritt in die Welt gelingt. Es könnte dafür ein übendes Spiel gedient haben, das sie als kleines Mädchen immer wieder im Schutzschatten der Großeltern stundenlang spielte:

> Die große Tierhorde zieht in kleinen Etappen aus dem Gehege der Menschen aus, legt eine langen Weg hinter sich, bis sie in einem neuen menschenfreien Land ankommt und sich dort einrichtet.

Ihr nützte dafür die Gewissheit, dass die Großeltern geduldig teilhaben, aber keine klugen Ergänzungen oder Kommentare an sie, die sich auf den Symbolgehalt des Spiels beziehen.

*Großelternschaft* bedeutet, wie in diesem Fall, mitzufühlen und zugleich die eigenen Impulse zurückzuhalten, also *abstinent* zu bleiben. Ein Missverständnis lässt sich damit aufklären: *Großelternliebe* heißt nicht, aufregen, erregen zu müssen, sondern die Erregungen der Enkel zu teilen, so wie die Großeltern alle Gefühle teilen ob Lust, Quatsch machen, Spaß, traurig sein, Zorn. Das Ende kennen lernen, die freie Phantasie ohne Scham.

### *Vermutungen, wie Enkel ihre Großeltern in der frühen Kindheit wahrnehmen*

So wundert es nicht, dass Enkel in der Regel überzeugt sind, sich auf diese Wesen, die sich Großeltern nennen, immer verlassen zu können. Unendlich gütig, verständnisvoll, phantasievoll, unkonventionell, auch unendlich mächtig. Für die Enkelkinder gehören sie vom Lebensanfang an zur »Nicht-Mutter-Umwelt«. Vom Kind her ist die Beziehung frei und offen, es gibt keine Widerstände gegenüber der Begegnung. Der allwissende Großvater wird bewundert *(Du warst schon immer da, Du wirst nie sterben)* und zugleich verachtet, weil er ein schwächlicher Greis wird *(Wann stirbst Du?)*. Gibt es Geschwisterkinder, dann können Großeltern Entspannung bieten, indem sich das Enkelkind vorübergehend wieder als erstes und liebstes Kind fühlen und alles Kompetitive hinter sich lassen kann.

Weil in der Regel die Lebenssituationen, in denen die Großeltern im Lebensraum des Babys auftauchen, nicht so existentiell und dringlich sind, ist das

Risiko missverstanden zu werden geringer. Im Gegenteil, oft kann das Baby in Ruhe und Ausgeglichenheit seine Erfahrungen mit den Großeltern sammeln, sich spielerisch in Nähe und Distanz üben, die Begeisterung in ihren Augen sehen, freundlich gelenkt werden. Und sobald etwas schiefgeht, wird es den Eltern zurückgegeben, die dann für (Ab-) Hilfe sorgen. Dies setzt sich auch im Kleinkindalter fort. Daraus entsteht ein inneres Bild von unendlicher Güte, von Übereinstimmung, Weisheit, Toleranz. Dieses Bild begegnet uns in den Beschreibungen der Kinder, aber auch in den Erinnerungen an die Großeltern.

So wie das Kind seine Mutter / seinen Vater nutzt und gebraucht, verhält es sich es auch zu den Großeltern. Wir können vermuten, dass das Präkonzept eines verstehenden Anderen sich auch auf die Großeltern bezieht.[9] In die Container-contained-Dynamik mischen sich aber die zwischen den Eltern und Großeltern bestehende Beziehung und die Rolle der Großeltern, die sie in den unterschiedlichen Kulturen einnehmen, hinein.

Wenn Großeltern regelmäßig oder für längere Zeit elterliche Aufgaben übernehmen (müssen), dann können sie nicht mehr abstinent bleiben, sondern werden zu realen Elternfiguren. Welche Objektbeziehung wird dann verinnerlicht? Vermutlich tragen dann zum inneren Bild der Großeltern weit mehr Alltagserfahrungen und die damit verbundenen Konflikte bei, wie z. B. die unterschiedlichen Zeitvorstellungen von Kindern und Erwachsenen oder Frustrationen, aber auch die wohltuende Versorgung und Hilfe in den vielen kleinen Verrichtungen des Alltags. Aber die Möglichkeit, im Schutz der Großeltern zu regredieren, wieder das anspruchsvolle und einzige Baby zu sein, wird geringer.

Die unbewusste Phantasie von Elterlichkeit (inneres Mutter-/Vaterobjekt) setzt sich sodann zusammen aus den internalisierten mehrpersonalen Großeltern-Eltern-Erfahrungen.

> Vor zwei Jahren lebte für einige Monate in unserem Haus eine ukrainische Mutter mit zwei jugendlichen Kindern. Sie waren in den ersten Kriegstagen aus Charkiew geflohen. Der Familienvater blieb zurück, arbeitete als Transporteur für humane Güter weiter in der Heimat. Einige Wochen später entschloss sich auch die mütterliche Großmutter, nach Deutschland zu kommen. Und der 12-jährige Mischa, der nicht selten die Türen knallen ließ und seine Mutter anschrie, kaufte am Tag ihrer Ankunft ein Kerzlein für Olga, seine Großmutter, das er auf den Esstisch stellte. Das kleine Flämmchen schien Olgas Wirkung zu symbolisieren: Hoffnung und Schutz. Mischa verwandelte sich von Stund an in einen umgänglichen Jun-

9 Gemeint ist die Erwartung, dass es einen Anderen gibt, der sich mir zuwendet und mich verstehen will, und dass es durch die Realerfahrung eine Konzeptualisierung erfährt (Bion 1962).

gen. Wir atmeten auf. Als Olga im Dezember 2023 starb, war es aus mit ihm. Er konnte nicht zur Trauerfeier kommen, verkoch sich in sein Bett. Die Kraft, sich hier in Deutschland einzupassen, schwand dahin und konnte nicht nachwachsen. Seine geliebte Babuschka, die sich für alles, was von ihrem Enkel kam, interessierte, die die kleine Familie zusammenhielt, gab es nicht mehr und sie war nicht zu ersetzen durch Mutter und Schwester oder den Vater in der Ferne. Er lag im Trauerloch in seiner Zimmerhöhle und ging nur noch selten zur Schule. Über Olga zu sprechen, war ihm nicht möglich.

Sein Zusammenbruch erinnere mich an einen Patienten, der von der 6. Lebenswoche an drei Jahre lang von Montag bis Samstag in einer Wochenkrippe untergebracht war. Als er wieder gänzlich bei seinen Eltern leben durfte, verhielten sie sich kühl und gleichgültig. Und er »wurstelte sich durch«, er meinte damit, dass er unfroh, ängstlich und oft verwirrt war, in der Schule völlig versagte, aber er überlebte. Er »wurstelte sich so durch«, bis im 10. Lebensjahr die Großmutter mütterlicherseits eine Jahr lang mit im Haushalt lebte. Binnen Kurzem »blühte« er auf, entwickelte sich vom Versager zu einem der leistungsstärksten Schüler der Klasse, der Anderen sogar Nachhilfe gab. Die Oma lernte weder mit ihm, nach überwachte sie die Hausaufgaben. Sie war nur einfach da, freute sich, wenn er nach Hause kam, interessierte sich für seinen Alltag, gab ihm Essen und Trinken. Ihre kleinen Gesten gaben ihm das wunderbare Gefühl, geliebt, einmalig und geschützt zu sein. Es waren offenbar seine ersten alternativen Beziehungserfahrungen seit frühester Kindheit. Als sie nach einem Jahr auszog und die täglichen Begegnungen ausblieben, verfiel der Junge wieder in seinen früheren Zustand. Er sagt heute: ihre leibliche Anwesenheit hätte er länger gebraucht, um innerlich Abstand von schrecklichen Vernichtungsängsten zu bekommen.

In beiden Beispielen treffen wir auf einen gewaltigen Einfluss der Großmutter, der das Leben der Enkelkinder veränderte, obwohl die leiblichen Eltern mehr oder weniger erreichbar und die Kinder nicht alleine waren. Und dennoch scheinen beide Jungen zu signalisieren, dass sie das Verschwinden der Großmutter(-figur) vernichtend erleben.

### *Großmutterübertragung in der therapeutischen Übertragungs-Gegenübertragungssituation*

Ich möchte unterscheiden, auf der einen Seite, zwischen der Großmutterübertragung in der SKEPT, die sich per se durch die Wünsche der Eltern an die Therapeutin ergibt und leichter zu identifizieren ist, weil das Setting Eltern, Baby und Therapeutin so zusammenführt, dass die Therapeutin als Dritte die Situation beobachtet, daran teilhat, aber nichts vorgibt, nur kommentiert, ein offenes Ohr für die Eltern hat;[10] ganz anders steht es, auf der anderen Seite, um die Großmutterübertragung, die sich in einer analytischen Behandlung (allmählich) entwickelt, nachdem in der Regel zuerst die Elternübertragung durchgearbeitet wurde (Trenk-Hinterberger 2022). Da ich schon sehr jung Großmutter wurde, befand ich mich bereits in dieser Lebenssituation, lange bevor meine Patienten in mir eine Großmutter hätten sehen und eine entsprechende Übertragung hätten entwickeln wollen. Andererseits war ich bereits geübt im Großmuttersein – im Leben in der zweiten Reihe –, so dass ich sensibilisiert war für die zweifache Übertragung, die mir entgegengebracht wurde. So hatte ich die »Kränkung«, durch die familiäre Generationenfolge mit meinem Altern und Ende des Lebens konfrontiert zu werden, in mir bereits durchgearbeitet.

### *Erfahrungen mit der Großelternübertragung im Setting der SKPT*

In der SKEPT gerate ich als Analytikerin per se in die Großelternposition gegenüber dem Baby (wir sind in der zweite Reihe) und zugleich in eine Elternübertragung gegenüber den Eltern des Babys. Und aus systemischer Sicht stellt das Setting der SKEPT die Therapeutin in die »Anna-Selbdritt-Position«,[11] entlastet den Vater, der als Dritter die Kind-Mutter-Dyade zu schützen hat. Die neue, besser gesagt, erweiterte Triade Therpeutin-Kind-Eltern eröffnet den Eltern während der Sitzung die Möglichkeit, ihre Projektionen auf das Kind zurückzuziehen und Unerträgliches, Konflikthaftes auszusprechen, miteinander zu interagieren. Die eigenen Früherfahrungen von Mutter / Vater verzerrten die Wahrnehmung des Babys und wichen erheblich vom aktuellen Zustands des Babys ab. Das Gleiche gilt für die Wahrnehmung ihrer Therapeutin. Die Beziehung zu ihr wird anfangs durch Vorurteile, unbewusste Erwartungen sowie infantile Wünsche der Mutter (des Vaters) geprägt. Es handelt sich um eine projektive Übertragung, die nicht entstanden ist aus gemeinsamen Erfahrungen, sondern Vater oder Mutter nehmen die Therapeutin in der Verfassung eines Babys oder Kleinkindes wahr.

10 Der Position einer Beobachterin in der teilnehmenden Säuglingsbeobachtung nach Esther Bick kommt der Position von Großeltern in der Familie sehr nahe, so wie auch der Position des Vaters und der Therapeutin in der SKEPT.

11 »Anna Selbdritt« bezeichnet in der Ikonographie die Darstellung der hl. Anna (Jesu Großmutter) mit ihrer Tochter Maria und dem Jesuskind. Der Ausdruck »selbdritt« ist ein altes Wort für »als Teil einer Dreiergruppe« oder auch »zu dritt«.

Ich halte es für entscheidend, zu klären, welche Ebenen in den Eltern-Patienten angesprochen und bearbeitet werden sollen und können: Bemühen wir uns, die präverbalen Erfahrungen zu erkennen, die noch nicht im szenisch-biographischen Gedächtnis gespeichert werden? Oder fokussieren wir uns auf die späteren Erfahrungen, die szenisch-personal aktiv von unseren Patienten erinnert werden, wie die ödipale Konstellation oder die Adoleszenz?

In jedem Fall ist die Therapeutin die Hinzukommende, die Dritte oder vertritt das Dritte, wie das Denken, die Gedanken.

Das Baby hat noch nicht viel zu übertragen, es kommt uns offen und neugierig entgegen, mit der Erwartung (Präkonzept), auf einen verstehenden Anderen zu treffen. So werden seine erst in der Entstehung begriffenen inneren Objekte direkt durch Interaktionen und indirekt über die Entlastung der Eltern beeinflusst. Ganz anders steht es um die Eltern. Ihre bereits geprägten inneren Elternobjekte und die durch ihren Fürsorgeimpuls für ihr kleines abhängiges Kind reaktivierten Ängste und Bedürfnisse – möglicherweise auch Szenarien aus der Frühzeit – bestimmen unbewusst die Begegnung mit der Therapeutin. Wenn sich die Eltern im Hier und Jetzt aufgehoben und respektiert fühlen, können sie jenseits ihrer Elternübertragung reflektieren und kleine korrigierende Erfahrungen machen.

## Literatur

Alexander, R. D. (1974): *The evolution of social behavior. Annual Review of Ecology and Systematics, 5*, 325–383.

Alexander, R. D. (1977): *Natural selection and the analysis of human sociality. The Changing Scenes in the Natural Sciences, 1776–1976*, 12, 283–337.

Alexander, R. D. (1979): *Darwinism and human affairs.* Seattle (University of Washington Press).

Atlas, G. (2023): *Emotionales Erbe. Eine Therapeutin, ihre Fälle und die Überwindung familiärer Traumata.* Köln (DuMont).

Becker, O., A., Steinbach, A. (2012): Beziehungen zwischen Großeltern und Enkelkindern im Kontext des familialen Beziehungssystems. In: *Comparative Population Studies – Zeitschrift für Bevölkerungswissenschaft, Jg. 37*, 3–4 (2012): 517–542.

Bion, W. (1962): *Lernen durch Erfahrung.* Frankfurt a. M. (Suhrkamp) 1990.

Bründl, P. (2006): Im Schatten des Großvaters. In: Bründl, P. (Hrsg.): *Kindheit jenseits von Trauma und Fremdheit.* Frankfurt a. M. (Brandes &Apsel).

Cherlin, A. & Furstenberg, F. F. (1986): Grandparents and family crisis. Generations: *Journal of the American Society on Aging, 10(4)*, 26–28.

Daly, M. & Perry, G. (2019): Grandmaternal childcare and kinship laterality. Is rural Greece exceptional? *Evolution and Human Behavior, 40*, 385−394.

Erdheim, M. (1983): Adoleszens zwischen Familie und Kultur. In: *Psychosozial, Jg. 17*, S. 104–116.

Gaunt, D. & Nyström, L. (1994): Das Skandinavische Modell. In: *Geschichte der Familie.* Hrsg: Burguiere, A., Klapisch-Zuber, Ch., Segalen, M., Zonabend, F. Bd. 4, 20. Jahrhundert. Frankfurt a. M. (Campus), S. 137–168.

Gordon, I., Zagoory-Sharon, O., Leckman, J. F., Feldman, R.: Oxytocin and the development of parenting in humans. *Biol Psychiatry. 2010 Aug 15*;68 (4):377–82. doi: 10.1016/j.biopsych.2010.02.005. Epub 2010 Mar 31. PMID: 20359699; PMCID: PMC3943240.

Israel, A. (2007): *Der Säugling und seine Eltern. Die psychoanalytische Behandlung frühester Entwicklungsstörungen.* Frankfurt a. M. (Brandes & Apsel).

Kaptijn, R., Thomese, F., Liefbroer, A. C. & Silverstein, M. (2013): Testing evolutionary theories of discriminative grandparental investment. *Journal of Biosocial Science, 45*, 1−22.

Lauterbach, W. (1995): Die gemeinsame Lebenszeit von Familiengenerationen. *Zeitschrift für Soziologie, 24*, 22−43.

Lauterbach, W. (2002): Großelternschaft und Mehrgenerationenfamilien – soziale Realität oder demographischer Mythos? *Zeitschrift für Gerontologie und Geriatrie, 35*, 540−555.

Lauterbach, W., & Klein, Th. (1997): Altern im Generationenzusammenhang: Die gemeinsame Lebenszeit von Eltern und Kindern, Großeltern und Enkeln. In: J. Mansel, G. Rosenthal & A. Tölke (Eds.), *Generationenbeziehungen und Generationenverhältnisse* (S. 109−120). Opladen (Leske & Budrich).

Lück, S. (2023): V*ererbtes Schicksal. Wie wir belastende Familienmuster überwinden und unser wahres Potenzial befreien.* München (Kailash) 2023.

Monserud, M. A. (2008): Intergenerational relationships and affectual solidarity between grandparents and young adults. *Journal of Marriage and Family, 70*, 182−195.

Pashos, A. & McBurney, D. H. (2008): Kin relationships and the caregiving biases of grandparents, aunts and uncles: A two generational questionnaire study. *Human Nature, 19*, 311−330.

Pashos, A. (2019): Großmütter, Großväter und Stiefgroßeltern aus evolutionärer Sicht. Wer kümmert sich wie und warum um die Enkel? *Mitteilungen der Berliner Gesellschaft für Anthropologie, Ethnologie und Urgeschichte. Bd. 40*, 2019, S. 29–50.

Pashos, A. (2000): Does paternal uncertainty explain discriminative grandparental solicitude? A crosscultural study in Greece and Germany. *Evolution & Human Behavior, 21*, 97–109.

Radebold, H., Bohleber, W., Zinnecker, J. (2009): *Transgenerationale Weitergabe kriegsbelasteter Kindheiten. Interdisziplinäre Studien zur Nachhaltigkeit.*

Smith, M. S. (1988): Research in developmental sociobiology: parenting and family behavior. In: K. B. Mac-Donald (Ed.): *Sociobiological perspectives on human development* (S. 271–292). New York (Springer).

Spitzer, M. (2006): *Gott-Gen und Großmutterneuron.* New York, Stuttgart (Schattauer).

Steinbach, L., Henke, W. (1998): Großelterninvestment – eine empirische interkulturelle Vergleichsstudie. *Z. Anthropologie, Bd. 36*, 293–301.

Stern, D. (1998): *Die Mutterschaftskonstellation. Eine vergleichende Darstellung verschiedener Formen der Mutter-Kind-Psychotherapie.* Stuttgart (Klett-Cotta).

Trenk-Hinterberger, S. (2022): *Das Zusammenspiel der Generationen. Von der Bedeutung der Großeltern in psychoanalytischen Behandungen.* Gießen (Psychosozial).

Wilkins-Smith, J. (2023): *Vererbte Gefühle. Wie alte Familienmuster unser Leben beeinflussen und wir uns davon befreien.* Göttingen (Kösel).

*Denia G. Barrett*
(Chicago)

# Ich will Mami! Ich will Oma!

## Zusammenfassung

In vielen Familien und Kulturen auf der ganzen Welt sind Großeltern eng in die Betreuung und Erziehung ihrer Enkelkinder eingebunden. In diesem Beitrag wird die analytische Arbeit mit zwei kleinen Jungen vorgestellt, deren Großmütter seit dem Säuglingsalter eng in ihre Betreuung eingebunden waren. Die Fälle veranschaulichen die Verwirrung und die Schwierigkeiten bei der Integration, die sich ergeben können, wenn die Vorstellung der Erwachsenen, wer sie für das Kind sind, von den gelebten Erfahrungen und den mentalen Repräsentationen des Kindes abweicht. Eine besondere Schwierigkeit im Umgang mit Aggressionen war ein gemeinsames Merkmal in der Entwicklung und Symptomatik der beiden Jungen.

Es gibt eine Vielzahl von Situationen, in denen Großeltern, insbesondere Großmütter, die Hauptbezugspersonen für ihre Enkelkinder werden. In vielen Gemeinschaften und Kulturen gilt dies als klassisch und nicht weiter bemerkenswert, ja vielleicht sogar als erwartbar. Großeltern können sich mehrere Stunden am Tag um die Enkelkinder in ihrem Haus oder im Haus der Kinder kümmern, während Mütter und Väter arbeiten. Sie können für eine gewisse Zeit bei der Familie einziehen, um bei der Betreuung von Säuglingen und Kleinkindern zu helfen; ihr Aufenthalt kann je nach Bedarf verlängert oder dauerhaft werden. Oder ein Enkelkind kann für eine gewisse Zeit bei den Großeltern bleiben, während die Eltern ein Studium absolvieren oder an einem anderen Ort arbeiten. Großeltern können aufgefordert werden, das Sorgerecht für Enkelkinder zu übernehmen, wenn ein Elternteil stirbt, krank oder behindert wird, inhaftiert wird oder Probleme mit Drogenmissbrauch und/oder psychischen Erkrankungen hat. Erwachsene Kinder können aufgrund finanzieller Engpässe oder Schwierigkeiten mit Ehe- oder Liebespartnern für eine gewisse Zeit bei den Großeltern einziehen. Großeltern können alt oder jung sein – im Ruhestand, voll- oder teilzeitbeschäftigt, oder sie sind selbst (wieder) Studenten. Sie kümmern sich um ein oder mehrere Kinder – sei es von einem oder mehreren ihrer eigenen Kinder, von Verwandten oder von Freunden und Nachbarn. Die große Vielfalt der Umstände und die unendlichen Variationen der Großeltern-Enkel-Beziehung machen eine Verallgemeinerung unmöglich, daher werde ich den Rahmen meines Beitrags eng halten. Ich möchte zeigen, wie die Psychoanalyse mit zwei Jungen und die Arbeit mit einer Mutter und einer Großmutter dazu beitrugen, zu klären, wie die Erwachsenen in der inneren Welt und den Objektbeziehungen der Kinder auftraten.

Das Setting der Arbeit war ein psychoanalytisches Zentrum in den Vereinigten Staaten, zu dem eine therapeutische Vorschule und ein Kindergarten sowie eine Klinik gehörten, in der die Psychoanalyse für Familien unabhängig von ihren finanziellen Möglichkeiten zugänglich war. Die übliche Empfehlung für Kinder unter fünf Jahren in der therapeutischen Schule war die »Behandlung durch die Eltern« (Furman, 1961), bei der sich die Hauptbezugsperson des Kindes wöchentlich mit einem Kinderanalytiker trifft und täglich mit dem Lehrer des Kindes spricht. Der Analytiker beobachtet im Klassenzimmer und trifft sich einmal pro Woche mit dem Lehrer. Dieses Modell erwies sich als sehr gut geeignet für Kinder mit Entwicklungskonflikten oder solchen, die sich noch nicht zu einer Neurose herauskristallisiert haben. Die einzigartige Beziehung zwischen einem sehr jungen Kind und seiner Mutter (oder einer anderen Bezugsperson, die eng in die Befriedigung der emotionalen und körperlichen Bedürfnisse des Kindes eingebunden ist und das Objekt seiner Triebe und Phantasien ist) ermöglicht es, unbewusste Konflikte und aufkommende Symptome zu verstehen und zu behandeln. Das psychoanalytische Team aus Kind, Elternteil, Analytiker und speziell geschultem Lehrer verfügt über eine Fülle von Material, das zu einer tiefen Kenntnis der Impulse, Affekte, Abwehrmechanismen, Ich-Stärken und -Schwächen, der sich entwickelnden Über-Ich-Funktionen und der Art und Weise, wie das Kind mit Anderen in Beziehung tritt, beiträgt. Bei diesem Ansatz wird das Unbewusste eines jeden Beteiligten mobilisiert und findet seinen Nachhall in der Arbeit und liefert wichtige Informationen. Der Psychoanalytiker dient dabei als Berater im Hintergrund, ähnlich wie es Freud für den Vater des kleinen Hans tat (Freud, 1909). In vielen Fällen kann die fortschreitende Entwicklung des Kindes durch die ödipale Phase und in die Latenzphase wiederhergestellt und beibehalten werden, ohne dass eine individuelle Analyse erforderlich ist.[1]

1 Eine traditionelle analytische Behandlung wird der Familie empfohlen, a.) wenn das Kind unter fünf Jahren eine schwere und frühe Störung oder signifikante Ich-Defizite aufweist, b.) wenn es starke Anzeichen dafür gibt, dass es die Herausforderungen der ödipalen Entwicklung und der Über-Ich-Konsolidierung nicht meistern kann, oder c.) wenn das Kind in die Latenzphase mit ungelösten Konflikten und Symptomen eintritt, die in einer Behandlung durch die Eltern nicht mehr zugänglich sind.

Jeder der Jungen, über die ich sprechen werde, besuchte die therapeutische Schule, wobei die Behandlung durch die Eltern die erste Intervention war. In der Schule gibt es einen allmählichen Trennungsprozess, bei dem ein Elternteil oder eine Betreuungsperson Zeit mit dem Kind im Klassenzimmer verbringt, gefolgt von einer Zeit, in der dem Kind die Elternfigur im Warteraum zur Verfügung steht, und dann das Gebäude für immer längere Zeit verlässt, bis sich das Kind in der Schule sicher fühlt und alle Aktivitäten des ganzen Tages in Anwesenheit seines Elternteils oder seiner Betreuungsperson erlebt hat. Als sich herausstellte, dass jeder Junge mehr Hilfe brauchte, als in der Behandlung durch die Eltern möglich war, wurde eine vier- bis fünfmal pro Woche stattfindende individuelle Psychoanalyse empfohlen. Sobald die Analyse im Gange war, wurde die Rolle des Analytikers als Übertragungsobjekt oder Entwicklungsobjekt zentral, und die Arbeit mit dem Elternteil oder der Betreuungsperson verlagerte sich auf die Unterstützung ihrer Entwicklung in der Phase der Elternschaft (Benedek, 1959; Furman, 1969; Novick & Novick, 2005).

## »Ich will Mami! Ich will Oma!«[2]

Damien wog vier Pfund (1.800 Gramm), als er acht bis zehn Wochen zu früh geboren wurde. Der Drogenmissbrauch seiner Mutter hatte dazu geführt, dass er im Mutterleib toxischen Substanzen ausgesetzt war, und er blieb mehr als zwei Wochen im Krankenhaus, bevor er zusammen mit seinem älteren Bruder in die ständige Obhut seiner Großmutter entlassen wurde. Seine Großmutter, Frau A., war zu dieser Zeit berufstätig, nahm sich aber eine kurze Auszeit, um dafür zu sorgen, dass die Jungen an den Tagen, an denen sie arbeitete, bei einer Nachbarin untergebracht wurden. Sie sagte, dass Damien leicht erregbar und schwer zu beruhigen sei. Zusätzlich zu ihrem Drogenkonsum hatte seine Mutter möglicherweise eine schlechte Ernährung und eine unzureichende pränatale Versorgung, die zu Damiens Frühgeburt, seinem geringen Geburtsgewicht und seinen Schwierigkeiten bei der Regulierung von Zuständen und dem Erleben von Freude beitrugen. Zu seiner anfänglichen Verwundbarkeit kam hinzu, dass die Kontinuität seiner Betreuung häufig durch den Wechsel der Bezugspersonen unterbrochen wurde. Seine Mutter blieb im Kontakt mit ihm, lebte manchmal bei ihrer Großmutter mütterlicherseits und manchmal bei ihrer

2 Teile dieses Falles erschienen in Barrett, D. (2005), und wir haben die Erlaubnis, sie hier aufzunehmen.

Mutter und den Jungen. Sie und der Vater hatten eine On-off-Beziehung, und Damien und sein Bruder verbrachten gelegentlich die Wochenenden bei ihm. Frau A. selbst war in einer Langzeitbeziehung mit einem Partner, Herrn B., der sich während eines Großteils seines ersten Jahres sehr liebevoll um Damien kümmerte. Leider hatte er jedoch juristische Probleme, die dazu führten, dass er in den nächsten Jahren von der Familie getrennt leben musste.

Damien war ein sympathisches, begabtes Kind, das sehr geliebt wurde, aber seine Erfahrungen mit mehreren Bezugspersonen während seines ersten Lebensjahres und darüber hinaus haben ihre Spuren hinterlassen. Trotz seines schwierigen Starts ins Leben war er aufgeweckt und sportlich, und er erreichte seine Entwicklungsziele zu den erwarteten Zeitpunkten, mit Ausnahme der Beherrschung der Toilette. Aber es war, als hätte er zu viele »Mütter« gehabt und war dennoch »mutterlos«. Narzisstische Verletzungen ließen ihn emotional erschöpft und verletzlich zurück – in der einen Minute glücklich und engagiert, in der nächsten verzweifelt oder wütend. Während Damiens Kleinkindalter erlitt Frau A. eine schwere Verletzung und war mehrere Monate lang nicht in der Lage, sich allein um ihn und seinen Bruder zu kümmern. Sie und die Jungen zogen in einen Vier-Generationen-Haushalt: die Urgroßmutter, Frau A., ihre Tochter (die Mutter der Jungen) und Damien und sein Bruder. Frau A. erkannte, dass Damiens primäre Bindung zu ihr bestand, aber sie fühlte einen inneren Konflikt, wenn es darum ging, ihre Tochter als Mutterfigur zu ersetzen. Als ich anfing, mit ihr für Damien zu arbeiten, hatte ich das Gefühl, dass zwischen den beiden eine Kluft bestand, da Damien sie als seine Mutter ansah, während sie sich als seine Großmutter betrachtete.

Ich lernte Frau A. zum ersten Mal kennen, als Damien 22 Monate alt war. Zu diesem Zeitpunkt war er bereits seit einigen Monaten in einer strukturierten Kindertagesstätte, aber er beherrschte die Toilette nur unzuverlässig und zeigte Verhaltensauffälligkeiten. Sie wurde von einer Kollegin überwiesen, die mit der Schule und der Klinik vertraut war. Unsere Arbeit begann mit dem Versuch, Damiens Bruder bei einigen vorübergehenden Symptomen nach ihrer Verletzung zu helfen. Wir trafen uns anderthalb Jahre lang, aber es gab eine Reihe von Unterbrechungen aufgrund von gesundheitlichen Schwierigkeiten und Umzügen. Die wichtigste davon war die Geburt des Cousins der Jungen, des Kindes eines anderen Kindes von Frau A., dessen extreme Frühgeburt und Mehrfachbehinderung eine aufwändige Betreuung erfordern würde. Frau A. wurde klar, dass sie aufhören musste zu arbeiten, um die Bedürfnisse der Enkelkinder zu erfüllen, deren Erziehung sie übernommen hatte. Das letzte Enkelkind hatte eine Vollzeitpflegekraft und diese zusätzliche Hilfe ermöglichte es ihr, sowohl Damien als auch seinen Bruder in die therapeutische Schule zu bringen. Zum ersten Mal schien Frau A. das Gefühl zu haben, dass Andere die Opfer, die sie gebracht hatte, zu schätzen wussten, und sie erzählte mir stolz, dass andere Mütter im Wartezimmer ihr gesagt hatten, dass sie zur »Großmutter des Jahres« ernannt werden sollte.

Frau A. war skeptisch, als Damien sich darüber aufregte, dass sie während des Trennungsprozesses begann, das Gebäude zu verlassen. »Er ist daran gewöhnt, dass ich weg bin«, erwiderte sie, aber sie war eindeutig von seiner Verzweiflung betroffen. Man konnte ihn im ganzen Gebäude weinen hören: »Ich will Mami! Ich will Oma.« Man könnte sagen, dass er nach einer Mama und einer Großmutter weinte, aber ich glaube, in Wirklichkeit war die Mama/Oma Frau A. Er war überwältigt und kletterte auf Möbel, trat und schrie. Er konnte sich weder von seiner Lehrerin helfen lassen, noch konnte er sie mit einem anderen Kind zusammen sein lassen. Er war nicht in der Lage, an Aktivitäten teilzunehmen oder zu lernen und er konnte nicht mit Gleichaltrigen interagieren. Einmal kletterte er in den Papierkorb und nannte sich selbst »Müll«. Sein behinderter Cousin war vor Kurzem aus dem Krankenhaus nach Hause gekommen und zu allem Überfluss hatten seine Eltern ein weiteres gemeinsames Kind gezeugt und waren in eine Wohnung über der von Frau A. gezogen.

Frau A. konnte unsere Arbeit nutzen, um Damien besser zu verstehen und mit ihm über seine Gefühle zu sprechen. Sie konnte nachempfinden, wie rivalisierend er sich gegenüber seiner Cousine und dem bevorstehenden Baby fühlte. Sie fragte sich, ob ihre Tochter das Sorgerecht zurückerhalten könnte, wenn sie ihr Leben umkrempeln würde. Gleichzeitig war ihr klar, dass diese Fantasie bzw. dieser Wunsch nicht im Interesse der Jungen sein würde. Einmal, als Damien sich im Klassenzimmer aufführte, fragte sie mich »scherzhaft«: »Wollen Sie ein Kind?« Normalerweise wurden ihre Ambivalenz und ihr Wunsch, ihn loszuwerden, jedoch durch ihre Liebe und ihr Verantwortungsbewusstsein ausgeglichen. Zur gleichen Zeit war Damiens Entwicklung gefährdet und ich begann mit ihr über eine individuelle Psychoanalyse zu sprechen. Ihre Antwort war, dass sie sich fragte, warum ich dies nicht schon lange vorher empfohlen hatte, da sie wusste, dass andere Kinder an der Schule in Behandlung waren.

Bei der Besprechung der Empfehlung fragte ich Frau A., wie Damiens Mutter darüber denken würde. Wir sprachen über die komplizierten Verlust- und Schuldgefühle, die ihre Tochter hatte, weil sie das Sorgerecht für ihre Söhne verloren hatte, aber Frau A. erklärte, ohne offensichtlichen Konflikt, dass die Entscheidung über die Behandlung bei ihr selbst liege. Sie brachte ihre Tochter mit, um die Schule zu besuchen und mich kennenzulernen, bevor sie die Jungen anmeldete und sie informierte sie über die Arbeit, die wir in der Therapie und im Klassenzimmer leisteten. Sie sagte, dass Damien anfing, ihr Fragen über seine familiäre Situation zu stellen, und dass sie die Unterstützung von Familie und Freunden hatte, um dies offen mit ihm zu besprechen. Ich hatte das Gefühl, dass sie mir vertraute, dass ich sie als Elternteil respektierte, ohne jemals ihre Tochter als biologische Mutter zu vergessen.

Zu Beginn der Analyse, nach einer Eingewöhnungszeit, in der seine Großmutter zur Verfügung stand, begann Damien, seinen Loyalitätskonflikt zu zeigen. Er wehrte sich dagegen, täglich in das Kellerbüro zu gehen. Er sagte, dass er keine Treffen mit mir wolle und dass er nach oben ins Klassenzimmer gehen würde. Er bestand darauf, in den Warteraum der Klinik im zweiten Stock zu gehen, und schien mich herauszufordern, ihn aufzuhalten. Ich folgte ihm, als er die Treppe hinaufging und nahm ein paar Spielsachen mit, dann kam er problemlos hinunter in unser Büro. An einem anderen Tag war er auf der Treppe unsicher und ich fragte ihn danach. Er antwortete: »Bei mir zu Hause gibt es ein Obergeschoss und ein Untergeschoss. Mamas Treppe hat ein Geländer, die von Oma nicht.« Dies schien seine Angst und sein unmögliches Dilemma widerzuspiegeln. Sein Refrain: »Ich will Mami! Ich will Oma!«, wiederholte sich in unserer Arbeit, wo ich seine Ambivalenz und seinen Kummer darüber ansprechen konnte, dass das Zusammensein mit der einen geliebten »Mutter« bedeutete, von der anderen getrennt zu sein. Auf diese Weise brachte Damien seine frühen Verluste direkt in den Beginn seiner Analyse ein.

Mit der Zeit wurde deutlich, wie viel Damiens Schwierigkeiten, Entscheidungen zu treffen, sein geringes Selbstwertgefühl und sein unsicheres Verhalten mit den enormen Loyalitätskonflikten zu tun hatten, mit denen er zu kämpfen hatte. Eines Abends sollte in der Schule ein Elternabend stattfinden, aber er konnte sich nicht entscheiden, wen er einladen sollte – Frau A. und Herrn B. oder seine Mutter und seinen Vater. Am Tag der Veranstaltung hatte er sich immer noch nicht entschieden und bestand darauf, erst seine Großmutter und dann seine Mutter vom Bürotelefon aus anzurufen. Schließlich lud er seine Großmutter und Herrn B. ein. Er drängte sie, um 13.00 Uhr einen Babysitter zu besorgen, damit sie nicht zu spät zur Abendveranstaltung kommen würden. In der Sitzung am nächsten Tag erzählte er mir, wie viel Spaß es ihm gemacht hatte, mit Herrn B. ein Spiel zu spielen, aber er fügte hinzu, dass seine Eltern vielleicht hätten kommen können, wenn die Dinge anders gelaufen wären. Er machte sich Sorgen, dass seine Entscheidung dazu geführt hatte, dass seine Mutter krank wurde – dass er sie emotional und körperlich verletzt hatte –, und er schämte sich, dass andere Kinder mit ihren Müttern und Vätern dort waren.

Bald darauf brachte Damien den Konflikt in seine Sitzung ein, als sich eine analytische Pause anbahnte. Er lag in der Schulhalle auf dem Boden und weigerte sich zunächst, sich zu bewegen. Schließlich kam er die Treppe hinunter ins Büro, weigerte sich aber, über die bevorstehende Pause zu sprechen, wollte früher gehen und weigerte sich dann, die Treppe zur Schule hinaufzugehen. Er weigerte sich, aufzuräumen. Ich sagte, dass ich sehen konnte, dass er wegen des Aufräumens einen Streit anzettelte, obwohl es in seinem Inneren einen Streit gab. In seinem Haus hatte er oben seine Mama und unten seine Oma. Oben in der Schule hatte er seine Lehrerin, unten seine Analytikerin. Ich fügte hinzu, dass es so schwer war, sich zu entscheiden, wenn das Zusammensein mit dem Einen bedeutete, dass er nicht mit dem Anderen zusammen war – das Ganze wurde zu einem inneren Kampf. »Du bist dumm und ich komme nicht zurück«, schrie er. Ich sagte, dass ich glaube, dass er sich durch den inneren Kampf dumm fühlte und als ob er keine guten Gefühle mehr hätte. Ich deutete an, dass dies bei mir wegen des Urlaubs passiert sei. »Ich gehe zurück in meine alte Schule«, erwiderte er, ähnlich wie er seiner Großmutter gesagt hätte, dass er zurück zu seiner Mama gehen würde, wenn er sich ausgeschlossen, verletzt und wütend fühlte.

In den Tagen vor den Ferien arbeiteten wir an seiner passiv-aktiven Abwehr, indem er zuerst ging, anstatt sich verlassen zu fühlen. Ich bot eine Rekonstruktion an: Als er als kleiner Junge »in seine alte Schule« ging (eine Zusammenfassung vieler Situationen, in denen er zurückgelassen wurde), konnte er sich die Menschen nicht merken und er konnte sie nicht mehr mögen, wenn er wütend wurde. Er hatte Angst, er würde sie zerstören. Als Reaktion darauf vergaß er bald einen wertvollen Besitz und ging ohne ihn nach Hause, was zeigte, dass er erwartete, selbst vergessen zu werden. In einer späteren Sitzung erinnerte ich ihn daran, dass ein fünfjähriger Junge Gefühle, die ihm gefallen, wiedererlangen kann, wenn er wütend wird, und dass sie nicht völlig verschwunden sind. Seine Unfähigkeit, Freude zu empfinden, wurde am nächsten Tag deutlich. Er kam wütend herein: »Ich will Mami! Ich will Oma!« Ich sagte, wir könnten an sie denken und über sie sprechen, um ihm zu helfen. Er begann, sich selbst zu schaukeln und mir wurde klar, dass er wieder zeigte, wie er sich gefühlt hatte, als er in der Obhut von Babysittern und Tagesmüttern war. Er suchte sich Spielzeug aus dem Warteraum aus und versuchte, mich zu umarmen. Das brachte mich auf den Gedanken, dass er zum Trost geschaukelt und umarmt worden war, aber man hatte ihm nicht geholfen, seine Sehnsucht nach den fehlenden Liebesobjekten zu verbalisieren. Ich stellte dann eine Verbindung zwischen dem Vergessen wertvoller Gegenstände und dem Gefühl her, dass er die wichtigsten Menschen in seinem Leben verloren hatte.

Damiens tatsächliche Verluste wurden noch dadurch verstärkt, dass er als Säugling und Kleinkind nicht in der Lage war, gute innere Objekte zu bewahren, wenn Aggression und Not ihn übermannten. Zum Glück für ihn verschwand keiner der wichtigsten Menschen für immer. Herr B. kehrte zurück, um mit Frau A. und den Jungen zu leben. So konnte Damien mit einiger Verspätung typische ödipale Konflikte in der triadischen Beziehung zu seiner Großmutter und ihrem Liebespartner sowie durch seine Phantasien über seine

Stellung in Bezug auf mich und meinen Mann bearbeiten. Obwohl er ständig Kontakt zu seiner Mutter und seinem Vater hatte, traten sie eher als Tanten und Onkel oder viel ältere Geschwister denn als elterliche Objekte auf. Der größte Gewinn seiner Analyse war die Entwicklung seiner Fähigkeit, liebevolle Gefühle und seinen Wunsch nach Beziehungen zu haben, die seinen Hass und seine zerstörerischen Impulse überwogen.

## »Eltern günstig abzugeben«[3]

Aarons Eltern waren Anfang zwanzig, als seine Mutter, Donna, schwanger wurde. Sie und Aarons Vater Jason waren seit mehreren Jahren befreundet und die Schwangerschaft war das Ergebnis von ungeschütztem Sex in einer Beziehung, die für keinen der beiden eine ernsthafte Romanze war. Donna fühlte sich äußerst schuldig und schämte sich für diese außereheliche Schwangerschaft, sowohl aus religiösen Gründen als auch, weil sie die großen Hoffnungen ihrer Mutter für ihre Zukunft enttäuscht hatte. Ihre Mutter hatte bereits das Sorgerecht für ein anderes Enkelkind übernommen, als ihr ältestes Kind nicht in der Lage war, für eine angemessene Betreuung zu sorgen; aber sie war hoffnungsvoll und tröstete sich damit, dass Donna das College besuchen und mehr im Leben erreichen würde. Donnas Eltern hatten sich scheiden lassen, als sie noch ein Kind war, aber ihr Vater war eine unterstützende Figur in ihrem Leben geblieben. Jason lebte ebenfalls noch bei seinen Eltern, während er seine Ambitionen als Profisportler verfolgte. Er und Donna beschlossen, Aaron gemeinsam großzuziehen, obwohl sie nicht ineinander verliebt waren. Donnas Mutter lebte in einem Haus mit einer separaten Wohnung, in der sie nach Aarons Geburt wohnen konnten. Die Großeltern mütterlicherseits und die Großeltern väterlicherseits kamen aus unterschiedlichen Verhältnissen, aber alle wollten der neuen Familie helfen.

Donna berichtete, dass sie sich während ihrer gesamten Schwangerschaft Gedanken über das Baby machte, das sie in sich trug, und sich Sorgen machte, ob ihre »Sünde« ihm schaden würde (und sich vielleicht unbewusst wünschte, ihn loszuwerden). Ihre Ambivalenz gegenüber Jason wirkte sich auch auf ihre Bemühungen gegenüber ihrem Kind aus und verstärkte ihre Schuldgefühle. Ihre Angst wurde noch größer, als sie wegen Komplikationen fast einen Monat zu früh entbinden musste. Als sie Aarons rotes, schreiendes Gesicht zum

3 Teile dieses Falles sind in Novick, K., Novick, J., Barrett, D. und Barrett, T. (2020) erschienen und die Erlaubnis für ihre Aufnahme hier wurde eingeholt.

ersten Mal sah, befürchtete sie, sie habe einen »Außerirdischen, ein dämonisches Kind, das wütend geboren wurde«, gezeugt. Wie sie es beschrieb, schien Aaron von Anfang an Aspekte von ihr selbst zu verkörpern, die sie als fremd, aggressiv und inakzeptabel empfand.

Als Donna Aaron aus dem Krankenhaus nach Hause brachte, stand ihre Mutter ihrer ängstlichen Tochter mit Rat und Tat zur Seite und bot ihr emotionale Unterstützung. Donna entschied sich dafür, Aaron zu stillen, und diese Nähe war für sie sehr befriedigend und verstärkte ihr Gefühl, eine kompetente Mutter zu sein. Jason hingegen fühlte sich ausgeschlossen und hatte das Gefühl, dass seine Rolle als Vater nicht respektiert wurde. Zwischen ihm und Donna kam es bald zu wütenden Auseinandersetzungen, die gelegentlich in Schubsen und kleineren Rangeleien mündeten. Nach nur wenigen Wochen bestand Donna darauf, dass er das Haus verließ, und er zog zu seinen Eltern zurück. Diese wollten, dass ihr Sohn sich verantwortungsbewusst verhielt, und sie wollten sich als Aarons Großeltern weiterhin engagieren. Obwohl Jason nicht viel finanzielle oder emotionale Unterstützung leistete, hielten er und die Großeltern väterlicherseits in den nächsten Jahren Kontakt zu Donna und Aaron.

Die Beziehung zwischen Donna und ihrer Mutter war nach wie vor von pubertären Konflikten um Autonomie und Abgrenzung geprägt, die sich in Streitigkeiten über die Frage »Wer ist der Boss?« entluden. Trotz des Drucks ihrer Mutter entschied sich Donna dafür, im ersten Lebensjahr von Aaron nicht wieder am College zu studieren. Sie genoss es, ihn zu pflegen, und sprach gerne über seine körperlichen Bedürfnisse, als ob sie sich um ihn kümmerte wie um sich selbst. Sie hatte Momente, in denen sie das Gefühl hatte, er sei das »beste Baby aller Zeiten«. Sie hatte einen Kinderarzt ihres Vertrauens, den sie um Rat fragen konnte, wenn sie die Meinung ihrer Mutter in Frage stellte. Sie erinnerte sich an dieses erste Jahr als eine Zeit, in der sie die Hauptbezugsperson war und ihre Mutter als Helferin bei der Erziehung von Aaron fungierte.

Während seines Kleinkindalters begannen sich die Dinge jedoch zu ändern. Als er immer mobiler und unabhängiger wurde, erlebte Donna immer mehr innere Konflikte. Als er laufen konnte und sich dagegen wehrte, allein in seinem Laufstall eingesperrt zu sein, indem er sich den Kopf stieß, hatte sie das Gefühl, dass er wütend war und ihr »entkommen« wollte. Sie beschloss, wieder in die Schule zu gehen und vielleicht auch dem Wunsch ihrer Mutter nachzugeben und Aaron zu verlassen, bevor er ihr das Gefühl gab, verlassen zu werden. Dieser drohende Verlust rekapitulierte ihre Erfahrung, zuerst ihren Vater und dann Jason verloren zu haben. Ihre Konflikte hinsichtlich Aggression und Männlichkeit gaben ihr zunehmend das Gefühl, nicht zu wissen, wie man einen Jungen erzieht. Ihre Mutter, die sich aus dem Berufsleben zurückgezogen hatte, begann, sich um Aaron zu kümmern, während Donna in der Schule war. Zu dieser Zeit schien eine Veränderung stattzufinden: Donna investierte weniger in ihre Mutterrolle und sowohl sie als auch die Großmutter betrachteten sich als austauschbar. Sie teilten die Überzeugung, dass Aaron ein hochintelligentes »Indigo-Kind«[4] mit unheimlichen Eigenschaften und Fähigkeiten war. Auch wenn sie sich einbildeten, dass es für Aaron keine Rolle spielte, wer von ihnen sich um ihn kümmerte, zeigte seine spätere Entwicklung, wie sehr er seine Mutter vermisste, wenn sie nicht für ihn da war.

Als Aaron zwischen drei und vier Jahre alt war, hatte sein Vater eine mehrmonatige Erfolgsserie als Leichtathlet, die ihn ins nationale Rampenlicht brachte. Scharen von Fans folgten ihm und die lokale Presse widmete ihm viel Aufmerksamkeit. Er nahm Aaron zu Wettkämpfen und Veranstaltungen mit und stellte ihn als seinen Sohn vor und er lud Donna und ihre Mutter ein, ihn auf seinen Reisen zu begleiten. Donna ließ sich anfangs von der Aufregung mitreißen und begann, von einer Wiedervereinigung als Familie zu fantasieren. Doch schon bald misstraute sie Jason und hatte das Gefühl, dass er die Rolle des hingebungsvollen, engagierten Vaters nur spielte, um für sich selbst Werbung zu machen, ohne Rücksicht auf Aarons Wohlergehen. Aaron, ein sensibles Kind, war von den Erfahrungen, denen er ausgesetzt war, überwältigt. Er bekam Albträume und suchte Trost im Bett seiner Mutter. Zuvor hatte er die Toilette erfolgreich gemeistert, doch tagsüber nässte er wieder ein. In seiner Kindertagesstätte versteckte er sich unter Tischen und hielt sich die Ohren zu, wenn das Personal oder die Eltern über den Ruhm seines Vaters sprachen. Er begann, sich anderen Kindern gegenüber aggressiv zu verhalten, und musste häufig ins Büro der Leiterin gehen, bis seine Mutter oder Großmutter ihn abholen konnte. Er flehte die Leiterin an: »Bitte helfen Sie mir, brav zu sein.« Während dieser Zeit zog Jason plötzlich aus der Stadt weg und war wieder weitgehend aus Aarons Leben verschwunden.

Zu diesem Zeitpunkt überwies Donnas Kinderarzt sie für eine Diagnostik an das Therapiezentrum. Die Empfehlung lautete, dass der fünfjährige Aaron den Kindergarten in der therapeutischen Schule besuchen sollte. Es zeichnete sich bereits ab, dass er eine analytische Behandlung benötigen würde, um seine Aggressionsschwierigkeiten, sein Streben nach äußerer Bestrafung aufgrund seines strengen rigiden Über-Ichs und sein geringes Selbstwertgefühl in den Griff zu bekommen. Als Donna und ich unsere Zusammenarbeit begannen, sprach ich mit ihr über diese Möglichkeit, schlug aber vor, dass wir zunächst eine Zeit lang zusammenarbeiten sollten, um mehr über ihre Erfahrungen mit

4 Vgl. Nancy Ann Tappe: »Understanding Your Life through Color.« https://de.wikipedia.org/wiki/Indigo-Kinder.

Aaron zu erfahren und nach Wegen zu suchen, wie die beiden die Nähe wiederfinden könnten, die sie während seiner Kindheit genossen. Die Lehrer erkannten, dass Aaron möglicherweise verkürzte Schultage brauchen würde, wie es in der Tagesstätte der Fall war, und baten Donna, im Gebäude zu bleiben, um ihn zu unterstützen und ihm zu helfen, sich während einer langsamen Einstiegsphase sicher zu fühlen. Sie willigte ein, obwohl sich dies auf ihren Stundenplan auswirkte und die Routine, die sie und ihre Mutter für die abwechselnde Betreuung von Aaron eingeführt hatten, durcheinanderbrachte.

Donna erzählte offen von ihren Beobachtungen und Gefühlen. Sie fragte sich, ob Aaron ein Trauma erlebt hatte, als sie getrennt waren, z.B. als er bei seinem Vater oder in der Kindertagesstätte war. Viel später konnte sie über eine versehentliche Verletzung sprechen, die er sich zugezogen hatte, als sie am Unterricht teilnahm und ihre Mutter es versäumt hatte, ihn zu schützen. Sie gab sich selbst die Schuld und wertete sich selbst genauso ab wie Jason, was in den Worten zum Ausdruck kam, die auf einem T-Shirt standen, das Aaron oft trug: »Eltern günstig abzugeben.« Sie machte sich Sorgen, dass sie zu streng oder zu freizügig gewesen sei, und hatte die Vorstellung, dass Aaron ein Serienmörder werden würde. Als wir uns näher damit befassten, erklärte sie, dass dies ihrer Meinung nach die Folge davon wäre, dass sie vorehelichen Sex gehabt hätte. In dem Maße, in dem solche Fantasien für uns besprechbar wurden, war Donna viel eher in der Lage, Aaron als Kind mit seinen eigenen Gedanken, Gefühlen und Ängsten zu betrachten. Sie war in der Lage, meine Idee in Betracht zu ziehen, dass die beiden wütend aufeinander sein könnten, ohne dass dies ihre Liebe zerstören würde. Sie war gerührt, wie dankbar Aaron war, als sie mit ihm über seine Sorgen sprach, und versuchte, den Sinn hinter seinem Verhalten zu verstehen. Sie gab mir gegenüber zu, dass sie mir anfangs nicht geglaubt hatte, als ich ihr sagte, dass sie für ihn eine besondere Bedeutung habe, die sich von der Beziehung zu seiner Großmutter unterscheide, sagte aber, dass sie das jetzt verstehe und sich darüber freue.

Trotz der Fortschritte wurde Donna ungeduldig und wollte unbedingt wieder Vollzeit zur Schule gehen. Auch ihre Mutter wollte unbedingt, dass sie ihre Ausbildung wieder aufnimmt, was den inneren Druck noch erhöht haben könnte. Aaron hatte weiterhin Probleme im Klassenzimmer, so dass Donna entweder anwesend sein oder ihn abholen musste, wenn er zu sehr störte oder aus anderen Gründen nicht in der Lage war, das Lernangebot und die Aktivitäten seiner Lehrer und Mitschüler zu nutzen. Donna bemerkte, dass die Mutter eines anderen Kindes in der Klasse zur Arbeit zurückgekehrt war und der Vater seinem Sohn beim Trennungsprozess half. Sie sagte, dass sie und ihre Mutter wie ein Ehepaar waren, wenn es um die Kinderbetreuung ging, und war verärgert, dass ihre Mutter nicht ihren Platz einnehmen konnte. Sie ging nicht mehr immer an das Telefon, wenn die Lehrer sie anriefen, um Aaron abzuholen, und schickte ihre Mutter mehrmals an ihrer Stelle. Im Kindergarten gab es für solche Dinge keine festen Regeln, sondern es wurde versucht, die individuellen Umstände mit den Bedürfnissen des jeweiligen Kindes in Einklang zu bringen. Donna und ich sprachen über ihre Vorstellung, dass sie und ihre Mutter wie ein Ehepaar waren, und man konnte ihr helfen zu erkennen, dass es Aaron nicht so vorkam. Sie teilte ihre Überzeugung, dass er »hungrig nach einem Vater« sei. Wir griffen die Idee einer Analyse für Aaron wieder auf, da ihre guten Bemühungen nicht zu Konflikten zu führen schienen, die ihm unbewusst waren. Ich traf mich mit der Großmutter, um ihre Fragen zur Analyse zu beantworten und ihr Gefühl anzusprechen, dass sie in der Schule ausgeschlossen oder nicht willkommen ist. Sie stimmte mir zu, als ich sagte, dass ich es für wichtig halte, dass Donna sich in ihrer mütterlichen Entwicklung unterstützt fühlt. Wir waren uns alle einig, dass die Großmutter bei Bedarf aushelfen würde, dass aber Donna die Hauptperson sein würde, die mit den Lehrern und der Analytikerin zusammenarbeitet. Ich sagte auch, dass ich, wann immer es möglich sei, auch mit Aarons Vater arbeiten wolle.

Aaron und einige andere Kinder blieben ein zweites Jahr lang im therapeutischen Kindergarten, wo sie an den Anforderungen der ersten Klasse arbeiteten und gleichzeitig ihre schulischen Fähigkeiten festigten. Im ersten Jahr seiner Analyse hatte Aaron eine hartnäckige Trennung zwischen Schule und Behandlung beibehalten. Als Schüler war er provokant, gemein zu seiner Lehrerin und den anderen Kindern und er missachtete Regeln und Erwartungen. Als Analysand war er ruhig, redete, spielte oder zeichnete kreativ und es schien ihm wichtig zu sein, den analytischen Raum als einen Ort zu bewahren, der frei von negativen Affekten, insbesondere Wut, war. Er ignorierte meine Versuche, ihn dazu zu bringen, sich mit mir zu fragen, warum es einen solchen Unterschied gab, oder irgendeine Bedeutung in sein Verhalten zu interpretieren. Ich wies auf die defensive Verdrängung hin, als er jegliche Wut mir gegenüber leugnete, dann aber ein wütendes Gefühl mit in die Schule nahm. Ich glaubte, dass sich etwas wiederholte, das seinen Ursprung in den Beziehungen zu seiner Mutter und seiner Großmutter hatte, aber es war schwierig, Zugang zu diesem Thema oder zu seiner Fantasie, dass ich ihn loswerden wollte, zu finden. Zwei Entwicklungen in seiner Außenwelt beeinflussten seine analytische Arbeit. Zum Einen hatte seine Mutter angefangen, sich zu verabreden, und seine Großmutter war ein eher nachtragender Babysitter, wenn sie ausging. Die Andere war, dass sein Vater wieder bei seinen Eltern wohnte und Aaron ihn immer öfter sah. Auch Jason begann, sich mit mir zu treffen, und brachte seine Unterstützung für Aarons Behandlung zum Ausdruck.

Eine Gelegenheit, sowohl Aarons Wut als auch seine Eifersucht direkter zu erforschen, ergab sich, als er und ein anderer Patient sich der Anwesenheit des jeweils Anderen bewusst wurden. Aaron bemerkte, dass jemand auf eine Kreidetafel geschrieben hatte: »Dies ist nicht dein Raum«, und löschte dann die Worte. Er sagte mir: »Ich bin sehr wütend auf die Person, die das geschrieben und dann weggewischt hat.« Er schrieb seine eigene Botschaft: »Dies ist jedermanns Platz.« Dann machte er Schilder für seine Kiste mit persönlichen Dingen: »NICHT ÖFFNEN. DA SIND LEGOS DRIN. Du darfst da nicht rangehen, weil du etwas kaputt machen könntest.« Ich sagte ihm, er habe eine neue Fähigkeit, Worte zu benutzen, um eine starke Botschaft zu senden und sich selbst mit seinen wütenden Gefühlen zu helfen. Er drängte mich, ihm zu sagen, wer der andere Patient war, und ich erkannte an, wie neugierig und verärgert er über diesen unbekannten Eindringling war.

In der Folge konnte Aaron anfangen, mit mir nach Zusammenhängen zu suchen, wenn er einen schweren Tag in der Schule hatte. Er begann zu sagen, dass er dachte, seine Probleme hätten damit zu tun, dass seine Mutter so oft weg war. Ich bot ihm an, zu rekonstruieren, dass er sich in den Zeiten, in denen seine Mutter sehr beschäftigt war, einsam fühlte und viel Zeit allein damit verbrachte, Superheldencomics anzugucken oder gewalttätige Videospiele zu spielen. Seine Großmutter war auch damit beschäftigt, zu lesen oder religiöse Sendungen im Fernsehen anzuschauen, ohne sich um ihn zu kümmern. Wenn er in die Schule kam und die Aufmerksamkeit seines Lehrers mit anderen Kindern teilen musste, fiel es ihm schwer, so ruhig zu bleiben, wie er es bei mir war. Ich fuhr fort, dass er, wenn seine Mutter da war, gute Gefühle in sich trug, die anhielten, aber wenn er sich ausgeschlossen fühlte, verlor er die guten Gefühle und nahm seine Wut mit in die Schule. Kurz darauf, nachdem er wieder einmal von der Schule nach Hause geschickt worden war, erzählte er mir, dass er so wütend gewesen sei, dass er Dinge zerstören wollte. Ich sagte, er scheine die Vorstellung zu haben, dass wütend zu werden bedeute, wegen Zerstörungswut weggeschickt zu werden. Ich habe es damals nicht gesagt, aber vielleicht hat er damit auch seine Vorstellung von seinem Vater zum Ausdruck gebracht, der wegen seines aggressiven Verhaltens weggeschickt wurde.

Als ich Aaron mitteilte, dass ich einige anstehende analytische Sitzungen ausfallen lassen musste, leugnete er jegliche Wut, aber später am Tag explodierte er vor Wut auf seinen Lehrer. Ich fühlte mich machtlos, sein anhaltendes Handeln außerhalb der Übertragung zu beeinflussen, und beschloss, seinen Widerstand direkter anzusprechen. Ich dachte an die Zeichen, die er dem anderen Patienten geschrieben hatte, und schrieb ihm einen Zettel, in dem stand, dass es seine Aufgabe sei, mit mir an seiner explodierenden Wut zu arbeiten. Wir tauschten eine Reihe von Zetteln aus, in denen er mir befahl, mit dem

Reden aufzuhören, und sich selbst als zunehmend wütend zeichnete, mit erhobenen Händen, als ob er mich schlagen wollte. Ich zeichnete mich selbst mit einem Lächeln und schrieb, dass ich nicht wütend auf ihn sei und ihm helfen wolle, seine liebevollen Gefühle wiederzufinden. Daraufhin zeichnete er sich selbst mit einem traurigen Gesicht, die Fäuste in die Seiten gesenkt. Er schrieb, er sei nicht mehr wütend und wolle nicht gemein sein.

Danach begann Aaron, an einem »Trouble Book« zu arbeiten, und sagte, er wolle alle seine Gefühle sowohl in der Schule als auch bei mir haben. Er fragte, ob der Löwe wirklich der König des Dschungels sei, und wollte wissen, warum Gott ihn zu einem bösen Jungen gemacht habe. Als ich ihm sagte, dass er sich in seinem Inneren wie ein böser Löwe fühlt, meinte er, wir sollten darüber reden. Er fing an, über Außerirdische zu sprechen, und wir konnten darüber nachdenken, wie er die Gefühle seiner Mutter über seine Wut und ihre Ansicht, die sie mit ihrer Mutter teilte, dass er ein Außerirdischer sei, in sich aufgenommen hatte. Er sprach kurz über die Schule und bat dann um denselben Block Papier, den wir für unseren Zeichenaustausch verwendet hatten. Er war sehr konzentriert und ernsthaft, als er eine weitere schriftliche Mitteilung begann, in der er sehr detailliert einen beängstigenden Streit zwischen seiner Mutter und seiner Großmutter beschrieb (der, wie ich später erfuhr, mit den Gefühlen der Großmutter über die Verabredungen der Mutter zu tun hatte). Er wollte wissen, ob mein Mann und ich wütend aufeinander geworden sind und uns gestritten haben. Worüber? Wer hatte das Sagen? Er sagte, sein Vater sei früher wütend geworden, aber jetzt nicht mehr. Er sagte, er wolle sich nicht streiten wie seine Mutter und seine Großmutter, als er aufwuchs, und fügte hinzu: »Die Wut, die ich früher hatte, kann ich jetzt kontrollieren.«

Mit der Zeit konnte ich unsere Rekonstruktion ergänzen: Ich sagte, dass alle Babys in Wut geraten, aber dass es für manche Mütter schwieriger ist, mit einer solchen Wut umzugehen. Als er klein war, schlug er mit dem Kopf auf seinen Laufstall, wenn seine Mutter ihn dort allein ließ. Anhand dieses Beispiels habe ich mit ihm darüber gesprochen, dass er seiner Mutter seltsam vorkam und ihr viel Angst machte. Er fügte hinzu, dass er einmal bei seiner Großmutter war und sich verletzt hat. Ich sagte, dass seine Mutter beide Male nicht da war, als er sie brauchte, und dass er nicht wusste, wie er sich selbst helfen oder schützen sollte.

Schachspiel kam in Aarons Analyse als Sublimierung destruktiver Triebe vor, als eine Möglichkeit, sein Verlangen, mich zu schlagen, auszuleben, ohne das Gefühl zu haben, dass er mich dabei umbringt. Als ich ihm das sagte, sagte er, ich solle das K-i-l-l-Wort nicht sagen, und ich erinnerte ihn daran, dass er es ständig zu anderen Menschen sagte. Ich fügte hinzu, dass alle Menschen lernen müssen, mit tödlichen Gefühlen und Gedanken umzugehen. Sie können so furchterregend sein, bis man weiß, wie man sie zähmen kann. Er dachte, dass er diese Gefühle als Baby gehabt haben könnte, zweifelte dann aber sofort an sich selbst. Ich ergänzte seine Überlegungen, indem ich sagte, dass sich Babys anfangs entweder gut fühlen – gefüttert, warm, sauber, trocken, bei ihrer Mutter... – oder schlecht – kalt, hungrig und allein. Wenn Babys sich schlecht fühlen, wollen sie zunächst alles zerstören. Wenn sie lernen zu warten, fühlen sich ihre Gefühle nicht mehr so stark und beängstigend an.

Aaron konzentrierte sich auf die Beziehung zwischen seiner Mutter und seinem Vater. Er stellte Donna Fragen darüber, warum sie nicht mehr zusammenlebten, und er formulierte einen lang gehegten Wunsch, dass sie wieder zusammenkommen könnten. Donna sagte ihm, dass sie seine Gefühle verstehe, aber sie sagte ihm deutlich, dass dies niemals geschehen würde. Sie und Jason kamen viel besser miteinander aus und setzten sich gemeinsam für Aaron als dessen Eltern ein. Jasons Verfügbarkeit entlastete die Großmutter von einem Teil der Verantwortung und sie konnte ihn in seiner Rolle als Vater akzeptieren, ohne ihn auszuschließen oder mit ihm zu konkurrieren.

Bis zu diesem Zeitpunkt hatte Aaron nicht mit ödipalen Bestrebungen zu kämpfen gehabt, aber die äußeren Umstände gaben den Anstoß für einen neuen Entwicklungsschritt in seinem Inneren. Er begann, gegen die Zeit zu protestieren, die seine Mutter mit ihrem neuen Freund verbrachte, und sagte mir, dass sie ihn nicht mehr an die erste Stelle setzte. Zum ersten Mal hatte er Fantasien, dass Sex eine Form von Gewalt sei. Diese Arbeit wurde in der Übertragung durch seine Neugierde und seinen Neid auf meinen Mann weiter ausgearbeitet. Die vorangegangene Arbeit an Wut und Aggression in seiner Analyse machte das Aushandeln dieser Triaden weniger gefährlich und angstauslösend, als es sonst möglich gewesen wäre, und sein Über-Ich wurde weit weniger angreifend.

## Schlussfolgerung

In vielen Familien und in vielen Kulturen auf der ganzen Welt sind die Großeltern eng in die Betreuung und Erziehung ihrer Enkelkinder eingebunden. Die Tatsache, dass dies häufig vorkommt, sollte uns als Analytiker nicht davon ablenken, uns über die inneren Vorstellungen unserer Patienten von ihren Großeltern Gedanken zu machen. Vielleicht wurde die Großmutter als eine äußerst wichtige Quelle der Liebe gesehen, vielleicht als grausame Hexe. Vielleicht wurde ein Großvater als Scherzbold oder Verführer gesehen, vielleicht als wertvoller Lehrer und Vorbild. Vielleicht waren sie auch abwesend oder gleichgültig. In der analytischen Arbeit mit Kindern und der gleichzeitigen Arbeit mit ihren

Eltern können Analytiker einen genaueren Blick auf die Rolle werfen, die die Großeltern im Leben eines Patienten spielen, als dies bei Erwachsenen der Fall ist. Man kann sie sogar persönlich treffen. In meiner Arbeit mit zwei Jungen, deren Großmütter in ihren frühen Jahren Betreuungspersonen waren, habe ich erfahren, dass die Art und Weise, wie ihre Mütter und Großmütter über sich selbst dachten, im Widerspruch zur psychischen Realität des jeweiligen Patienten stand. Damiens Großmutter sah sich selbst als Großmutter, als sie das Sorgerecht für ihn als Neugeborenes übernahm. Sie übernahm die Verantwortung, ihn aufzuziehen, erkannte aber nicht, wie wichtig sie für ihn als Mutter war, bis die Arbeit in einem analytischen Umfeld seine Bindung und seine tiefe Verzweiflung über die Trennung von ihr offenbarte. Sobald sie dies verstand, wuchs ihr emotionales Einfühlungsvermögen, ihre gegenseitige Bindung vertiefte sich und Damiens Entwicklung nahm eine günstigere Wendung. In Aarons Fall war es seine Mutter, die fälschlicherweise und defensiv die Geschichte aufstellte, dass sie und ihre Mutter austauschbar seien und dass es für ihn keine Rolle spiele, ob er bei ihr oder seiner Großmutter sei. Die therapeutische Arbeit half ihr auch zu erkennen, wie sehr er darunter litt, dass ihre frühe Verbindung gestört war. Dies ermöglichte es ihr, sich selbst wieder als gute, notwendige Mutter zu sehen und die Großmutter als Helferin, als Ersatzbetreuerin und nicht als psychologisch andere Mutter zu betrachten.

Obwohl sich beide Jungen in ihren Schulklassen aggressiv verhielten, waren ihre Persönlichkeitsstrukturen unterschiedlich. Damiens Ängstlichkeit war deutlich spürbar, und er rief bei seinen Lehrern (und der Analytikerin) Zärtlichkeit hervor. Aarons Ängstlichkeit war weniger offensichtlich und sein Verhalten führte zu Ablehnung durch seine Lehrer. In seinen analytischen Sitzungen war seine Aggression stark gehemmt und seine Spaltung rief bei mir Hilflosigkeit hervor. Was beide gemeinsam hatten, war die Unfähigkeit, ein emotionales Gleichgewicht herzustellen, das Liebe und Verbundenheit gegenüber Hass und Zerstörung bevorzugte. Es gibt verschiedene Möglichkeiten, dies theoretisch zu fassen. Manche, so wie ich, denken vielleicht an einen Mangel an Triebmischungen, welche zu ungelösten Ambivalenzen und unzureichender neutraler Triebenergie führt und in der Folge wiederum zu abgeschwächten Beziehungen zu anderen, zu Lernschwierigkeiten oder der Schwierigkeit, ein erträgliches Gewissen zu verinnerlichen. Anhänger von Klein und Winnicott könnten eher an das Scheitern der Jungen denken, die depressive Position zu erreichen und zu halten. Andere könnten sich auf die Bindung konzentrieren, während Selbstpsychologen das empathische Versagen der Mütter hervorheben könnten. Alle diese Perspektiven können etwas zu unserem Verständnis beitragen. Wir können uns jedoch darauf einigen, dass eine analytische Erfahrung, die die Berücksichtigung und Deutung (im Sinne einer Sinngebung) dieser Dimension und ihre Bearbeitung in der Übertragung einschließt, einen tiefgreifenden Einfluss auf die weitere Entwicklung des Kindes haben kann. Es ist schon schwer genug, Liebe und Hass gegenüber einer Person in Einklang zu bringen. Für Kinder, die wie Damien und Aaron von Anfang an sowohl eine Mutter als auch eine Großmutter kennenlernen müssen, kann es zu einer Art »Sprachverwirrung« (Ferenczi, 1949) zwischen dem, was die Erwachsenen von sich selbst denken, und dem, was das Kind für sie empfindet, kommen. Dies zu erkennen, kann ein erster Schritt zu einer verbesserten, entwicklungsorientierten Integration sein.

*Übersetzung aus dem Englischen*
*von Sebastian Kudritzki, München.*

## Literatur


Barrett, D. (2005): »I'm the king and you're the queen« – Overcoming obstacles to oedipal development in the analysis of a boy with disrupted ties. *Child Analysis: Clinical, Theoretical, and Applied 16*: 97–122.

Benedek, T. (1959): Parenthood as a developmental phase. *Journal of the American Psychoanalytic Association* 7: 389–417.

Ferenczi, S. (1949): Confusion of the tongues between the adults and the child (The language of tenderness and of passion. *International Journal of Psychoanalysis 30*:225–230. Deutsch: Ferenczi, S. (1967 [1932]): Sprachverwirrung zwischen den Erwachsenen und dem Kind (Die Sprache der Zärtlichkeit und der Leidenschaft). In: *Psyche – Z. Psychoanal 21 (04)*, 1967, 256–265.

Freud, S. (1909): Analysis of a phobia in a five-year-old boy. In: *The standard edition of the complete psychological works of Sigmund Freud,* ed. J. Strachey, Vol. 10, 5–149. London: Hogarth Press. Deutsch: Freud, S. (1909): Analyse der Phobie eines fünfjährigen Knaben. *GW VII.* Frankfurt a. M. (Fischer).

Furman, E. (1969): Treatment via the mother. Chapter 3 In: *The Therapeutic Nursery School: A Contribution to the Study and Treatment of Emotional Disturbances in Young Children*, S. 64–123. New YorkInternational Universities Press).

Novick, K. K. & Novick, J. (2005): *Working with Parents Makes Therapy Work.* Lanham, MD: Roman and Littlefield. Deutsch: Novick, J. & Novick, K. K. (2009): *Elternarbeit in der Kinderpsychoanalyse. Klinik und Theorie.* Frankfurt a. M. (Brandes & Apsel).

Novick, K. K., Novick, J., Barrett, D. & Barrett, T. (2020): *Parent Work Casebook.* New York (International Psychoanalytic Books).

*Christian Thienel*
(München)

# Von fremden Ländern und Menschen[1]

## Versuch einer Optik ferner Zeiten und Geschehnisse und ihrer Wirkung auf das Kind

Was mich in meinen Berufsleben am meisten erstaunt hat:
Wieviel Ich Kinder mit auf die Welt bringen.[2]

## 1. Ein Urlaubsabend

Schon im abendlichen Dunst, aber noch zu erahnen: das in eine unbestimmte Wendung sich verlierende Ufer des Festlandes. Das südliche Licht durchdringt noch einmal das Blau des Wassers. Der Bogen der sinkenden Sonne, als könne man ihn mitzeichnen. Das Farbenspiel des Wassers wird matter, geht ins Blauschwarze. Die Formen der Uferlinie verschwimmen, das Weiß der Felsen, das Grün der Hänge fällt in Schatten. Der Leuchtturm beginnt sein Tun, wirft den ersten Lichtstrahl hinaus. Es ist dunkel. Wie schnell das ging. Das Meer ist noch auf wenige Meter ein dunkler, wogender Spiegel, der das Licht des Cafés reflektiert. Dahinter eine schwarze Fläche, die sich mit Land und Nachthimmel vereint. Das vertraute Fischerdorf ist zu einem unruhigen Lichtsaum geworden. Weit entferntes Schimmern deutet unbekannte Orte an. Aus der Dunkelheit tauchen fremde Lichter auf, woher sie kommen, weiß man nicht. Positionslichter eines Bootes? Ein verirrter Scheinwerfer? Der Schein des Leuchtturmes fängt etwas ein, verliert es gleich wieder. Nähe oder Ferne dieser Zeichen aus der Dunkelheit sind nicht zu bestimmen. Blinkt es rötlich, grünlich? Oft glaubt das Auge, sich zu täuschen. Eine undurchdringliche friedliche Nacht, und auf dem Meer ihre rätselhaften Lichter.

1 Titel des ersten Stückes aus Robert Schumanns Klavierzyklus *Kinderszenen* (1838), op. 15.

2 Heinz Stefan Herzka (1935, Wien – 2021, Zürich), Schweizer Kinderarzt und Kinderpsychiater, im Seminar zur »Psychopathologie des Kindesalters« am C. G. Jung-Institut Zürich, Sommersemester 2006.

## 2. Kasuistisches Schreiben: Der Glaskörper

*Sobald Lichtstrahlen durch die Hornhaut und die Augenlinse einfallen sowie gebrochen/gebündelt werden, durchqueren diese den Glaskörper. Anschließend fallen die entsprechenden Strahlen auf die Netzhaut, welche in dem Bereich hinter dem Glaskörper zu finden ist. An diese Stelle befinden sich auch die Fotorezeptoren. Diese Rezeptoren sind dafür zuständig, die Lichtreize in elektrische Signale umzuwandeln, wobei eine sehr komplexe Signalkaskade ihren Lauf nimmt. Die Kaskade reicht bis zum zentralen Nervensystem, wodurch die Signale als Bilder interpretiert werden.*[3]

Der Glaskörper gibt und erhält die Form und Struktur des Auges. Auch jegliches kasuistische Schreiben mündet in eine Form, sucht nach der Anatomie des Gefäßes, in dem die subjektive Erfahrung einer psychotherapeutischen Behandlung, einer fremden Lebensgeschichte, ihrer Berührungspunkte mit der des Verfassers sowie ein erhoffter Prozess der Genesung und seine Faktoren aufgenommen werden können. Die im Folgenden zu beschreibende Begegnung mit Frederick[4] machte mir die Notwendigkeit, mir die Suche nach einer geeigneten Form hierfür zu vergegenwärtigen, besonders bewusst. Aufgrund seiner Geschichte und der seiner Familie gelangten wir während der Therapiestunden mal in konkreter, mal in symbolischer Form an Orte, in Zeiten und in Verhältnisse, die sich nichts weniger als meiner Vorstellung entziehen. In je fremdere und fernere Geschehnisse wir in den Therapien geführt werden, auf umso imaginativere Repräsentationen werden wir im Bemühen um Einfühlung zurückgreifen müssen. Ich fühle mich, wie in diesem Fall, z. B. nicht imstande, die Verhältnisse eines japanischen Konzentrationslagers in Indonesien in mir abzubilden. Was möglich scheint, ist, den Reflexen, die diese und andere familiengeschichtlichen Spuren in meinem damals 7-jährigen Patienten hinterlassen haben, nachzuspüren und sie im intersubjektiven Feld von Übertragung und Gegenübertragung sich entfalten zu lassen. Und dennoch »fluten« solche im Unbewussten des Kindes fortwirkenden Ereignisse, zumal wenn sie nicht nur an fremde Zeiten, sondern auch an ferne, fremde Orte geknüpft sind, die Imagination; zunächst stellvertretend die des Therapeuten, während sie das Unbewusste des Kindes aus fernsten Quellen her heimlich umfassen und irritieren. Ich möchte die folgenden Abschnitte, ihre Schilderungen und Über-

3 Dynoptik: *Der Glaskörper*. [online]

4 Alle Personen und deren persönliche Daten und Kontexte in dieser Falldarstellung wurden nach nationalen und internationalen Standards und Vereinbarungen für wissenschaftliche Fachpublikationen vom Autor anonymisiert.

legungen verstehen wie einzelne der oben geschilderten Lichtreflexe, die aus einer im Guten wie im Schlechten weit über uns hinausreichenden Dunkelheit des Vergessens und Verstehens beim Therapeuten und seinem Patienten eintrafen. Sie können nur Fragment bleiben, verstreute Lichter von Ferne, die aber halfen, den Entwicklungsweg des Latenzkindes, das gerade in die Grundschule eingetreten war, freier zu machen. Die Therapie von Frederick wurde begleitet von seinem und meinem unbewussten Versuch, einen psychischen Raum entstehen zu lassen, in welchem Nicht-Gedachtes, Nicht-Repräsentierbares in symbolischer Form fassbar wird, und so ist es kein Zufall, dass mir die Einführung in ihre Beschreibung nur in der oben unternommenen metaphorischen Form vorstellbar erschien. Sie sucht ein Bild sowohl für die Therapie wie für ein Schreiben darüber. Das Nachvollziehen der Therapie durch Sprache bedeutet so auch ein sprachliches Durcharbeiten der Gegenübertragung des Therapeuten. In einer verblüffenden Vorwegnahme der Annahmen der Lacan'schen Schule geht der Sprachphilosoph Johann Georg Hamann (1730–1788) von der sprachlichen Strukturierung des Nicht-Gewussten aus und versteht darüber hinaus den Stil des Schreibens selbst als integralen Bestandteil möglicher Erkenntnis: »Das Leben des Styls hängt folglich von der Individualität unserer Begriffe und Leidenschaften ab, und von derselben geschickten Anwendung zur Erkenntniß und Offenbarung der Gegenstände durch gleichartige Mittel.« (Hamann 1999, S. 424) Meinem Patienten standen zur Abwehr der stillen Irritation und Überflutung seines Selbst zunächst nur dissoziationsartige Reaktionen zu Verfügung. Der Bericht möchte die Lesenden den inneren Weg der Therapie mitvollziehen lassen, gerade auch in ihrer strukturellen Entwicklung von traumatischen Fragmenten zur schrittweisen Kohäsion der Teile. So ist es, nochmals in freier Anlehnung an den Sprachgefährten des 18. Jahrhunderts, mein Wunsch, dass man ebendies »bewusst höre und gerade in seiner Undurchschaubarkeit lebendig erfahre« (Hamann, zit. bei Baudler 1970, S. 72).

## 3. »He loses his sense of perception«

Fredericks Eltern wandten sich am Ende seines ersten Schuljahres an mich mit dem Wunsch nach einer psychotherapeutischen Behandlung für ihr Kind. Sie beschrieben mir Symptome, die ich ungeachtet der Möglichkeiten einer entwicklungspsychologischen oder konfliktorientierten Einordnung als seltsam diffus und rätselhaft empfand. Frederick klage, sein Leben sei doof, er wolle sterben, berichten mir die Eltern. Er sei unzufrieden mit sich selbst, klage sich an, dass er nicht mutig sei, breche in misslingenden Situationen innerlich ein, weine, sei müde von der Schule, quengelig, sei nachts wach und habe Angst vor Räubern, die vielleicht einbrechen könnten. Zudem besorgte die Eltern, dass er oft so abwesend wirke, manchmal wie verstört. Er sage nicht Hallo, wenn er von Schulfreunden begrüßt werde, schaue nur und tue nichts. Er sei in allem langsam, sei sehr vergesslich. »Er träumt und wurschtelt«, erzählt die Mutter, »er vermeidet durch Verzögern, er driftet weg. Er sitzt manchmal zwei Minuten vor dem Teller, bevor er merkt, dass ein Teller da ist, und die Suppe wird kalt.« Der aus Irland stammende Vater ergänzt: »Er ist von den Sachen, die er machen soll, irgendwie getrennt, wie in einer Raumkapsel. Wir dringen nicht zu ihm durch. As if he loses his sense of perception.« Die Eltern erzählen mir, dass sie beide in ihrem Leben und Aufwachsen schwierige Erfahrungen gemacht haben, schon ihre Eltern hätten ein belastetes Schicksal gehabt. Als sie mir von Fredericks nächtlichen Ängsten vor Einbrechern erzählen, taucht unwillkürlich der Titel von Selma Fraibergs Schrift »Ghosts in the nursery« (1975) in mir auf, in der sie schreibt: »In every nursery there are ghosts. They are the visitors from the unremembered past of the parents, the uninvited guests at the christening.« (Fraiberg et al. 1975, S. 387) Um in Fraibergs Konnotation zu bleiben: »Von guten Mächten wunderbar geborgen« (Bonhoeffer, Dez. 1944),[5] so fühlte sich Frederick, Enkel strenggläubiger irischer Großeltern, in seiner inneren Welt trotz der zutiefst spürbaren Liebe und Fürsorge seiner Eltern damals sicher nicht. Zumindest so viel meinte ich nach dem ersten Gespräch mit diesen zu verstehen.

## 4. Affektentmischung

Ich lerne Frederick kennen. Er ist ein blonder, behutsamer Junge mit klugen Augen und einem forschenden Blick. Er nimmt die drei kleinen, mit Mehl gefüllten und freundlichen Gesichtern versehenen Bälle in meinem Zimmer in die Hand: »Ich mag die Knautschgesichter!« »Freundliche Geister«, denke ich, dabei ganz haptisch greifbar. Er schießt einen Pfeil mit der Armbrust, eine Fokussierung und ein Bewegungsvorgang, die uns in verschiedener Form in der Therapie noch oft beschäftigen werden. Anschließend versucht Frederick

5 7. Strophe des berühmten geistlichen Liedes von Dietrich Bonhoeffer (4. 2. 1906–9. 4. 1945), verfasst in Gestapo-Haft, wenige Monate bevor er von den Nazis ermordet wurde.

geduldig und ganz selbstvergessen, die verschlungenen kleinen Formen aus Metall, ein Geschicklichkeitsspiel, miteinander zu verbinden und wieder voneinander zu lösen.

Ich komme nach der Stunde noch mit zum Wartezimmer, um mit seinem Vater Terminliches zu besprechen, und werde Zeuge der folgenden Szene: Frederick fällt ein, dass er etwas Gebasteltes in der Schule vergessen hat, der Vater antwortet ihm ruhig, beide sprechen auf Englisch miteinander. Plötzlich bricht Frederick emotional zusammen, weint, ist verzweifelt, weil das vergessene Gebastelte kaputtgehen könnte.

Der Titel dieses Abschnitts ist eine kleine Collage aus zwei verschiedenen theoretischen Linien: die der Erforschung der Affekte und Freuds Triebtheorie. Dynamische Vorgänge von Mischung und Entmischung verschiedener Triebstrebungen wurden für Freud vor allem in Verbindung mit seiner Konzeption des dem Lebenstrieb entgegenwirkenden Todestriebs bedeutsam. Affektregulation könnte man auch als Ergebnis einer gelingenden oder misslingenden Bindung bzw. Entbindung affektiver Impulse vom Kohärenzgefühl des Selbst des Kindes beschreiben. Im Laufe der Therapie wurde deutlich, dass bestimmte affektive Bereiche aus Fredericks Selbstorganisation transgenerational ausgeschlossen oder angstbesetzt waren. Angesichts des hoch unbewussten Charakters dessen, was im Falle der transgenerationalen Übertragung in amorpher Form auf das Kind affektiv einwirkt und es emotional einbrechen lässt, scheint mir eine Verschränkung der beiden genannten Theoriefelder hilfreich. Sowohl Fredericks oben beschriebenes Geschicklichkeitsspiel wie der im Wartezimmer miterlebte affektive Einbruch erinnern mich an eine von André Green (in triebtheoretischer Diktion verfasste) Beschreibung solcher (Ent-)Mischungsvorgänge:

> »Das Verhältnis von Triebmischung und Triebentmischung spiegelt sehr gut wider, wie es Lebenstrieben und Todestrieben gelingt, eine innere Legierung einzugehen, die ihrer Verschränkung Kohärenz verleiht und der psychischen Organisation zu einer bestimmten Homogenität verhilft. […] Wenn sich die Entmischung durchsetzt, wird die Kohärenz der psychischen Struktur geschwächt und der der Destruktivität überlassene Bereich gewinnt immer mehr an Gewicht. Mit der Folge, daß die Kräfte der Lebenstriebe, die für Bindung sorgen sollen, ihrer Aufgabe nicht mehr gewachsen sind und die gesamte psychische Organisation, da weniger organisiert, häufig überfordert, sich um ein narzißtisches Bild zentriert, in dem nur schwer der Einfluß des Lebens der Objekte auszumachen ist.« (Green 2017, S. 87)

Ein dreiviertel Jahr später, nachdem er mir von seinem irischen Urgroßvater erzählte, der eigene Bäume gepflanzt habe, und wir über Irland (Frederick: »Da gab es auch gute Ritter!«) und über seine große Zuneigung zur englischen Sprache gesprochen haben, bringt er mir in der nächsten Stunde ein Kinderlexikon mit. Er möchte mir die Seite »Chemie des Körpers« zeigen und hat besonders Freude an einem Bild, das zeigt, dass der Magen wie ein Mixer ist, der die Speisen durchrührt und durchknetet. Ein Bild für die gemeinsame therapeutische Arbeit, muss ich denken. Als spreche Frederick auch von einem psychischen Organ für Verdauungs- und Mischungsvorgänge der zuvor unverdaulichen seelischen Speisen.

## 5. Streulicht

*Durch kleine Teilchen von seiner ursprünglichen Richtung abgelenktes Licht. Typische Wortverbindungen zu »Streulicht«: Intensität, diffus, störend. (Digitales Wörterbuch der Deutschen Sprache)*

Frederick, selbst in Irland geboren, schien mir unter seinen Geschwistern in besonderer Weise mit der väterlichen Linie verbunden zu sein. Über starke identifikatorische Prozesse vermittelt, nicht zuletzt über das Transmissionssystem der Sprache, hier der Englischen (vgl. das Beispiel oben), kam Frederick auch in Kontakt mit den weiträumigen transgenerationalen Hintergründen dieses Familienzweiges und deren Folgen. Welche transgenerationalen psychischen Inhalte sich in welchem Kind der Geschwisterreihe manifestieren, welche »Besucher der unerinnerten Vergangenheit« (Fraiberg 1975, s. o.) sich welchem Menschen der nachfolgenden Generationen beigesellen, das scheint ein Geheimnis zu bleiben. Auch genetische und kulturelle Voraussetzungen werden hierbei eine Rolle spielen. Fredericks Vater war in Irland in einem strenggläubigen Elternhaus aufgewachsen, der Vater bezeichnete die Freikirche, der seine Eltern angehörten, einmal als »christian fundamentalists«. Der irische Großvater meines Patienten war Lehrer an einer christlichen Schule. Die Mutter des Vaters von Frederick, seine Großmutter also, hatte ein bewegtes Schicksal. Sie war Belgierin, wurde aber in Indonesien geboren, wo ihr Vater, Fredericks Urgroßvater, in der als »Niederländisch-Ostindien« bezeichneten Kolonie (1602–1949) eine Teeplantage leitete. Zu dessen weiterem Schicksal ist mir nichts bekannt. Während des Zweiten Weltkriegs kam Fredericks Großmutter noch als Kind zusammen mit ihrer Mutter in Indonesien in ein japanisches Konzentrationslager, in welchem Fredericks Urgroßmutter auch verstarb. Seine Großmutter reiste nach dem Krieg als junge Erwachsene von Indonesien aus mit dem Schiff zunächst in die Niederlande, von dort nach Irland, wo sie den Großvater in einem »christian center« kennenlernte. Fredericks Vater berichtete von der moralischen und erzieherischen Strenge seines Elternhauses, von der Langsamkeit und gebremsten Emotionalität seines Vaters ebenso wie von dessen plötzlichen Ausbrüchen und davon, dass seine Eltern, trotz allem, ihr Bestes gegeben hätten.

## 6. Fokussierung als Rettungsanker

Frederick wählte besonders am Beginn der Therapie Spiele und Tätigkeiten, die Konzentration und Fokussierung verlangten. So widmete er sich mit ungewöhnlich viel Geduld dem oben erwähnten Geschicklichkeitsspiel des Verbindens und Trennens von metallenen Formen. Die Selbstvergessenheit, in die er dabei geriet, war von anderem Charakter als die Vergesslichkeit, die die Eltern von häuslichen Situationen berichteten. Sie schien ihn in der Konzentration auf die knifflige Aufgabe triangulierend von sich selbst zu entlasten. Auch zur Armbrust griff er gleich in der ersten und dann in den folgenden Stunden. Zur Armbrust gehört eine Zielscheibe, die in konzentrischen Kreisen angeordnet ist. Bei jedem Schuss musste er sich auf sie fokussieren, den Mittelpunkt anvisieren, die räumliche Wahrnehmung darauf einstellen, auch körperlich die Konzentration ruhig bündeln, bevor der Pfeil die Armbrust verließ. Einmal brachte er ein eigenes Stöckchen mit, das er statt den Pfeilen verwenden wollte, variierte die Entfernung von der Scheibe, regulierte so auch seine Trefferquote, verbrachte die ganze Stunde damit, freute sich dabei. Ich fragte nach dem Gebastelten, das er in der Schule vergessen hatte. Sie waren noch hingefahren und hatten es unversehrt vorgefunden. Erst nach der Stunde bemerke ich, dass er sein Stöckchen vergessen hat.

Von vielen Perspektiven her könnte man das Verhalten des Jungen betrachten. Ich konzentriere mich auf die, die mir damals in der Gegenübertragung als die virulenteste und dringlichste erschien. Immer wieder passierten Frederick Fehlleistungen, besonders in Form seiner Vergesslichkeit, immer wieder wirkte er zuhause wie abwesend, war nur verzögert durch die Ansprache der Eltern erreichbar. Was war es, das mit Macht vergessen werden wollte, durch das Vergessen aber nur umso mehr auf sich aufmerksam machte? In den von den Eltern beschriebenen Szenen der Abwesenheit erschien mir das Kind wie dissoziiert, als wenn es durch seine Langsamkeit, durch das innere Sich-Abtrennen von der Handlungsebene, durch Zustände »wie in einer Raumkapsel« sein Selbst beschützen würde. Die von Frederick in den Stunden gezeigten Versuche der Fokussierung fungierten als Rettungsanker gegen eben diese Gefahr eines dissoziativen Sogs. Dies rief eine Ahnung in mir hervor, die im weiteren Verlauf der Therapie deutlicher hervortrat: Frederick schien im Zuge der vulnerablen Phase des Schuleintritts, entsprechend der Anamnese der Symptomatik aber schon früher, latent seit dem dritten Lebensjahr, verstärkt auf transgenerationale Muster und Inhalte reagiert zu haben, die das Unbewusste des feinen, sensiblen Kindes bedrängten, irritierten und bedrohten – so wie die von ihm gefürchteten »Einbrecher« in der Nacht sein Zuhause. Dabei ging es einerseits um im Verborgenen weiterwirkende Muster der vorhergehenden Generation (Eltern – Großeltern), die, wie die Elterngespräche im Laufe der Therapie zeigten, prinzipiell bewusstseinsfähig und mentalisierbar waren. In einer doppelten Schichtung der transgenerationalen Übertragung ging es aber auch um Erfahrungen der vorvergangenen Generation (Großeltern – Urgroßeltern), die nicht nur zeitlich, sondern auch räumlich und kulturell so entfernt und darüber hinaus in ihrem katastrophalen Charakter so unvorstellbar waren, dass sie sich rein innerpsychisch, ohne hinzukommende Erzählungen, Erforschungen oder Reisen, (zum Glück) jeder strukturierteren Abbildung in Frederick als Urenkel entziehen und seine innere Welt nur in gänzlich amorpher Form erreichen konnten. Die geografische und historische Ferne der Menschen, Orte und Ereignisse scheint in dieser Schicht spiegelbildlich zur zeitlichen Distanz zur Urenkelgeneration zu stehen, in der ihre Gespenster psychisch wieder Einzug hielten, diffus und verstörend. Grundsätzlich tragen, wie auch im vorliegenden Fall, Migrationsbewegungen und die mit ihnen räumlich und kulturell bedingten Schnitte hinsichtlich der transgenerationalen Transmission zu einem *unregulierten* Weiterleben im transgenerationalen Unbewussten stark bei. Fredericks Vergesslichkeit schien die Diffusion transgenerationaler Inhalte konterkarieren zu wollen, produzierte damit aber auch Leid, Blockade, Konflikte und vehemente Autoaggression in seinem eigenen Leben.

Es scheint für die diagnostische Betrachtung der symptomatischen Oberflächenstrukur und ihrer Phänomenologie wichtig, bei der Einschätzung pathogener transgenerationaler Übertragungsprozesse deren strukturelle Qualität mit zu berücksichtigen. Ebenso wie im Falle einer Depression, einer Zwangserkrankung oder Ich-Störung gibt es auch im Falle der transgenerational bedingten Erkrankung des Kindes verschiedene Formen nicht nur inhaltlicher, sondern auch struktureller Natur. Bezüglich der Frage, auf welche Weise die übertragenden Inhalte in ihrem Charakter auf das Unbewusste des Kindes zugreifen, bedarf es einer sorgfältigen diagnostischen Binnendifferenzierung des ubiquitären Phänomens der transgenerationalen Transmission. In Fredericks Fall wurde er gleichsam von zwei sich überlagernden generationalen Schichten verunsichert: einer im konkreten Beziehungsgeschehen zwischen ihm und seinen Eltern identifizierbaren und einer zweiten, psychisch zutiefst amorphen, nicht mentalisierbaren Schicht der Generation der belgischen (Ur-)Großeltern und ihres Schicksals im japanischen Konzentrationslager.

Frederick fragte mich schon zu Beginn und im ganzen weiteren Verlauf der Therapie oft nach meinen persönlichen Umständen, immer bezüglich ihn betreffender oder beschäftigender Details. Immer wieder suchte er Orientierung und Abgleich, suchte den archimedischen Punkt, von dem aus er Dinge von außen betrachten und einordnen konnte. Um die o. g. Formulierung seines Vaters aufzunehmen: Frederick brauchte mich in dieser Therapie besonders als »object of perception« und, so möchte ich ergänzen, als ein »object of presence«.

## 7. Melancholia I

Betrachtet man Fredericks Leiden nicht aus ätiologischer, sondern aus phänotypischer Sicht, so weisen die von den Eltern geschilderten Beobachtungen ihres Kindes und auch mein Eindruck von Frederick am Beginn der Therapie die Anzeichen einer kindlichen Depression auf: sein Rückzugsverhalten, er hatte zu diesem Zeitpunkt keine Freunde, sein unvermitteltes Weinen, seine Verzweiflung auch bei kleinen Misserfolgen, die Freudlosigkeit seines »doofen« Lebens, sodass er lieber sterben wolle, die Anklagen gegen sich selbst, er sei »nicht mutig«, die häufige dysphorische Stimmung. Hinzu kamen Ängste, vor Räubern, vor Wasser. Der innere Ort, an dem Fredericks Leiden aus psychodynamischer Perspektive beginnt, ist nicht klar zu bestimmen: Liegt er in der unbewussten Identifikation mit Ängsten, Blockaden und Verboten der väterlichen (und mit anderen Inhalten der mütterlichen) Linie, die sich von den Großeltern über den Vater in Form von Introjektbildungen transportiert haben, sich in Beziehungsmustern zwischen Vater und Sohn (bzw. Eltern und Kind) fortsetzen, das Selbst schwächen und es anfälliger machen für die Diffusion noch tiefgreifenderer transgenerationaler Inhalte? Oder liegt er in der genuinen Verstörung durch eben letztere, die besonders tiefgreifende Formen des Selbstschutzes nötig machen, einen hohen Grad an psychischer Energie absorbieren und so die Individuation und Autonomieentwicklung des Kindes blockieren, welches in der Grundschule eigentlich wichtige Separations- und Selbstwirksamkeitserfahrungen machen und Selbstvertrauen aufbauen könnte? Letztlich ist es ein Teufelskreis, dessen Anfang und Ende unbestimmbar bleiben, sich aber gegenseitig verstärken. Hält man transgenerationale Überlegungen und die Phänomenologie von Fredericks Leiden nebeneinander, so wird deutlich, in welcherart klinischer Metamorphose die Ereignisse lange vergangener Zeiten und fremder Orte in das Leben eines Kindes eingreifen können und sich im Horizont seines Lebens und seiner Entwicklungsphase niederschlagen.

Gerade anhand der Symptomatik von Frederick wird die Notwendigkeit deutlich, die klassische Depressionsauffassung, »d.h. derartige Zustände als Folge von Aggression und Haß zu sehen, die sich über ein strafendes und destruktives Über-Ich gegen das Selbst gewendet haben« (Sandler/ Joffe 1980, S. 414), mit einer in Bezug auf Kinder erweiterten Auffassung der Depression zu integrieren, für die Sandler/Joffe sich in ihrem Aufsatz »Zur Depression im Kindesalter« schon 1980 einsetzten. Die Autoren erweitern das auf Freuds Schrift »Trauer und Melancholie« (1915) zurückgehende Verständnis um die Entwicklungsdimension. Den Kern der kindlichen Depression verstehen die Autoren

> »als eine affektive Grundreaktion, ergänzt durch vielerlei Merkmale, die als Versuche, mit dem Vorhandensein des Affekts fertig zu werden bzw. als Bemühen, sein Durchbrechen zu verhindern, gedeutet werden könnten. Das Bild wird weiterhin durch Derivate aggressiver Manifestationen bzw. deren Abwehr kontaminiert. [...] Unserer Meinung nach ergänzt sich die Literatur über die depressive Reaktion im Kindesalter (und auch bei Erwachsenen) in vielen Bereichen, sobald man die Depression als Affekt sieht und ihr den gleichen begrifflichen Status zuerkennt wie dem Angst-Affekt.« (ebd., S. 417/418)

Die Autoren beobachten weiter,

> »daß eine derartige Reaktion immer dann auftritt, wenn das Kind mit einer spezifischen, sein Wohlergehen bedrohenden Situation konfrontiert wird. Ein bedeutsamer Aspekt ist dabei das Gefühl, etwas, das für die narzißtische Integrität entscheidend wichtig ist, verloren zu haben bzw. nicht erreichen zu können. [...] Der affektive Grundzustand, um den es uns hier geht, ist jedoch nicht mit dem Schmerz identisch; er ließe sich vielmehr als ein Zustand hilfloser Resignation angesichts von Schmerz, verbunden mit einer Hemmung der Triebabfuhr wie der Ich-Funktionen beschreiben.« (ebd., S. 419/421)

Frederick verkörperte, als ich ihn kennenlernte, in seinem Habitus diesen von den Autoren beschriebenen Zustand hilfloser Resignation. Womöglich spürte er instinktiv, die Freiheit und Vitalität seiner damaligen Entwicklung verloren zu haben und angesichts introjizierter Selbstbeschränkungen und einem diffusen Gefühl der unbewussten Bedrohung seines Selbst diese trotz der Hilfe seiner Eltern nicht wiederfinden zu können. Fredericks affektive Einbrüche, Zusammenbrüche seiner Abwehr, stellten, ich konnte es im Wartezimmer miterleben, auch ein Aufbegehren gegen die Resignation dar, die sich auf ihrem Kipppunkt in ihr Gegenteil verkehrte. Sandler / Joffe weisen darauf hin, dass

> »sich die Depression nach den Gefühlen verminderter Selbstachtung beurteilen [lässt], was wiederum interpretierbar ist als das Empfinden der Unfähigkeit, einen idealen und heißersehnten Zustand des Selbst zu erreichen. Wir haben auf die Möglichkeit hingewiesen, daß das Kind umso stärker nach der Erreichung eines Idealzustandes von infantiler Befriedigung streben wird, je ausgeprägter seine prägenitale Fixierung ist […].« (ebd., S. 427)

In diesem Zusammenhang denke ich daran, dass die Mutter berichtete, dass Frederick nie eine Trotzphase durchlebt habe. Im Sinne von Nachträglichkeit und Finalität könnte man Fredericks Symptome auch anders betrachten: als eine Art Trotzphase im melancholischen Modus.

## 8. Melancholia II

Der zweite melancholische Aspekt der vorliegenden Behandlung betrifft die therapeutische Haltung angesichts der Begegnung mit so weiträumigen transgenerationalen Hintergründen. Die Voraussetzungen dieser Behandlung boten die Möglichkeit, transgenerationale Faktoren und ihre psychodynamischen Zusammenhänge nicht nur in der Übertragung zu erfahren, sondern mit den Eltern zusammen in einer besonders vertrauensvollen, offenen Weise darüber nachdenken zu können. Fredericks Eltern hatten sich bereits beide mit ihren Lebensgeschichten auseinandergesetzt, hörten einander zu und gingen aufeinander ein, wenn sie mir von ihren eigenen Erfahrungen als Kinder und Jugendliche erzählten, und sprachen ungeachtet aller Alltagsbeanspruchung durch Fredericks Schwierigkeiten stets liebevoll und humorvoll von ihrem Kind. Ich habe hinsichtlich des Themas dieser Arbeit von Fredericks Eltern viel gelernt und empfinde Dankbarkeit dafür. Durch die vielen Facetten transgenerationaler Prägungen und Verknüpfungen, die wir miteinander erforschen konnten, wurde mir umso mehr bewusst, in wie unabschließbare Bezüge, ja Determinierungen, jeder von uns gestellt ist. Die Zusammenhänge, die wir besprachen, führten bei den Eltern manches Mal zu Schuldgefühlen, ob ihre eigenen lebensgeschichtlichen Belastungen nicht eigentlich eine pure Zumutung für ihre Kinder seien. Dass kein Mensch voraussetzungsfrei ins Leben startet, dass die Entwicklung eines menschlichen Lebenslaufes viel mehr ist als eine Abfolge transgenerationaler Reaktionsbildungen und Introjektketten, stattdessen, trotz allem, offen und unvorhersagbar bleibt, das mussten wir uns immer wieder vergegenwärtigen. Und doch: Der Blick in den riesigen Raum der Dunkelheit und der rätselhaft aus ihr hervor aufleuchtenden Lichtreflexe war in seinem Sinnbild für den Therapeuten an dem eingangs beschriebenen, eigentlich sehr schönen Abend auch eine melancholische Erfahrung. Wie unendlich viele uns tief betreffender Bezüge bleiben uns ein Leben lang unbekannt. Ein Weniges mehr ahnen wir, einiges mehr weiß unser Unbewusstes. Noch mehr bleibt im Dunkeln verborgen, formt sich vielleicht gar nie überhaupt zu einer Frage. Dies betrifft auch Fredericks Behandlung und ihre Schilderung. Vieles habe ich ausgespart, um einen Fokus bemüht, wie mein Patient. Bewusst beschreibe ich fast ausschließlich die vermuteten Einwirkungen der väterlichen Linie. Das Auslassen der mütterlichen Linie, die genauso Gegenstand unserer Arbeit war, mutet dem Leser exemplarisch alles in unseren Behandlungen unbekannt Bleibende zu. Freud traf die folgende tiefsinnige Unterscheidung: »Bei der Trauer ist die Welt arm und leer geworden, bei der Melancholie ist es das Ich selbst.« (Freud 1915, S. 431) Im Kontext transgenerationaler Übertragungen, zumal traumatischer Natur, ist der Verlust nicht zuletzt ein epistemischer, denn der Objektverlust besteht auch im Verlust der Kontinuität des Wissens um die eigene Vergangenheit. Freud erwähnt, »daß uns die Hemmung einen rätselhaften Eindruck macht, weil wir nicht sehen können, was die Kranken so vollständig absorbiert« (ebd.). Im Falle der transgenerational bedingten Erkrankung kann dieses Rätsel, je ferner die Orte, je ferner die Zeiten, je gravierender die Traumatisierungen, je größer das Schweigen, nie ganz, meist nur punktuell aufgelöst werden, Lichtreflexen vergleichbar. Das meiste verbleibt im Dunkeln. Daher bedürfen diese unwiederbringlichen Verluste an die Zeit und die Vergänglichkeit unsere Anerkennung als Psychoanalytiker*innen. Um die Vergangenheit vielleicht nicht heilen, aber überwachsen lassen zu können, gewinnen im Kontext transgenerationaler Erkrankungen, neben der Sorge um die »ungebetenen Geister« der Vergangenheit (Fraiberg, s. o.), Gegenwart und Zukunft komplementär eine zentrale Bedeutung. Trauer und Melancholie werden durch die Conditio humana der Vergänglichkeit, durch die Dunkelheit, die sich am Ende jeden Tages über die Welt legt, (fast) deckungsgleich zu *einer* Gestalt und verknüpfen sich mit allem Schönen, was wir erleben. Den Klang dieser inneren Gestalt, so scheint mir, hat Robert Schumann in dem im Titel zitierten Stück aus den *Kinderszenen op. 15* in wenigen Takten in Töne gefasst.

Gerade in der kindertherapeutischen Arbeit mit transgenerational geprägten Erkrankungen scheint mir ein Annehmen der depressiven Position gegenüber dem Transgenerationalen durch den Therapeuten (Schumann bezeichnet seine *Kinderszenen* als »Rückspiegelungen« eines Erwachsenen) als bedeutsam. Sie gilt einer therapeutischen Balance, in der das Kind sich einerseits nach bestem Vermögen von den transgenerationalen Bürden und ihren Niederschlägen in seiner inneren Welt verantwortungsvoll zu entlasten versucht und andererseits in all seinen Versuchen des Neubeginns gesehen wird. Manchmal ist es an dem Analytiker, das unwiederbringlich Ungelöste und Vergessene des transgenerationalen Feldes des Kindes stellvertretend zu betrauern, während er es dabei begleitet, wenn es in seinem Leben nach allen Richtungen Umschau hält.

## 9. Formenkreise

Wenn ich in meinen Aufzeichnungen zu Fredericks Therapie blättere, staune ich, wie viele geometrische Zeichnungen von ihm sich dabei finden. Doch ich erinnere mich gut daran, wie er mich immer wieder um ein Blatt Papier und einen Bleistift bat, um etwas aufzuzeichnen, oft mithilfe eines Lineals. Dabei entstanden meist geometrische Figuren; auch Autos oder Flugzeuge, die er zeichnen wollte, setzten sich aus solchen exakten Formen zusammen. Das bereits erwähnte Geschicklichkeitsspiel bestand aus verschiedenen geometrischen Figuren. Auch Dinge, die er selbst baute, folgten formalen Gesetzmäßigkeiten. Besonders mochte Frederick das Spiel *Ubongo*, bei dem man räumliche, visuelle und kombinatorische Fähigkeiten beweisen und unregelmäßige Flächen mit vorgegebenen Formteilen bedecken muss.

Zum einen zeigte mir Frederick mit dieser Vorliebe für exakte Formen seinen Zugang zur Welt, der von seinen analytischen Fähigkeiten auf einem für sein Alter hohen Abstraktionsniveau zeugte. Natürlich könnte man diese Vorliebe als Abwehr, als offensichtliches Bedürfnis nach Kontrolle und Berechenbarkeit der Dinge beschreiben. Doch mich mutete seine immer wiederkehrende Beschäftigung mit Formen und ihren Gesetzmäßigkeiten anders an. Ich hatte den Eindruck, ihr Auftauchen in der Therapie stünde in einem dynamischen Verhältnis zu seiner inneren Irritation. Mir schien, sie seien ein erster Schritt der Symbolisierung, der möglich wurde, sobald die Gefahr der Dissoziation gebannt und die Fähigkeit zur Fokussierung sichergestellt war. Die klaren Formen schienen Frederik Sicherheit zu geben, gleich einem Ritual in abstrakter Gestalt. Wenn sie auch der Kontrolle dienten, dann einer hilfreichen ersten Strukturierung und Umgrenzung noch unbewusster Inhalte, für die sie aber bereits Flächen, gleichsam »abstract potential spaces«, zur Verfügung stellten. Wenn ich mit Frederick *Ubongo* spielte, freute ich mich für ihn, dass die Formteile in diesem Spiel so farbig gestaltet sind, er sich an seinen erstaunlichen Fähigkeiten freuen konnte und als Belohnung für jede mit Unterformen ausgelegte leere größere Form kleine, diamantartige Steine erhielt, die dafür aber farbig schimmerten und fast etwas leuchteten. Wahrnehmung, Handlung und Affekt schienen sich gegenseitig gutzutun.

Einmal zeichnete Frederick mit meinem Lineal akribisch – ein Lineal. Wenn ich das Bild heute anschaue, scheint es mir fast, als läge eine leichte Selbstironie darin, zumindest eine humorvolle Spiegelung eines seiner Lieblingsobjekte. Wenige Stunden vor Ende der Therapie, Frederick hat mittlerweile angefangen Karate zu lernen, nimmt er das Lineal in die Hand und sagt: »Das würde ich jetzt am liebsten mit einem Karateschlag zerteilen.« Einem spontanen Impuls folgend antworte ich: »Zerbreche es doch einfach mal.« Frederick fragt zwar: »Wieviel kostet es denn?«, aber es ist zu spüren, dass ihn dieser Vorschlag außerordentlich reizt. Wegen des geringen Preises beruhige ich ihn und sage: »Vielleicht ist es gut, wenn du mal die Erfahrung machst, so etwas zu zerbrechen.« Gesagt, getan. Die beiden Hälften des zerbrochenen Holzlineals werden zusätzlich von einer unzerbrechlichen Metallschiene zusammengehalten. Frederick: »Wir machen eine Skulptur daraus.« Als er sie zurechtgebogen und aufgestellt hat, erschrecke ich fast: Sie ähnelt verblüffend der riesigen Skulptur vor dem IX. Fort, heute ein Museum, dem großen Konzentrationslager im litauischen Kaunas, in das viele Münchener Juden deportiert wurden. Ein unausgesprochener Bezug zu meiner eigenen transgenerationalen Geschichte entsteht. Konstelliert sich in seiner Idee, das Lineal mittels eines Karateschlags zu zerteilen, und in meiner Kaunas-Assoziation in unserer unbewussten Kommunikation, gleichsam über die Zeiten und Kontinente hinweg, überhaupt die grausame Fähigkeit und Bereitschaft des Menschen, Konzentrationslager für seinesgleichen zu errichten? Frederick nennt die Skulptur *Fredericks Kraft*. Ich erkläre ihm, warum ich ihm das Zerbrechen erlaubt habe: »Weil man auch Angst vor seiner eigenen Kraft haben kann.« Wie könnte man die Okkupation durch Unvorstellbares und den Wunsch, sich davon zu befreien, besser fassen als in abstrakten, leeren Formen und dem Wunsch, das Werkzeug, mit denen man sie zeichnet, zu zerschlagen?

## 10. Ich durch Antrieb

In der fünften Stunde brachte Frederick ein tolles, ferngesteuertes Auto mit in die Therapie. Er erklärt mir den »Vierradantrieb« und den »Stoßdämpfer«, zeigt mir, dass das Auto schon einige Aufpraller überstanden habe und einige Dellen hat. Er habe es vor einem Jahr von seinem irischen Onkel geschenkt bekommen. Wir lassen es im Raum fahren. Er meint, der Raum wäre zu klein, und da hat er recht, denn er gibt dem Auto mit der Fernbedienung wirklich einen starken Schub. Er wird sehr lebendig dabei, spielt noch einige andere Spiele, mag sich heute kaum verabschieden. Er fragt mich, ob er heute »der Erste« sei, ob auch Mädchen zu mir kommen. Auf dem Weg zurück zum Wartezimmer lässt er das Auto nochmal schnell und kräftig fahren. In der nächsten Stunde bringt er zwei Sachen mit: Das Stöckchen, mit dem er auf die Armbrust schoss und welches er, wie er erzählt, mit einem irischen Verwandten bastelte, und ein Flugzeug, das er aus Papier gefaltet hat, und das man, so erklärt er mir, noch verlängern könne, wenn man größeres Papier nehme. Wir bauen (falten) drei weitere, ein großes, ein mittelgroßes und eine »fliegende Rakete«. Frederick erzählt mir dabei, dass er seit dem Kindergarten Origami möge, die japanische Kunst des Papierfaltens, und dass er Flugzeuge schon baue, seit er drei Jahre alt sei.

Ich: »Je genauer sie sind, umso genauer fliegen sie. Man braucht Genauigkeit dafür.« Frederick: »Und man braucht Mut! Wenn man mit Testflugzeugen fliegt, braucht man Mut, denn sie können abstürzen und das kann einen töten.«

Ein dreiviertel Jahr später erzählt er mir, dass er hoffe, zum Geburtstag ein Rennauto zu bekommen. Das fahre sage und schreibe 125 h/km! Sein Vater habe eines, das fahre nur 120 h/km, er müsse dann langsamer fahren, um seinen Vater nicht zu überholen. Er fragt mich, wie alt ich sei.

Ich: »48.«

Frederick: »Und wie alt sind deine Großeltern?«

Ich erzähle es.

Frederick erzählt, sein Großvater in Irland werde bald 84 Jahre. Er fragt mich, was es bedeute, wenn man sagt, dass der Körper sich abnutze. Ich erkläre es ihm anhand von Abnutzungserscheinungen eines Autos, das versteht er. Er überlegt, wann man anfängt zu atmen. Der erste Schrei eines Babys, »das ist, als wenn man beim Auto den Zündschlüssel dreht«, sagt Frederick. Er fragt, wie es komme, dass das Blut im Körper nicht stillstehe, sondern immer weiter kreise. Ich erkläre ihm, wie das Herz funktioniert. Er überlegt, wie oft ein Herz im Leben schlägt. Ich zeige ihm, wie man den Puls fühlt. Dann rechnen wir es aus. Auf den Zettel, auf dem wir dies berechnen, malt er zwei

Kreise und malt kleine Fäden hinein, im zweiten Kreis verstärkt er ein wenig die Bahn eines Fadens. Die Fäden, so denke ich für mich, sehen eigentlich aus, als betrachte man Spermien unter einem Vergrößerungsglas. Ich frage mich, ob er mir von seiner Entstehung erzählt.

In der nächsten Stunde fragt er mich: »Kannst du dreidimensional ein Auto zeichnen?« Er analysiert meine Zeichnung, dann probiert er es auf der Rückseite meines Blattes selbst. Er erzählt, welche Eigenschaften er vom Vater, welche er von der Mutter geerbt habe, um das zu können. Dann malt er noch eine Straße als Sinnbild des perspektivischen Zeichnens. Durch die zusätzliche Tiefendimension entsteht ein interessanter Eindruck, eine Art flacher Quader.

Ich sage: »Irgendwie wie eine schwimmende Straße.«

Er lacht, sagt: »Das gibt es ja: eine Fähre!«

Einen Monat später bringt Frederick ein ganz kleines Auto mit Vierradantrieb mit, das man aufziehen und im Zimmer schnell fahren lassen kann. Wir bauen Rampen für das Auto, es springt weit. Man muss dem Auto dafür immer einen kräftigen Schub geben. Dann stellt er mir viele Fragen: Ob ich ein Auto habe? Was ich an mir normal finde? Ob ich meine Stimme normal finde? Was ich an mir besonders finde? Ich frage ihn das auch. Besonders finde er an sich, dass er sich für Physik interessiere. Er fragt mich, was die anderen Kinder spielen. Ob sie auch mit der Wiege spielen?

Es zog sich, vermutlich als Entwicklungsprozess struktureller Natur, durch die gesamte Therapie, dass Frederick sich mit Fragen des Antriebs beschäftigte, besonders anhand von Autos, aber auch in Bezug auf andere Objekte. Es war wie ein Motor heraus aus seiner Verlangsamung und inneren Abwesenheit, wie ein Wiederfinden der eigenen Antriebskräfte. Diesen Anschub brauchte es, damit Frederick darüber sein Ich wieder besser spüren konnte. Dass dieses nach Freud »vor allem ein körperliches« sei, zeigen auch die beschriebenen Szenen. In Bezug auf Frederick und vielleicht manche andere Kindertherapie müsste man hinzufügen: Oft ist es zunächst ein symbolisches und motorisiertes. Ich hatte den Eindruck, dass er unbewusst an seine frühesten Anfänge zurückkehrte, mir gleichsam seine Ich-Werdung zeigte und über das Auto als Ich- und Übergangssymbol seine eigenen »PS« neu entdeckte.

## 11. »Chinesische« Energie ($s = \frac{1}{2} \cdot a \cdot t^2$)

Um das Wortspiel gleich aufzulösen: Als Frederick wieder einmal mit der Armbrust schoss, betrachteten wir die Flugkurve.

»Kinetische Energie«, sagte ich spontan.

»Chinesische Energie??«, fragte er verschmitzt zurück.

Sein scherzhaftes Wortspiel stellte unbewusst eine Differenzierung meines Kommentars dar. Ich hatte mich in meinem physikalischen Grundwissen eigentlich auf die kinetische Energie im engeren Sinne, die sog. »Bewegungsenergie« bezogen, d. h. auf die Energie, die bei der Bewegung eines Körpers entsteht. Vielleicht kam mir dieser Kommentar in den Sinn, weil Frederick selbst mehr Freude an eigener Bewegung gewann und begonnen hatte, eine Sportart (Karate) zu erlernen. Hopf weist in seinem Buch zur *Psychoanalyse des Jungen* auf die Bedeutung der Entwicklung von einer »primärprozesshaften Ausdrucksmotilität zur sekundärprozesshaften Leistungsmotorik« hin (Hopf 2014, S. 323), die Frederick im Physischen auch psychisch kräftigte.

Frederick fügte nun dem von mir eingeworfenen Oberbegriff der Kinetik in seinem Wortspiel von der »chinesischen Energie« den noch fehlenden Faktor hinzu: die Strecke und damit das Erreichen eines anderen Ortes.[6] Einmal kam er ins Zimmer und fragte mich nach einem Lineal und nach einer Kugel. Er baute in dieser Stunde mit viel Konzentration und Eifer mit dem Lineal eine Rampe für die Kugel, probierte im Laufe der Stunde immer steilere Neigungswinkel aus. Wichtig war ihm dabei die Kanalisierung der Energie, deren Linienführung er mit »Leitplanken« aus Bausteinen baute. In einer der nächsten Stunden baute er eine interessante Kugelbahn, in der die Kugel über Hindernisse rollte, durch Kurven, Tunnel, in denen sie verschwand und plötzlich wieder hervorkam, von einem Startpunkt hin zu einem Ziel. Als er mich später einmal in der Praxis besuchte und noch später zu einer zweiten, kürzeren Therapie kam, fragte er immer danach, ob es einen bestimmten Abschnitt dieser Kugelbahn, den er aus Bausteinen zusammengeklebt hatte, noch geben würde. In der Tat schienen diese mit Tesafilm behelfsmäßig zusammengeklebten Bausteine unverwüstlich zu sein und waren Gegenstand vieler Fragen anderer Kinder. Die Symbolik des kindlichen Spiels ist multivalent. Ich brachte diese Kugelbahn immer mit dem Wiederaufnehmen seiner Entwicklung in Verbindung. »Der depressive Konflikt signalisiert übrigens auch einen drohenden

6 Zeit-Ort-Gesetz der gleichmäßig beschleunigten Bewegung: »Das Zeit-Ort-Gesetz lautet bei der Beschleunigung aus der Ruhe heraus: $s = \frac{1}{2} \cdot a \cdot t^2$ […]. Bei einer gleichmäßig beschleunigten Bewegung wächst die zurückgelegte Strecke *s* quadratisch mit der Zeit *t* an.« (*Beschleunigte Bewegung*. In: Kunst[online])

Stillstand des sich sonst ständig in Bewegung befindlichen psychischen Prozesses«, so Mentzos (2017, S. 126). Betrachte ich die Bewegung der Kugel von Fredericks transgenerationaler Belastung her, so könnte man sagen, dass die Kugel wieder anfangen durfte sich zu bewegen, und dies in die natürliche Richtung hin, zur Erdanziehung, in die Progression, mit Geschwindigkeit, mit Freude. Es hat mich oft erstaunt, wie Frederick seine ungewöhnliche physikalische Begabung als Symbolisierungssystem für den Weg des Unbewussten in seiner Therapie nutzte. Wie viel Lebendiges aus einer kleinen, selbstgebauten Murmelbahn, mit all ihren Naturgesetzmäßigkeiten (und den darin auch kontrollierten Ängsten) entstehen kann, wurde mir mit Rührung bewusst, als die Eltern mir in einem Gespräch erfreut berichteten, wie sie als Familie einen Park besuchten und überrascht sahen, wie flink und körperlich geschickt ihr lange Zeit etwas ungelenker und körperlich gehemmter Sohn den Abhang einer Wiese herunterlief.

Nachdem Frederick in einer Stunde zuerst wieder mit der Armbrust geschossen, mich dann intensiv nach meiner Meinung zu bestimmten Autos gefragt hatte, geht er zur Spiel-Schultafel und dreht sie waagerecht, sodass ihre Fläche rechts und links vom Angelpunkt wie eine Waage wirkt. Dann stellt er verschiedene meiner Schleichtiere auf die Mittelachse. Ich muss denken, dass die ganz unterschiedlichen Tiere vielleicht verschiedene Affekte in einer fragilen Balance darstellen. Dann stellt Frederick die Tiere etwas um, weiter nach außen, so dass das Gleichgewicht noch viel fragiler wird. Er erklärt mir, warum die Tiere an den Grenzen der Fläche physikalisch gesehen viel mehr Wirkkraft haben und das Gleichgewicht der Fläche, auf der sie stehen, viel unstabiler machen. Dann nimmt er das *Memory*-Spiel aus dem Schrank, stellt es auf eine Seite der Tafel und betrachtet, wie die ganze Fläche samt Tieren kippt. Nicht zufällig hat er für dieses Experiment die Schultafel gewählt.

In der allersten Stunde erzählte er mir, dass es schlimm für ihn sei, dass die Lehrerin die Klasse so anschreie. Der vehemente und aggressive Affektausdruck der Lehrerin muss den gebremsten, feinsinnigen Jungen überfordert und geängstigt haben. Vielleicht rührten die Ausbrüche der Lehrerin auch an eine Angst vor seinen eigenen verdrängten Affekten und gemahnten ihn darüber hinaus unbewusst an familiäre Konstellationen ähnlicher Art: Fredericks irischer Großvater war Lehrer, der Vater ging in die gleiche Schule. Der Vater berichtete in einem Elterngespräch, wie überrascht seine Mitschüler damals oft gewesen seien, wenn sein sonst so langsamer und kontrollierter Vater manchmal unvermittelt »ausrastete«.

Dem Thema »Schule« kommt in Zusammenhang mit Fredericks Tafelexperiment noch eine dritte Bedeutungskomponente zu: Die Schwelle des Schuleintritts reaktivierte präödipale Fixierungen und Ängste im Kind beim Eintritt in die Latenz. Die Erschütterung der frühkindlichen Basis war vermutlich bereits transgenerational bedingt. Sie wurde angesichts der Entwicklungsaufgabe des Schuleintritts erneut virulent und verstärkte sich. Im Kontext dieser Fragilisierung wurde sie im Sinne des oben beschriebenen Teufelskreises erneut zum Einfallstor der Diffusion hemmender und ängstigender transgenerationaler Inhalte. Dies geschah nun auf einer höheren kognitiven Entwicklungsstufe, was, gerade bei diesem Kind, zu drastischen, dissoziationsartigen Abwehrversuchen besonders im Bereich der mentalen Funktionen führte (Verlangsamung, Abwesenheit, Vergesslichkeit, »Raumkapsel«).

Als Frederick das *Memory*-Spiel wählte, um den fragilen Ausgleich der kinetischen (affektiven) Kräfte der Tafelhälften zum Kippen zu bringen, kam mir, vermutlich durch das spannende physikalische Flair, welches Frederick den Stunden immer zu geben wusste, und weil er mir gerade ein Experiment vorgeführt hatte, in der Gegenübertragung der seltsame Gedanke in den Sinn, dass man die Problematik seines Leidens auf eine physikalische Formel bringen könnte, wenn die Gefahr der Erinnerung (Memory) der Nenner für das Gesetz der Relation von Ort und Zeit sei:

$$\frac{s = \frac{1}{2} \cdot a \cdot t^2}{\text{memory}}$$

Wie sehr Fragen von Gedächtnis, Erinnerung, deren Kontinuität, Mitteilbarkeit und Verortung Gegenstand seiner inneren Beschäftigung waren, zeigt die folgende Assoziationskette:

Frederick betritt das Zimmer und sagt unmittelbar: »Wie alt, glaubst du, ist der älteste Baum der Welt?«

Ich überlege, denke an die amerikanischen Redwoods, denke an einen aus dem Jahr 1500, denke an 1.000-jährige Eichen.

Frederick: »9.000 Jahre!«

Ich staune. Wir überlegen, wie lange es eigentlich schon Menschen gibt.

Frederick: »Der älteste Mensch wurde 142 Jahre.«

Ich: »Unglaublich. Frederick, stell dir mal vor, der Baum hätte Augen und Ohren und könnte denken, wie ein Mensch, was der alles erlebt hat und zu erzählen hätte!«

Frederick: »Wenn ich alt bin, werde ich ein Buch schreiben, was ich alles erlebt habe und kann es dann meinen Enkeln geben. Spielen wir was? Ach, ich will dir erst noch was zeigen.« Er zeigt mir das aufziehbare Rennauto, das er mitgebracht hat. Lässt es fahren. Dabei überdreht er die Aufziehkurbel. Das Auto geht kaputt. Frederik geht zu den Knautschbällen mit Gesichtern. Untersucht sie. Fragt: »Warst du mal in Irland?«

Ich: »Ja.«

Frederick: »In Süd-Irland?«

Ich: »Ich bin die ganze Küste entlanggefahren, da war eine sehr schöne Stadt mit einem schönen Park.«

Frederick schlägt einen Stadtnamen vor.

Ich: »Ja, genau! Wohnt dort dein Großvater?«

Frederick: »Nur wenige Minuten entfernt.« Er nimmt einen Knautschball und wirft ihn auf die Zielscheibe in die 100.

## 12. Transmission

Frederick schlägt vor, dass wir Schach spielen. Der Läufer heißt bei ihm interessanterweise »Priester«. Wir spielen ruhig die ganze Stunde. Sein Vater holt ihn ab.

In der nächsten Stunde hat Frederick das Schachspiel seines Vaters mitgebracht, ein kleines Reise-Schachspiel. Frederick spielt ungewöhnlich gut. Ich frage ihn, ob er von seinem Vater so gut Schachspielen gelernt habe. Er bejaht. Wir spielen mit den winzigen Figuren. Ich setze die Brille auf, habe seltsamerweise Angst, ihn dadurch irgendwie zu irritieren. Er fragt mich, ob mein Vater im Schachverein war. Mir ist etwas unheimlich zumute, denn das war er. Ob mein Vater noch lebe? Wann er gestorben sei?

Ich sage: »Vor sieben Jahren«, finde die Auskunft zunächst unbedenklich.

Darauf Frederick: »Als ich geboren wurde.« Er möchte wissen, an welchem Tag mein Vater gestorben sei, wie alt er geworden sei. Jetzt bin ich mit Auskünften vorsichtig geworden.

Frederick: »Mein Urgroßvater ist 99 geworden! Er hat auch eigene Bäume gepflanzt.« Nach der Stunde trifft er, wie ich beim nächsten Mal erfahre, zufällig einen Freund auf der Straße, der gerade an diesem Tag Geburtstag hat.

Frederick ist in Irland geboren. Nach einem halben Jahr zog die Familie nach Deutschland. Die deutsche Mutter erzählt, dass sie englische Kinderlieder mit ihm gesungen hat. Der Vater erzählt: »Mein Großvater war wahnsinnig intelligent. Aber psychisch auch labil.« Die Eltern erzählen mir, dass sie sich gegenseitig von ihren Geschichten erzählt haben. Wie so etwas über die Generationen hinweg weitergegeben wird, das interessiere sie gerade beide. Die Mutter: »Alles, was wir tun, ist davon bestimmt, was unsere Eltern taten.« Ich erzähle den Eltern von dem eingangs zitierten Satz von Stefan Herzka, was sie etwas beruhigt. Sie beschäftige die Frage, wie man sich verhalten solle, wenn die Vergangenheit doch mal durchbreche. Der Vater erzählt, dass er Frederick gestern angeschrien habe. Er beginnt zu weinen.

In der nächsten Stunde erzählt er, dass Frederick die Eltern gerade viel umarme. Der Vater: »Das ist für mich sehr berührend, weil mein Vater das nicht konnte.« Der Vater erzählt in einem späteren Gespräch, dass er stolz war, dass Frederick so gute Noten hat, fährt fort: »Ich bin nicht so erzogen worden, dass man stolz sein soll.« Der Vater ergänzt: »Er hat seine Gefühle und dann kommen die Eltern und legen etwas drauf.« Wir denken darüber nach, dass es bei seinem Vater, Fredericks Großvater, wenig Regulation von Gefühlen gab, diese seien sozusagen eher schwarz-weiß gewesen. Der Vater erzählt, wie die Schüler seinem Vater, dem Lehrer, auf dem Kopf herumtanzten und dann, wie oben schon erwähnt, völlig perplex waren, »wenn er plötzlich ausrastete«. Der Vater fügt zu meinem Erstaunen hinzu: »Das verhindert Spielen.«

Fredericks Langsamkeit und Gedankenverlorenheit beim morgendlichen Aufbruch der Familie zu Schule und Arbeit blieb lange schwierig. Beide Eltern reagierten darauf in ihren unterschiedlichen Reaktionsmustern in Stresssituationen, was Frederick vermutlich noch mehr blockierte. Es gehe Frederick gerade wieder schlechter. Wenn etwas nicht passe, breche er innerlich ein wie ein Kartenhaus. Dann sei es, »als ob für ihn Zeit und Raum in einem Moment zusammenfallen«, so die Eltern. Er fange dann an, mit einem Jo-Jo zu spielen. Jetzt, Jahre später, recherchiere ich: »Das Yo-Yo ist nicht nur ein einfaches Spielzeug, das sich am Ende einer Schnur dreht. Es ist ein uraltes Stück Kulturgeschichte, das Kontinente überquert und sich im Laufe der Zeit weiterentwickelt hat.« (Kubekings: *Geschichte und Ursprung des Yo-Yo* [online]) Die frühesten Zeugnisse des Jo-Jo, auch Yo-Yo, stammen aus Griechenland, lese ich, doch auch auf den Philippinen sei es schon früh ein sehr beliebtes Spielzeug gewesen. »Das Wort Yo-Yo scheint seine Wurzeln im Ilocano-Begriff *yóyo* von den Philippinen zu haben, mit der Bedeutung ›komm-komm‹.« (Wikipedia: *Jo-Jo* [online])

In einem Elterngespräch schon gegen Ende der Therapie geht es darum, ob Frederick vielleicht schon alleine mit dem Fahrrad zur Schule fahren könnte. Der Vater plädiert dafür, der Mutter ist das noch zu früh. Plötzlich erzählt der Vater, wie er selbst früher immer mit dem Fahrrad zur Schule fuhr, weil sein Vater mit dem Auto immer fünf Minuten zu spät losfuhr (der Vater besuchte, wie schon erwähnt, die Schule, an der sein Vater Lehrer war). »In einem Land mit viel Regen«, ergänzt die Mutter. »Wenn ich mit Frederick spreche, habe ich immer Angst, dass die Projektion zu stark ist«, so der Vater. »Wenn er sagt, dass er nicht mehr leben möchte, dass alles schlecht ist in seinem Leben, würde ich ihm gerne etwas sagen, aber habe Angst vor der Gefahr, dass es zu einer projektiven Ansprache würde. Ich selbst hätte mir einen Vater gewünscht, der mich darauf ausrichtet, mal loszufahren zur Schule.« Im weiteren Gespräch erfahre ich zum ersten Mal auch, dass eine entfernte Verwandte des Vaters sich suizidierte. Der Vater erzählt auch folgende Szene: Manchmal fuhren er und sein Vater zusammen mit den anderen Schülern im Schulbus. Sein Vater ist immer zu spät, erreicht knapp als Letzter den Bus. Fredericks Vater muss beobachten, wie andere Schüler seinem Vater dann aus Spott im Bus heimlich Steine in die Tasche legten. Nach diesem Elterngespräch verbessert sich Fredericks Verhalten beim morgendlichen Aufbruch in die Schule plötzlich deutlich.

Anhand der zutage tretenden Erzählungen des Vaters und ihrer verblüffenden, offenbar psychisch sehr entlastenden Wirkung auf Fredericks Verhalten beim Aufbruch in die Schule wird deutlich, dass hier die unbewussten Übertragungsprozesse in der Generationenfolge noch so unmittelbar wirken, dass sie durch die psychoanalytische Arbeit identifizierbar und bewusst werden können. Obwohl ein häusliches Milieu (des Elternhauses des Vaters) als Ganzes abbildend, können die transgenerationalen Inhalte trotzdem in konturierten exemplarischen Szenen, wie den geschilderten, erinnert und erzählt werden. Sie sind im Sinne des dynamischen Unbewussten wirksam in einer Übertragungsreihe Großvater-Vater-Kind. Dass sie nicht direkt erkennbar sind, liegt in ihrer Überformung von Generation zu Generation und ihrer je unterschiedlichen, individuellen psychischen und habituellen Manifestation im Menschen, auf den sie treffen. In Frederick schien sich die starke Antriebshemmung des Großvaters zu wiederholen, war aber, zusätzlich grundiert von herandrängenden, verstörenden unbewussten Inhalten, welche die belgische Großmutter betrafen, die Frau des Großvaters. Die vom Vater erinnerte Sehnsucht nach einem Vater, der ihm aktiv dabei hilft, zur Schule aufzubrechen, und der nicht erst selbst darauf ausgerichtet werden muss loszufahren, verkörperte in der morgendlichen Interaktion der Familie die Mutter. Für Frederick entstand so ein diffuses, widersprüchliches, generational indifferent strukturiertes unbewusstes Feld, das einen dissoziativen Sog ausübte, dem er in der Fokussierung auf das Jo-Jo zu entkommen versuchte. Verblüffend ist die direkte, manchmal vollständige Auflösung von transgenerational mitbestimmten Verhaltensweisen, wenn ihr Ursprung bewusst gemacht werden kann. Es ist, als lösten sich die Gespenster in dem Moment auf, in dem das Licht des Tages (das Bewusstsein) auf sie fällt.

## 13. Was vom Teufel ist

Ich habe mich gefragt, was Fredericks Großeltern in ihrer Hinwendung zu einer offenbar geradezu fundamentalistischen christlichen Freikirche gesucht haben. Durch das, was ich von ihren Geschichten erfahren habe, haben sich in mir Vorstellungen gebildet und Mitgefühl. Ob sich beides an Zutreffendes knüpft, muss offenbleiben.

Vom irischen Großvater weiß ich, dass es in seiner Herkunftsfamilie psychiatrische Erkrankungen gab, auch Depressivität und Suizidalität. Ich stelle mir vor, dass der Großvater, auch wenn es womöglich eine familiäre religiöse Vorprägung gab, in diesem geistigen Umfeld Ordnung und Schutz vor ihn von außen und vor allem von innen bedrohenden Ängsten und Impulsen suchte. Eine psychische Integration der inneren Welt mit ihren frei fluktuierenden Affekten, Emotionen, Impulsen, Wünschen, Ängsten wird in diesem Umfeld kaum möglich gewesen, sondern durch die rigiden moralischen Vorstellungen und Lebensnormen ersetzt worden sein, vielleicht als die beste innere Hilfe, die für ihn verfügbar war.

Die Mutter des Vaters, Fredericks belgische Großmutter, hat, wie berichtet, einen Teil ihrer Kindheit in einem japanischen KZ in Indonesien verbracht. Ich kann mich trotz der zahlreichen, intensiven Elterngespräche nicht daran erinnern, dass die Eltern erzählten, dass es in der väterlichen Familie ein irgendwie vorhandenes Narrativ dieser Erfahrung gab, sprich, dass die Großmutter davon erzählt habe. Ich selbst habe, wie ich nun Jahre später bemerke, nie danach gefragt. Im Zusammenhang der Beschreibung von Fredericks psychotherapeutischer Behandlung habe ich versucht, mir irgendwie ein Bild von dieser Erfahrung der Großmutter zu machen. Ich las Felix van der Schaars Bericht über seine Zeit als kleiner Junge in einem japanischen Internierungslager in Indonesien in der *Neuen Zürcher Zeitung* mit dem Titel »Der Abwurf der Atombombe hat mir das Leben gerettet« (12.8.2020), las Trude Teiges Roman *Und Großvater atmete mit den Wellen* (Erstveröffentlichung März 2024), welcher sich auch dieser Thematik widmet, und fragte eine indonesische Analytikerin unseres Instituts. Diese kurze Unterhaltung gab mir die Ahnung eines Gefühls für die Thematik, da ich nicht nur die Worte, sondern auch die Nachdrücklichkeit hörte, als sie sagte: »Die Niederländer, die 350 Jahre in Indonesien waren, waren gierig, quetschen das Land aus. Die Japaner waren unvorstellbar grausam.« Und doch, vielleicht ähnlich wie mein Patient, empfinde ich eine unüberbrückbare Distanz zu diesen Geschehnissen, die einfach in keine irgendwie geartete Repräsentanz in mir münden wollen. Ich kann es mir nur aus der fachlichen Perspektive heraus ausmalen, wie traumatisiert Fredericks

Großmutter, deren eigene Mutter (von der sie sich zudem nicht geliebt fühlte) im KZ starb, die Schiffsreise in die Niederlande antrat (mit ihrem Vater? alleine?) und von dort über den Ärmelkanal und die Irische See nach Irland weiterreiste, wo sie in einem »christian center« den Großvater kennenlernte. Sie soll eine sehr schöne Frau gewesen sein. Die Aufnahme in diesen geistigen Kreis mögen ihr Zuflucht und Halt bedeutet und ihr das Gefühl gegeben haben, ein geliebter Mensch zu sein.

Seine und seiner Geschwister Erziehung, so berichtet der Vater, war streng, die Mutter schlug mehr als der Vater. Die moralischen Grundsätze waren äußerst rigide. »Du solltest dich schämen«, war ein Satz, den Fredericks Vater oft hörte. Kontrolle der Gefühle wechselte ab mit plötzlichen affektiven Durchbrüchen. Der Vater sprach dennoch immer mit Liebe und Akzeptanz von seinen Eltern.

Auf Frederick schien etwas von den tiefen Gewissenskonflikten gekommen zu sein. Für ihn war es in der Therapie oft eine Frage, was man darf. Dies äußerte sich in verdeckter Form, nämlich in seiner Überzeugung darüber, welche Dinge er »nicht mag«. Diese schienen oft a priori festzustehen. Wenn er sie ansprach, suchte er besonders stark den Abgleich mit mir und meine Zustimmung. Auf der bewussten Ebene schien er durch eine erhoffte Einheit unserer Einstellungen eine Bestätigung seiner Identität zu suchen. In einer Nuance des Stimmklangs, der Mimik oder des Blickes teilte sich mir ganz im Hintergrund aber noch etwas anderes mit, nämlich der unbewusste Wunsch nach einer Überprüfung seiner Überzeugungen, nach Öffnung, vielleicht kann man sogar sagen: nach Befreiung.

Frederick fragt mich plötzlich, wie ich Fußball finde.

Ich: »Gefällt mir.«

Frederick: »Mir nicht. Allen gefällt Fußball, aber mir nicht.«

Ich erzähle ihm, dass ich mich, als ich so alt war wie er, auch noch nicht so für Fußball interessierte, aber dass das irgendwann begann. Nicht jeder muss Fußball mögen, aber ich wollte ein wenig die Tür für die Möglichkeit öffnen. Ich hatte das Gefühl, Zeuge eines Introjekts zu werden, das hier vor allem verbietenden, einschränkenden Charakter für das Selbst des Kindes hatte.

»Mein Großvater mag keinen Fußball«, fügt er unserem Gespräch plötzlich hinzu. Ein Spiel, das Frederick immer wieder gerne spielte, schien die Suche nach dem, was den eigenen Möglichkeiten verloren gegangen war, besonders zu verkörpern: Das Spiel mit dem Namen *Wer war's?* Jemand aus dem Schloss hat einen magischen Ring gestohlen und will ihn einem bösen Zauberer geben, der damit das Königreich beherrschen kann. Die Tiere im Schloss suchen händeringend nach dem Dieb des Ringes, denn der böse Zauberer kommt immer näher. Sie gehen von Zimmer zu Zimmer, suchen, fragen, bekommen Hilfe, während ein Geist in den Räumen umhergeht, dem man nicht begegnen darf. Immer wieder fragte mich Frederick die Fußball-Frage (manchmal schien es die Gretchenfrage schlechthin zu sein), schien zu hoffen, dass ich meine Meinung vielleicht ändern würde, doch ich blieb beharrlich bei der Wahrheit, dass ich Fußball mag.

Nach einem halben Jahr der Therapie erzählt Frederick mir stolz, dass er heute im *Kniffel* gegen seine Familie gewann.

Frederick: »Magst du Glücksspiele?«

Ich bejahe, sage, dass man dann aber eben sehr vom Glück abhängig ist: »Wenn man gewinnt ist es schön, wenn man verliert, nicht.« Ich füge hinzu, dass *Kniffel* aber nicht nur ein Glücksspiel sei, dass man auch geschickt dabei vorgehen müsse.

Frederick: »Mein Vater mag keine Glücksspiele.« Etwas später in dieser Stunde erzählt er mir, dass seine Lehrerin gesagt habe, dass er wie ein Erwachsener schreibe. Ein weiteres Vierteljahr später greift er plötzlich zum Pokerspiel. Das würde er verstehen, weil er ja *Kniffel* schon ganz gut könne. Während wir spielen, habe ich in der Gegenübertragung die ganze Zeit ein schlechtes Gewissen, weil man nicht leugnen kann, dass Poker ein Glücksspiel par excellence ist, allerdings eines, bei dem man das Verhalten und die Mimik des Anderen genau beobachten muss. Mein schlechtes Gewissen, in kongruenter Gegenübertragung zur moralischen Rigidität des streng-religiösen Elternhauses des Vaters, spielt mir einen Streich: statt (Poker-) »Chips«, sage ich unwillkürlich immer wieder »Geld«.

In der nächsten Stunde begrüßt Frederick mich vorfreudig: »Ich weiß schon, was wir spielen!« Während wir das Pokerspiel aufbauen, erzählt er mir, worauf er gerade spare, nämlich auf einen Schaufelrad-Bagger von Lego-Technik, dessen Mechanik er mir minutiös beschreibt. Na, hier kann er Geld schaufeln, denke ich… Er spielt sehr motiviert. Ich möchte meine Fehlleistung, dass ich immer wieder »Geld« zu den Chips sage, loswerden und erzähle, dass man im »Wilden Westen« wirklich um Geld gespielt habe.

Frederick: »Echt?!« Etwas später fragt er mich während des Spielens plötzlich: »Glaubst du an Gott?«

Ich sage spontan: »Ja. Und du?«

Frederick: »Ich nicht. Aber ich glaube, dass es etwas gibt, was man nicht versteht.«

Ich: »Ja, ich glaube an Gott auch eher wie an ein Geheimnis.« Ich frage ihn: »Wie kamst du jetzt auf diese Frage?«

Frederick: »Ach, ich weiß nicht. Die flog einfach so in meinem Kopf vorbei, von irgendwoher. Aus Japan.«

Eines Tages erzählt Frederick mir, während er ein Raketenauto baut, dass die in der Schule immer das »F-Wort« sagen würden. »Sie wissen gar nicht, was das bedeutet. Sie wollen mich nur ärgern.« »Kürzlich«, so fährt er fort, »sagte ich aus Versehen das schlimmste englische Schimpfwort, sagte mein Vater. Darf ich es mal sagen?« Er sagt es.

In dieser Szene wird deutlich, dass transgenerationale Belastungen immer auch Folgen für die soziale Entwicklung haben, da andere Kinder unbewusst auf die Introjektionen des Kindes reagieren, intuitiv deren Macht und Fremdheit spüren und sie angreifen wollen. In einer Stunde zwei Monate später geht Frederick zuerst zur Armbrust und nimmt die Buntstifte als Pfeile. Das geht, doch werden die Pfeile dann sehr schnell, durchbohren die Zielscheibe. Ich muss das erste Mal etwas »verbieten« und von außen kontrollieren. Er möchte mit den Stiften auch auf die Kissen schießen, was diese beschädigen würde. Schließlich nimmt er den T-Rex, einen sehr aggressiv aussehenden Saurier mit weit geöffnetem Maul, und schießt ihm ins Maul. Wir kommen in ein Gespräch darüber, wie das ist, wenn man ärgerlich ist.

Frederick: »Warst du schonmal ärgerlich auf ein Kind?«

Ich weiß nicht mehr, was ich antwortete, aber fragte zurück, wann er mal richtig wütend gewesen sei.

»Als sie immer das F-Wort gesagt haben«, antwortet er.

In einer anderen Stunde landet ein Pfeil der Armbrust in der Deckenlampe. Er will ihn selbst dort herausholen. Wir schieben den Tisch darunter. Zuerst steige ich darauf und wundere mich, wie anders mein Zimmer von der Position her aussieht. Dann steigt er auf den Tisch und holt den Pfeil. Er wiederholt das Spiel, will nun bewusst immer mit den Pfeilen in die Deckenlampe treffen, auf den Tisch steigen und sie dort wieder herausholen. Ich denke, die Szene zeigt, wie Frederick die Therapie auch dafür nutzte, Gewohntes und tief verinnerlichte Einstellungen einmal aus einer anderen Perspektive zu betrachten. Von der Position im Raum her begab er sich sozusagen gleichzeitig in sein eigenes und ein externes Über-Ich und betrachtete von dort aus sein Ich im psychischen (und therapeutischen) Raum einmal anders. Die Szene selbst hat auch eine Über-Ich-Komponente, denn es hat auch ein bisschen etwas Verwegenes, Verbotenes und Freies, einfach im Zimmer auf den Tisch zu steigen. Eine Parallele dieser Durchbrechung strenger Über-Ich-Regeln findet sich idealtypisch im Film *Der Club der toten Dichter* (1989), als der neue Lehrer Todd Anderson in einer konservativen US-amerikanischen Privatschule plötzlich vor seinen Schülern auf das Lehrerpult steigt.

In einer der letzten Stunden äußert Frederick: »Ich würde gerne mal etwas mit Feuer machen.«

Ich: »Und was?«

Frederick: »Papier verbrennen und dann die Flamme unter'm Glas ersticken.«

Er holt Papier, grünes, denn er will wissen, ob die Flamme dann auch grün ist. Wir zünden das Papier an. Aus der Idee, die Flamme zu ersticken, entwickelt sich ein anderes Erlebnis: Das sich mit grünlichem Rauch füllende Glas auf dem noch glimmenden Papier sieht toll aus! Wie ein Blick in Luzifers Reich, denke ich.

»Heute haben wir etwas Freches gemacht«, sagt Frederick.

Es mag Zufall gewesen sein, dass gerade in der Stunde am 11. 11. die Idee entstand, dass er mal alles aufzählt, was ihm Spaß macht.

Frederick: »Lichträdchen drehen (das hilft mir, so als wenn ich mein Gehirn anschalte), Musik hören, Dehnübungen machen, albern sein, Kaspereien machen, an die Tafel Unsinn schreiben, pupsen, spielen, Kritzelkratzel auf's Alphabet malen.«

Nach der Aufzählung merkt Frederick, dass er »mal auf's Klo muss«. Es wird deutlich, warum Fredericks Hang zur Langsamkeit und Hemmung mit ungefähr drei Jahren begann, als er vor der Entwicklungsaufgabe stand, Kontrolle, Loslassen, aggressive Affekte und erste Autonomieschritte zu integrieren.

In einem Elterngespräch dachten wir über die verschiedenen Bedeutungsebenen des Feuermachens nach, von dem Frederick seinen Eltern erzählt hatte. Zum Abschied schenkten diese mir später eine große Packung Grillanzünder. An humorvollen Vorbildern hat es Frederick nicht gemangelt!

## 14. Den Raum durchqueren

Allein schon durch Fredericks irische Herkunft sind wir in den Therapiestunden erzählend, fantasierend, spielend immer wieder unterwegs gewesen. So wie die Kugel der Kugelbahn, die, wenn sie erst einmal einen Bewegungsimpuls erhalten hatte, einen Weg zurücklegte und dann an einem anderen Ort ankam. Das oben erwähnte physikalische Ort-Zeit-Gesetz hat Frederik in vielfachen Varianten in den Stunden immer wieder durchgespielt. Alle möglichen Fahrzeuge kamen vor: Autos, Fähren, Raketen, Propeller und immer wieder horizontal fliegende Objekte, seien es die Pfeile der Armbrust, seien es gefaltete Papierflugzeuge. Oft haben wir deren Flugkurve verfolgt, ihren Weg durch den Raum des Zimmers. Dieser Moment der Durchquerung des Raumes, mal in das gewünschte Ziel, mal in unvorhersehbaren Wendungen, schien von einem eigenen Bannkreis umgeben zu sein. Die Flugbahnen zu betrachten, hatte fast etwas Meditatives, begleitet von Hoffen und Spannung, ein magischer Übergangsraum zwischen Erwartung und den Gesetzen der Natur, zwischen Spiel und Realität. Diese Bahnen zogen wir auch in der Vorstellung, wenn Frederick mir detailliert von Orten in Irland und ihren Bedeutungen für ihn oder für seine Verwandten erzählte.

Manchmal ging es statt nach Westen weit nach Osten. Diese Reisen waren anders. Sie entstanden assoziativ, wie zufällig, und schienen auf einer vordergründigen Ebene mehr der Faszination eines mittlerweile 8-jährigen Jungen für die Weite der Welt, für ferne und fremde Länder zu entspringen. Und doch gab es bei diesen Fantasiereisen gen Osten einen atmosphärischen Unterton, den ich als unheimlich empfand. Frederick, der für sein Alter genealogisch ungewöhnlich versiert war, hat die belgische Herkunft seiner Großmutter, ihre Kindheit in Indonesien, geschweige denn ihre Zeit im japanischen Konzentrationslager nie mit einer einzigen Silbe erwähnt. Ich habe bewusst nie danach gefragt. Freud leitet in seinem berühmten Aufsatz (Freud 1919) die Qualität des Unheimlichen aus dessen Wort-Etymologie und dem Verhältnis des Unheimlichen zu seinem Gegensatz, dem Heimlichen, ab:

> Wir werden überhaupt daran gemahnt, daß dies Wort heimlich nicht eindeutig ist, sondern zwei Vorstellungskreisen zugehört, die, ohne gegensätzlich zu sein, einander doch recht fremd sind, dem des Vertrauten, Behaglichen und dem des Versteckten, Verborgen gehaltenen. Unheimlich sei alles, was ein Geheimnis, im Verborgenen bleiben sollte und hervorgetreten ist. (ebd., S. 13/14)

Frederick bringt heute drei kleine Flugzeuge mit, deren Flügel sich verfärben können. Er habe sie von einer irischen Tante geschenkt bekommen. Er entdeckt auf meinem Schreibtisch den kleinen Globus (einen Bleistift-Anspitzer), sagt: »Es gibt auch ganz große, in denen man Licht machen kann.« Wir gehen zu meinem mittelgroßen Zimmerglobus und stellen den kleinen daneben. Er sucht auf beiden: Australien. Wir vergleichen die Formen. Er möchte dann die Flügel der drei Flugzeuge unter Wasser halten, dadurch verfärben sie sich. Dafür gehen wir in die Küche. Zurück im Zimmer geht er zum oben beschriebenen Spiel *Wer war's* über. Ich merke, wie brüchig er innerlich wird, wenn es nicht gut läuft, besonders, wenn er dem Gespenst begegnet.

Den Finger auf dem Globus reiste Frederick mit mir in den fernen Osten. Sein Ziel, Australien, kam mir wie ein Kompromiss zwischen seiner englischsprachigen Herkunft und Indonesien vor, eine geografisch symbolisierte Verbindung von Großvater und Großmutter vielleicht. Es tauchen in der Stunde drei Globen unterschiedlicher Größe auf: der kleine auf meinem Schreibtisch, der mittelgroße auf meinem Regal und der von ihm erwähnte große, »den man beleuchten kann«. Dem entsprechen die drei Flugzeuge, die er mitbrachte und deren Flügel er unter Wasser halten und sich dadurch verfärben lassen wollte. Ich muss an drei Generationen denken: er, der Enkel, der Vater, die Großeltern. Die unterschiedlichen, changierenden Färbungen der Flügel der drei Flugzeuge schienen mir wie unterschiedliche Aggregatzustände, in denen das transgenerationale psychische Erbe sich in den Generationen manifestiert.

## 15. Irrlichter

*In Sümpfen und Mooren über dem Boden tanzendes Flämmchen, das durch Selbstentzündung des Sumpfgases entsteht und im Volksglauben als Seele eines Toten oder als heimtückischer Kobold gedeutet wurde, der die Menschen ins Moor lockt. (Digitales Wörterbuch der Deutschen Sprache)*

*Juni.* Frederick fragt mich, wie die Automarke heißt, deren Emblem einen Menschen mit nach hinten gestreckten Armen darstelle. Ich überlege, sehe das Emblem vor mir. Frederick malt mir die Embleme zweier Automarken auf. Das sei die gleiche Marke. »Nur das erste Emblem gab es vor dem zweiten«, so Frederick. Seltsamerweise stellt in seiner Zeichnung das erste Emblem den Davidsstern dar.

Er fragt mich: »Was für ein Auto hast du?«

Ich: »Einen VW.«

Er: »Ah, Volkswagen, jetzt verstehe ich.«

*August.* Frederick: »Man hört die Uhr so laut.« Es ist eine Spannung in der Luft.

Ich: »Wenn wir gleich etwas spielen, wird man es nicht hören.«

Er greift das erste Mal nach den Schaumstoffschwertern, ein schweißtreibender Kampf beginnt, eine ganz neue Erfahrung miteinander. Danach möchte er sich im Spiegel anschauen, sehen wie es aussieht, wenn er schwitzt. In der nächsten Stunde möchte er wieder mit den Schwertern kämpfen. Erzählt mir danach von Verletzungen, die er im Kindergarten erlitt. »Seltsam«, sagt er, »immer am linken Arm.«

*November.* Frederick: »Ich würde so gerne etwas mit einem Motor und mit drehenden Flügeln bauen.« Er hat irgendeine Kriegsassoziation dabei. Er fragt mich, ob ich Karate kenne. Ich frage nach, er macht mir einige Bewegungsabläufe vor. Sagt, das habe auch viel mit Geist zu tun. Dann: »Ich hätte eine

Idee, welches Spiel du noch neu kaufen könntest: *Mikado!* Dabei muss man sich sehr konzentrieren.«

*Dezember.* Frederick entdeckt das Mikado-Spiel. Wir spielen eine Runde. Danach möchte er aus vier zusammengeklebten DIN-A4-Blättern ein großes Schiff falten. Es soll zwei Schornsteine haben. Ich frage, wo es hinfährt. Frederick: »Nach Australien.« Am Ende der Stunde nimmt er das große Schiff mit ins Wartezimmer zu seinem Papa.

*April.* Frederick geht an den Globus. Wir bleiben lange dort stehen, schauen uns viele Länder an. Er zeigt mir Irland, sagt: »Australien ist nicht genau gegenüber auf der Welt.« Wir suchen Neuseeland, schauen uns viele weitere Länder an. Er zeigt mir, wo Equador ist, erklärt mir, das heiße auf Deutsch »Äquator«. Fährt fort: »Die eingezeichnete Linie auf dem Globus ist viel zu dick.«

Ich: »Als Kind dachte ich, man könne die Linie des Äquators sehen, wenn man dort ist.«

Frederick: »Man sieht sie bei der Zeitgrenze: Menschen machen sich bei Greenwich in England einen Spaß daraus, auf der Zeitgrenze hin und her zu gehen.« Dann sagt er übergangslos: »Ich möchte mal nach Japan. Das interessiert mich auch vom Karate her. Rate mal, wie viele Inseln Japan hat!«

Ich rate.

Frederick: »Über tausend!«

Von dort aus kommen wir auf Indonesien und Mikronesien zu sprechen.

Frederick: »Und hier ist New York. In England gibt es eine Stadt, die heißt York. Warst du schon mal dort?«

Ich bejahe.

Er holt die Kugelbahn hervor, die er vor einem Jahr baute.

Ich habe bewusst zwar chronologisch, aber unkommentiert die Momente zusammengestellt, in denen ich in den Therapiestunden den Eindruck hatte, dass die Geschichte der belgischen Großmutter in Indonesien samt ihrer Zeit im japanischen KZ unbewusst aktiviert war. Vage Bezüge tauchen ungeordnet, fragmentarisch auf, wie Irrlichter aus dem Dunkeln. Ich habe beschrieben, dass die Lebensgeschichte der belgischen Großmutter, v. a. ihre Kinderjahre im KZ, in dem ihre Mutter, Fredericks Urgroßmutter starb, als transgenerationale Übertragung eine viel geringere strukturelle Qualität aufweist als die Übertragungslinie von der Seite des irischen Großvaters. Letztere ist inhaltlich konturierter, dem Bewusstsein kulturell, zeitlich und räumlich prinzipiell zugänglicher, interaktionell beobachtbar, Introjektionen sind durch die psychoanalytische Arbeit identifizierbar. Die unbewusste Transmission v. a. der frühen Lebensgeschichte der Großmutter hin zum Enkel ist viel fragmentierter, dissoziierter, schemenhafter, unheimlicher anmutend, diffuser. Die Traumatisierung der Großmutter wird sich nicht auf den KZ-Aufenthalt beschränken, wenngleich man sich allein die dortigen Erfahrungen des Kindes nicht ausmalen mag. Alle Stadien der sequenziellen Traumatisierung nach Hans Keilson (1909–2011) werden auf Fredericks belgische Großmutter zutreffen: Verfolgung, Inhaftierung im KZ, Nachkriegszeit, Migration (Burchartz 2019, S. 80). Nicht nur die realen transgenerationalen Inhalte und ihre psychischen Korrelate sind von niedriger, archaischer Struktur, sondern auch die Mechanismen der Transmission. Ich gehe davon aus, dass die Deformation der Übertragungskette so stark ist, dass die transgenerationalen Inhalte ursprünglich zwar in Form von Introjektbildungen eingeschlossen wurden, aber nicht in dieser Form auf Frederick gekommen sind. Was sich noch bis zum Enkel vermittelt hat, sind stattdessen atmosphärische Anklänge, unklare Affinitäten, diffuse unbewusste Ängste, unheimliche Koinzidenzen, rätselhafte Assoziationen (»flog in meinen Kopf, aus Japan«), Identitätsverunsicherungen, dissoziationsartige Reaktionen zum Schutze des Selbst.

Solcherart archaische transgenerationale Übertragungsstrukturen amalgamieren sich nicht restlos mit den Vorgängen des dynamischen Unbewussten, d. h. in Form unbewusster Fantasien unter dem Primat der Verdrängung. Sie bewegen sich auf einem Kontinuum zwischen dem dynamischen und dem *nicht-verdrängten* Unbewussten, welches Christopher Bollas in Analogie zum impliziten Gedächtnis auch als »unthought known« bezeichnet hat:

> Für ihn [Bollas] entsteht das unbewusste Leben in utero. Es geht aus den ererbten Dispositionen hervor und entwickelt sich in den prägenden Kinderjahren weiter. Die Art und Weise, wie unsere frühen Bezugspersonen uns »behandeln, wird in uns kodiert und in die Grammatik unseres Ichs oder in die Regeln des Seins und der Bezogenheit eingebaut, nach denen wir unser Leben leben« (2011, S. 18). Es ist ein »unthought known«, ein nichtgedachtes, aber uns bestimmendes Wissen, das sich in uns entfaltet. (Bohleber 2013, S. 811)

Wie das nicht-verdrängte Unbewusste, auch Atmospärisches, letztlich den Weg über die Generationen hinweg in das individuelle Unbewusste findet, wie es sich in einem 7-jährigen Kind so manifestiert, dass man »die Uhr so laut hört« (Frederick, vgl. Abschnitt 15), ist noch immer rätselhaft. Mir scheint, es muss tief verankert auf der Instinktebene ein rezeptives neuronales Korrelat geben, der Navigationskunst der Vögel vergleichbar, um in Fredericks Metaphorik des Fliegens zu sprechen:

> Tagziehende Vögel orientieren sich optisch an Landschaftsstrukturen bzw. Landmarken (Küstenlinien, Flussläufe, Waldränder, Berge, Seen); Nachtzieher richten sich nach den Sternen. Neben dem Sonnen- und Sternenkompass besitzen die Vögel auch noch einen Magnetkompass: Sie orientieren sich an den Magnetfeldlinien der Erde. […] sie können von einem unbekannten Ort stets einen bekannten Ort wiederfinden. (Streffer 2019 [online])
>
> Viele Fragen sind noch offen, aber einen Kandidaten für den inneren Kompass haben die Wissenschaftler: ein Molekül auf der Netzhaut der Tiere. (Rathmann 2018 [online])

Die aus dem Kontinuum verschiedener Formen des Unbewussten entstehenden Gestaltungs- und Symbolisierungsversuche des Kindes folgen bei Weitem nicht nur den Gesetzen einer Entropie der Aufbewahrung unter dem Wiederholungszwang des transgenerationalen Traumas oder der Notwendigkeit von Re-Inszenierungsvorgängen nach kausalem Muster. Sie folgen, das haben die vorausgehenden Schilderungen vielleicht zeigen können, in einer Analogie zur Traumarbeit, dem Traumverständnis Bions und Jungs vergleichbar, auch einer kreativen, transformierenden Funktion des Unbewussten:

> Auch Träume [und das Spiel des Kindes, Anm. des Verf.] können eine Korrektur von Einstellungen und Konflikthaltungen nach sich ziehen und dem Träumer ein Gefühl wachsender persönlicher Authentizität vermitteln. Solche und andere klinische Erkenntnisse haben dazu geführt, dass heute der Traum in der Psychoanalyse nicht mehr in erster Linie als ein Weg angesehen wird, auf dem sich unbewusste Wünsche eine imaginäre Erfüllung suchen; vielmehr gilt der Traum als eine besondere Form des unbewussten Denkens, das auf der Suche nach Problemlösungen ist, der Verarbeitung von Konflikten dient, neue Ideen schafft und seelisches Wachstum fördert. (Bohleber 2013, S. 812/813)

## 16. Verdichtung

Nachdem das Therapieende in den Elterngesprächen zu einer Frage geworden war, stellte ich diese eines Tages Frederick: »Wie lange wirst du noch zu mir kommen?«

Frederick: »Ich habe das Gefühl, ich brauche keine Therapie mehr. Ich habe jede Ecke dieses Zimmers kennengelernt.« Er schlägt vor: »Noch drei- bis fünfmal.«

So vereinbaren wir es. In den letzten fünf Stunden mit ihm verdichteten sich Themen der Therapie noch einmal und neue symbolische Konstruktionen tauchten auf. Angestoßen durch unser oben beschriebenes Experiment möchte Frederick zunächst vor allem eines: »Sachen verbrennen«: Stein, Kork, Taschentuch, Plastik. Für diese Experimente haben wir eine eigene Aluminiumschale gebastelt. Ich frage mich, wie ich den jeweils nächsten Patienten den Schwefelgeruch erklären soll. Frederick hat viel Spaß daran, die Reaktionen der Materialien, ihr Verschmelzen, ihre Veränderung, ihre Auflösung zu verfolgen. In den Schwertkämpfen mit mir entwickelt er neuerdings eine ödipal anmutende Vehemenz. In einer der letzten Stunden greift er zu meinem Erstaunen tatsächlich zum Fußball. Erst möchte er sich mit mir »zupassen«, dann »gegeneinander spielen«. Ich muss an den humorvollen Satz des Vaters denken, der selbst kein Fußballfreund ist: »Die Therapie ist zu Ende, wenn der Junge Fußball spielt.« Frederick ist nicht beim Fußball geblieben, hat in den folgenden Jahren aber, wie ich erfuhr, andere Sportarten für sich entdeckt. Frederick entdeckt in der Schlussphase der Therapie noch den Sandkasten, mag es, sich den Sand über die Arme rieseln zu lassen, sagt: »Das tut gut.« Die haptische Berührung mit dem Sand scheint mir an etwas Frühes zu rühren. Vielleicht tat sie gerade auch dem linken Arm gut? Gleichzeitig wirkt er gerade Woche für Woche älter, kommt bald in die vierte Klasse. Er fragt mich nach einem Lineal (ich habe ein neues), er möchte etwas messen. Wie ganz zu Beginn der Therapie möchte er, dass wir uns die Knautschbälle mit den freundlichen Gesichtern zuwerfen.

Dann zeigt er mir ein paar Karatebewegungen: Faustschläge und Tritte. Frederick geht zu den Mikado-Stäben, sagt: »Das passt ja auch dazu.« Er möchte, dass wir schauen, was »Mikado« eigentlich auf Deutsch bedeutet. Es ist ein anderes Wort für »Tenno« = Japanisch für »Kaiser«. Frederick sagt, er wolle damit nicht spielen, sondern etwas bauen, eine Brücke. Wir fangen an, sie von beiden Seiten aufeinander zu zubauen. Das sieht äußerst fragil aus, fein und ziseliert. Mich erinnert das daran, wie er auch mit den Pokersteinen etwas sehr Fragiles bauen wollte: vier Streben, die sich aufeinander zu neigen und schließlich von einem Schlussstein oben zusammengehalten werden. Dies gelang damals nicht. Auch jetzt zieht er das weiße Blatt weg, was unter den Mikado-Stäben liegt, und die noch unfertige Mikado-Brücke stürzt ein. Warum legte er das weiße Blatt darunter? Eine Reminiszenz an die japanische Flagge? Er erzählt, dass er auf *Geo* gehört habe, dass es eine Konstruktionsweise gebe, mit der man eine Brücke so bauen könne, dass sie sich ewig fortsetze, indem immer das vorherige Teil das nächste stütze. Aber die unendliche Brücke kommt auch nirgendwo an, muss ich denken. Ein Symbol für die Brücke seines Lebens aus der endenden Therapie in eine unbestimmte

Zukunft hinein? Ein Bild für den Versuch, eine Brücke zu bauen zurück zu vergangenen Zeiten und vergangenen Orten, die unerreichbar bleiben müssen, und deren Zerbrechlichkeit dadurch entsteht, dass ihr Schwerpunkt sich immer weiter vom Ausgangspunkt entfernt, je mehr man es versucht? Ein Bild für seine fragile innere Struktur zu Therapiebeginn? Frederick beginnt, mit den Mikado-Stäbchen etwas anderes zu bauen: Er legt sie so aufeinander, dass sie eine quadratische Umzäunung bilden. Er sagt, das sei sehr stabil und beweist es mir, indem er mit der Hand von oben darauf drückt. Ich denke, die dünnen Stäbchen müssten sofort zusammenbrechen, aber seine Konstruktion hält dem Druck der Hand aus, den er sogar noch durch etwas Körpergewicht verstärkt. Ich bin verblüfft. Ich muss mich daran erinnern, wie die Eltern zu Beginn der Therapie erzählten, wie er oft innerlich »wie ein Kartenhaus« zusammenbreche. Ich denke: So eine Stabilität entsteht vielleicht auch dann, wenn der innere, unfreiwillige, nicht abschließbare Brückenbau in eine hoch belastete transgenerationale Vergangenheit aufgegeben, die Generationengrenze wieder etabliert und das eigene Selbst im Hier und Jetzt als ein genügend geschütztes erfahren werden kann.

»Siehst du«, sage ich, »selbst ein feines System kann eine große Stärke entwickeln.« Am Ende der Stunde wirkt er ein bisschen müde und ich frage ihn das: Ob er müde sei?

»Ja«, sagt er und setzt sich das allererste Mal in den großen Sitzsack und ruht sich aus. Er erzählt, dass der Schulbeginn nach den Pfingstferien für ihn anstrengend war. Er beschreibt seinen morgendlichen Aufbruch zur Schule, sagt: »Ich bin dann einfach noch müde, aber es muss halt schnell gehen.«

Am Ende der Stunde sage ich: »Wir haben heute ganz verschiedene Sachen gemacht.«

»Und ich habe mich ausgeruht«, fügt Frederick hinzu. »Gibt es das noch: einen Erfinder?«, fragt er mich.

Ich: »Ja, das ist am ehesten ein Ingenieur«, und denke: Er wäre bestimmt ein sehr guter.

In unserer letzten Stunde, es ist Sommer, habe ich uns ein Eis mitgebracht. Er möchte in die Küche mitgehen, als ich es hole, ist ganz anhänglich. Wir essen das Eis und ich habe das Gefühl, etwas sagen zu müssen. »Frederick, das ist ja unsere letzte Stunde. Ich bin schon auch traurig darüber.«

Frederick, unvermittelt: »Ich auch.«

Ich: »Worüber ich mich freue…«

Frederick: »… dass ich keine Therapie mehr brauche?«

Ich: »Ja, genau.«

Plötzlich sagt er: »Weißt du, dass es Eis gibt, das nicht schmilzt? Das hat man in Japan erfunden.«

Wir malen uns das aus: »Ein Eis, das warm werden kann! Das kann man ja in der Pfanne braten!« Ich frage ihn noch nach seiner Karate-Prüfung, er hat sie bestanden. Wir spielen noch zwei Spiele.

Frederick: »Wie lange haben wir noch?«

Ich: »Noch fünf Minuten.«

Er erwähnt wieder das Eis, das nicht schmilzt.

Ich: »Das wäre wie eine Therapie, die nicht endet.«

Frederick: »Ein Eis, das nicht schmilzt, ist eigentlich kein Eis.«

Ich: »Ja, und eine Therapie, die nicht endet, ist eigentlich keine Therapie.«

Er fragt mich, ob es Therapien gibt, die nicht enden.

Ich: »Eigentlich nicht.«

Frederick: »Aber ich werde mich ja erinnern.«

Ich merke, es braucht noch etwas mehr. Ich sage: »Jetzt schreibe ich dir noch meine Praxisnummer auf. Wenn du mal zu Besuch kommen willst, meldest du dich einfach.«

Wir verabschieden uns.

## 17. Vom Kreislauf der Zeit

Während des ersten Lockdowns der Pandemie melden sich Fredericks Eltern bei mir und bitten um ein Gespräch. Darin erfahre ich, dass Frederick jetzt, nach der langen Zeit der Schulschließung, wieder ähnliche Symptome zeige wie damals, als sie ihn zur ersten Therapie anmeldeten: Verlangsamung, Handlungsunfähigkeit, sogar der Satz »Ich will nicht mehr leben« fiel wieder. Ich rechne nach und frage mich, ob es nur an der Lockdown-Situation liegt oder ob Frederick, jetzt 11,5 Jahre alt, unter den Vorzeichen der beginnenden Pubertät, ähnlich wie damals beim Schuleintritt, psychisch vielleicht auch von anderen Geistern nochmal heimgesucht wird.

Ich begegne Frederick nach zwei Jahren wieder. Er ist gewachsen und wirkt deutlich vorpubertär. Er duzt mich wie in der ersten Therapie. Wir spielen ein bisschen Dart, nehmen wieder Kontakt auf. Ich frage ihn, wie es ihm mit der Pandemiesituation gehe. »Sonst hat jeder Tag eine andere Form«, sagte er, »mal ein Quadrat, mal ein Kreis, mal ein Rechteck. Aber wenn man sich vorstellt, alle Tage seien z.B. wie Kreise und man legt die Kreise übereinander, sieht man keine Unterschiede und Abweichungen mehr.«

In der zweiten Stunde begrüßt er mich mit der Information, dass er mit dem Roller bergab schneller war als ein E-Bike, bergauf aber nicht. Im Laufe der Stunde fällt mir auf, dass Frederick heute fast die ganze Zeit die Arme verschränkt hat. Ich kann mir das atmosphärisch nicht erklären, frage sicherheitshalber nochmal, ob er jetzt während der Pandemie wirklich eine Zeitlang kommen möchte. Er bejaht nachdrücklich. Wir spielen wieder etwas Dart. Plötzlich sagt er mitten im Spiel: »Von uns war noch nie jemand richtig berühmt.« Dieser Satz ist der Ausgangspunkt für ein ausführliches Gespräch, in dem ich aus dem Staunen nicht herauskomme.

Frederick schildert mir die Geschichte seiner Familie, und zwar der mütterlichen wie der väterlichen Linie, um sechs Generationen zurück, bis ins Jahr 1840. Er habe selbst auch schon mal einen Stammbaum gemalt. Und es gäbe in irgendeiner Kiste wohl auch einen Brief des Vorfahren, der 1840 nach Irland auswanderte. Während seiner Erzählung fällt mir plötzlich auf, dass ich dabei, was ich sonst nie tue, fast hinter meinem halbhohen Spielschrank stehe, analog eigentlich zu seinen seltsam verschränkten Armen am Beginn der Stunde. Vielleicht ein Ausdruck dafür, dass durch seine ordnende Erzählung die Generationengrenzen wieder installiert wurden? »Seltsam«, sagt Frederick am Ende seiner Familienerzählung mit Blick auf den frühen Vorfahren. »Er wanderte von Deutschland nach Irland aus. Ich wurde später dort geboren. Dann gingen wir nach Deutschland zurück. Wie ein Kreis.« Ich erinnere mich in dem Moment daran, wie er in einer früheren Stunde der ersten Therapie mit Dominosteinen eine Aufstellung baute, die aussah wie ein Stammbaum, der zu sich selbst zurückkehrt.

In der nächsten Stunde geht er als erstes zur Brücke der Murmelbahn, die er in der ersten Therapie baute, schaut gleich nach, ob es sie noch gibt. »Sie wird ewig halten«, sagt er. »Dann habe ich die erste Brücke des berühmten Ingenieurs [sage seinen Nachnamen].« Plötzlich erzählt er mir von einem bekannten Vorfahren väterlicherseits, der Arzt gewesen sei. Wir googeln ihn und finden tatsächlich ein Video von zwei Menschen, die ihn noch kannten und von ihm erzählen!

In einer der folgenden Stunden beschäftigte er sich ausgiebig mit der Flugbahn der Armbrust-Pfeile. Er wolle damit einmal quer durch den Raum schießen. Ihn beschäftigt intensiv, was der richtige Winkel der Armbrust für eine ideale Flugbahn sei. Er erwähnt mittelalterliche Armbrustschützen und dass ihre Pfeile die Rüstungen durchbohren konnten. In der nächsten Stunde interessiert ihn die Frage, wie die Größenverhältnisse von Ländern wären, wenn man bei der Fläche die Topografie mit einberechnen würde. Wir kommen auf die Schweiz, Schottland, Nepal, Nordindien. Wir kommen auf große Stadtgebiete, er erwähnt London, dann Tokyo. Dort gebe es »Sargwohnungen«, sagt er, nur je 2 $qm^2$ für 32 Menschen. Ich fühle mich verwirrt. Ich weiß um diese Eigenart in Tokyo und doch tauchen Bilder zusammengepferchter gefangener Menschen vor mir auf. Plötzlich fragt Frederick mich, wie das mit meiner Schweigepflicht genau sei, ob ich etwas sagen dürfe, wenn er z. B. einen Menschen umgebracht hätte? Ob ich meine Patienten politisch beeinflussen dürfe, z. B. wenn einer rechtsextrem wäre? Was geistert plötzlich im Raum rum?, frage ich mich. Ich habe das Gefühl, wir sind sehr nah an schrecklichen transgenerationalen Inhalten, die stellvertretend in mir in phantasmatischer, ja halluzinatorischer Form auftauchen.

Frederick kommt in der nächsten Stunde vom Augenarzt. »Das Sehen ist der Sinn, auf den wir uns am meisten verlassen«, sagt er. Er erzählt mir von einem Video, das er sah: Jemand hat eine virtuelle Brille auf. Darin stehe er auf einer Planke neben einem Abgrund. Er schaffe es nicht, von der Planke zur Seite zu treten, obwohl er doch *wisse*, dass es nur eine virtuelle Brille sei! Ein treffendes Bild für das Ende der vorhergehenden Stunde, ja für viele Momente der Behandlung, denke ich. In meiner Gegenübertragung wagte ich statt seiner den Schritt neben die Planke in Form einer transgenerationalen projektiven Identifizierung.

Einige Stunden später kommt er in die Stunde und erzählt mir, die Mutter seines Vaters sei Belgierin. »Sie wurde in Indonesien geboren. Sie war dort in einem japanischen Gefangenenlager. Ihre Mutter war auch Belgierin, sie starb in dem Lager. Meine Oma wurde nach dem Krieg nach Holland geschickt und ging von dort nach Irland.« Dann erzählt er mir, wie seine belgische Großmutter und sein Opa sich kennenlernten. Wir sprechen darüber, wie räumlich und zeitlich weit die Geschichte seiner Familie ist. Ich habe das Gefühl, der Kreis dieser zweiten Therapie, einer 12-stündigen Akuttherapie, schließt sich. Frederick geht es auch deutlich besser. »Überall läuft es ok bis gut«, sagt er. Er hat parallel zur adoleszenten Weiterentwicklung seine Geschichte noch tiefer ausgelotet. Das erste Mal in all den Stunden, seit ich ihn kenne, hat er von seiner belgischen Oma, ihrer Geschichte und ihrer Zeit im KZ erzählt.

In unserer vorletzten Stunde sagt er, er interessiere sich immer dafür, was im Hirn geschehe. Ihn interessiere nicht, »wie man etwas besser ausspricht oder wie man z. B. eine Depression verliert, sondern was in dieser Wabbelmasse dabei geschieht«. Wir bemerken, dass das auch seinen Vorfahren, den Arzt, interessiert hat. Der Kreis schließt sich wirklich, denke ich. Ich erinnere mich an die allererste Stunde, in der ich Frederick kennenlernte. Seine Mutter brachte ihn damals und wir unterhielten uns die ersten 20 Minuten der Stunde zu dritt. Die Mutter erwähnte, dass auch sie, die Eltern, belastete Lebensgeschichten hätten. Ich fragte ein wenig nach. Frederick hörte zu und fragte mich dann unvermittelt: »Warum fragst du nach meinen Großeltern?«

## Literatur und Quellen

Baudler, Georg (1970): *Im Worte sehen. Das Sprachdenken Johann Georg Hamanns*. Bonn (Bouvier), S. 72.

Bohleber, W. (2013): *Der psychoanalytische Begriff des Unbewussten und seine Entwicklung*. In: *Psyche – Z Psychoanal., 67. Jg., H. 9.* Stuttgart: Cotta'sche Buchhandlung, S. 807–816.

Bollas, C. (2011 [2009]): *Die unendliche Frage. Zur Bedeutung des freien Assoziierens*. Übers. E. Vorspohl. Frankfurt a. M. (Brandes & Apsel).

Burchartz, A. (2019). *Traumatisierungen bei Kindern und Jugendlichen*. Stuttgart (Kohlhammer).

Dynoptik AG: *Der Glaskörper*. URL: https://www.dynoptic.ch/de/wissen/das-auge/anatomie/glaskoerper.php (Stand 21.6.2024).

Fraiberg, S. / Adelson, E. / Shapiro, V. et al. (1975): Ghosts in the nursery: A Psychoanalytic Approach to the Problems of Impaired Infant-Mother Relationships. *Journal of American Academy of Child Psychiatry 14 (3)*, S. 387–421.

Freud, S. (1946 [1915]): Trauer und Melancholie. In: Freud, A. / Bibring, E. / Hoffer, W. / Kris, E. / Isakower, O. (Hrsg.). *GW X*, S. 428–447, London (Imago Publishing).

Freud, S. (2020 [1919]): *Das Unheimliche*. Stuttgart (Reclam).

Green, A. (2017): *Illusionen und Desillusionen der psychoanalytischen Arbeit*. Frankfurt a. M. (Brandes & Apsel).

Hamann, J. G. (1999) (Nachdruck): *Sämtliche Werke*. Bd. 4, S. 424.

Hopf, H. (2014): *Die Psychoanalyse des Jungen*. Stuttgart (Klett-Cotta).

Kubekings (2023): *Geschichte und Ursprung des Yo-Yo*. URL: https://kubekings.de/blog/ post/ geschichte-und-ursprung-des-yo-yo (zuletzt abgerufen am 25.6.2024).

Kunst, S. (Joachim-Herz-Stiftung): *Beschleunigte Bewegung*. URL: https://www.leifiphysik.de/mechanik/beschleunigte-bewegung/grundwissen/bewegungsgesetze-der-gleichmaessig-beschleunigten-bewegung (zuletzt abgerufen am 24.6.2024)

Mentzos, S. (2017)*: Lehrbuch der Psychodynamik. Die Funktion der Dysfunktionalität psychischer Störungen*. Göttingen (Vandenhoeck & Ruprecht).

Rathmann, I. (23.1.2018): *Wie finden Zugvögel den Weg?* URL: https://www.weltderphysik.de/thema/hinter-den-dingen/wie-finden-zugvoegel-den-weg/ (zuletzt abgerufen am 27.06.2024).

Sandler, J. / Joffe, W. G. (1980). Zur Depression im Kindesalter. In: *Psyche – Z Psychoanal., XXXIV Jg., H. 5.*

Schumann, R. (1838): *Von fremden Ländern und Menschen.* Aus: »Kinderszenen«, op. 15.

Streffer, W. (2019): *Orientierung am Beispiel des Vogelzugs.* A-tempo.de, Nr. 231. URL: https://www.a-tempo.de/article.php?i=201903&c=4 (zuletzt abgerufen am 27.6.2024)

Teige, T. (2024): *Und Großvater atmete mit den Wellen.* Roman. Frankfurt a. M. (S. Fischer).

Van der Scharr, F. (2020): Der Abwurf der Atombombe hat mir das Leben gerettet. In: *Neue Zürcher Zeitung (NZZ)* vom 12.8.2020.

Wikipedia: *Jo-Jo. Herkunft des Wortes und alternative Ausdrücke.* URL: https://de.wikipedia.org/wiki/Jo-Jo#Herkunft_des_Wortes_und_alternative_Ausdr%C3%BCcke (zuletzt abgerufen am 25.6.2024).

*James Herzog*
(Boston)

# Der Kummer seines Enkels lässt seinen Großvater seine eigene Geschichte durcharbeiten

## Transgenerationelle Heilungsprozesse

Wir kannten nicht sein unerhörtes Haupt,
darin die Augäpfel reiften.
Aber sein Torso glüht noch wie ein Kandelaber
in dem sein Schauen, nur zurückgeschraubt,

sich hält und glänzt
Sonst könnte nicht der Bug der Brust dich blenden,
und im leisen Drehen der Lenden
könnte nicht ein Lächeln gehen zu jener Mitte, die die Zeugung trug.

Sonst stünde dieser Stein entstellt und kurz
unter der Schulter durchsichtigem Sturz
und flimmerte nicht so wie Raubtierfelle,
und brächte nicht aus allen seinen Rändern
aus wie ein Stern: denn da ist keine Stelle,
die dich nicht sieht.
Du musst dein Leben ändern.

Rainer Maria Rilke: *Der archaische Torso des Apollo*

Maurizio nahm einige Monate vor Ausbruch der Pandemie Kontakt zu mir auf. Ich kannte ihn vorher nicht, aber er gab sich als der Vater eines jungen Mädchens zu erkennen, das ich einige Jahrzehnte zuvor gesehen hatte. Er sagte, er wolle mit mir über eine Krise sprechen, die ihn allmählich überrollt habe. Seine Tochter, jetzt eine Frau Ende 30, hatte ihm vorgeschlagen, mich zu konsultieren, falls ich noch arbeiten würde.

Wir vereinbarten ein Treffen. Maurizios Hauptbeschwerde, sagte er, sei, dass er keine Männer mag. Er fügte schnell hinzu, dass er das unglaubliche Glück habe, drei Töchter zu haben, und dass zwei von ihnen auch nur Töchter gehabt hätten, bis jetzt. Das Problem war akut geworden oder zumindest von ihm erkannt worden, als die jüngste Tochter, die meine Patientin gewesen war, einen Jungen zur Welt brachte. Maurizio fühlte sich von dem Körper des kleinen Jungen abgestoßen und zögerte, ihn zu halten. Seine Tochter hatte sein extremes Unbehagen bemerkt und wollte es mit den Worten abmildern: »Mach dir keine Sorgen, Papa, Tod trägt eine Windel.« Ich fragte, wofür Tod stehe, denn ich assoziierte damit das deutsche Wort für Tod? Maurizios Gesichtsausdruck änderte sich, als er antwortete: »Ich wollte Todd sagen, sein Name ist Todd.«

Maurizios Beziehung zu Todd stand in keinem Verhältnis zu den Beziehungen, die er zu seinen weiblichen Enkeln hatte. Er war schockiert, als Todd im Beisein von Maurizio zu seiner Mutter sagte, dass Maurizio nicht sein Großvater sei. Er sagte: »Ich habe keinen Großvater.« Todd brach in Tränen aus und Maurizio auch. Als er mir von dieser Szene erzählte – Todd war damals fast fünf Jahre alt – sah Maurizio erschüttert aus.

Ich erfuhr bald, dass Dr. Z, Maurizio, auf seinen 91. Geburtstag zuging. Obwohl er schon lange im Ruhestand war, erklärte er, dass er »gegen seinen Willen« von der Regierung als Kernphysiker angestellt worden war. Ich erfuhr auch, dass er ursprünglich aus Italien stammte und sehr stolz darauf war, dass sein italienischer Akzent nur zu hören war, wenn er Opern sang. »Dort ist die engelsgleiche Stimme meiner Mutter zu hören«, erklärte er. »Vor dieser schmerzhaften Situation mit Tod dachte ich, dass ich ein Stadium existenzieller Reife erreicht hätte«, fuhr er fort. »Jetzt befinde ich mich in einem infantilen Abgrund.« »Sie haben wieder Tod gesagt«, wiederholte ich.

Ich fühlte mich überwältigt von Maurizios Selbstverständnis. Ich ertappte mich dabei, wie ich zwanghaft an seine Tochter und unsere gemeinsame Arbeit zurückdachte. Ich war mir fast sicher, dass Maurizio nie in unserer gemeinsamen Arbeit aufgetaucht war, auch nicht, als die Eltern meiner Patientin ursprünglich meinen Namen von der Therapeutin ihrer Mutter erhalten hatten. Ich war mir bewusst, dass ich eine gewisse Abwehrstrategie verfolgte. Es war unmöglich, dass ihr Vater in unserem Therapieraum nicht erschienen war. Ich versicherte mir, dass ich wesentlich jünger war als Maurizio, und fand diesen Gedanken oder die Notwendigkeit dafür noch merkwürdiger. Ich ertappte mich bei dem Gedanken, dass seine Arbeit mit der Entwicklung der Atombombe in Los Alamos zu tun hatte. Auch dies lag außerhalb des zeitlichen und räumlichen Rahmens. Das Wort Tod ging mir nicht mehr aus dem Kopf. Es war nicht nur in meinem Kopf, ich hatte es auch zweimal laut ausgesprochen. Ich bemerkte, dass Maurizio an einem Stock ging und dass er einen Spucknapf bei sich trug, um die Spucke aufzufangen, die er von Zeit zu Zeit produzierte.

Wir beschlossen, uns auf eine Entdeckungsreise zu begeben. Wir begannen, uns wöchentlich zu treffen.

In der nächsten Woche begann Maurizio mit den Worten: »Ich bin immer sehr dramatisch.« Ich hörte zu. Er sah von mir weg und sagte: »Ich möchte Ihnen von meinem Vater erzählen.« Ich nickte. »Er war ein sehr einfacher Mann, ein Bäcker. Wir haben immer leckeres Brot gegessen. Er war immer ruhig und gefasst, bis er wie eine Atombombe explodierte. Dann gab es kein Entkommen mehr. Er ging auf meine Mutter los und schlug sie mit jeder Waffe, die ihm zur Verfügung stand. Das Gleiche tat er mit mir. Was auch immer diese Wutanfälle auslöste, er wurde dann unglaublich schweißtreibend und roch. Viel später in meinem Leben, nachdem er gestorben war, erzählte meine Mutter, dass er bei diesen Vorfällen einen wütenden Geruch verbreitete.« Ich fragte nun: »Bringen Sie diese Ereignisse, diese Erinnerungen, mit dem Problem zwischen Todd und Ihnen selber in Verbindung?« Maurizio weinte. »Das ist der infantile Abgrund, aber so etwas war es nicht. Als ich ein Junge war, war es üblich, dass Väter ihre Kinder schlugen. Es war auch üblich, dass Mütter ihre Kinder disziplinierten. Meine Mutter war die Ausnahme, nicht mein Vater. Außerdem hat mein Vater manchmal mit meiner Mutter gesungen. Manchmal haben wir alle zusammen gesungen.« »Ich frage mich«, sagte ich, »ob wir uns auf eine musikalische Entdeckungsreise begeben und versuchen, die Musik und die Texte der einzelnen Sänger von damals und deren Nachhall heute zu hören?« In diesem Moment erinnerte ich mich daran, dass meine Kinderpatientin eine schöne Singstimme hatte und dass wir oft zusammen am Klavier saßen, wenn sie sang und mich einlud mitzusingen.

Maurizio fragte, ob wir uns öfter treffen könnten. Er erinnerte sich daran, dass seine Tochter und ich uns viermal pro Woche getroffen hatten. Nach und nach nahmen wir diesen Plan in Angriff, setzten ihn aber nie um. Wegen der Pandemie trafen wir uns nicht mehr persönlich, sondern begannen, uns über Zoom zu treffen. Wir versuchten, die Musik gemeinsam zu hören. Wir trafen uns weiterhin einmal pro Woche.

Dies ist eine Stunde am Ende des ersten Jahres unserer Arbeit. Maurizio hat über seine Mutter gesprochen, den Engel, wie er sie nennt. Er sagt: »Sie war immer super sauber.« Ich höre zu. »Glauben Sie, dass Mädchen sauberer sind als Jungen?«, fragt er jetzt. Ich antworte: »Glauben Sie das?« »Ich habe noch nie darüber nachgedacht, aber ich erinnere mich an das, was Angelika über Todds Windeln gesagt hat. Natürlich war er ein sehr kleines Baby und seine Mutter hat ihn gebadet, nehme ich an.« Ich hörte zu und stellte fest, dass er seine Mutter einen Engel nannte, und dass seine Tochter, meine ehemalige Analysandin, Engel bzw. Angelika hieß. Ich fragte: »War Todds Vater auch an der Pflege beteiligt?« »Ich weiß es nicht genau«, antwortete Maurizio. Das ist irgendwie seltsam. Sein Vater ist ein guter Kerl, denke ich. »Wir haben nie viel miteinander gesprochen, er arbeitet viel, und ich glaube, er ist recht ausgeglichen. Eigentlich weiß ich gar nicht so viel über ihn. Mir schien es nie angenehm, einem anderen Mann sehr nahe zu kommen, irgendwie gefährlich.« »Ist das Ihre Erfahrung?«, frage ich nun. »Es ist fast so, als könnten Sie meine Gedanken lesen«, sagt Maurizio lächelnd. »Ich bin einem Mann sehr nahe gekommen, Eugen. Wir haben zusammen gearbeitet, er arbeitete in der gleichen Abteilung wie meine Frau Flavia, sie waren beide Psychologen.« Maurizio fährt fort: »Als Flavia starb, versuchte Eugen, ihr Freund, sich mir anzunähern, ich glaube, um mir zu helfen. Er war jünger als ich und sehr nett. Ich fühlte mich eingeschüchtert und auch traurig. Er lud mich zu Konzerten ein, und wir aßen zusammen zu Abend. Dann begann er, mir die schockierendsten Dinge über sich selbst zu erzählen. Ich versuchte zuzuhören und fühlte mich, als würde ich den Verstand verlieren.«

»Zu dieser Zeit verbrachten Eugen und ich mehr Zeit miteinander. Eines Abends, als wir mit dem Abendessen fertig waren, fragte er mich, ob ich an einer Ohrfeige interessiert sei. ›Was?‹, fragte ich. Er erzählte mir, dass das jetzt in Italien und Österreich der letzte Schrei sei. Die Leute kamen zusammen und schlugen sich gegenseitig so fest wie möglich ins Gesicht. Manchmal wurden die Leute ohnmächtig. Ich sagte, dass sich das wie ein Albtraum anhöre. Er sagte: ›Das solltest du vielleicht mal ausprobieren.‹ Ich sah ihn etwa einen Monat lang nicht wieder, er rief an und ich gab an, ich hätte Kopfschmerzen oder wolle allein sein. Er sagte: ›Maurizio, du weißt doch, dass ich mehr belle als beiße, ich wollte dich nur etwas fragen.‹ Er überredete mich, dass wir wieder zusammen zu Abend essen und dann in die Oper gehen könnten. Ich willigte ein. Wir sahen *Aida.*

Als ich ihn nach dem Opernbesuch nach Hause fuhr, ließ er lautstark einen fahren. Ich war entsetzt. Er schien nicht betroffen zu sein, schüttelte meine Hand und sagte: ›Siehst du, es ist nicht so schlimm und dann Arriverderci.‹ Ich öffnete beide Fenster des Autos, um den Geruch loszuwerden. In dieser Nacht fühlte ich mich sehr unwohl. Ich hatte den hartnäckigen Gedanken, dass ich Eugen nie wieder sehen könnte, und dieser Gedanke kam mir seltsam vor. Ich habe manchmal Blähungen im Darm. Ich würde sie nie in Gegenwart von jemandem ausstoßen. Das ist unhöflich. Ich begann, schreckliche Träume zu haben, aber was vielleicht noch wichtiger ist, ist, dass Flavias Tod und dann meine Freundschaft mit Eugen ungefähr zur gleichen Zeit stattfanden, als Todd geboren wurde.« An diesem Punkt sagte ich wieder: »Und Sie fragen sich nach den Zusammenhang zwischen diesen bedeutsamen Ereignissen.« Maurizio lächelte mich auf eine Weise an, die sich für mich wie eine Beruhigung anfühlte, und sagte: »Glauben Sie, dass dies geschieht, weil Sie zusammen mit mir zuhören, dass diese Musik irgendwie wie zwei Stimmen ist, die singen, auch wenn Ihre meist stumm ist?«

»Ich konnte unseren heutigen Termin kaum erwarten«, beginnt Maurizio. »Ich möchte Ihnen von Träumen erzählen. Ich habe schon lange nicht mehr über sie nachgedacht. Das wird eine Art Sammelsurium sein. Ich glaube, der erste handelte von Frederico, einem Jungen, mit dem ich, glaube ich, zur Schule ging. Er war nicht sehr klug. Ich habe ihm manchmal geholfen. Mein Vater sagte, das sei Zeitverschwendung. Er war dumm, manche Leute sind es einfach. Außerdem wollte er, dass ich ihm beim Backen helfe. Ich wollte Frederico helfen, aber er hatte so viele Probleme. *In meinem Traum war ich nach der Schule bei ihm zu Hause und sein Vater schlug ihn. Seine Mutter schrie so etwas wie, dass er wirklich geschlagen werden müsse, weil er so schmutzig sei. Frederico hat auch geschrien. Ich glaube, weil er so große Schmerzen hatte. Sein Vater schien sich zu amüsieren.* Ich erinnere mich, dass ich schweißgebadet und mit einem sehr schnellen Herzschlag aufgewacht bin. Jetzt gerade denke ich, dass ich etwas stark riechen konnte, vielleicht Eugens Blähungen, vielleicht den wütenden Geruch meines Vaters. Damals war ich so besorgt über die Stärke des Geruchs, dass ich eine Neurologin konsultierte, weil ich dachte, dass ich vielleicht Geruchshalluzinationen entwickeln würde. Sie meinte, ich sollte vielleicht mit einem Traumspezialisten sprechen. Das habe ich aber nicht getan, bis jetzt. Jetzt fällt mir etwas anderes ein. Also ging ich weiter zu Eugen. Das tue ich immer noch. Er schien zu wissen, dass ich wieder verunsichert war. In der nächsten Woche fuhr er mich, wir wechselten uns ab, und als ich in sein Auto stieg, sagte er: ›Schön, dich zu sehen, ich habe mich schon gefragt, ob du eine Ohrfeige geplant hast, nachdem ich letzte Woche gefurzt habe.‹ Ich fühlte mich peinlich berührt und fast ein wenig krank. Ich stieß ein leises ›Nein‹ aus. ›Ich mache nur Spaß, Maurizio‹, sagte er jetzt. ›Wortspiel, Wortspiel, du weißt schon.‹ Ich fühlte mich sehr beruhigt, irgendwie, dass er das deutsche Wort »Wortspiel« benutzte.

Aber die Träume hörten nicht auf. Frederico war in den meisten von ihnen die Hauptperson. Er schien ständig zu stinken. Gleichzeitig wurde ich in meinen Träumen immer entschlossener in der Beschützerrolle. Irgendwie wusste ich, wohin das führen würde. Es ergibt keinen Sinn, aber ich begann in den Träumen auch zu stinken. Ich ging zu ihm nach Hause und wusste, dass ich ausgepeitscht werden würde, weil ich auch stank. Ich war entsetzt und fasziniert zugleich. Ich habe es gehasst und mich trotzdem immer wieder dorthin begeben. Frederico wurde immer dümmer. Er sagte nichts. Es gab nichts zu sagen. Ich verwandelte mich immer mehr in ihn. In meinen wachen Stunden wurde ich mir meiner Körperpflege immer bewusster. Ich weiß, das klingt seltsam, wenn man bedenkt, wovon ich spreche, aber ich habe mir nie viele Gedanken darüber gemacht. Ich duschte morgens und das war›s. Aber jetzt fühlte ich mich am Ende des Tages schmutzig, und ich begann, abends ein zweites Mal zu duschen. Dann verspürte ich den unwiderstehlichen Drang, etwas über Frederico, meinen Begleiter in Kindertagen, herauszufinden. Dies erwies sich als eine sehr schwierige Aufgabe. Ich war unerbittlich. Ich fühlte mich getrieben, aber mit einem Gefühl der Dringlichkeit, von dem ich wusste, dass es irgendwie mit Eugen und meinen Träumen zusammenhing. Schließlich konnte ich herausfinden, dass er vor vielen, vielen Jahren gestorben war. Ich konnte es aber nicht lassen, ich musste wissen, wie und warum. Ich kehrte tatsächlich nach Italien zurück. Ich war so etwas wie ein Zeichentrick-Detektiv. Ich fand eine sehr alte Dame, die mir sagte, dass Fredericos Vater ihn umgebracht hatte. Sie dachte, es hätte etwas mit seltsamen sexuellen Dingen zu tun. Sie sagte, dass sein älterer Bruder irgendwie entkommen konnte.«

»Er ist Tod, tot?«, fragte ich jetzt, »und es gab einen älteren Bruder?«

»Ich habe mich weiter mit Eugen getroffen, das tue ich immer noch. Ich weiß jetzt viel mehr über ihn. Er ist schwul oder, vielleicht besser gesagt, bisexuell. Er hat mich mit einigen seiner Freunde bekannt gemacht. Ich möchte seine Freundschaft nicht verlieren und werde es auch nicht. Soweit ich mich selbst beschreiben kann, habe ich derzeit mit niemandem sexuellen Kontakt, außer wenn ich masturbiere, was ich etwa alle zwei Wochen tue. Zuerst denke ich an Flavia und mich, und dann, gegen meinen Willen, stelle ich mir vor, dass Frederico und ich Brüder sind und dass wir uns Papas Befehlen beugen müssen.

Ich habe noch nie jemandem davon erzählt. Ich habe es nicht einmal in Erwägung gezogen. Würden Sie mir etwas darüber sagen, was Sie denken oder fühlen?« Ich dachte einen Moment lang nach und sagte dann: »Ich frage mich, ob Sie nicht ein unverständliches, aber überwältigendes Bedürfnis hatten, Todd vor Ihnen zu schützen, vor den Unterströmungen Ihrer Kindheit und deren Reaktivierung durch den Verlust von Flavia und die Ankunft von Eugen. Als Sie spürten, wie sehr Todd darunter litt, wurden in Ihnen dieselben Kräfte geweckt, die Sie zu Frederico hingezogen hatten, und Sie begannen mit dieser monumentalen Reparaturarbeit mittels Erinnern, Wiedererlangen und Verbinden, was schließlich immer die Aufgabe unseres Geistes ist.« Ich beschloss, nicht zu wiederholen, worüber ich zuvor laut nachgedacht hatte: über den Mord, den Bruder, den schrecklichen Geruch. »Mir ist klar, dass das ein ganz schöner Brocken war«, füge ich hinzu. »In der Tat! Ich werde Ihnen das nächste Mal sagen, was ich darüber denke«, sagte Maurizio.

Als Maurizio am nächsten Tag ankam, hatte er seine Meinung geändert, oder vielleicht auch nicht. Er sagte: »Ich weiß nicht, was ich von all dem halte.

Ich konnte Ihren Gedanken folgen und ich danke Ihnen, dass Sie auf meine Anfrage geantwortet haben, aber ich denke, dass meine Frage voreilig war, aber wenn Sie bereit sind, werden wir weitersehen, was sich ergibt und ob ich es brauche, um den Sinn herauszufinden oder nicht. Ich hatte gestern Abend ein Gespräch mit Angelika, und sie sagte, dass ich mich erleichtert anhöre. Vielleicht konnte sie eine Veränderung in der Musik hören. Todd ging ans Telefon und sagte: ›Hallo Opa, schön, dass du anrufst.‹ Er erzählte mir, was er in der Schule macht und fragte, wann ich das nächste Mal nach New York kommen würde. Es schien alles ganz natürlich. Ich habe mir überlegt, dass ich dorthin fahren könnte. Vielleicht werde ich Eugen fragen, ob er mitkommt. Ich hatte letzte Nacht einen Traum, er war sehr unklar, aber in diesem Moment war er kristallklar: Ein Professor hielt eine Vorlesung. Er war entweder ein Linguist oder ein Psychiater. Sein Thema war die Bedeutung von Worten und das Spiel mit Worten. Ich wurde sehr wütend und murmelte tatsächlich ›Bullshit‹. Das geschah, als er vom ›Wortspiel‹ sprach.«

Ich erinnerte mich daran, dass Maurizio gesagt hatte, dass er Eugens Verwendung dieses Begriffs bewunderte und schwieg. »Als ich hinausging, hörte ich jemanden sagen: ›Ist Il Duce nicht brillant?‹ Meine Wut wurde immer größer. Ich sagte: »Der Schmerz eines Menschen hat nichts Spielerisches an sich, und er hat nichts mit Worten oder Spielen zu tun. Ich kann spüren, wie die Wut wieder in mir aufsteigt.« »Il Duce? Ich frage jetzt.« »Ja, ich bin der Duce«, Maurizios Stimme ist nun ganz hoch erhoben. »Der Anführer, der immer schreit und Blödsinn redet, ich sage euch, Blödsinn.« Ich höre wieder zu, ganz überzeugt davon, dass der Tagesrest für diesen Traum mein ausgiebiges Sprechen bei unserem letzten Treffen war. »Sie wissen schon, wie der Führer auf Deutsch heißt.« »Auf Deutsch«, wiederhole ich. »Ja, Dummkopf«, antwortet Maurizio. Dann wird er blass, sagt: »Bitte verzeihen Sie mir«, und beginnt zu weinen. Er sitzt mir direkt gegenüber und ich widerstehe dem Drang, ihm die Hand auf die Schulter zu legen. Ich sage: »Gestern war der Herzog ziemlich wortkarg.« Maurizio starrt mich direkt an. »Das ist verständlich«, sagt er. Ich stimme Maurizio zu und denke mir, dass ich nichts darüber gesagt habe, wer Frederico sein könnte und warum sich beide Jungen der Brutalität ihres Vaters beugen mussten. Ich wollte seine Übertragungswut nicht stören, aber in der nächsten Woche sagte ich: »Frederico ist dein Bruder und er ist tot, Tod?« Maurizio sah mich mit großen Augen an und weinte.

Im Laufe des nächsten Jahres beschäftigten wir uns mit den Fragen, die sich daraus ergaben. Maurizio war sich ziemlich sicher, aber nicht völlig sicher, dass er nie Geschwister gehabt hatte, dass er ein Einzelkind war. Andererseits fühlte er sich fasziniert und abgestoßen von den Gefühlen der Verschmelzung mit Frederico und der Notwendigkeit, sich dem Willen des sadistischen Vaters zu beugen, und er erkannte die Wahrheit in seinen Träumen und Alpträumen. Wir haben viel Zeit mit dem Gedanken verbracht, dass er seinen Vater liebte, obwohl er auch ein Opfer der explosiven Wut dieses Mannes war. Wir waren überzeugt, dass die Ankunft von Eugen etwas auslöste, das mit seinen Gefühlen gegenüber Todd zu tun hatte. Wir waren uns beide darüber im Klaren, dass in unserer gemeinsamen Arbeit die Wut durch Gesang oder Worte als Mittel zur Linderung des Grauens neu entfacht worden war. Wir sprachen offen über unsere Beziehung, eine dynamische Intimität, und ihre Beziehung zu seiner Freundschaft mit Eugen und seiner Fähigkeit, über meine Geschwätzigkeit wütend zu sein, auch wenn sie aus meiner Sicht eher gemäßigt war. Im Laufe des Jahres feierte Maurizio seinen 94. Geburtstag. Er wollte ihn im Kreise seiner Familie feiern. Die Kinder kamen alle zusammen und gaben ihm zu Ehren ein Konzert. Wir sprachen über seinen Wunsch, dass ich daran teilnehmen sollte. Wir beschlossen gemeinsam, dass dies zwar Angelika gefallen, aber vom Rest der Familie nicht so leicht verstanden werden würde. Er erzählte mir, dass er sich darüber freute, dass die Familie Eugen »Onkel Eugen« nannte und dass sie sich alle darüber freuten, dass er ein enger Freund von Flavia war. Kurz nach dem Geburtstagskonzert erzählte Maurizio, dass seine Familie ihm ein weiteres Geschenk gemacht habe, eine Weltreise, und dass verschiedene Kinder und Enkelkinder ihn auf Teilen der Reise begleiten würden, so dass er nie allein reisen würde. Als wir uns verabschiedeten, sagte er: »In gewisser Weise nehme ich Sie auch mit.« Wir gaben uns die Hände, und ich sagte, dass er jederzeit wiederkommen könne. Kurz darauf schrieb mir Maurizio, dass seine Beziehung zu Todd bedeutungsvoller geworden war, als er es sich je hätte vorstellen können. Todds Mutter hatte ihm das Brotbacken beigebracht, und sein Vater hatte ihm beigebracht, wie man Brezeln macht. Die Familientradition wurde fortgesetzt. »Danke«, schrieb er.

Etwa sieben Monate später erhielt ich eine E-Mail von Angelika. Sie und Todd waren mit ihm in Italien. Auch Todds Vater Hans und seine kleine Schwester Hannah waren da. Sie aßen gemeinsam zu Abend und Maurizio sang ein Lied aus seiner Kindheit. Dann gingen sie alle ins Bett. Am nächsten Morgen wachte Maurizio nicht mehr auf. Er war im Schlaf gestorben. Der E-Mail war ein Bild der Familie beigefügt. Todd saß neben Maurizio und sie hatten ihre Arme umeinander gelegt. Ich schrieb Angelika zurück, was für ein Privileg es für mich gewesen sei, ihren Vater kennenzulernen. »Er war in der Tat außergewöhnlich«, antwortete Angelica. »Nachdem ich Hans im Medizinstudium kennengelernt hatte, lernte mein Vater Deutsch, Hans› Muttersprache. Er sprach es die ganze Zeit, und als er begann, sich mit Todd auszutauschen, sprachen sie zusammen Deutsch. Mein Vater sagte mir, als wir zusammen in Bologna waren, dass Sie erstaunlicherweise sowohl Italienisch als auch Deutsch sprechen. Was für eine gute Kombination. Ich erinnere mich, wie wir zusammen am Klavier saßen und sangen. Ich glaube, es war nur auf Englisch. Jedenfalls danke ich Ihnen, dass Sie uns allen geholfen haben, in Liebe, Angelika.«

Etwa ein Jahr später nahm Todd Kontakt zu mir auf. Er wollte darüber sprechen, wie leer er sich nach dem Tod seines Großvaters fühlte. Wir begannen, dies über Zoom zu tun. Es überrascht nicht, dass Todd erstaunlich gebildet war. Er erzählte mir, dass er die Schule liebte, aber dass er das Gefühl hatte, sein Großvater sei sein bester Lehrer und sein bester Freund gewesen. Als er dies sagte, schluchzte er. Sein Großvater hatte mit ihm über so viele Dinge gesprochen. Er hatte ihm erzählt, dass Eugen von seiner Großmutter Flavia gebeten worden war, Maurizio bei seinen Aggressionsproblemen zu helfen, kurz bevor sie starb. Er erzählte ihm von Gregor Samsa in Kafkas *Metamorphosen* und dass er mit meiner und Eugens Hilfe seine Wutausbrüche beenden konnte. Maurizio hatte gesagt, dass es schrecklich sei, sich wie eine Kakerlake zu fühlen.

Todd wechselte mühelos zwischen Englisch und Deutsch, während er sprach, und manchmal auch ins Italienische. Wir sprachen etwa neun Monate lang wöchentlich miteinander, dann hörten wir auf. Todd fühlte sich bereit, weiterzuziehen und, wie er sagte, jederzeit zurückzukehren, so wie es sein Großvater getan hatte.

Angelika, Maurizio und Todd haben uns dabei geholfen, die Bedeutung und die Beziehungen mehrerer Generationen einer Familie zu entschlüsseln. Wir konzentrierten uns auf intrapsychische Konflikte, Traumata, die stärksten Affekte und wie all dies unseren Spielraum durchdrungen hat.

Wir haben gelernt, dass die analytische Situation es ermöglicht, Vergessenes wieder zum Vorschein zu bringen, und dass der Schmerz immer dann gelindert wird, wenn er mit einem »geliebten«, vertrauten und sicheren Gegenüber geteilt wird.

Ich denke, dass die Erzählung, die zwischen zwei Ichs im Dialog konstruiert wird, das Narrativ entsteht aus der Psyche des Patienten, des Klienten, des Analysanden. Dafür notwendig ist fast immer die Art und Weise, wie diese Begegnungen gestaltet sind, um der Person, die um Hilfe gebeten hat, am besten dienlich zu sein. Vielleicht sollten wir gemeinsam darüber nachdenken, wie sich Alter und Lebensphase der einzelnen Teilnehmer auf diesen Prozess auswirken.

Die Qualen, die du erträgst
Vielleicht löscht es jede Erinnerung, die ich hatte,
damit es so aussieht, als hätte ich sie noch nie gesehen;
Aber sagen sie mir, wer sie sind, umso trauriger.
Eine Station als Strafe – wenn überhaupt – ist mehr
Qual, keine ist so abstoßend.

Zitiert aus Dante von Hisham Matar,
in: *Die Rückkehr. Väter, Söhne und das Land dazwischen*

*Übersetzung aus dem amerikanischen Englisch*
*von Catharina Salamander, München*

## Literatur

Herzog, J. M.: Auswirkungen von Traumata im späteren Leben, Diskussion, *Journal of Geriatric Psychiatry, Vol. XXX, 1997, #1*, S. 61–91

Herzog, J. M.: Väter und Spiel, *Canadian Journal of Psychoanalysis, Vol. 18, #1* Spring 2010, S.106–112.

Krystal, H.: Auswirkungen von Traumata im späteren Leben: Erwachsener katastrophaler und kindlicher Typ, *Journal of Geriatric Psychiatry, Vol. XXX, 1997, #1*, S. 61–91

*Alfred Walter*
(Augsburg)

# Zur Bedeutsamkeit der Großeltern: Triangulierungschancen und Beziehungsfallen kindlicher und jugendlicher Entwicklung

## Annäherungen aus klinischer Perspektive

Nicht selten tauchen in Therapien von Kindern, Jugendlichen und Erwachsenen Großeltern auf und werden für die Entwicklung unserer Patienten als relevant erachtet. Bis auf wenige Ausnahmen wurden Großeltern in ihrer psychischen Bedeutsamkeit – sei diese entwicklungsfördernd, kompensierend oder entwicklungsblockierend und möglicherweise traumatisierend – bislang wenig reflektiert. Dies hat auch forschungsgeschichtliche Gründe: Wurde im Zusammenhang mit der sich entwickelnden Objektbeziehungstheorie, der Selbstpsychologie, der psychoanalytischen Entwicklungspsychologie (vgl. Klein 1962; Spitz 1980; Mahler 1980; Winnicott 1984, um nur einige zu nennen) und der psychoanalytischen Säuglings- und Bindungsforschung (vgl. Stern 1998; Beebe & Lachmann 2004; Brisch 2022a, 2022b; Grossmann & Grossmann 2023 u. a.) mit wenigen Ausnahmen zunächst die (vor allem sehr frühe) Mutter-Kind-Beziehung differenzierter zu erfassen versucht, fanden trotz der von Freud (1899/1900, 1905) bereits früh erwähnten ödipalen Entwicklung die Beziehungsdynamik zwischen Mutter, Vater und Kind und die damit verbundenen Triangulierungsprozesse sowie die Bedeutung der Väter erst relativ spät die ihnen zukommende Aufmerksamkeit (vgl. Schon 1995; Bürgin 1998; Trowell & Etchegoyen 2002; Dammasch & Metzger 2006; Dammasch & Katzenbach & Ruth 2008 u. v. a.). Gleiches gilt für Geschwisterbeziehungen, die, obwohl klinisch evident, lange Zeit kaum konzeptualisiert wurden (vgl. Sulloway 1997; Sohni 2004, 2011; Petri 2006; Ley 1995, 2001; Kreuzer 2016 u.a.). Erst in der letzten Zeit stößt die Bedeutung der Großeltern für die Entwicklung von Kindern und Jugendlichen auf mehr Aufmerksamkeit (vgl. den historischen Überblick bei Trenk-Hinterberger 2022, S. 43ff., und bei Heisterkamp 2023, S. 11ff.). In den gängigen Periodika finden sich erstaunlich wenig Publikationen zum Thema; eine aktuelle Recherche (vom 9. Juli 2024) bei Psychoanalytic Electronik Publishing (PeP) ergab nur wenige relevante Funde älteren Datums;

ähnliche Ergebnisse erbrachte eine Internetrecherche in deutschsprachigen einschlägigen Zeitschriften, wobei, wie zu erwarten, familientherapeutische Publikationen mit großem Abstand den allergrößten Anteil ausmachen. Die älteren kürzeren Arbeiten von Abraham (1913) und Ferenczi (1913) benennen die ambivalente Besetzung der Großeltern und Verschiebungsprozesse hinsichtlich der Großeltern und Väter bzw. Mütter. In der letzten Zeit finden sich neuere psychoanalytisch orientierte Arbeiten, welche explizit die Bedeutung der Großeltern für die Entwicklung von Kindern und Jugendlichen und Familien sowie deren Umgang mit sich selbst und den Kindern verstärkt in den Blick nehmen (vgl. Brafman 2002; Faimberg 2005; Moser 2017; Trenk-Hinterberger 2022; Heisterkamp 2023). Auch das vorliegende Jahrbuch kann in diesem Kontext gesehen werden.

Insbesondere familientherapeutische Ansätze systemischer, psychoanalytischer und anderer Provenienz haben seit den 1960er-Jahren eine die Kleinfamilie übergreifende ›Mehrgenerationenperspektive‹ in den Blick genommen. Hintergrund sind hierbei Überlegungen, dass Konflikte und Beziehungsmuster aus früheren Generationen in den Familien der nächsten Generationen weiterwirken und sich sowohl in den Paarbeziehungen als auch in den jeweiligen Eltern-Kind-Beziehungen wiederholen und innerpsychisch weiterwirken, sich auch in Symptomen der Kinder als Index-Patienten zeigen können (vgl. Richter 1963; Boszormenyi-Nagy & Spark 1973; Sperling & Sperling 1976; Stierlin 1978, 1980; Stierlin u. a. 1980; Sperling u. a. 1982; Buchholz 1990; Reich, Massing & Cierpka 1996; Schützenberger 2001; Reich 2002; Reich, Massing & Cierpka 2007, S. 14ff.).

Dass Großeltern so lange in der psychoanalytisch-psychodynamischen Theoriebildung vernachlässigt wurden und konzeptionell wenig Aufmerksamkeit fanden, dürfte nicht nur an den benannten forschungsgeschichtlichen Weichenstellungen und einer viel zu lange auf das Individuum eingegrenzten Sicht der Psychotherapie liegen, vielmehr generell der politischen Geschichte des 20. Jahrhunderts geschuldet sein; speziell in Deutschland verbunden mit der Geschichte des Nationalsozialismus, des Zweiten Weltkriegs und der Nachkriegsgeschichte mit der Illusion der ›Stunde Null‹ nach 1945 (vgl. Kleßmann 2010), den Migrationsprozessen in modernen Gesellschaften (Oltmer 2017) sowie den damit verbundenen wirtschaftlichen, politischen und gesellschaftlichen Verwerfungs- und Verdrängungsprozessen, die sich auch im transgenerationalen, innerfamiliären und individuellen Bewältigungsdynamiken und der transgenerationaler Weitergabe von Traumata sowie bis heute in politischen Ideologien, Denktraditionen und Erziehungsprozessen niederschlugen. All diese vielfältigen Einflussgrößen dürften den innerfamiliären Umgang der Nachkriegsgenerationen und der Großeltern bzw. Urgroßeltern mit den heute lebenden Enkeln und Urenkeln vor allem unbewusst geprägt haben.

Die öffentlich vorherrschende Wahrnehmung der Großeltern-Enkel-Generation ist von einer bestimmten Form der Drei-Generationen-Familie geprägt: die der Großeltern mit kleinen Kindern. So finden sich auf den Buchcovern populärer Ratgeber (wie v. Grone 2012; Stoppard 2016; Lempp 2017; Strouk u. a. 2020; Mayer-Rönne & Manutscheri 2021; Geercken 2022) jedoch auch bei Moser (2017) und Heisterkamp (2023) vitale, glücklich-lachende Großeltern mit kleinen Kindern oder Säuglingen; ähnliches gilt für die in den Ratgebern gezeigten Bilder. In den entsprechenden Publikationen werden diese Beziehungen entgegen der Erfahrung, dass kleine Kinder (nicht nur) für Großeltern ziemlich nervig sein können und umgekehrt, tendenziell idealisierend dargestellt. Familiensoziologisch gesehen stellt diese Form der Mehrgenerationen-Familie unter kleinfamiliären Bedingungen (vgl. Shorter 1983; Weber-Kellermann 1996; Gestrich u. a. 2003/2020) eine sehr spezifische Form dar: Es handelt sich um die relativ kurze Phase der aus Großeltern, Eltern und kleinen Kindern bestehenden Form mehrgenerationaler Familien.

Davon zu unterscheiden ist die empirisch gut belegte, zeitlich viel länger andauernde Drei-Generationen-Familie als Großeltern / Eltern / Jugendliche bzw. junge Erwachsene (vgl. Brake & Büchner 2007; Nave-Herz 2015; Brandl-Knefz 2016); Seilbeck & Langmeyer (2018, S. 7ff.) sprechen von einer im Vergleich zu früher sehr lange gemeinsam verbrachten Lebenszeit von Großeltern und Enkelkindern zwischen 25 und 30 Jahren, zwischen Großmüttern und Engelkindern in der Regel fünf Jahre länger als bei Großvätern. Diese lange Phase gemeinsamen Lebens der Enkel und Großeltern kann, wie ich weiter unten ausführen werde, entwicklungspsychologisch hinsichtlich des Erlebens von eigener Zeitlichkeit und innerer Individuierung und Autonomie von entscheidender Bedeutung sein.

Im Folgenden werde ich auf dem angedeuteten politisch-gesellschaftlichen Hintergrund mir relevant erscheinende Aspekte der Bedeutung der Großeltern für die Entwicklung von Kindern und Jugendlichen beschreiben. Großeltern stellen neben den Eltern die wichtigsten vertrauensvollen Bezugspersonen dar und können in Kinder- und Jugendlichen-Psychotherapien in die begleitende Bezugspersonenarbeit einbezogen werden (Dieckmann u. a. 2020), was relativ selten erfolgt. Hintergrund meiner Ausführungen sind meine langjährigen Erfahrungen in tiefenpsychologisch fundierten und analytischen Therapien von Kindern, Jugendlichen und Erwachsenen sowie in Paar- und Familientherapien und Gruppentherapien. Immer wieder habe ich in den unterschiedlichen Settings mit Großeltern gearbeitet und sie – soweit möglich – einbezogen. Darüber hinaus habe ich als Großvater Erfahrungen mit drei Enkelkindern im Vorschul- und Grundschulalter.

Behandlungstechnisch scheint mir wichtig, die Bedeutsamkeit der Großeltern individuell aus der Sicht der jeweiligen Patienten – seien dies Kinder, Jugendliche oder Erwachsene unterschiedlichen Alters (einschließlich Großeltern) – und deren Lebensgeschichte sowie deren Beziehungsdynamik zu erfassen und den Spuren der individuellen Erfahrungs- und Internalisierungsdynamiken nachzugehen. Bei Großeltern können diese sehr komplex sein, zumal die Beziehungsdynamiken unterschiedlicher Generationen, wie es Faimberg (2005) mit ihrem Modell des »telescoping of generations« beschreibt, sich überlappen und ineinander verschieben können. Dieses von mir favorisierte Vorgehen entspricht auch der jeweils individuellen Ausgestaltung von Großelternschaft: »Im Spannungsfeld zwischen Unterstützung und Einmischung, Engagement und ›vornehmer Zurückhaltung‹ wird die Rolle der Großmutter und des Großvaters […] höchst unterschiedlich wahrgenommen und ausgeübt. Die Großelternrolle wird so zu einer ›roleless role‹, weil es weder institutionalisierte Normen noch einheitliche Erwartungen dafür gibt.« (Brake & Büchner 2007, S. 200)

Bei den individuellen Entwicklungsdynamiken unserer Patienten, den sie begleitenden Internalisierungsprozessen und den daraus resultierenden innerpsychischen und interaktionellen Regulationsdynamiken haben wir es mit unterschiedlich zu berücksichtigenden Ebenen zu tun:

- dem Erleben der eigenen Eltern/Stiefeltern als reale Bezugspersonen seitens unserer Patienten;
- den damit verbundenen internalisierten Eltern (Elternimagines) unserer Patienten;
- den von den Eltern verinnerlichten eigenen Eltern (Großeltern) als deren Elternimagines;
- dem Erleben der Großeltern als realer Bezugspersonen seitens unserer Patienten;
- den damit verbundenen verinnerlichten Großeltern (Großelternimagines) unserer Patienten.

Nicht selten weicht das Erleben der realen Großeltern und deren Internalisierung seitens der Enkel (Großelternimagines) von den Elternimagines deren Eltern ab. Tendenziell dürfte es zu sehr unterschiedlichen Formen der Internalisierung kommen, was auch dem unterschiedlichen Erleben der Eltern und Enkel hinsichtlich der eigenen Eltern bzw. Großeltern entspricht.

Gleiches gilt für uns Therapeuten, wenn wir mit Kindern und Jugendlichen arbeiten. Großeltern bekommen wir nicht so häufig real zu Gesicht, oft jedoch als Großelternintrojekte unserer Patienten, verwoben mit deren Elternintrojekten. All dies hat Auswirkungen auf unsere Gegenübertragung, in der wir neben den realen Kontakten mit den Großeltern unserer Patienten immer auch mit den Großelternintrojekten unserer Patienten in Kontakt kommen. Zudem können in uns unsere eigenen Erfahrungen mit unseren eigenen Großeltern und die damit verbundenen eigenen Großelternintrojekte reaktiviert werden und sich auf unsere Gegenübertragungsdynamik auswirken.

Hinzu kommt, dass wir insbesondere als älter werdende Therapeuten – und deren sind wir nicht wenige – bei den Kindern, Jugendlichen und Erwachsenen, die zu uns kommen, nicht nur Eltern-, sondern oft auch Großelternübertragungen auslösen, was meines Erachtens viel zu wenig berücksichtigt wird. Je nachdem, wie die eigenen Großeltern auf Seiten unserer Patienten erlebt und verinnerlicht wurden, können unterschiedliche, eher positiv oder negativ getönte Übertragungsdynamiken ausgelöst werden. Gleiches gilt nach meinen Erfahrungen im Bereich der Erwachsenentherapie, wobei unabhängig vom Altersunterschied neben anderen Übertragungsdynamiken ebenfalls positive und negative Großelternübertragungen auf uns stattfinden können.

Großeltern können von unseren Patienten wie von uns Therapeuten, je nach Vorerfahrung, sehr unterschiedlich erlebt und verinnerlicht werden. Im Folgenden möchte ich einige in Therapien vorkommende bedeutsame Aspekte darstellen; kurze Fallvignetten habe ich in den laufenden Text integriert.

## Großeltern als triangulierende und kompensierende Entwicklungsressource

De facto stellen Großeltern, wenn auf sie zurückgegriffen werden kann, sie in der Nähe der Familie leben und zwischen der Großelterngeneration und den Familien keine allzu großen Konflikte bestehen, neben anderen Verwandten und dem Freundes- und Bekanntenkreis der Familie eine wichtige Gruppe dar, die in Belastungs- bzw. Überforderungssituationen der Familie die wichtige Aufgabe einer Mitbetreuung ihrer Enkel übernehmen. Gegenüber der ›klassischen Großfamilie‹ findet dies – wie erwähnt – im Kontext vielfach veränderter ökonomischer und bestimmter gesellschaftlich-kultureller Rahmenbedingungen statt.

Nach dem Neunten Familienbericht *Eltern sein in Deutschland* (BMFSFJ 2021) haben Eltern generell und insbesondere Mütter, trotz ihres im Vergleich zu früher erhöhten zeitlichen Anteils an der Kinderbetreuung und der regelmäßigen Unterstützung durch Großeltern – wie neuere internationale Studien zeigen –, zunehmend das Gefühl, den eigenen Kindern aufgrund Zeitmangels nicht ausreichend gerecht zu werden und ihre Kinder nicht wie gewünscht fördern zu können. Entsprechende psychische Folgen bei den Eltern sind schlechtere seelische Gesundheit, höhere Gereiztheit, häufigere Schlafstörungen, geringere Lebenszufriedenheit. Dies dürfte, wie aktuelle familiensoziologische Untersuchungen zeigen, einer prinzipiellen strukturellen Überforderung der heutigen Familien seitens ökonomischer, politischer und gesellschaftlicher Vorgaben geschuldet sein, die zu einer mehrfach funktionalen Belastung der Elternbeziehung und der Familie führen (vgl. Jurczyk & Klinkhardt 2014; Nave-Herz 2015; BMFSSJ 2021); auf dem Hintergrund der weit verbreiteten Individualisierung von Strukturproblemen neoliberaler Industriegesellschaften werden diese Konflikthaftigkeiten primär als individuelles Problem, als eigenes Unvermögen und Scheitern und nicht als Strukturprobleme dieser Gesellschaften und derer Ökonomien wahrgenommen (vgl. Walter 2023).

Insbesondere Alleinerziehende profitieren nach dem Neunten Familienbericht von 2021 von der Unterstützung der Großeltern; bei mehr als der Hälfte (55%) der Alleinerziehenden übernehmen die Großeltern häufig Betreuungstätigkeiten, wohingegen nur ein Fünftel (20%) der Alleinerziehenden von ihrem Ex-Partner unterstützt wird. Auch bei über der Hälfte (57%) der Paarfamilien nehmen die Großeltern regelmäßig an der Betreuung der Kinder teil, bei jeweils 15% außerdem die Geschwister oder befreundete Familien.

Kann auf die Großeltern konstruktiv zurückgegriffen werden, stellen die Großeltern wichtige außerfamiliäre Bezugspersonen dar, die im Alltag des Kindes präsent sind und die Kleinfamilie generell unterstützen und entlasten können. Dies gilt nicht nur für akute Krisensituationen. Großeltern können angesichts der benannten, mehrfach funktionalen Überforderung der Elternbeziehung und der Familie als unterstützende Bezugspersonen wichtige Kompensationen übernehmen, ebenso bei psychischer Belastung durch die primären Bezugspersonen, sei dies persönlichkeitsbedingt und/oder chronischen Belastungen geschuldet, oder als möglicherweise bessere Alternative zur ungenügenden Kinderkrippenbetreuung angesehen werden (vgl. Sulz u.a. 2018). Ruiz & Silverstein (2007) berichten in ihrer empirischen Studie von einem auffallenden Rückgang depressiver Verarbeitungsmuster und der Zunahme der Selbstachtung der betroffenen Kinder bei guter Betreuung durch die Großeltern. Insofern »[können] engagierte Großeltern […] dazu beitragen, familialen Stress, elterliche Doppelbelastung oder Vernachlässigung der Kinder zu reduzieren, insbesondere bei zwei vollerwerbstätigen Elternteilen oder in Einelternfamilien« (Seilbeck & Langmeyer 2018, S. 10f.). Das individuelle Engagement der Großeltern, so bedeutsam es in der jeweiligen Situation ist, löst jedoch kein einziges der persistierenden Grundprobleme struktureller Überforderung der Familien.

Neben diesem aktuellen Aspekt hat das positiv erlebte Engagement der Großeltern nicht nur eine wichtige, die Abwesenheit der Eltern kompensierende Funktion, welche den Enkeln Sicherheit und Stabilität vermitteln kann; die Präsenz der Großeltern ermöglicht den Enkeln zugleich andere, von den Eltern abweichende und diese triangulierende Erfahrungen, was, wenn es gut läuft und die Enkel seitens der Großeltern nicht zu narzisstisch vereinnahmt werden und genügend Vertrauen und Offenheit zwischen Eltern und Großeltern besteht, die Lebenswelt der Kinder und Jugendlichen bereichern kann.

Psychisch haltend erlebte Beziehungen, sei es zu den Eltern oder den Großeltern, wirken, wie wir aus vielfältigen Studien wissen (vgl. zusammenfassend Walter 2024a), generell stabilisierend auf die psychische Strukturbildung von Kindern und Jugendlichen, sie werden schützend erlebt und stärken die Resilienz. Insbesondere wenn die grundlegende Erfahrung gemacht werden kann, dass Unterschiedlichkeit und Differenzen zwischen den einzelnen Personen und Generationen nicht bedrohlich sind, vielmehr akzeptiert werden und Unstimmigkeiten, Konflikte und Entfremdungen angesprochen, offen diskutiert, bewältigt und ›repariert‹ werden können (vgl. Beebe & Lachmann 2004; Tronick & Gold 2020; Walter 2024a, S. 49ff.). Tronick & Gold (2020, S. 132) sprechen in dem Kontext von einer sich ständig weiterentwickelnden Alltagsresilienz (›quotidian / everyday resilience‹).

Ein guter, Konflikte nicht ausschließender Kontakt zu den Großeltern ermöglicht Kindern und Jugendlichen von den Eltern und Geschwistern abweichende Erfahrungen, die zu einer zunehmenden Ausdifferenzierung innerer Beziehungsmuster im Sinne einer positiven Bestätigung oder Modifikation bisheriger relevanter Verarbeitungsmuster sozialer Erfahrung führen. Beziehungsmuster als verinnerlichte, jeweils individuell auto- und alloplastisch geleistete hochkomplexe Verarbeitung von Beziehungserfahrung, die persönlichkeitsbeeinflussend unser aller Umgang mit uns selbst, der Welt und den anderen Menschen mitprägen, können gerade bei positiver, wenn auch differenter Grunderfahrung mit den Eltern und Großeltern flexibilisiert werden. Insbesondere alloplastische Versuche seitens der Enkelkinder, die Großeltern als begrenzt bedürfnisbefriedigende Objekte zu verwenden, ermöglicht aufgrund der oftmals entspannteren Lebenssituation der Großeltern im Vergleich zu den Eltern etwas tolerantere und freiere Beziehungsspielräume und Rückzugsmöglichkeiten sowie Erholung vom Alltagsanforderungen.

Viele Großeltern freuen sich, gebraucht zu werden, oft hat man auch mehr Zeit als bisher, keine beruflichen Verpflichtungen mehr, kann entspannter mit Alltagssituationen umgehen. Die eigene Geschichte als Kind und das ehemalige Elternseins tauchen aus der Erinnerung auf, man beginnt darüber nachzudenken, wie man die eigenen Kinder erzogen hat und wie man jetzt den eigenen Enkeln begegnet. Als zentrale Frage erweist sich: Kann ich das Andere, das Abweichende der Eltern meiner Enkel, dem ich möglicherweise nicht zustimme und das ich möglicherweise völlig anders sehe, akzeptieren oder nicht – oder sehe ich die Familie meiner Kinder als Fortsetzung meiner eigenen Familie, denen die neue Familie zu entsprechen hat? Letzteres führt zu einem vereinnahmenden Anpassungsdruck, unter den auch die Enkelkinder geraten, und blockiert in der Regel Eigenentwicklungen der neuen Familie. Die Familien der eigenen Kinder als abgegrenzte Familien mit eigener Dynamik wahrzunehmen zeitigt unterschiedliche Emotionen im Zusammenhang der Anerkennung von Differenz, der Anerkennung der eigenen Kinder als Eltern, insbesondere hinsichtlich unterschiedlicher Erziehungsstile und Haltungen der eigenen Kinder, die nun Eltern geworden sind. Umgekehrt erleben Eltern nicht selten, wie deren eigene Eltern als Großeltern offener, toleranter, anders mit den Enkeln umgehen als mit ihnen – oder es wiederholen sich die alten vereinnahmenden Muster, unter denen man selber gelitten hat. Bei den Großeltern und Eltern kann die innere Auseinandersetzung mit den die Generationenfolge begleitenden Prozessen Nachdenklichkeit und Trauer über Nichtgeschehenes und Versäumtes, Enttäuschung über Nichterlebtes auslösen. Sich damit ehrlich auseinanderzusetzen stellt eine zentrale Entwicklungsaufgabe sowohl der Großeltern- und Elterngeneration dar. Je besser abgegrenzt die Familien sind, desto klarer ist ein Umgang miteinander bei gegenseitiger Akzeptanz möglich, auch wenn es unterschiedliche Auffassung zur Erziehung u. v. a. geben sollte.

Großeltern als vertraute Erwachsene können, wenn der Kontakt zwischen Großeltern und der Familie der Enkel gut und different genug ist, als neue, bedeutsame »Objekte« (vgl. A. Freud 1965; Loewald, 1986; Tähkä 1993; Walter 2021) erlebt werden, mit denen möglicherweise anders akzentuierte Erfahrungen als mit den eigenen Eltern gemacht werden können, so dass sie diese Erfahrungen zu konterkarieren, zu ergänzen und zu flexibilisieren vermögen. Da Großeltern in der Regel mehr Zeit haben und weniger in aktuelle Lebensnotwendigkeiten wie die Eltern einbezogen sind, können sie sich – abhängig von ihrer eigenen Befindlichkeit – entspannter auf die Enkelkinder einlassen, zumal sie nicht die Hauptverantwortung für deren Erziehung tragen. Als neben den Eltern besonders relevante Bezugspersonen kann der Umgang mit ihnen potenziell verändernde Auswirkungen auf bisherige Internalisierungen und innerpsychische Regulationsmuster bewirken. Kinder und Jugendliche können durch ihre Großeltern ihren Lebensalltag und ihre Entwicklungsschritte anders als durch die eigenen Eltern unterstützt erleben. Insofern können Großeltern nicht nur die Situation der Eltern entlasten, sondern deren Kinder in ihrer individuellen Entwicklung sehr unterstützen, was wiederum den Großeltern zugutekommen und sie stabilisieren kann. Heisterkamp (2023, S. 71ff.) spricht in diesem Kontext von »wechselseitiger Entwicklungsförderung« von Enkeln und Großeltern.

Zugleich konfrontiert das Leben der Großeltern und deren Geschichte die heranwachsenden Kinder und Jugendlichen mit einer von ihrer eigenen und den der Eltern abweichenden Welt, die in sich Herausforderungen und Entwicklungsmöglichkeiten beinhalten und die Heranwachsenden zugleich mit Erfahrungen von Endlichkeit, Abschied und Tod konfrontiert.

Die Lebenswelt und Geschichte der Großeltern ist in den modernen, »heißen Kulturen« (Erdheim 1982) die Geschichte einer anderen Welt, die vor einem da war und die in vielem vergangen ist. Großeltern eröffnen den Enkeln einen Zugang zu dieser anderen, eigenartigen Welt, die vor ihnen existiert hat. Sichtbar durch die nicht selten etwas ältliche wirkende Wohnungseinrichtung mit ihrem seltsamen Geschirr, den eigenartigen Kleidern und Schuhen, seltsamen Bildern, den Fotos fremder Menschen aus längst vergangenen Zeiten, anderer Musik und alter Filme, die aktuell plötzlich sehr interessant sein können, und Büchern aus einer früheren, ihnen fremden Welt mit dem altertümlich wirkenden Schriftbild. Nicht wenige Schriftsteller wie Hermann Hesse, Mark Twain und viele andere berichten, wie die Bibliothek ihrer Großväter mit all den alten, fremden Büchern ihnen die Welt der Bücher und des Geistes erschlossen hat.

Während Kinder diese von ihrer aktuellen Lebenswelt so abweichende Welt ähnlich wie die Kulissen der Harry-Potter-Filme eher staunend-neugierig zur Kenntnis nehmen – »ich übernachte in der Bibliothek meines Opas«, so meine älteste Enkelin –, ermöglicht sie Jugendlichen einen über die ihnen vertrauten Großeltern personenbezogenen Zugang zu dieser fremden Welt, die existierte, bevor man geboren wurde, und die längst vergangen ist: eine Welt, in der es keine Handys, keine PCs, kein Internet, keine ›social media‹ gab, eine Welt, in der so vieles anders ist, eine »Welt von Gestern« (Stefan Zweig 1942), mit vielen Brüchen gegenüber der Gegenwart; zugleich eine Welt, die durch zwei Weltkriege, Hitler und das Dritte Reich, die Nachkriegszeit der Adenauer-Ära, den Kalten Krieg, der Öffnung nach Osteuropa geprägt wurde, was man allenfalls aus dem Geschichtsunterricht und aus verschiedenen Fernseh- oder Internet-Dokumentationen kennt. Als »Zeitzeugen« werden Großeltern subjektive Vermittler dieser vergangenen Welt, die man nie selbst erlebt hat. Zugleich kann diese »alte« Welt einen differenzierteren Zugang zu der Welt, aus der die eigenen Eltern stammen und diese geprägt hat, ermöglichen – anders und distanzierter als über den gerade bei Jugendlichen konflikthaft-abgrenzenden Kontakt gegenüber den eigenen Eltern.

Andererseits kann eigene Besorgnis über den Umgang der Eltern mit einem selbst bei Großeltern als verstehendes Gegenüber Gehör finden. Dies führt nicht nur zu einer von den Konflikten mit den Eltern unabhängigen, differenzierteren Wahrnehmung und einem veränderten Verständnis der eigenen Eltern und deren Geschichte, sondern ermöglicht auch innere Reflexionen über das eigene Gewordensein, die eigenen Begrenztheiten und die eigene Zeitlichkeit (vgl. Bründl 1994, 2005).

Mit zunehmendem Alter und der damit verbundenen Gebrechlichkeit stößt das Engagement der Großeltern an eine definitive Grenze. Der Körper verfällt zusehends, die kognitiven Fähigkeiten verlangsamen sich und gehen zurück, der eigene Tod rückt immer näher. Erikson hat in hohem Alter deswegen sein achtstufiges epigenetisches Entwicklungsmodell (Erikson 1966, 1988) um eine neunte Stufe ab Mitte/Ende 80 Jahre, das »Greisenalter« mit seinen eigenen Erfordernissen und Fragilitäten, ergänzt (Erikson 1998, S. 105ff.). Dadurch wird es immer schwieriger, sich entspannt auf die sich entwickelnden Enkel, die größer und älter werden, inzwischen erwachsen sind und eigene Kinder haben, einzulassen. Insbesondere aufgrund der zunehmenden körperlichen Gebrechlichkeit wird dies immer weniger möglich und man wird zur Pflegeperson. Vier von fünf pflegebedürftigen älteren Familienmitgliedern in Deutschland werden zu Hause versorgt, in der Regel durch pflegende Angehörige, häufig unterstützt durch ambulante Pflegedienste (Statistisches Bundesamt 2022). Die sich daraus ergebenden Konstellationen können – wie in nicht wenigen Therapien erlebt – von Kindern und Jugendlichen nicht selten psychisch belastend, auch entwicklungsblockierend erlebt werden, vor allem dann, wenn die zu pflegenden Großeltern sehr viel Zeit und Aufmerksamkeit beanspruchen, immer eigenartiger oder dement werden, und es den Eltern schwerfällt, weiterhin für ihre Kinder in ausreichendem Maße als Eltern zur Verfügung zu stehen. Kinder und Jugendliche kann dies sehr verunsichern. Zugleich werden Kinder und Jugendliche – möglicherweise zum ersten Mal in ihrem Leben – mit dem Sterben und dem Tod ihnen nahestehender Menschen konfrontiert, die bald nicht mehr da sein werden, so sehr man sie auch geliebt hat und so wichtig sie für einen waren. Nicht wenige Kinder und Jugendliche erleben den Verlust der Großeltern genauso schlimm wie den der Eltern.

## Großeltern als narzisstisch vereinnahmender konflikthafter Risikofaktor für die autonome Entwicklung der Enkelkinder

Die Erfahrungen und Erkenntnisse der Mehrgenerationen-Familientherapie fokussieren unterschiedliche Transformationsprozesse der Weitergabe innerpsychisch positiver bzw. maligner Verarbeitung der Erfahrungen verschiedener Generationen und der damit verbundenen, auf die nächsten Generationen tradierten innerpsychischen Regulationsmuster, Loyalitätsbindungen, Verhaltensmuster, Denkschemata und Tabuisierungen. Je nach Autor und therapeutischem Grundansatz wurden diese Prozesse unterschiedlich konzeptualisiert: so in dem Delegationsmodell Stierlins u. a. (1978, 1980) mit Bezug auf Boszormenyi-Nagy & Sparks (1973) Modell der »unsichtbaren Loyalitätsbindungen« und den daraus resultierenden Bindungsmustern von »Bindung« und »Ausstoßung« oder H. E. Richters (1963) Modell der potenziell traumatisierenden Rollenzuschreibungen. Andere Autoren arbeiteten transgenerative Aspekte individueller Pathologien und psychosomatischer Störungen heraus (vgl. Wirsching & Stierlin 1982; Wirsching & Scheib 2002). Weitere Untersuchungen beschäftigen sich mit den latenten psychischen »Erbschaften« der vorhergehenden Generationen, seien diese »Täter« oder »Opfer« den folgenden Generationen gegenüber hinsichtlich deren innerpsychischen Auswirkungen und den daraus resultierenden Anpassungs- und Abwehrprozessen und Verhaltensmustern (vgl. Mitscherlich & Mitscherlich 1967; Stork 1996; Bode 2004; Kogan 2007; Lohl 2008; Radebold u. a. 2009; Alberti 2010; Müller-Münch 2013, 2022; Müller 2014; Traxl 2016; Leuzinger-Bohleber 2018; Walter 2024a u. v. a.) oder thematisieren die mit Vertreibung, Flucht und Migration verbundenen psychischen Prozesse (vgl. Bründl & Kogan 2005; Burkhardt-Mußmann & Dammasch 2016; Oltmer 2017; Utari-Witt & Walter 2019).

Wie immer auch konzeptualisiert können all diese komplexen, nur zum Teil bewusst, und vor allem unbewusst intentional tradierten Anforderungen an die eigenen Kinder und Enkel psychodynamisch als der Versuch verstanden werden, die eigene psychische Homöostase und die damit verbundene Abwehr eigener nicht-zugelassener Anteile aufrechtzuerhalten. Mithin werden die eigenen Kinder und deren Kinder in diese externalisierenden Regulierungsdynamiken (vgl. Mentzos 1989, 2014; Nowick & Hurry 1969; Walter 2020, 2024b) einbezogen. Diese Einflussnahme findet oftmals indirekt statt: Auf die soziale Umwelt wird nicht direkt verbal, vielmehr atmosphärisch und gestisch ein subtiler Druck ausgeübt, den eigenen Mustern zu entsprechen bzw. diese nicht zu sehr in Frage zu stellen (vgl. Walter 2009, 2024a, S. 54ff.). Es können sich relativ starre transgenerationale familiäre Regulations- und Interaktionsmuster ausbilden, mit bestimmten aktuellen Beziehungen und Situationen und den sich hierbei zeigenden Problemen in der Weise umzugehen, dass die innere Selbstregulation der Eltern und Großeltern nicht zu sehr verunsichert oder gar als angegriffen erlebt wird. Diese sich interpersonell zeigende Regulationsdynamik dürfte vieles mit »projektiver Identifizierung« (vgl. Frank & Weiß 2017) gemein haben, akzentuiert jedoch in Richtung der narzisstischen Homöostase der entsprechenden

Personen im Sinne projektiver Erwartungshaltungen und selbstobjektaler Verwendung des Gegenübers.

Kinder und Jugendliche haben ein sehr feines Gespür, was das Gegenüber auch unausgesprochen will; vor allem Kinder sind sehr bereit, sich diesem subtilen Diktat zu unterwerfen, wenn die Beziehung zu den relevanten Personen, wie es Eltern und Großeltern sind, bedroht erlebt wird. Um sich das Gegenüber zu erhalten entwickeln sie subtile Objektverlustängste und Anpassungsmechanismen – ähnlich denen, wie sie Melanie Klein für die depressive Position hinsichtlich des Bemühens des Kindes, das Objekt zu erhalten und nicht zu verlieren bzw. zu zerstören, konzeptualisiert hat (Klein 1962; Volk 1997).

Auf dem generationenübergreifenden beziehungsdynamischen Hintergrund der narzisstischen Besetzungen und Vereinnahmung der Enkel zur Selbststabilisierung der Großeltern werden Kinder und Jugendliche in ein komplexes Netz von Erwartungen eingewoben, bei denen die Großeltern – sei dies in Form direkter Erwartungen (z. B. »gib mir ein Küsschen«, entsprechend der Erwartungen der Großeltern, ein »braves Kind« sein sollen etc.) oder in Form der von den Eltern hinsichtlich deren Eltern (den Großeltern der Enkel) internalisierten Erwartungen und der damit verbundenen Anpassung sowie den daraus resultierenden Erwartungshaltungen an die eigenen Kinder als Enkel (»sei brav gegenüber der Oma/dem Opa«) eine nicht unerhebliche und sehr fatale Rolle spielen können. Was hinsichtlich der psychischen Vereinnahmung seitens der Eltern und den damit verbundenen »ghosts in the nursery« (Fraiberg et al. 1975) bzw. den frühen »imaginären Interaktionen« (Brazelton & Cramer 1991; Cramer 1991), traumatisierenden Rollenzuschreibungen (Richter 1963) und Delegationen (Stierlin 1978, 1980) für die Eltern-Kind-Beziehung herausgearbeitet wurde, gilt generationenübergreifend auch für die Großeltern-Enkel-Beziehung; insbesondere dann, wenn diese Muster die Beziehung der Großeltern als Eltern zu ihren Kindern geprägt haben und es den Eltern nicht gelungen ist, sich von diesen projektiven Zuschreibungen zu distanzieren. Hierbei geht es, wie benannt, nicht nur um psychologische Zuschreibungen, sondern auch um politische Haltungen, Freund-Feind-Zuschreibungen und deren psychodynamischen Aspekte, die eine Weitergabe an die folgenden Generationen implizieren mit entsprechender Übernahme der damit verbundenen Abwehr- und Regulationsdynamiken durch die nächsten Generationen.

Werden diese Zusammenhänge zugänglicher und erscheinen die eigenen Großeltern und Eltern angesichts ihrer Vergangenheit in einem neuen Licht, kann dies zu tiefen Verunsicherungen und erheblichen psychischen Belastungen führen, auch hinsichtlich des eigenen Erlebens: »Ich wäre für ihn nur ein Schandfleck gewesen, ein Bastard, der die Familienehre beschmutzt. Mein Großvater hätte mich bestimmt erschossen« (Teege & Sellmair 2014, S. 56), so J. Teege, nachdem sie recherchiert hatte, dass ihr Großvater, den sie als Kind als »normalen« Menschen erlebt hatte, der Lagerkommandant Amon Göth war, der völlig willkürlich KZ-Häftlinge erschossen hatte.

Offen zeigen sich die Differenzen nicht selten in den konflikthaften Abgrenzungsprozessen zwischen Eltern und Großeltern hinsichtlich der Kinder bzw. Enkel. In unabgegrenzten Großeltern-Eltern-Dynamiken nehmen die Großeltern bzw. die Großmutter nicht selten eine sehr dominante Rolle, insbesondere gegenüber der Mutter der Enkel ein, stellen deren Erziehungskompetenz verdeckt oder offen in Frage. Viele Mütter übernehmen die ihr zugewiesene Rolle insbesondere dann, wenn sie – wie beim ersten Kind – noch sehr unsicher sind und wenn sich der Partner nicht schützend oder unterstützend neben oder vor sie stellt.

Oft werden auch die Enkel seitens der Großeltern in diese Konflikte mit einbezogen im Sinne narzisstischer Besetzungen und Vereinnahmungen der Enkelkinder. Vor dieser Gefahr sind keine Großeltern gefeit, insbesondere die Großmütter, die innerlich wieder zur Mutter werden können (»You become a mother again, both to your daughter and to your grandchild«, Brafman 2002, S. 125). In einem Bezugspersonengespräch mit einer sich um die Enkelin liebevoll kümmernden Großmutter kamen wir auf die Bedeutsamkeit der Enkelin für sie zu sprechen; die Großmutter meinte spontan: »Oh, ich muss da aufpassen, dass ich merke, I. (die Enkelin) ist nicht mein Kind. Ich bin nicht davor gefeit, meine Kleine (gemeint war ihre Tochter) immer noch festzuhalten.« Die »innere« Nabelschnur immer wieder zu durchtrennen ist nicht nur eine Entwicklungsaufgabe insbesondere der Mütter, sondern auch der Großmütter, die traurig macht und nicht einfach ist. Bei Großvätern dürfte dies andere, mit der eigenen Vorgeschichte als Vater und als Junge verbundene Reaktionen hervorrufen; nicht selten sind sie gegenüber Enkelkindern weniger emotional verstrickt (vgl. Brafman 2002).

Latent geht es bei diesen Auseinandersetzungen, wer die »besseren« Mütter oder Väter gegenüber den eigenen Kindern sind, oftmals um eine subtile Konkurrenz, wer macht es »besser«, verbunden mit versteckten negativen Kommentaren über die Eltern bzw. den anderen Elternteil. Hinter diesem »es besser wissen« verbirgt sich neben Konkurrenz und subtilem Neid nicht selten der Wunsch, eigene Verunsicherungen aus der eigenen Elternzeit, mit denen man nun unversehens konfrontiert wird, ungeschehen zu machen und die damalige Homöostase aufrechtzuerhalten – oder, wenn man als Großeltern erlebt, dass die eigenen Kinder es anders als man selbst oder gar besser machen, das eigene Verhalten nachträglich zu rechtfertigen. Dass generell Differenzen auftauchen und Konkurrenzen zwischen den Generationen stattfinden, sehe ich als unvermeidlich an; sie resultieren aus dem unterschiedlichen eigenen Erleben als ehemalige Eltern und Kinder und jetzt Großeltern und Eltern mit all den damit verbundenen subtilen Lernprozessen und vor allem unbewussten Regulationen auf beiden Seiten (vgl. Siegert 1977). Wie immer auch die innere Dynamik solcher Selbstregulationsversuche von Großelternseite sein mag, entscheidend ist, inwiefern das Erleben, dass es die eigenen Kinder bzw. die Generation nach einem im Umgang mit deren Kindern anders als man selbst machen, als Differentes und Abgegrenztes anerkannt werden kann oder ob man es um der eigenen narzisstischen Homöostase willen infrage stellen oder gar bekämpfen muss, oftmals mit dem Hinweis, man habe »mehr Erfahrung«.

Als malignes Gegenstück der narzisstisch-vereinnahmenden Besetzung der Enkel seitens der Großeltern, insbesondere der Großmütter, kann die Tendenz betrachtet werden, den Großeltern respektive der Großmutter das eigene Kind zu ›opfern‹, um ungeklärten Konflikten mit den eigenen Eltern, nach meiner Erfahrung insbesondere mit der eigenen Mutter als jetziger Großmutter, aus dem Weg zu gehen, um die eigenen Eltern zu beschwichtigen, um sich von ihnen besser absetzen zu können und in Ruhe gelassen zu werden. Oftmals lauern ungelöste, frühere Beziehungsverstrickungen in der Herkunftsfamilie im Hintergrund. Hierbei wird letztlich die Nichtabgrenzung gegenüber der eigenen Elterngeneration nicht bearbeitet und aufgelöst, sondern maligne agiert in Form einer Unterwerfung und der Delegation der Mutter, ihr eigenes Kind als Enkelkind solle sich um die Großeltern kümmern. Dies kann als transgenerativ wirksamer Ausdruck dessen verstanden werden, was Rappaport (1958, vgl. die Fallstudie von Tucker 2006) als »Grandparent Syndrome« im Sinne einer Parentifizierung des Enkelkindes, ausgelöst durch Parentifizierungswünsche seitens der Großeltern, beschrieben hat. Solche parentifizierenden Wünsche können auch seitens der Eltern bestehen, die eigenen Kinder sollten sich an ihrer Stelle um die Großeltern kümmern.

Immer wieder kann es geschehen, wie ich es öfters erlebt habe, dass auf dem Hintergrund der eigenen hochbelasteten Geschichte in der Herkunftsfamilie und der damit verbundenen Unfähigkeit sich abzugrenzen und des Verdrängens und der Tabuisierung aktuell bedrohlich erlebte Vorkommnisse seitens der Großeltern, die bis zu sexuellen Übergriffen und emotionalem Missbrauch gehen können, nicht als solche realisiert werden; vielmehr werden die Großeltern oder Stiefgroßelternteile weiterhin aktiv in die Erziehung der eigenen Kinder mit einbezogen, ohne dass realisiert wird, dass es sich möglicherweise um Übergriffe befördernde Konstellationen handeln könnte. Spricht man dies bei den Eltern an, stößt man nicht selten auf eine zunächst irritierende Naivität bei eventueller Skepsis des Elternteils, der nicht aus dieser Familie stammt, auf erhebliche Abgrenzungstabus sowie Loyalitäts- und Bindungsverstrickungen seitens eines oder beider Elternteile, die es bislang verunmöglichten, sich klarer abzugrenzen und die eigenen Kinder zu schützen; insbesondere dann, wenn die Abgrenzung seitens der Großelternfamilie mit Ausstoßungstendenzen verbunden ist.

So äußerte eine alleinerziehende Mutter, der langsam zugänglich wurde, dass sie und ihre Tochter in ihrer Herkunftsfamilie und dem damit verbundenen Familienclan angesichts des hohen Anpassungsdrucks als eigenständige Personen keine Überlebenschancen haben: »Mir wird langsam klar: entweder unterwerfe ich mich oder ich muss gehen. Dann gibt es keinen Weg mehr zurück. Dann werde ich verstoßen, ich gehöre nicht mehr dazu. […] Ich wollte immer, dass meine Tochter – anders als ich – einen guten Kontakt zu ihren Großeltern hat, ich habe inzwischen eingesehen, dass das eine Illusion ist.« Dies ermöglichte ihr, die zunehmend massiver werdenden Abgrenzungswünsche ihrer Tochter den Großeltern gegenüber zu verstehen; die pubertierende Tochter hatte sich zusehends geweigert, ihre Großeltern zu besuchen: »Du kennst sie doch, du hast das selbst erlebt.« Lange hat die Mutter dies nicht in dieser Brisanz wahrnehmen können und wollen.

Aufgrund der Entlastungen vom Alltagsdruck der vielfachen Verantwortlichkeiten des Erwachsenenlebens können sich bei Großeltern eigene narzisstische Befindlichkeiten stärker zeigen und zu belastenden Beziehungsdynamiken zwischen Großeltern und Eltern führen. Nicht selten werden Konkurrenzsituationen zwischen Müttern und Großmüttern um die Kinder / Enkel berichtet. Hinzu kommen Rivalitäten zwischen Großmüttern und den Schwiegertöchtern vor allem um den eigenen Sohn und jetzigen Partner der Mutter, so dass es zu emotional sehr belasteten Verstrickungen zwischen der Großelterngeneration und der Elterngeneration kommen kann. Wie auf allen anderen benannten Konfliktebenen scheint mir auch hier die klare und offene innere und daraus resultierend äußere Abgegrenztheit – und inwieweit sie von beiden Eltern gemeinsam getragen und vollzogen wird – von entscheidender Bedeutung zu sein. Solche Autonomie- bzw. Abhängigkeitsdynamiken, die oft generationenübergreifenden Mustern folgen, können durch eine psychodynamisch akzentuierte Genogrammarbeit (Reich & Massing & Cierpka 1996; McGoldrick & Gerson 2000 u.a.), Familienrekonstruktion (Satir 1985; Nerin 1989; Satir u. a. 2000; v. d. Recke 2016 u.a.), Familienskulptur und Familienbrett (Satir 1985; Satir u. a. 2000; Schweitzer & Weber 1982; v. Schlippe & Schweitzer 1997, S. 164ff. u. a.) und vielfältige andere Formen von generationenübergreifenden Familienbildern (Müssig 1991 u. a.) in Einzel-, Paar- und Familientherapie vertiefend zugänglich gemacht werden.

## Beschluss

Großeltern können, je nach individueller Erfahrung und dem konkreten transgenerationalen Beziehungskontext, als eine die Eltern und den Familienalltag triangulierende Entwicklungsressource und als Entwicklungsobjekte (Tähkä 1993, S. 234ff.; Walter 2021) erlebt und genutzt oder als unterschiedlich bedrohlich und entwicklungsblockierend erlitten werden. Neben anderen relevanten Bezugspersonen des eigenen sozialen Umfelds und des bisherigen Lebens können die Erfahrungen mit den eigenen Großeltern im »positiven« Fall eine zunehmende triangulierende Ausdifferenzierung innerer Beziehungsmuster als Flexibilisierung bisher entwickelter Verarbeitungsmuster sozialer Beziehungserfahrung unterstützen. Voraussetzung dazu ist, dass dies seitens der Eltern zugelassen und innerlich erlaubt wird und die Kinder andererseits nicht zu sehr in die narzisstisch-selbststabilisierende Regulationsdynamik der Großeltern einbezogen werden. Wie solche triangulierenden Beziehungserfahrungen mit den Großeltern sich ausgestalten, ob bisherige Erfahrungen ergänzend, ausgleichend oder maligne Muster rigide stabilisierend erlebt werden oder ob man sich als Kind oder Jugendlicher in offene oder subtile geschlossene Konfliktdynamiken hineingezogen erfährt, hängt neben den konkreten realen sozialen Gegebenheiten von den inner- und interpsychischen Regulationsdynamiken der Eltern und Großeltern und deren Verstrickung untereinander ab. Die grundlegenden entscheidenden Fragen hinsichtlich dessen, ob Großeltern entwicklungsfördernd oder die Entwicklung der Enkel blockierend erlebt und verinnerlicht werden, scheinen mir zu sein:

- Gibt es bei allen gegenseitigen narzisstischen Besetzungen seitens der Großeltern, der Eltern und der Kinder / Enkel ausreichend klare und durchlässige Grenzen (vgl. Minuchin 1980)?
- Inwieweit werden diese Grenzziehungen zwischen Großeltern, Eltern und Kindern entwicklungsfördernd realisiert?
- Handelt es sich um »unflexible«, »geschlossene« oder um »offene« Systeme der Selbstregulation (vgl. Brodey 1965; Novick & Novick 2003, 2004, 2010a, 2010b)?
- Inwieweit ist »bezogene Individuation« ohne »Seelenvereinnahmung« (»overowning«) (Stierlin 1980, S. 206ff.) möglich?

Die jeweilige Dynamik der unterschiedlichsten Konstellationen komplexer Interaktions- und Anpassungsprozesse sowie die daraus resultierenden Schutz- und Entwicklungsfaktoren bzw. die narzisstisch vereinnahmenden Entwicklungsblockaden zwischen Großeltern, Familien und Enkeln können nur im individuellen konkreten Fall der jeweiligen Familienkonstellationen und der damit verbundenen innerpsychischen Dynamiken erschlossen werden.

## Literatur


Abraham, K. (1913): Einige Bemerkungen über die Rolle der Großeltern in der Psychologie der Neurosen. In. K. Abraham: *Psychoanalytische Studien zur Charakterbildung und andere Schriften.* Herausgegeben und eingeleitet von J. Cremerius. Frankfurt a. M. (Fischer), S. 229–232.

Alberti, B (2010): *Seelische Trümmer – Geboren in den 50er und 60er Jahren. Die Nachkriegsgeneration im Schatten des Kriegstraumas.* München (Kösel).

Beebe, B. & Lachmann, F. M. (2004): *Säuglingsforschung und die Psychotherapie Erwachsener. Wie interaktive Prozesse entstehen und zu Veränderungen führen.* Stuttgart (Klett-Cotta).

Bode, S. (2004): *Die vergessene Generation – Die Kriegskinder brechen ihr Schweigen.* Stuttgart (Klett-Cotta).

Boszormenyi-Nagy, I. & Spark, G. M (1973): *Invisible Loyalties. Reciprocity in Intergenerational Family Therapy.* New York u. a. (Harper & Row Publishers).

Brafman, A. (2002): Grandfathers. In: Trowell, J. & Etchegoyen, A. (ed.) (2002): *The Importance of Fathers. A Psychoanalytic Re-evaluation.* London/New York (Routledge), S. 119–128.

Brake, A. & Büchner, P. (2007): Großeltern in Familien. In: Ecarius, J. (Hrsg.): *Handbuch Familie.* Wiesbaden (VS Verlag für Sozialwissenschaften). S. 199–219.

Brandl-Knefz, M. (2016): *Die Bedeutung der Großeltern im Leben von Kindern.* Verfügbar unter: http://www.kita-fachtexte.de/ Brandl_Knefz_Grosseltern_2016.pdf (letzter Zugriff am 18.7.2024).

Brazelton, T. B. & Cramer, G. C. (1991): *Die frühe Bindung. Die erste Beziehung zwischen dem Baby und seinen Eltern.* Stuttgart (Klett-Cotta).

Brisch, K. H. (2022a): *Bindungsstörungen. Von der Bindungstheorie zur Beratung und Therapie.* 19., erw. u. vollständig überarb. Aufl. Stuttgart (Klett-Cotta).

Brisch, K. H. (2022b) (Hrsg.): *Trauma und Bindung zwischen den Generationen. Vererbte Wunden und Resilienz in Therapie, Beratung und Prävention.* Stuttgart (Klett-Cotta).

Brodey, W. M. (1965): On the dynamics of narcissism: I. Externalization and early ego development. *Psychoanalytic Study of the Child 20.*, S. 165–193.

Bründl, P. (1994): Überlegungen zur Entwicklung des Geschichtsempfindens in der Adoleszenz. In: Pedrina, F., Mögel, M., Garstick, E. & Burkard, E. (1994) (Hrsg.). *Spielräume. Begegnungen zwischen Kinder- und Erwachsenenanalyse.* Tübingen (edition diskord). S. 113–142.

Bründl, P. (2005): Im Schatten des Großvaters. Trauma, Migration und Kreativität. In. Bründl, P. & Kogan, I. (Hrsg.) (2005). *Kindheit jenseits von Trauma und Fremdheit. Psychoanalytische Erkundungen von Migrationsschicksalen im Kindes- und Jugendalter.* Frankfurt a. M. (Brandes & Apsel). S. 163–177.

Bründl, P. & Kogan, I. (Hrsg.) (2005): *Kindheit jenseits von Trauma und Fremdheit. Psychoanalytische Erkundungen von Migrationsschicksalen im Kindes- und Jugendalter.* Frankfurt a. M. (Brandes & Apsel).

Buchholz, M. G. (1990): Geschichten in der Geschichte – die unbewusste Weitergabe zwischen den Generationen. Erfahrungen mit dem perspektivisch-hermeneutischen Ansatz in der Familientherapie. In: Massing, A. (1990) (Hrsg.). *Psychoanalytische Wege der Familientherapie.* S. 7–28.

Bundesministerium für Familien, Senioren, Frauen und Jugend (BMFSFJ) (2021): *Neunter Familienbericht. Eltern sein in Deutschland – Ansprüche, Anforderungen und Angebote bei wachsender Vielfalt vom 3.3.2021.* Deutscher Bundestag. 19. Wahlperiode. Drucksache.

Bürgin, D. (1998) (Hrsg.): *Triangulierung. Der Übergang zur Elternschaft.* Stuttgart / New York (Schattauer).

Burkhardt-Mußmann, C. & Dammasch, F. (Hrsg.): *Migration, Flucht und Kindesentwicklung. Das Fremde zwischen Angst, Trauma und Abwehr.* Frankfurt a. M. (Brandes & Apsel).

Cramer, B. (1991): *Frühe Erwartungen. Unsichtbare Bindungen zwischen Mutter und Kind.* München (Kösel).

Dammasch, F. & Metzger, H.-G. (2006) (Hrsg.): *Die Bedeutung des Vaters. Psychoanalytische Perspektiven.* Frankfurt a. M. (Brandes & Apsel).

Dammasch, F. & Katzenbach, D. & Ruth, J. (2008) (Hrsg.): *Triangulierung. Lernen, Denken und Handeln aus psychoanalytischer und pädagogischer Sicht.* Frankfurt a. M. (Brandes & Apsel).

Dieckmann, M. / Becker, M. & Neher, M. (2020): Faber/Haarstrick. *Kommentar Psychotherapie-Richtlinien.* 12. Aufl. Unter Mitarbeit von Alessandro Cavicchioli, Hans Lieb und Annette Streeck-Fischer.

Erdheim, M. (1982): *Die gesellschaftliche Produktion von Unbewusstheit.* Frankfurt a. M. (Suhrkamp).

Erikson, E. H. (1966): *Identität und Lebenszyklus.* Frankfurt a. M. (Suhrkamp).

Erikson, E. H. (1988): *Der vollständige Lebenszyklus.* Frankfurt a. M. (Suhrkamp).

Erikson, E. H. (1998): *The Life Cycle Completed. Extended Version with New Chapter on the Ninth Stage of Development by Joan M. Erikson.* New York / London (W.W. Norton & Company).

Faimberg, H. (2005): *The Telescoping of Generations. Listening to the Narcissistic Links between Generations.* London / New York (Routledge). Dtsch.: *Teleskoping. Die intergenerationelle Weitergabe narzisstischer Bindungen.* Frankfurt a. M. (Brandes & Apsel) 2009.

Fraiberg, S. & Adelson, E. & Shapiro, V. (1975): Ghosts in the Nursery: A Psychoanalytic Approach to the Problems of Impaired Infant-Mother-Relationship. In: *Selected Writings of Selma Fraiberg. Edited by Louis Fraiberg. With a Foreword by Norbert N. Emde.* 1987. Columbus/Ohio (The Ohio State University Press). S. 100–136. Dtsch.: Fraiberg, S., Adelson, E. & Shapiro, V. (2003): Gespenster im Kinderzimmer. Probleme gestörter Mutter-Säuglings-Beziehung aus psychoanalytischer Sicht. *Analytische Kinder- und Jugendlichen-Psychotherapie, 4(120)*, S. 465–504.

Ferenczi, S. (1913): Zum Thema »Großvaterkomplex«. In: S. Ferenczi (1927): *Bausteine zur Psychoanalyse. Band I: Theorie.* Mit einem Vorwort von M. Balint. Zweite, unveränderte Auflage 1964. Bern /Stuttgart (Huber). S. 106–108.

Frank, C. & Weiß, H. (Hrsg.) (2017): *Projektive Identifizierung: Ein Schlüsselkonzept der psychoanalytischen Therapie.* Stuttgart (Klett-Cotta).

Freud, A. (1965): Wege und Irrwege in der Kinderentwicklung. In: *Die Schriften der Anna Freud, Bd. VIII.* Frankfurt a. M. (Fischer), 1987.

Freud, S. (1899/1900): Die Traumdeutung. *GW II/III.*

Freud, S. (1905/1920): Drei Abhandlungen zur Sexualtheorie. *GW V*, S. 27–145.

Geercken, S. (2022): *Wir werden Großeltern: Das Handbuch für eine ganz besondere Beziehung.* München (Dorling Kindersley).

Gestrich, A. & Krause, J.-U & Mitterauer, M. (2003/2020): *Geschichte der Familie.* Mit 34 Abbildungen, 19 Grafiken, 17 Tabellen und 6 Karten. Stuttgart (Kröner).

Grossmann, K. & Grossmann, K. E. (2023): *Bindungen – das Gefüge psychischer Sicherheit.* 9. Aufl. Stuttgart (Klett-Cotta).

Heisterkamp, G. (2023): *Vom Glück der Großeltern-Enkel-Beziehung. Wie die Generationen sich wechselseitig fördern.* 2. Aufl. Gießen (Psychosozial).

Jurczyk, K. & Klinkhardt, J. (2014): *Vater, Mutter, Kind? Acht Trends in Familien, die Politik heute kennen sollte.* Unter Mitarbeit von Chr. Entleitner, V. Heintz-Martin, A. Langmeyer und J. Possinger. Gütersloh (Verlag Bertelsmann Stiftung).

Klein, M (1962): *Das Seelenleben des Kleinkindes und andere Beiträge zur Psychoanalyse.* Stuttgart (Ernst Klett).

Kogan, I. (2007): *Der stumme Schrei der Kinder. Die zweite Generation der Holocaust-Opfer.* Mit einem Nachwort von Chasseguett-Smirgel und einer

Nachbemerkung von Margarethe Mitscherlich und Christian Schneider. Gießen: (Psychosozial).

Kleßmann, C. (2010): 1945 – welthistorische Zäsur und »Stunde Null«. Version: 1.0 in: *Docupedia-Zeitgeschichte*, 15.10.2010 (http.//docupedia.de/zg/klessmann_1945_vt_de_2010 (letzter Zugriff am 8.7.2024).

Kreuzer, T. F. (2016): *Geschwister als Erzieher?! Bedingungsgefüge, Beziehung und das erzieherische Feld.* Paderborn (Schöningh).

Lempp, R. (2017): *Enkel für Anfänger. Mit Zeichnungen von Loriot.* Zürich (Diogenes).

Leuzinger-Bohleber, M. (2018): *Chronische Depression, Trauma und Embodiment. Eine transgenerative Perspektive in psychoanalytischen Behandlungen.* Göttingen (Vandenhoeck & Ruprecht).

Ley, K. (2001): *Geschwisterbande. Liebe, Haß und Solidarität.* Düsseldorf / Zürich (Walter).

Ley, K. (Hrsg.): *Geschwisterliches. Jenseits der Realität.* Tübingen (edition diskord).

Loewald, H. W. (1986): *Psychoanalyse. Aufsätze aus den Jahren 1951–1979.* Stuttgart (Klett-Cotta).

Lohl, J. (2008): *Gefühlserbschaft und aggressiver Nationalismus: eine sozialpsychologische Studie zur Generationengeschichte des Nationalsozialismus.* Hannover (Gottfried Wilhelm Leibniz Universität), Diss.

Mahler, M. S. & Pine, F. & Bergman, A. (1980): *Die psychische Geburt des Menschen. Symbiose und Individuation.* Frankfurt a. M. (Fischer).

Mayer-Rönne, Gundi & Manutscheri, Carina (2021): *Oma werden, Oma sein. Der eigene Weg in ein gutes Miteinander mit Enkeln und Kindern.* Weinheim/Basel: (Beltz).

McGoldrick, M. & Gerson, R. (2000): *Genogramme in der Familienberatung*. 2., durchgesehene und neugestaltete Aufl. Bern u. a. (Huber).

Mentzos, S. (1989): *Neurotische Konfliktverarbeitung. Einführung in die psychoanalytische Neurosenlehre unter Berücksichtigung neuer Perspektiven.* Frankfurt a. M. (Fischer).

Mentzos, S. (2014): Externalisierung. In: W. Mertens & Waldvogel (Hrsg.). *Handbuch psychoanalytischer Grundbegriffe* (4. überarb. u. erw. Aufl.) (S. 243–246). Stuttgart (Kohlhammer).

Minuchin, S. (1990): *Familie und Familientherapie. Theorie und Praxis struktureller Familientherapie.* 8., verbesserte Aufl. Freiburg (Lambertus).

Mitscherlich, A. & Mitscherlich, M. (1967): *Die Unfähigkeit zu trauern. Grundlagen kollektiven Verhaltens.* München (Piper).

Moser, T. (2017): *Großmütter, Mütter und Töchter. Psychoanalytisch-körpertherapeutische Fallgeschichten.* Frankfurt a. M. (Brandes & Apsel).

Müller, C. (2014): *Schatten des Schweigens, Notwendigkeit des Erinnerns: Kindheiten im Nationalsozialismus, im Zweiten Weltkrieg und in der Nachkriegszeit.* Gießen (Psychosozial).

Müller-Münch, I. (2013/2022): *Die geprügelte Generation. Kochlöffel, Rohrstock und die Folgen.* 7. Aufl. München (Piper).

Müssig, R. (1991): *Familien-Selbst-Bilder. Gestaltende Verfahren in der Paar- und Familientherapie.* München/Basel (Reinhardt).

Nave-Herz, R. (2015): *Familie heute. Wandel der Familienstrukturen und die Folgen für die Erziehung.* 6., überarb. Aufl. Wiesbaden (Wissenschaftliche Buchgesellschaft).

Nerin, W. F. (1989): *Familienrekonstruktion in Aktion. Virginia Satirs Methode in der Praxis.* Paderborn (Junfermann).

Novick, J., & Hurry, A. (1969): Projection and Externalisation. *Journal of Child Psychotherapy, 2*, 5–20.

Novick, J. & Novick, K. K. (2003): Two systems of self-regulation and the differential application of psychoanalytic technique. In. *American Journal of Psychoanalysis 63*: S. 1–19.

Novick, J. & Novick, K. K. (2004): *Symmetrie der Angst. Entstehung und Behandlung des Sadomasochismus im Kindes- und Jugendalter.* Frankfurt a. M. (Brandes & Apsel), S. 13–32.

Novick, J. & Novick, K. K. (2010a): Hindernisse am Entwicklungsübergang von der Adoleszenz zum Erwachsenenleben: Das geschlossene System der Selbstregulation. In. Hauser, S. & Schambeck, F. (2010) (Hrsg.): *Übergangsraum Adoleszenz. Entwicklung, Dynamik und Behandlungstechnik Jugendlicher und junger Erwachsener.* Frankfurt a. M. (Brandes & Apsel), S. 13–32.

Novick, K. K. & Novick, J. (2010b): Neue Techniken zur Behandlung von Problemen in der spätadoleszenten Entwicklung: Arbeit mit dem offenen System der Selbstregulation. In. Hauser, S. & Schambeck, F. (2010) (Hrsg.): *Übergangsraum Adoleszenz. Entwicklung, Dynamik und Behandlungstechnik Jugendlicher und junger Erwachsener.* Frankfurt a. M. (Brandes & Apsel), S. 33–54.

Oltmer, J. (2017): *Migration. Geschichte und Zukunft der Gegenwart.* Darmstadt (Wissenschaftliche Buchgesellschaft).

Petri, H. (2006): *Geschwister. Liebe und Rivalität. Die längste Beziehung unseres Lebens.* Stuttgart (Kreuz Verlag).

Radebold, H., Bohleber, W. & Zinnecker, J. (2009) (Hrsg.): *Transgenerationale Weitergabe kriegsbelasteter Kindheiten. Interdisziplinäre Studien zur Nachhaltigkeit historischer Entwicklungen über vier Generationen.* 2. Aufl. Weinheim / München (Juventa).

Rappaport, E. A. (1958): The Grandparent-Syndrome. *Psychoanalytic Quarterly 27*: S. 518–538.

Reich, G. & Massing, A. & Cierpka, M. (1996): Die Mehrgenerationenperspektive und das Genogramm. In: Cierpka, M. (Hrsg.) (1996). *Handbuch der Familiendiagnostik*. Berlin u. a. (Springer), S. 223–248.

Reich, G. & Massing, A. & Cierpka, M. (2007): *Praxis der analytischen Familien- und Paartherapie.* Stuttgart (Kohlhammer).

Reich, G. (2002): *Mehrgenerationen-Familientherapie. In: Wirsching, M & Scheib, P. (Hrsg.). Paar- und Familientherapie.* Berlin u. a. (Springer), S. 247–262.

Richter, H. E. (1963): *Eltern, Kind und Neurose. Die Rolle des Kindes in der Familie.* Reinbek (Rowohlt).

Ruiz, S. A., & Silverstein, M. (2007): Relationships with grandparents and the emotional well-being of late adolescent and young adult grandchildren. *Journal of Social Issues, 63*(4), p. 793–808.

Satir, S. (1985): *Selbstwert und Kommunikation. Familientherapie für Berater und zur Selbsthilfe.* 6. Aufl. München (Pfeiffer).

Satir, S. / John Banmen / Jane Gerber & Gomori, M. (2000): *Das Satir-Modell. Familientherapie und ihre Erweiterung.* Paderborn (Junfermann).

Schon, L. (1995): *Entwicklung des Beziehungsdreiecks Vater-Mutter-Kind. Triangulierung als lebenslanger Prozeß.* Stuttgart (Kohlhammer).

Schweitzer, J. & Weber, G. (1982): Beziehung als Metapher. Die Familienskulptur als diagnostische, therapeutische und Ausbildungstechnik. In: *Familiendynamik (7)*1982, S. 113–128.

Seilbeck, C. & Langmeyer, A. (2018): *Ergebnisse der Studie »Generationenübergreifende Zeitverwendung: Großeltern, Eltern, Enkel«.* München (Deutsches Jugendinstitut).

Schützenberger, A. A. (2001): *Oh, meine Ahnen! Wie das Leben unserer Vorfahren in uns wiederkehrt.* Heidelberg (Auer).

Shorter, E. (1983): *Die Geburt der modernen Familie.* Reinbek (Rowohlt).

Siegert, M. T. (1977): *Strukturbedingungen von Familienkonflikten.* Frankfurt a. M. (Suhrkamp).

Sohni, H. (2004): *Geschwisterbeziehungen in Familien, Gruppen und in der Familientherapie.* Göttingen (Vandenhoeck & Ruprecht).

Sohni, H. (2011): *Geschwisterdynamik.* Gießen (Psychosozial).

Sperling, E & Massing, A. & Georgi, H. & Reich, G. & Wöbbe-Mönks, E. (1982): *Die Mehrgenerationen-Familientherapie.* Göttingen (Vandenhoeck & Ruprecht).

Sperling, E. & Sperling, U. (1976): Die Einbeziehung der Großeltern in die Familientherapie. In: Richter, H. E. & Strotzka, H. & Willi, J. (1976) (Hrsg.): *Familie und seelische Krankheit. Eine neue Perspektive der Psychologischen Medizin und der Sozialtherapie.* Reinbek (Rowohlt), S. 196–215.

Spitz, R. A. (1980): *Vom Säugling zum Kleinkind. Naturgeschichte der Mutter-Kind-Beziehungen im ersten Lebensjahr.* Unter Mitarbeit von G. Cobliner. Sechste Auflage. Stuttgart (Klett-Cotta).

Statistisches Bundesamt (2022): *Pflege – Pflegebedürftige.* https://www.destatis.de/DE/Themen/Gesellschaft-Umwelt/Gesundheit/Pflege/_inhalt.html (letzter Zugriff am 8.7.2024).

Stern, D. (1992/1998): *Die Lebenserfahrung des Säuglings.* Stuttgart (Klett-Cotta).

Stierlin, H. (1878): *Delegation und Familie. Beiträge zum Heidelberger psychodynamischen Konzept.* Frankfurt a. M. (Suhrkamp).

Stierlin, H. (1980): *Eltern und Kinder. Das Drama von Trennung und Versöhnung im Jugendalter.* Frankfurt a. M. (Suhrkamp).

Stierlin, H., Rücker-Emden, I., Wetzel, N. & Wirsching, M. (1980): *Das erste Familiengespräch.* Stuttgart (Klett-Cotta).

Stoppard, M. (2016): *Das Großeltern-Buch. Der Ratgeber für eine ganz besondere Beziehung.* München (Dorling Kindersley).

Stork, J. (1996): Die Schatten der Vergangenheit. Ein kleiner Beitrag zu den Auswirkungen der Nazigreueltaten auf die Enkel. *Kinderanalyse 1996:4.* S. 420–425.

Strouk, G., de Blignières-Strouk, G. & Lévy, M. (2020): *Großeltern werden für dummies.* Weinheim (Wiley-VCH).

Sulloway, F. J. (1997): *Der Rebell der Familie. Geschwisterrivalität, kreatives Denken und Geschichte.* München (Siedler).

Sulz, S. K. D., Walter, A. & Sedlacek, F. (2018) (Hrsg.): *Schadet die Kinderkrippe meinem Kind? Worauf Eltern und ErzieherInnen achten und was sie tun können.* München (CIP-Medien).

Tähkä, V. (1993): *Mind and its Treatment. A Psychoanalytic Approach.* Madison CT (Universities Press).

Teege, J. & Sellmair, N. (2013): *AMON. Mein Großvater hätte mich erschossen.* Reinbek (Rowohlt).

Traxl, B. (2016): Der Schrecken im Auge der Mutter. Zur transgenerationalen Transmission von Traumata. *Kinderanalyse 2016:2*, S. 144–169.

Trenk-Hinterberger, S. (2022): *Das Zusammenspiel der Generationen. Von der Bedeutung der Großeltern in psychoanalytischen Behandlungen.* Gießen (Psychosozial).

Tronick, E. & Gold, C.M. (2020): *The Power of Discord. Why the ups and down of relationships are the secret to built intimacy, resilience, and trust.* Melbourne & London (Scribe).

Trowell, J. & Etchegoyen, A. (ed.) (2002): *The Importance of Fathers. A Psychoanalytic Re-evaluation.* London/New York (Routledge).

Tucker, L. (2006): The Grandparent Syndrome: A Case Study. Psychoanalytic *Study of the Child 61*: S. 82–98.

Utari-Witt, H. & Walter, A. (Hrsg.) (2019): *Wege aus dem Labyrinth des Traumas. Psychoanalytische Betrachtungen zu Entwicklungsprozessen bei Kindern und Jugendlichen nach Flucht und Migration.* Mit einem Vorwort von Ilany Kogan. Gießen (Psychosozial).

Volk, G. (1997): Die depressive Position. In: Kennel, R. & Reerink, G. (1997). *Klein – Bion. Eine Einführung.* Frankfurt a. M. (Brandes & Apsel) 2015, 4. Aufl., S. 54–64.

von Grone, C. (2012): *Das Großeltern-Handbuch.* München (Gräfe & Unzer).

von der Recke, T. (2016). Dimensionen systemischer Familienrekonstruktion: Lebensentwürfe in familiärem, historischem und politischem Kontext. Göttingen (Vandenhoeck & Ruprecht).

von Schlippe, A. & Schweitzer, J. (1997): *Lehrbuch der systemischen Therapie und Beratung*, 3. Aufl. Göttingen (Vandenhoeck & Ruprecht).

Walter, A. (2009): Den unbewussten Beziehungsmustern auf der Spur. Zur psychoanalytischen Paar- und Familientherapie. In: S. K. D. Sulz (Hrsg.) (2009). *Wer rettet Paare und Familien in ihrer Not? Paar- und Familientherapie als Hauptstrategie in der Behandlung psychischer Störungen.* München (CIP-Medien). S. 75–88.

Walter, A. (2020): »Das habe ich beflügelnd erlebt.« Zur Bedeutsamkeit von Externalisierung und externalisierender Narrative in psychoanalytischen Therapien. *Kinderanalyse 4* (2020), S. 279–300.

Walter, A. (2021): Aktive Parteinahme für latente Entwicklungstendenzen. Zum »Entwicklungsobjekt« und dessen Konzeptualisierung. In: Rexroth, C & Rexroth, I. (Hrsg.). *Entwicklungsraum Zukunft. Psychodynamische Psychotherapie von Kindern, Jugendlichen, Heranwachsenden und ihren Familien in Klinik und Praxis, Fort- und Weiterbildung, Forschung und Lehre.* Frankfurt a. M. (Brandes & Apsel), S. 149–156.

Walter, A. (2023): Die neue Familie. Zusammenhalt statt individuellen Überlebenskampfes. In: *Psychotherapie 2023. 28. Jg., H. 1.* S. 169–184.

Walter, A. (2024a): Beziehungstraumatisierung. Versuch einer Annäherung unter psychoanalytischer Perspektive. In: Salamander, C. & Kudritzki, S. (2024) (Hrsg.). *Psychoneurosen des Kindesalters. Symptom – Beziehung – Entwicklung.* Frankfurt a. M. (Brandes & Apsel), S. 15–82.

Walter, A. (2024b): Externalisierende »Störungen« Ein nachdenklicher Versuch der Annäherung aus beziehungsanalytischer Perspektive. In: Kudritzki, S. & Salamander, C. (Hrsg.) (2024). *Psychoneurosen des Kindesalters. Symptom – Beziehung – Entwicklung.* Frankfurt a. M. (Brandes & Apsel), S. 141–158.

Weber-Kellermann, I. (1996): *Die deutsche Familie. Versuch einer Sozialgeschichte.* Frankfurt a. M. (Suhrkamp).

Winnicott, D. W. (1984): *Reifungsprozesse und fördernde Umwelt. Studien zur emotionalen Entwicklung.* Frankfurt a. M. (Fischer).

Wirsching, M. & Scheib, P. (2002) (Hrsg): *Paar- und Familientherapie.* Berlin u. a. (Springer).

Wirsching, M. & Stierlin, H. (1982): *Krankheit und Familie. Konzepte – Forschungsergebnisse – Therapie.* Stuttgart: Klett-Cotta.

Zweig, S. (1942): Die Welt von Gestern. Erinnerungen eines Europäers. Frankfurt a. M. (Fischer), 1970.

*Peter Bründl*
(München)

# Im Schatten deutscher Großeltern

Wenn die heranwachsende Person von Gespenstern im Kinderzimmer (Fraiberg) verfolgt wird, ein frühkindliches Beziehungstrauma (Baradon), ein kumulatives Trauma (Khan) erleiden musste, depriviert oder sexuell missbraucht worden ist, dann kommt es zu Brüchen oder verzerrenden Hemmungen in ihrem lebenslänglichen Entwicklungsprozess (Erikson 1974; Novick & Novick 2019); es sei denn durch tiefreichende, emotionale, spätere Erfahrungen kann rückwirkend eine bessere Integration von ehemals Unvergessenem, aber nicht Erinnerbaren sich einstellen.

Meist sind es tief verletzte Jugendliche in ihren non-linearen Identitätstransformationen (Galatzer-Levy 2024), die die Mühen und Schmerzen einer analytischen Langzeitbehandlung auf sich nehmen können. in deren Verlauf sie die Fähigkeit entwickeln zur verbesserten Symbolisierung und Triangulierung sowie möglicherweise die Aufdeckung von Familiengeheimnissen, die Aufhebung der Verschwörung des Schweigens erleben können.

Bei kindlichen und jugendlichen Patientinnen und Patienten endet – vorzeitig oder nicht – jede Behandlung mitten im fortschreitenden Weiterentwicklungsprozess. Aber es ist nicht leicht, intrapsychische und intersubjektive Kriterien auszumachen, ob die Behandlung zu einem guten Abschluss gekommen ist (Berna 1996; Novick & Novick 2005). Besonders im Jugendalter ist der (ehemals schon erreichte, aber verlorengegangene?) Zugang zur phasenspezifisch normalen Entwicklung nicht so leicht feststellbar wie bei Kindern und Erwachsenen (A. Freud 1965), weil besonders das Jugendalter durch fließende Veränderungen und Regressionen im Dienste der Progression (Blos 1979; De Masi 2021) gekennzeichnet ist. Zumindest die Therapeutin bzw. der Therapeut muss von Behandlungsbeginn an offen die Beendigung der Behandlung in sich halten können (Novick & Novick 2005), um im Hier und Jetzt, im analytischen Setting und Rahmen die Selbst- und Objektverlustängste der jungen Person (aber auch der eigenen) bearbeiten zu könne. Mittels der antizipierten schlussendlichen Getrenntheit stärkt sich das Selbsterleben der jungen Person, ihr wachsen fortschreitend mehr innerer Freiheit, Verselbständigung, Selbstbehauptung und authentisches Wissen um ihre Kompetenzen, aber auch um ihre eigene Begrenztheit (Loewald 1980) zu. Die Fähigkeit, dann gut mit sich selbst allein sein zu können (Winnicott 1957) und keine Angst mehr vor Getrenntheit zu haben (Pine 1979), erwuchs im therapeutischen Prozess aus der Erfahrung, mit einem neuen, nicht familiär-inzestuösen Objekt (A. Freud 1965; Loewald 1980; Hurry 1998) vorübergehend kurzzeitig ein »Eins-Sein« zu erleben (Cohen 2009).

Im Nachfolgenden werde ich am Material zurückliegender Behandlung eines Präpubertären und eines Spätjugendlichen (vgl. Bründl 2010) aufzuzeigen versuchen, wie die beiden Patienten jeweils in ihrer ganz eigenen Weise Zugang zu ihrem authentischen Selbst finden konnten durch die therapeutische Arbeit an der ihnen noch unbewussten Verschwörung des Schweigens über die NS-Vergangenheit ihrer Vorfahren. Transgenerational durch Verschwörung des Schweigens in der Familie traumatisiert, kamen sie anfänglich in die Behandlung.

## Florian

Zu Beginn seiner gut zweijährigen Behandlung (durchgehend 2x die Woche) litt der 10-jährige Florian unter massiven Einschlafstörungen, an Enkopresis und Enuresis, an verschiedenen Allergien und Asthma, ständiger Unruhe und Hippeligkeit, wegen der er schon seit drei Jahren mit Ritalin behandelt worden war. Morgendlich klagte er über Bauchweh, Kopfschmerzen und Schwindel. Durch langes Trödeln beim Anziehen zwang er regelmäßig seine Mutter, ihn zur Schule zu fahren. Er benötigte täglich vier bis fünf Stunden für seine Hausaufgaben, bei denen seine Mutter ständig neben ihm sitzen musste. Überraschenderweise aber war er in seiner Klasse wegen seiner Sportlichkeit, Tüchtigkeit und seiner guten Leistung sehr beliebt und anerkannt.

Er war extrem eifersüchtig auf seinen 26 Monate jüngeren Bruder. Deshalb wagten es die Eltern nie, abends alleine auszugehen, weil sie befürchteten, Florian könnte seinen kleinen Bruder umbringen.

Florians Mutter lebte bis zu ihrem 35. Lebensjahr als erfolgreiche Geschäftsfrau bei ihrer alleinerziehenden Mutter in Norddeutschland, Ihr Vater hatte, wie im Verlauf der beratenden Elternarbeit erst ans Licht kam, Anfang Mai 1945 sich suizidiert, als Florians Mutter fünf Jahre alt gewesen war. Mit 35 heiratete sie den um fünf Jahr jüngeren Vater von Florian. Sie zog zu ihm in die Schweiz, wo sie sich nie heimisch fühlte. Ihre erste Schwangerschaft dort mit 38 löste bei ihr panische Ängste aus, sie könnte das Kind verlieren.

Ihr Arzt verschrieb ihr deshalb Valium und verordnete strenge Bettruhe. Die Geburt verlief unproblematisch, 14 Tage vor dem berechneten Termin. Wegen seiner Neurodermitis und seiner Trinkschwierigkeit musste Florian 14 Tage länger in der Geburtsklinik bleiben als seine Mutter. Zuhause war er sehr lange ein für beide Eltern extrem schwieriges Schreibaby, das nur schwer zu beruhigen und zum Schlafen gebracht werden konnte. Nachdem der Vater seine Arbeitsstelle in der Schweiz verloren hatte und eine neue Arbeit in Deutschland gefunden hatte, zogen Mutter und Söhnchen nach sechs Monaten zu ihm nach Süddeutschland nach. Dort kam dann der Bruder von Florian zur Welt kam, der immer der Sonnenschein der Eltern blieb. Aber über den dreijährigen Florian fluchte der Vater: »Das soll mein Erstgeborener sein? Vergast sollte der werden!«

Beide Eltern kamen von Therapiebeginn an regelmäßig alle zwei Wochen zu der begleitenden Elternarbeit. Anfangs stritten sie sich über eine lange Strecke ständig in einer mir nur schwer aushaltbaren sadomasochistischen Weise. Weil ich trotzdem versuchte, für sie präsent zu bleiben und für sie Florian präsent zu halten, gewannen sie allmählich mehr Vertrauen mir gegenüber. Die Mutter berichtete dann, sie fürchte, ihren Sohn zu verlieren, weil er inzwischen mehr Selbstbehauptung, Wissensdurst und Forschergeist entwickle. Mir war inzwischen verständlich geworden, dass sie ihren Sohn – wenn auch missbräuchlich – als Wiedergeburt ihres mit fünf Jahren verlorenen Vaters brauchte, an dem sie dyadisch – wie ehemals an ihrer Mutter – festhielt, um verzweifelt ihre tiefe Depression in Schach zu halten. Es gelang mir, sie in eine eigene psychoanalytische Behandlung zu vermitteln. In deren Anfangsphase kam vorübergehend Florians Vater allein zur Elternarbeit.

Er hatte seinen eigenen Vater, der Diensthabender in einem Konzentrationslager (KZ) gewesen war, als Kind nie kennengelernt, aber war selber vom Spruch seiner Mutter überzeugt, Kinder müssten »hart wie Stahl, zäh wie Leder und schnell wie Windhunde« (Nazi-Spruch) sein. Unausgesprochen sollte er also nicht wirklich lebendig, sensibel, wissbegierig und verletzlich sein, weil zarte, verletzliche Kinder sie ja dann an ihr Klischee von Juden erinnern hätten können. Dabei schlossen sich in mir Vorstellung und Gefühl zusammen, wie sehr die Eltern in ihrer jeweiligen Traumatisierung durch den Nationalsozialismus (NS) zueinander gefunden hatten und als traumatisierte Eltern ihr Trauma unwissentlich weitergegeben hatte, In den Einzelsitzungen mit dem Vater hatte ich mich entschlossen, seine Fragen ernsthaft zu beantworten. Ich verstand seine Angst, sein Sohn könnte in mir einen »guten, einen besseren Vater« finden, den er selber nie gehabt hatte. Ich erinnerte ihn an Situationen, in denen Florian seinen Vater als kompetent und väterlich erlebt und bezeichnet hatte. Dem Vater war wichtig, dass wir in der Stunde ganz im Hier und

Jetzt blieben, und ich von meiner Seite nur dann seine eigene Entwicklungsgeschichte und die Geschichte seiner Familie punktuell wieder aufgriff, nachdem er vorher selber Hinweise darauf gegeben hatte. Innerlich kam ich dabei mit seiner Not in Berührung, der als erster Sohn des KZ-Wachhabenden in Abwesenheit seines inhaftierten Vaters in den Zusammenbruch hineingeboren wurde, in einer Familie, die lange an eigener Größe und kollektiver Gewalt festgehalten hatte, welche von Florians Vater für sie verkörpert gewesen waren. Nebenbemerkungen ließen mich erahnen, annehmen und verstehen, wie viel Kummer und Angst er als Jugendlicher nach der Entlassung seines Vaters aushalten musste, weil er als Heranwachsender nicht »hart wie Kruppstahl, zäh wie Leder und schnell wie ein Windhund« war, von seinem Vater verachtet und gehasst wurde, wie der Vater ehemals in seiner KZ-Tätigkeit es den Juden gegenüber ausagiert hatte.

Florians Vater erlebte es als befreiend, wenn ich seinen Verständnisfragen nicht auswich, sondern sie direkt beantwortete, um ihm so indirekt zu helfen, für sich selber die familiäre Verschwörung des Schweigens allmählich aufzuheben. Oft konnte er nach solchen Sitzungen seinem Sohn helfen, schwierige Entwicklungsschritte besser zu meistern.

In dem Maße, wie ich die Geschichte seiner Eltern innerlich halten und die Eltern als Eltern respektieren konnte, gingen in Florians Behandlungsstunden dessen motorische Unruhe, seine Arbeitsstörungen, sein Rivalisieren mit ihm unbekannten anderen Kindern, die zu mir kamen, und seine Inkontinenz zurück. Die Medikamente konnten noch vor seinem Übertritt auf das Gymnasium abgesetzt werden. Und die eher unbewussten Vorstellungen, er sei von so eminenter Wichtigkeit für seine Eltern, dass sie ihn nie würden verlassen könne, schien sich aufgelöst zu haben. Die Durcharbeitung seiner Zerstörungswut, Bestrafungs- und Verlassenheitsängste ermöglichte es ihm schließlich, mich zu testen, ob seine ständige Kritik an mir in mir nicht doch Vergeltungswut freisetzen könnte, die er sadomasochistisch zugleich fürchtete und ersehnte.

Im zweiten Behandlungsjahr begann Florian, sich für meine Bibliothek im Behandlungszimmer zu interessieren, wagte sogar, Bücher daraus mitzunehmen (und in die nächste Stunde – angeblich gelesen – zurückzubringen). Seine zuhause selbstgemalten Bilder seien doch deutlich besser als meine im Behandlungszimmer. Im Hier und Jetzt wurde verhandelbar, ob ich um meinen Status fürchten müsse, wenn Florian sich leidenschaftlich für das interessiert, was ich offensichtlich besonders schätze.

Obwohl Florian stolz war, schon viel erreicht zuhaben, bestand er zu meiner und seiner Eltern Überraschung darauf, noch ein weiteres halbes Jahr zu mir zu kommen (was kassenrechtlich möglich wurde). In dieser Zeit saß es stets ruhig in seinem Sessel, las ein mitgebrachtes eigenes Buch, machte seine Hausaufgaben oder malte konzentriert überraschend ästhetische Bilder. Jegliche Interventionen von meiner Seite wies er dezent zurück. Aber dann begannen wir, gemeinsam seine Gefühle zu ertragen, zu benennen und zu würdigen, dass er jetzt aus sich selber heraus ohne Behandlung seine frühpubertären Entwicklungen und Beziehungen alleine meistern wolle, bei denen ich bzw. die Therapie nur mehr hinderlich gewesen wäre. Er und ich zusammen erlebten, dass der freudvolle Blick in die Zukunft die traurigen Gefühle des Abschieds aufwog. Jeder von uns beiden erlebte auf seine Weise, wie gleichzeitig Verlust und Unabhängigkeit zum Vorschein kamen, die durch den Zuwachs an »seelischen Muskeln« (Novick & Novick) aushaltbar und zukunftsweisend bedeutsam werden konnten.

## Herr G.

Kumulativ in Kindheit und Jugendalter traumatisiert erlitt Herr G. nach einem glänzenden Abitur einen schweren suizidalen Zusammenbruch. Nach seinem Klinikaufenthalt nahm er bei mir eine fünfjährige psychoanalytische Behandlung (durchgehend drei Sitzungen die Woche) auf.

Als Herr G. 26 Monate alt war, beging der Großvater (mütterlicherseits) Selbstmord. Später erfuhr ich, dass er »Zahnarzt in den Lagern im Osten« gewesen war. Die Mutter zog mit ihrem Kleinkind ohne den Vater für sechs Monate zur schwer depressiven Großmutter, damit das Kleinkind wieder Sonnenschein in den Kummer der Großmutter und wohl auch der Mutter bringen sollte. Nach seinem dritten Geburtstag musste er, nach Aussagen der Eltern, ohne Vorbereitung sich einer schmerzhaften Phimosenoperation unterziehen. Kurz darauf kam seine Schwester zur Welt, Daraufhin erkrankte die Mutter an einer langen Post-partum-Depression, die sich zwei Jahre später nach einer Fehlgeburt im fünften Schwangerschaftsmonat wiederholte. Daran anschließend erkrankte die Mutter an einem immer wieder entgleisenden Diabetes mellitus. Der beruflich sehr erfolgreiche und deshalb oft abwesende Vater, Sohn eines hohen NS-Militärs, scheute öffentlich persönliche Kontakte, blieb an Wochenenden nur in der Familie. Ab der Adoleszenz trat Herr G. deshalb als Begleiter der Mutter in der Öffentlichkeit auf.

Früh teste Herr G. meine Belastbarkeit und Toleranz angesichts wiederholter längerer Studienreisen (er hatte sich gegen Medizin für ein künstlerisch-literaturwissenschaftliches Studium entschieden) durch Schilderungen perverser Sehnsüchte, die seine Freundin nicht befriedigen wollte. Wir arbeiteten in der Behandlung seine lange verschwiegene geheime Leidenschaft durch, nachts im Fernsehen Boxveranstaltungen sich anzusehen und sich mit einer gewissen masochistischen Befriedigung mit dem Verlierer zu identifizieren. In seinen häufigen Träumen erschien er oft als Protegé bedeutender Männer. Eine deutliche Vertiefung seiner Fähigkeit zur Intimität ergab sich nach der Durcharbeitung seiner Angst, ich könnte ihm alle seine in der Therapie ihm zugewachsenen Schätze wieder rauben, sobald er sich von mir abwenden würde. Er entdeckte für sich eine ganz neue sexuelle Befriedigung mit seiner Freundin, seine Konfliktfähigkeit wuchs merklich. Mit einem intensiven Vorbereitungsprogramm gelang ihm die Aufnahme in eine Kunsthochschule.

Im Verlaufe der Behandlung bis zum dritten Therapiejahr wurde zunehmend spür- und verstehbar, dass seine tiefe Depression einherging mit seiner Identifikation mit seinem mütterlichen Großvater, dessen Selbstmordtechnik er in seinem suizidalen Zusammenbruch nach dem Abitur teilweise nachgespielt hatte. Nicht er selbst war es, sondern dieser Großvater in ihm war es, der die Schwester und seinen Vater mörderisch hasste und ihn in der Identifikation großartig zum Vater und zum Sohn der Mutter gleichzeitig machte, zumal auf dem Hintergrund seiner präödipalen Traumatisierung (ähnlich wie bei Florian) der ödipale Konflikt unbewältigt geblieben war und deshalb der Generationsunterschied und die Ausgeschlossenheit vom ödipalen sexuell-kreativen Elternpaar nicht verinnerlicht worden war.

Als Kunststudent sorgte er sich, sein zwanghaft gefärbtes »Tagleben« könnte ihn von seiner für ihn doch wichtigen Traumwelt abhalten. Aber zwei Wochen später konnte er sagen: »Der Blick nach innen und nach außen… auf solch Suchen kommt es bei der Arbeit an. Entdeckungen machen… und ich bin mir sicher, nur wenn ich eine eigene Vergangenheit habe, spüre ich, dass ich auch eine Zukunft habe.«

Im vierten Therapiejahr begann Herr G. rückblickend unsere Arbeit zu würdigen, stellte selbständig zwischen dem analytischen Prozess, seiner persönlichen Geschichte, der Geschichte seiner Familie bis zurück zu den Großeltern und zu der deutschen Geschichte Zusammenhänge her: »Verlassen und Verlassenwerden ist schlimm, aber der Abschied ist jetzt kein katastrophaler Bruch mehr. Die Geschichte unserer Arbeit bleibt ja in mir. Die Therapie gehört jetzt viel mehr zu mir. Anfangs war es so schwer, die Vergangenheit in die Therapie hereinzunehmen und zu ihr zu stehen.«

Zwei Wochen vor der letzten Sommerpause erlebte er mit voller Wucht seinen Hass auf mich, weil ich ihn in einer schwierigen Gemütslage alleine gelassen hätte. Er weinte dann stumm und sagte in der ganzen Stunde dann kein einziges Wort mehr. Ich fühlte mich emotional ganz erfasst, konnte auch nicht mehr sprachlich intervenieren, war ganz darauf ausgerichtet, ihn innerlich zu halten und auszuhalten. In der darauffolgenden Stunde konnten wir gemeinsam besprechen, wie schlimm er für ihn gewesen wäre, wenn ich nach so langer gemeinsamer Zeit nicht gespürt hätte, wie verzweifelt er nach diesem Hassausbruch gewesen war. Diese Verzweiflung erinnerte ihn an damals, als er mit 18 Jahren am Rande des Selbstmords stand. Damals gab es niemanden, der mit ihm im Kontakt hätte Hoffnung aufrechterhalten können.

In den letzten drei Monaten unserer Abschiedsphase nach den Sommerferien vertraute er mir an, wie er in meiner Abwesenheit für sich selber und mit seiner Freundin intensiv gelebt habe, wie intensiv er jetzt »träumen und arbeiten« könne. Er habe seine Abschlussarbeit für die Kunsthochschule konzipiert. Er wolle eine Serie vieler Mahnmale für die ermordeten europäischen Juden bildnerisch bearbeiten: sowohl in ihrer jeweiligen Vereinzelung wie in ihrer gegenwärtigen urbanen Umwelt. Abschließend meinte er: »Vielleicht kann ich mit meiner Arbeit zeigen, dass wir voller leben können, wenn wir unsere Ängste nicht verdrängen, stattdessen Überliefertes aufdecken, anschauen, uns darauf einlassen, und es in seiner Bedeutung für heute und morgen bearbeiten.«

## Diskussion

In beiden Behandlungen mussten die beiden männlichen Patienten und ich mit den Folgen der Depressionen ihrer Mütter auf die Entwicklung ihrer Söhne kämpfen, denen die Väter (die wie die Mütter ganz früh familienspezifisch wahnhafte Nazivorstellungen absorbieren mussten) nicht helfen konnten, dem Sog der frühen Mutter und der schmerzhaft geteilten Depression in der Mutter-Kind-Zweieinheit standzuhalten. Die mütterliche Depression ließe sich auch als eine besondere Erscheinungsform der »rätselhaften, unerhörten Botschaft« der Mutter an ihr Kleinkind (Laplanche 1988) verstehen, die ihm kryptisch in Abwehr das inzestuöse Begehren der Mutter auf ihren eigenen abwesenden Vater verschlüsselt einschreibt. Diese Botschaft stützt die sich fortentwickelnde unbewusste Grandiosität des Sohnes unter Verleugnung des ödipalen Generations- und Geschlechterunterschieds, Sohn und Vater der Mutter zugleich zu sein unter Ausschluss des eigenen, ihn mit der Kastration bedrohenden Vaters (vgl. Jones, Abraham, Ferenczi 1913). Gleichzeitig wurde von beiden Söhnen von früh auf Unmögliches gefordert, etwa Mutter und Großmutter über Verluste hinwegzutrösten, sogar anstelle des Vaters Partner der Mutter in der Öffentlichkeit zu sein.

Auch wenn die Kleinkinder noch keine Worte für Schmerz, Traurigkeit, Depression und Angst hatten, lebten sie diese Gefühle und die vielschichtigen, an

Intensität schwankenden geistigen Zustände. Die Äußerungen und Beziehungen der sie umgebenden Erwachsenen nahmen sie in ihr sich entwickelndes Körperselbst auf. So verinnerlichten sie Unvergessenes, das nicht erinnerbar blieb. Weil sie dafür noch keine Bildsymbole innerlich haben entwickeln können, finden bzw. entwerfen die Söhne später in ihrer Entwicklung nach der Latenzphase ihre eigenen Kommunikationsformen und Handlungen, mit denen sie unwissentlich herausfordernd ihren Eltern aufzeigen, was sie früh aufgenommen hatten, was aber bei den Eltern durch eine Verschwörung des Schweigens als real Stattgefundenes abgestritten wurde.

Judith Kestenbergs begriffartige Metapher der Transposition lässt sich auf diese Jugendlichen anwenden, die gleichzeitig in den zwei historisch getrennten Zeiträumen von Gegenwart und der zerstörerischen Nazi-Welt des grauenhaften Massenmords lebten (vgl. auch Kogan) und bezeichnete strukturell deren Entwicklungsprozess. Denn in voneinander nicht direkt zugänglichen Phasen der eigenen Lebensgeschichte transformieren Jugendliche ihre frühen Wahrnehmungen während der Vorsprachlichkeit in eine leidvolle, narrative Handlungssprache ab der Pubertät.

Freud hatte bereits in seiner Dritten Abhandlung »Die Umgestaltungen in der Pubertät« (1905) herausgearbeitet, dass der Eintritt in die Pubertät im Sinne der Nachträglichkeit frühste Traumatisierungen im Hier und Jetzt der geschlechtsreif gewordenen, sich in ihrer Identität und Struktur umwälzenden Personen in abgewehrten Erscheinungsformen mit so erlebbarer Wucht durchsetzt; unverständlich für den Jugendlichen und seine familiäre, vertraute Umwelt. Gleichzeitig beinhaltet dies paradoxerweise den Drang der Jugendlichen, einerseits sich selbst neu hervorzubringen (Wer bin ich, was bin ich, was will ich sein und werden?) und anderseits durch ihre Form des Eintauchens in Familiengeheimnisse, sich ihrer selbst wieder zu entledigen.

Aber beide Heranwachsenden litten unbewusst unter einem besonderen »Vaterhunger« (Herzog 1980) durch den Verlust der väterlichen Präsenz im von Geburt an triadisch angelegten Entwicklungsraum (Bürgin 1998). Bereits 1951 hatte Loewald auf die exquisit männliche Funktion des Vaters beim Sohn für dessen Differenzierung gegenüber der präödipalen Mutter hingewiesen. Barrows / Barrows (2002) konnten zeigen, dass insbesondere dem Vater in der gesunden Entwicklung die Aufgabe zukommt, dem männlichen und dem weiblichen Kind zu helfen, seine zentralen Entwicklungsaufgaben zu meistern, d. h. väterlicherseits mit Verlusten entwicklungsfördernd umzugehen. Dabei ruhten die väterlichen Kompetenzen auf den Verlusterfahrungen des Vaters und seinen Fähigkeiten auf, ein kohärentes Narrativ seiner Verluste zu konstruieren. Die Väter der Patienten konnten dies aus sich selber heraus nur unzureichend leisten. Denn sowohl der Vater von Florian wie der von Herrn

G. waren in Familien hineingeboren worden, die eng mit der Nazi-Herrschaft verbunden gewesen waren, und wuchsen in einer bundesrepublikanischen Gesellschaft auf, die weitgehend kollektiv die menschliche Verantwortung für die mit Scham und Schuld belastete Vergangenheit verleugnete bzw. bekämpfte.

Die Bearbeitung der Sehnsucht nach dem frühen und nach dem erotisch gesuchten gleichgeschlechtlichen Vater als Ableger des nicht erinnerten, aber im impliziten Gedächtnis festgehaltenen frühen Vaterverlusts trug dazu bei, dass die beiden männlichen Patienten bei einem männlichen Analytiker neue stärkende Strukturen seelisch verinnerlichen konnten. Diese hinzugewonnenen Strukturen grenzten allmählich das Ausmaß an Angst vor der Getrenntheit (Pine 1974), vor Scham und Schuld auf ein Erträgliches ein und schufen damit seelische Räume, in denen eine reifere Trauerarbeit und das Fortschreiten ehemals gehemmter oder arretierter Entwicklungspotenziale stattfinden konnten. Sie ermöglichten zugleich eine freiere, Sinn aufdeckende Durchlässigkeit zwischen ihren bewussten und ihren unbewussten mentalen Schichten. Ihre Freude an kreativer Arbeit wäre ohne die innerliche Anerkennung des geschlechtlich kreativen Elternpaars kaum möglich geworden (Bergmann 2000).

Als insbesondere Herr G. als Abiturient und später in der therapeutischen Beziehung erneut seine von der Entwicklung eingeforderten körperlichen und mentalen Veränderungen spürte, drängte er seelisch auf die Ablösung von den fremden Anteilen in seinem Selbst, die sich durch traumatische Identifikationen gebildet hatten. Und diese Verwandlung kann mit Todesängsten einhergehen. Bezeichnenderweise fürchtet er sich mit 18 davor, wie sein Großvater mütterlicherseits Arzt zu werden, der nach Herrn G.s Überzeugung Selbstmord begangen hatte, um einer Gerichtsverhandlung und Verurteilung wegen seiner Tätigkeit »in Lagern im Osten« zu entgehen. Bei Florian konnte sich auf Grund der auf ihn externalisierten schwierigen Selbstanteile seiner Eltern bis zu Beginn von Präpubertät bzw. Behandlungsbeginn sein Selbst nicht konsolidieren, brach immer wieder schmerzvoll »auseinander«, zumal die Eltern in ihm das Mörderische seines väterlichen Großvaters projektiv fürchteten.

Dass beide männlichen Jugendlichen ihre Weiterentwicklung in der Behandlung wieder aufnehmen konnten, war wohl auch deshalb möglich, weil ich in mir und meiner Lebensgeschichte von Angst und Depression durchdrungene Positionen aufsuchte, die die Patienten in der therapeutischen Beziehung entwickelten. Unausgesprochen musste ich für mich alleine aushalten, dass ich wie deren Eltern noch im Zweiten Weltkrieg geboren worden war, und wie Florian und Herr G. wiederholte Verluste und Trennungen von Elternfiguren jenseits von Wirkmächtigkeit erleben musste. Als Sohn einer von den Nazis politisch verfolgten, inhaftierten und nur knapp dem Tode entronnenen, von mir arg vermissten Mutter (während mein Vater an der Front war), löste sich mein Gegenübertragungswiderstand gegenüber den Kindern und Enkeln von Nazitätern nur unter mühsamer Reflexion auf. Allmählich wurde mir dann vorstellbar und emotional annehmbar, dass diese Kinder und Enkel der Täter und die Kinder der Opfer (Bergmann, Jucovy, Kestenberg 1982) bei allen Unterschieden der jeweiligen traumatischen Extrembelastungen, sie doch alle gemeinsam von der Vereinnahmung durch eine mörderische NS-Gewaltherrschaft befreit wurden.

Die begleitende Arbeit mit Florians Eltern hatte mir geholfen, mir meiner Vorurteile und Verständnisblockaden bewusst zu werden. Anderenfalls hätte ich als Therapeut agierend gefürchtete Selbstanteile in diese Nachkommen von Tätern externalisiert. So wie damals zu Beginn meiner ödipalen Entwicklung es mir mit der Unterstützung meiner Großeltern gelang, den Hass auf meine nicht für mich verfügbare Mutter auf die Gestapomänner und den Schäferhund zu verschieben, die meine Mutter abgeholt hatten.

Im vierten Behandlungsjahr berichtete Herr G. einen Traum, *in dem seine Mutter und Großmutter durch einen Bombenhagel gelaufen sind,* und meinte dazu: »Für diesen unglaublichen, überwältigenden Schmerz gibt es keine Bilder… Aber ich will tatsächliche Bilder machen, brutale Bilder, die alle Formen menschlichen Hasses abbilden.« Und nach einigem Schweigen: »Das meiste, worüber ich spreche, habe ich gar nicht selbst erlebt.«

Schließlich konnte ich ihm antworten: »Sie haben es nicht selbst erlebt, aber Sie werden davon verfolgt.«

Worauf Herr G. äußerte: »Es ist gefährlich genug.«

Ich behielt meine Erinnerungen an seinen schweren Selbstmordversuch unausgesprochen bei mir.

Erst mit der in mir wieder aufgerichteten Unterscheidung der Generationen wurden spontane seelische Berührungen wirklich möglich. In kurzen Momenten war dabei oxymerotisch vorübergehend die Empfindung von Autorenschaft für die Begegnung im Übergangsraum der analytischen Beziehung erholsam aufgehoben (Cohen 2009; Winnicott 1971). Aus diesen Momenten des zusammen »Eins-Seins« (Cohen) von zwei Individuen konnte dann jeder im therapeutischen Paar gestärkt wieder getrennt daraus hervorgehen. Weil jeder in seiner ganz eigenen Geschichte verankert war und bei sich selbst bleiben konnte, geschah die Öffnung gegenüber dem Anderen und die Möglichkeit zur erneuten Berührung, die jedem half, sich selbst und den Anderen besser zu empfinden, zu verstehen und verstanden zu werden.

Transgenerational vermittelte Traumata kommen insbesondere bei Jugendlichen mit ihrem wirklichen Potenzial für konstruktive und destruktive Handlungen körperlich und konkret zum Ausdruck. Im bezogen-einfühlsamen Therapeuten tauchen möglicherweise vorbewusst oder unbewusst in tiefer Resonanz unheimlich wiedergefunden Erlebnisse aus der eigenen Lebensgeschichte auf. Die Jugendlichen lösen nicht zuletzt deshalb so intensive Reaktionen aus, weil sie ernsthaft und unausweichlich am Scheideweg dessen stehen, wohin sie sich seelisch und handelnd als Erwachsene begeben werden. Wenn diese schwierige Arbeit gemeistert werden kann, bestehen gute Aussichten, dass das übermittelte Trauma nicht mehr destruktiv an die nächste Generation weitergegeben wird, so wie grundsätzlich jede gelungene Psychoanalyse von Jugendlichen prophylaktisch neurotischer Störungen entgegenwirkt. Denn sollten in der normalen Entwicklung adoleszente Entwicklungsaufgaben nicht gemeistert werden, so nehmen diese Personen diese in ihren Gefühlsschwankungen, Neurosen, Perversionen und weiteren Störungsformen bis in ihre 40er Jahre mit (vgl. Jacobson).

In Deutschland ist dies von besonderer Bedeutung, weil die Verschwörung des Schweigens im angeblichen »Wir haben nichts gewusst« aus der unmittelbaren Nachkriegszeit in beiden Teilen des damalig geteilten Deutschlands noch bis in die vierte, gar fünfte Generation weiterhin entwicklungseinengend ausstrahlt.

## Literatur

Baradon, T. (Hrsg.) (2010): *Relational Trauma.* London (Karnac).

Barrows, P. & Barrows, K. (2002): Fathers and the transgenerational Impact of Loss. In: Trüwell, J. & Etchegoyen, A. (Hrsg.): *The Importance of Fathers:* 161–172. East Sussex, New York (Brunner, Routledge).

Bergmann, M. S., Jucovy, M. F., Kestenberg, J. S. (1982): *Kinder der Opfer, Kinder der Täter. Psychoanalyse und Holocaust.* Frankfurt a. M. (Fischer).

Bergmann, M. V. (2000): *What I heard in the Silence. Role Reversal, Trauma, and Creativity in the Lives of Women.* Madison, Conn. (International University Press).

Berna, J. (1996): Zur Psychotherapie eines schweigenden Jugendlichen. In: *Zeitschrift für psychoanalytische Theorie und Praxis, 6*:420–430.

Blos, P. (1979): *The Adolescent Passage. Developmental Issues.* New York (International University Press).

Bründl, P. (2010): Die Beendigungsphase in der analytischen Psychotherapie von Jugendlichen und die Fähigkeit mit sich selbst allein zu sein. In: Hauser, S., Schambeck, F. (Hrsg.): *Übergangsraum Adoleszenz. Entwicklung, Dynamik und Behandlungstechnik Jugendlicher und junger Erwachsener.* Frankfurt a. M. (Brandes & Apsel).

Bürgin, D. (1998): Psychoanalytische Ansätze zum Verständnis der frühen Eltern-Kind-Triade. In: Klitzing, K. v. (Hrsg): Psychotherapie in der frühen Kindheit: 15–31. Göttingen (Vandenhoeck & Ruprecht).

Cohen, Y. (2009): Das Erleben von Einssein – ein wesentliches Moment in der Behandlung von Borderline-Kindern. In: *arbeitshefte kinderpsychoanalyse:* 73–94. Frankfurt a. M. (Brandes & Apsel).

De Masi, F. (2021): *Die Arbeit mit schwierigen Patientinnen und Patienten. Die Behandlung von schweren Neurosen, Traumata und Perversionen, von Borderline- und psychotischen Zuständen.* Frankfurt a. M. (Brandes & Apsel).

Erikson, E. H. (1974): *Identität und Lebenszyklus.* Frankfurt a. M. (Suhrkamp).

Fraiberg, S. / Adelson, E. et al. (1975): Ghosts in the nursery – A psychoanalytic Approach to the Problem of Impaired Infant-Mother-Relationships. In: *J. Americ. Acad. Child Psychiatry, 14:*387–442.

Freud, A. (1965): Wege und Irrwege in der in der Kinderentwicklung, *Schriften der Anna Freud, Bd. VII.* München (Kindler).

Freud, S. (1905): Drei Abhandlungen zur Sexualtheorie. *GW V*: 33–145.

Galatzer-Levy, R. M. (2018): *Nonlinear psychoanalysis. Notes from forty years of chaos and complexity.* New York (Routledge).

Herzog, J. M. (1980): Sleep Disturbances and Father Hunger in 18–28 Months Old Boys. The Erlkönig-Syndrom. In: *Psychoanal. Stud. Child 35*:219–236.

Hurry, A. (2002): *Psychoanalyse und Entwicklungstherapie von Kindern.* Frankfurt a. M. (Brandes & Apsel).

Jacobson, E. (1978): *Das Selbst und die Welt der Objekte.* Frankfurt a. M. (Suhrkamp).

Khan, M. M. R. (1963): The Concept of Cumulative Trauma. In: *Psychoanal. Stud. Child, 18*: 286–306.

Laplanche, J. (1988): *Die allgemeine Verführungstheorie und andere Aufsätze.* Frankfurt a. M. (Brandes & Apsel).

Loewald, H. W. (1982): *Aufsätze aus den Jahren 1951–1979*, Stuttgart (Klett-Cotta).

Novick, J. & Novick, K. K. (2008): *Elternarbeit in der Kinderpsychoanalyse. Klinik und Theorie.* Frankfurt a. M. (Brandes & Apsel).

Novick, J. & Novick, K. K. (2009): *Ein guter Abschied, Die Beendigung von Psychoanalysen und Psychotherapien.* Frankfurt a. M. (Brandes & Apsel).

Novick, J. & Novick, K. K. (2019): *Die Freiheit des Selbst. Zwei Systeme der Selbstregulierung in der psychodynamischen Therapie und in der Persönlichkeitsentwicklung.* Frankfurt a. M. (Brandes & Apsel).

Pine, F. (1998): *Diversity and direction in psychoanalytic technique.* New Haven, CT (Yale University Press).

Winnicott, D. W. (1985): *Vom Spiel zur Kreativität.* Stuttgart (Klett-Cotta).

*Victoria Nicolodi*
(London)

# Vom Fallen zum Tanzen an der Grenze des Seins: Intensive Psychotherapie mit einem siebenjährigen Mädchen

In der vorliegenden Arbeit wird die vierjährige, intensive therapeutische Beziehung zwischen Phoebe, einem siebenjährigen weißen britischen Mädchen, das in einem Zustand der Protoexistenz und des psychischen Exils lebte, und einer angehenden Kinderpsychotherapeutin gleich zu Beginn ihrer Ausbildung in einem für sie fremden kulturellen Umfeld beschrieben. Der Schwerpunkt der Arbeit liegt auf der anfänglichen unrhythmischen Begegnung zwischen diesen beiden Reisenden und darauf, wie während der Behandlung neue Choreo-graphien sowie affektive und wiedergutmachende Rhythmen kokonstruiert wurden. Leider erlaubt es mir der Umfang dieses Beitrags nicht, mich ausreichend auf die einschlägigen Räume zu konzentrieren, die die Entwicklung von Phoebes Behandlung begünstigten, wie beispielsweise die parallel stattfindenden Elternarbeitssitzungen, die psychiatrische Begutachtungen und die herausfordernde Arbeit einer lebendigen Gestaltung und Verknüpfung der einzelnen Fragmente des Netzwerks um sie herum. Die Arbeit umfasste verschiedene »Entwicklungen«: die erste Begegnung, die Schaffung eines analytischen Arbeitsbündnisses, die Entwicklung der therapeutischen Beziehung vor und während der Covid-Pandemie und die weiteren Entwicklungen nach dem psychischen und physischen Lockdown.

## Erste Entwicklung: Abwärts in den Kaninchenbau

*Fallen ist eine der Möglichkeiten, sich zu bewegen.*
Merce Cunningham, *Choreographie des Tanzes,* 1970

Bei einem meiner ersten Treffen teilte mir meine Ambulanz-Supervisorin mit, dass sie einen potenziellen Intensivfall für mich habe: ein interessantes und einzigartiges Kind, von dem ich im Vorfeld bereits gehört hatte. Ich fühlte eine Mischung aus Aufregung und Angst, so früh in meiner Ausbildung den ersten Intensivfall zu haben.

### *Treffen mit Phoebe*

Meine erste Begegnung mit Phoebe fühlte sich auf eine Weise schwerelos an:

*Ich ging mit meiner Ausbildungsbetreuerin die Treppe hinunter, um die Eltern und Phoebe zu begrüßen. Die Mutter (Claire) ist blond, hat blaue Augen und ein engelhaftes Gesicht, der Vater (Andrew) ist groß, korpulent und übergewichtig. Sie waren beide Ende 30 und wirkten aufgeregt und ängstlich, als ein Kind an der Seite der Mutter »heraussprang«. Sie war blass, hatte große, ausdrucksstarke schwarze Augen, eine spitze Nase und sehr langes dunkles Haar. Sie war barfuß und trug einen mit Bären bedruckten einteiligen Schlafanzug. Sie schaute kurz zu mir, dann durch mich hindurch und stieß einen hohen Schrei aus: »Aaargh!« Die Mutter sagte: »Phoebe, Liebling, das sind Victoria und Alison. Erinnerst du dich an Alison?« Phoebe lächelte etwas roboterhaft, neigte ihren Kopf zur Seite und rannte extrem schnell die Treppe hinauf, während sie gleichzeitig schrie und lachte. In meiner Gegenübertragung war ich wie gelähmt, verwirrt und schockiert zugleich. Die Mutter entschuldigte sich und wir folgten ihr. (Oktober 2019)*

Im Zimmer spielte Phoebe mit dem Puppenhaus, während ich sie beobachtete. Sie legte eine Babypuppe in ein Bettchen und ahmte ihren Schrei nach: »Waah!« – ein Geräusch, das auf unheimliche Weise die Not eines Neugeborenen widerspiegelte. Ihr Spielnarrativ war ergreifend: Die Mutter der Puppe war bei der Geburt gestorben und der Vater war weit weg, in Alaska. Phoebes Sprache war zwar artikuliert, aber es fehlte ihr an Kadenz und Rhythmus. Als ihre Eltern über die vorangegangene Operation sprachen und ihre Angst spürbar war, legte sich Phoebe plötzlich auf den Boden, erklärte sich für »tot« und streckte spielerisch ihre Zunge heraus, was ihrem Vater ein unbeholfenes Kichern entlockte. Ich fühlte mich zutiefst verwirrt, als ob ich meine innere Mitte verloren hätte.

Nach der Sitzung hatte ich auf dem Heimweg ein überwältigendes Gefühl des Wahnsinns. Ich fühlte mich unwohl, als ob sich mein Körper verflüssigen würde. Das brachte mich zum Nachdenken über die nicht metabolisierten und nicht verarbeiteten Affekte im Umfeld von Phoebe und ihrer Familie (Levine, 2021; Ferro, 1999), aber auch über die Aufdringlichkeit, die fehlenden Grenzen und die verklebte Familienkonstellation (Konichekis, 2015). Phoebe setzte sich in meiner Psyche und in meinem Körper fest, was sich wie eine ungewöhnliche, parasitäre Erinnerung anfühlte. Sie hat nicht geklopft oder geklingelt, sondern ist einfach hereingeplatzt (Meltzer et al., 2018).

### *Die Überweisung*

Phoebe wurde 2018 von ihrer Schule an uns überwiesen, da man sich Sorgen über ihre anhaltende Schulverweigerung und ihre Aggression gegenüber Lehrern und ihrer Mutter machte. Die Schule berichtete, dass Phoebe zunehmend den Bezug zur Realität verlor. Als sie fünf Jahre alt war, wurde bei ihr eine Autismus-Spektrum-Störung diagnostiziert und 2017 stellte der zuständige Kinderarzt die Diagnose Vermeidend-restriktive Ernährungsstörung (ARFID).

Nach einer spezialisierten psychotherapeutischen Untersuchung für Kinder unter sieben Jahren, die vor meinem Eintritt in die Ambulanz durchgeführt wurde, kam man zu dem Schluss, dass Phoebe von einer intensiven analytischen Psychotherapie profitieren würde, da sie tiefgreifende Trennungsschwierigkeiten von ihrer Mutter hatte, die sich auf die meisten Bereiche ihrer emotionalen Entwicklung auswirkten. Zum Zeitpunkt der Überweisung weigerte sich Phoebe, feste Nahrung zu sich zu nehmen oder zu trinken, hatte eine Ernährungssonde und akzeptierte nur teilweise die enterale Ernährung. Sie verließ das Haus nicht, war nicht in der Schule, trug Windeln und schlief im Zimmer ihrer Eltern. Phoebe weigerte sich, sich umzuziehen, trug nur Schlafanzüge und litt sehr unter den Übergängen. Obwohl sie sehr intelligent war, konnte sie weder schreiben noch zeichnen, kannte die Monate und Wochen nicht und wusste nicht, wie man die Uhrzeit abliest.

Phoebe lebte mit ihren Eltern und ihrem jüngeren Bruder zusammen und wurde von ihren Großeltern mütterlicherseits engmaschig betreut. Ihre schweren Ernährungsprobleme begannen im Alter von einem Jahr nach einer Reaktion auf die MMR-Impfung und verschlimmerten sich mit dem Tod ihres Großvaters väterlicherseits im Alter von vier Jahren, was zu einem chirurgischen Eingriff für die Ernährung über eine PEG führte, da sie nicht richtig gedieh. Der Mangel an psychologischer Begleitung vor und nach der Operation führte bei Phoebe zu einer tiefsitzenden Angst vor medizinischen Einrichtungen. Als ich über ihre komplexe und erschütternde Geschichte nachdachte, wurde mir klar, wie schwierig es war, das Geflecht aus primitiven Emotionen und Ängsten, das sie und ihre Familie belastete, zu bewältigen.

*Erweiterte Diagnostik*

Nach intensiven Überlegungen mit meiner Dienstvorgesetzten beschlossen wir, eine erweiterte Diagnostik mit Unterstützung eines unabhängigen Intensivbetreuers durchzuführen. Ich sah Phoebe bis Dezember einmal pro Woche, während meine klinische Betreuerin parallel dazu Sitzungen mit ihren Eltern abhielt. »Überleben« ist das Wort, das unsere ersten Entwicklungen am besten beschreibt (Winnicott, 1969; Pontalis, 2005). Zu Beginn der Sitzungen rannte Phoebe die Treppe hinauf, ohne mich zu grüßen oder anzuschauen. Sie konnte es nicht ertragen, viel Zeit allein mit mir im Raum zu verbringen, und rannte in der Klinik herum, wollte jeden Raum betreten und das Therapiezimmer ihrer Eltern erkunden. Sie hasste die Uhr, weil sie sagte, dass ihr davon die Ohren bluten würden und sie hegte auch einen besonderen Groll auf Kalender. Aber sie spielte und es gab Zeiten, in denen ich einen Hoffnungsschimmer verspürte.

Die Arbeit mit Phoebe war anstrengend und ich fürchtete mich vor den folgenden Sitzungen. Es gab Zeiten, in denen ich es hasste, sie als meinen ersten Fall zu haben und ich fragte mich, ob ich ihr gerecht werden konnte, fühlte mich überfordert. Ich dachte über meinen Wunsch nach, ein erstes braves therapeutisches »Baby« für meine Ausbildung zu haben. Es war schwer, dem echten Kind zu begegnen und ich empfand insgesamt viel Groll und Wut. Die Berarbeitung meiner Gegenübertragung in der eigenen Lehranalyse und in der begleitenden Supervision half mir, Phoebes Rhythmus gegenüber aufgeschlossener zu sein und meine eigene Unerfahrenheit besser zu verstehen und zu tolerieren.

## Zweite Entwicklung: Etablierung eines Rhythmus und Beginn einer intensiven Arbeit

Nach der Diagnostik verpflichteten sich Phoebes Eltern, unser Angebot einer intensiven Psychotherapie anzunehmen und an den wöchentlich stattfindenden Elternsitzungen teilzunehmen, da Phoebes Beziehungs- und Entwicklungsschwierigkeiten, die sich auf alle Bereiche ihres Lebens auswirkten, so schwerwiegend und komplex waren (Green, 2009). Es war enorm wichtig, ihr einen beständigen Raum, Zeit und Beziehungen zu bieten, die ihr dabei helfen konnten, ihre Ich-Entwicklung und ihre normalen Abwehrmechanismen, die noch nicht aufgebaut zu sein schienen, langsam zu etablieren (Alvarez, 2004).

Wöchentliche Elternarbeit war erforderlich, um die Ängste der Eltern angesichts der allmählichen Trennung zu unterstützen und den Behandlungsrahmen konsequent einzuhalten.

Phoebes Start in die Behandlung war schwierig: Sie weigerte sich oft, den Raum zu betreten und wenn sie doch zustimmte, rannte sie in der Klinik herum, überzeugt davon, dass ich eine Chirurgin sei und schrie, dass ich sie aufschneiden würde. Ich sagte, dies sei eine »denkende Klinik«, aber ich bemerkte eine große Angst vor Ärzten und Chirurgen. Damals war mir noch nicht klar, dass ich in der Tat eine Art Chirurg war und ihr schrittweise helfen würde, sich von ihrer Mutter zu lösen, mit der sie embryonal verstrickt war (Hustvedt, 2022). Ich schlug ihr vor, sich vor dem Betreten des Zimmers zu vergewissern, dass die Klinik sicher war. Diese Idee gefiel ihr und sie schaffte es, 15–20 Minuten zu warten, bevor sie zu ihren Eltern in den Empfangsraum kam:

*Phoebe schrie und weigerte sich, den Raum zu betreten. Ihr Schrei hatte etwas Ungeordnetes, Verängstigtes an sich. Sie sagte, ich sei über die Feiertage gestorben und sei jetzt ein Geist. Sie rannte zu ihren Eltern und vergrub ihren Kopf in Mamas Schoß. Ich fühlte Schmerz und völlige Hilflosigkeit. Ich sagte, dass sie vielleicht tief im Inneren nicht wollte, dass wir den Versuch aufgeben. Phoebe sah mich an und sagte: »Hilfe, bitte, ich will nicht aufhören, hierher zu kommen!« Claire weinte ein wenig und ich sagte, wir würden als Team zusammenarbeiten: Heute sei es zu schwierig, aber wir würden es am Freitag wieder versuchen. (Januar 2020)*

Nach dieser Interaktion mit Phoebe fühlte ich mich etwas hoffnungsvoller. In der Supervision besprachen wir anschließend die Möglichkeit, dass ihre Mutter im Zimmer bleibt und die beiden erst im Verlauf der Zeit zu trennen, da ich das Gefühl hatte, dass der unrhythmische Anfang ihrer Beziehung »repariert« werden muss, bevor überhaupt eine Trennung stattfinden kann (Roussillon, 2012). Da Phoebe kein Zeitgefühl hatte, entdeckte ich die Notwendigkeit, ein Tempo, einen Takt und eine Struktur in unsere Erfahrung des Zusammenseins einzuführen (Guerra, 2017; Hurry, 1998). Ich gliederte die Sitzungen daher wie Kapitel. Das gefiel ihr und sie sagte: »Heute ist das erste Kapitel der Woche!« Phoebe beteiligte sich gut an der Therapie, obwohl es auch schwierige Momente gab:

*Kapitel 1: zum Schluss abgewatscht und zum Schluss beklatscht*
*Phoebe kuschelte sich in ihren Stuhl und sagte, sie sei Baby Yoda. Sie sagte, ich sei Darth Vader und Mama sei Prinzessin Leia. Dann fragte sie ihre Mutter: «Wann wurde ich geboren?" und wandte sich schnell an mich und fragte,*

*ob ich eigene Kinder hätte. Ich bemerkte, dass sie sich für Babys und Geburten zu interessieren begann. Sie fügte hinzu: »Ich weiß«, und tat so, als ob sie mit ihren Händen den Kopf ihrer Mutter drückte. Sie sagte: »Victoria hat den Schlüssel, um uns zu helfen«. Ich fragte sie, wo der Schlüssel sei. Sie sagte, er sei in meiner Nähe. Ich schnappte ihn mir und tat so, als würde ich ihn aufschließen. Mama stieß einen Seufzer aus und Phoebe sagte, sie könnten wieder atmen. Dann kuschelte sie sich an ihre Mutter (Februar 2020).*

Nach dieser Interaktion änderte sich etwas und ich begann, Phoebe und Claire für eine gewisse Zeit gemeinsam zu sehen. Ich hatte das Gefühl, dass Phoebe mir auf kluge Weise den zentralen Konflikt zwischen ihr und ihrer Mutter vor Augen führte: Sie waren in einer tödlichen Rhythmusstörung gefangen, verheddert, aus dem Takt geraten und brauchten Hilfe, um sich zu reparieren und einen neuen Rhythmus zu finden (Guerra, 2023). Während dieser Zeit führte ich die Idee der Uhr ein und ließ Phoebe wissen, wann die Sitzung zur Hälfte vorbei war. Sie beschrieb die Uhr liebevoll als »unglaublich nervig«. Phoebe war in den Sitzungen stärker eingebunden und wagte es sogar, mehr Augenkontakt mit mir herzustellen. Sie war kurz vor ihrem achten Geburtstag, als ich das Trauma ihrer Geburt und ihrer frühen Jahre entdeckte.

Bei einer Gelegenheit, als Phoebe eine Sitzung verweigerte, erzählte Claire, dass Phoebes Geburt sowohl unerwartet als auch traumatisch war. Phoebe war eine Frühgeburt und Claire wäre beinahe an den Blutungen während der Geburt gestorben. Erschwerend kam hinzu, dass Claires Vater an einer schweren Atemwegsinfektion litt und nach der Geburt monatelang im Koma lag, was mit Claires Kämpfen um die Bindung zu Phoebe zusammenfiel. Es schien, als ob sich der gestörte und traumatische Rhythmus von Phoebes Geburt in der Frühgeburt ihrer Behandlung wiederholte, die dramatisiert und sensorisch mitgeteilt werden musste, bevor sie in Worte gefasst werden konnte.

Ich besprach mit Claire, dass Phoebe wahrscheinlich die Bedeutung und Wichtigkeit der Sitzung spürte und begann über ihren schwierigen Start ins Leben nachzudenken. Daraufhin begann Phoebe in der Therapie zu spielen, sie sei ein Baby, das alle Phasen der Kindheit durchläuft und ihre Mutter müsse sich mit meiner Hilfe um sie kümmern. Sie simulierten das Stillen, hielten intensiven Augenkontakt und Claire beruhigte das unruhige Baby Phoebe mit Schlafliedern und spielte mit ihr Verstecken. Claire verriet, dass diese Interaktionen in Phoebes tatsächlicher Kindheit selten waren, was in mir eine Mischung aus Traurigkeit und Freude auslöste, da sie daran arbeiteten, etwas wiederherzustellen, das verloren gegangen war oder vielleicht gar nicht erst gefunden wurde. Gleichzeitig machte Phoebe Fortschritte, indem sie mehr feste Nahrung zu sich nahm, ständig Hunger und Durst verspürte und allmählich die Anwesenheit der Uhr akzeptierte.

## Dritte Entwicklung: Einstudieren von Schlafliedern und Online-Sitzungen

*Kapitel 19: Die Wahrheit kann dich um den Schlaf bringen.*
*Ich erklärte ihr, dass es sehr schwierig sein könnte, dass ihre Sitzungen aber nicht ausfallen würden und dass wir auf andere Weise in Kontakt bleiben würden. Phoebe lag auf dem Boden und schaute neugierig auf das, was ich ihr gesagt hatte. Sie sagte dann, sie sei Baby Yoda und ich fragte, ob Baby Yoda eine Telefonnummer für ihr Raumschiff habe. Sie nickte und fragte, wie die Nummer von Darth Vaders Raumschiff lautet. Ich sagte, dass Darth Vader und Baby Yoda eine Zeit lang in ihrem eigenen Raumschiff bleiben müssten, bis es wieder sicher sei, in die Klinik zurückzukehren (März 2020).*

Ich vereinbarte mit Phoebe, dass sie zwei Spielzeuge mit nach Hause nehmen durfte, die als Übergangsobjekte (Winnicott, 1971) dienten, bis wir wieder in der Klinik waren. Interessanterweise schien Phoebe zu verstehen, dass wir eine besondere Kommunikationslinie hatten, auch wenn wir nicht im selben Raum waren. Sie begann, Urlaube, Pausen und sogar längere Trennungen von Claire zu tolerieren, zum Beispiel, wenn ihre Mutter auf die Toilette ging. Die Sitzungen zu Hause waren jedoch auch schwierig, da sie manchmal in ihrem eigenen Zimmer und manchmal im Zimmer ihrer Mutter sein wollte. Es war schwierig, Grenzen zu setzen, aber in der Supervision besprachen wir, wie wichtig es ist, den »lebendigen« Übergang vom Körper-Geist-Zimmer der Mutter in ihr eigenes zu unterstützen (Alvarez, 2012). Gleichzeitig ermutigten die Eltern Phoebe, in ihrem Zimmer zu schlafen, da sie schon seit langem im Schlafzimmer der Eltern in einem kleinen Bett schlief:

*Kapitel 39: Die Reise in das Reich des Schlafes*
*Phoebe legte sich auf das kleine Bett und bat Claire uns eine Geschichte vorzulesen. Sie reichte ihrer Mutter das Weltraumbuch. Phoebe fragte: »Was passiert, wenn man für immer fällt?« Claire antwortete, dass sie das nicht wisse. Phoebe fügte hinzu, dass jemand einen Fallschirm haben könnte und trotzdem ins Meer fallen würde. Ich sagte dann, dass Schlafen wie eine Reise sein kann und Phoebe sich vielleicht fragt, wohin sie geht, wenn sie einschläft. Sie sagte: »Das frage ich mich auch...« Ich sagte, Schlafen sei ein bisschen wie Verstecken, aber es könne schwierig sein, wenn keiner von ihnen glaube, dass sie am Morgen, wenn sie aufwache, noch da sei. (Mai, 2020)*

In den folgenden Sitzungen ging es um Schlaf und Albträume. Phoebe begann die Sitzungen in ihrem Zimmer, tat dort so, als würde sie schlafen und wachte dann mitten in der Nacht mit Albträumen auf. Meistens ging es um den Tod von Claire und wir sprachen darüber, dass es ihr schwer fiel zu glauben, dass Mama am nächsten Morgen für sie da sein würde. Sie tat gerne so, als würde sie vor dem Schlafengehen schlafen, und bat uns, Schlaflieder zu singen. Ich fragte mich, wie das Einschlafen die beiden psychisch wiederherstellen würde und ich hatte das Gefühl, dass wir durch das gemeinsame Singen Geister einlullten, die sie beide seit Phoebes traumatischer Geburt und vielleicht schon lange davor heimgesucht hatten (Fraiberg, Adelson und Shapiro 1975). Außerdem konnte Phoebe durch die Anwesenheit ihrer Mutter auch ihr medizinisches Trauma spielerisch erkunden:

*Phoebe sagte, dass die kleine Husky-Puppe zum Arzt gehen musste – sie hatte »Sleepyitis«, was bedeutete, dass sie nicht sie selbst war und sich traurig und unmotiviert fühlte. Sie tat so, als würde sie den Hund zum Arzt bringen und Mama musste ihm eine Spritze geben. Sie sagte: »Nach zwei Wochen ist Huska gestorben«, und ließ den Kopf hängen. Ich erwähnte, wie schwer es war, Ärzten zu vertrauen, wenn man bedenkt, dass Huska zum Arzt ging, um sich besser zu fühlen, und dann starb. Phoebe wartete und sagte dann: »Wir können sie wieder zum Leben erwecken.« »Oh!«, erwiderte ich, »Wie?« »Mit der Medizin des Lebens!«, sagte sie und erklärte, dass es sich um eine Injektion handelte. Sie sagte, Huska sei jetzt wieder sie selbst und bereit, sich zu bewegen. Ich bemerkte, dass Huska uns vielleicht wissen lassen wollte, dass etwas Schreckliches passiert war, als sie klein war und dass sie vielleicht wollte, dass wir ihr helfen, sich wieder lebendig zu fühlen. Phoebe nickte, bewegte sich leicht auf Mamas Schoß zu und Mama streichelte ihr das Haar.*

Diese Sitzung war ein Wendepunkt: Indem wir das Grauen ihrer Erfahrung anerkannten, konnten wir zum ersten Mal gemeinsam über das Geschehene trauern. Vielleicht war es ihre Traurigkeit nach der Geburt ihres Bruders, an der operiert wurde, oder der fallende Schatten des frühen Traumas, der auf sie projiziert wurde (Mazeas et al., 2022). Ich fragte mich, ob es sich um eine »manische Wiedergutmachung« handelte, aber es fühlte sich eher wie ein psychischer Entwicklungsschritt, als eine fixierte Abwehr an (Alvarez, 1988). Bei unserer Halbjahresbesprechung teilten uns die Eltern mit, dass Phoebe in ihrem Zimmer schlief und dass sie deshalb ein »großes Mädchen« sei. Wir einigten uns auch darauf, die Online-Sitzungen am Computer nur in ihrem Zimmer abzuhalten, wo ich 15 Minuten mit ihr allein sein würde, ohne die Anwesenheit der Mutter.

Zunächst ließ sie mich »im Dunkeln«, bei ausgeschaltetem Bildschirm: Ich fühlte mich ausgeschlossen und isoliert in einer anderen Galaxie, da ich nicht wusste, was vor sich ging. Diese Gefühle beim lauten Sprechen zu benennen, weckte Phoebes Interesse und langsam begannen wir gemeinsam virtuell zu spielen. Themen wie Freunde, Essen, Schule, Lernen und Interesse an der Außenwelt tauchten auch in ihren Sitzungen auf. Parallel dazu fanden Treffen im Virtuellen statt und es wurde ein Plan besprochen, um sie von der Sondenernährung zu entwöhnen, parallel zu den Sitzungen mit der Ernährungsberaterin. Phoebe trug nun auch Tageskleidung, begann mehr feste Nahrung zu sich zu nehmen und ihre Mutter hatte eine Routine für sie und die Familie zu Hause eingeführt. Ich hatte nicht mehr das Bedürfnis, Phoebes Sitzungen in Kapitel einzuteilen und ihnen einen Titel zu geben. Wir schafften jetzt 30 Minuten zusammen. Als ich über diese spontane Veränderung nachdachte, hatte ich das Gefühl, dass Phoebes psychische Organisation und ihre zunehmende Individuation und Aneignung ihres eigenen psychischen Raums nicht mehr länger einen so angepassten »Rahmen« (Winnicott, 1956) benötigten.

*Phoebe spielte weiter mit den Puppen und ihrem Raumschiff. Ihr Spiel erinnerte an unsere interplanetarische Verbindung. Ich tat so, als würde ich sie durch einen Raumsender rufen: »Ich bin weit weg von der Milchstraße. Wenn Phoebe und ihre Crew doch nur einen Raumsender hätten.« Als sie vor die Kamera trat, sagte sie: »Wir haben einen Weltraumsender!« Ich tat so, als würde ich sie anrufen: »Ich versuche, Phoebes Basis auf dem Titan-Mond zu kontaktieren. Over.« Sie antwortete verblüfft: »Kontakt angenommen. Ende. Was machst du da, Darth Vader? Ende.« (November 2020)*

Phoebe interessierte sich sehr für Lebensmittel und schaute sich gerne die 15-Minuten-Rezepte von Jamie Oliver an. Das Thema »Essen und Verbindungen« war nun auch in den Sitzungen präsent:

*Sie sagte, sie hätte mich verschluckt. Ich fragte, wohin ich gehen würde und sie sagte mir, ich sei jetzt in ihrem Gehirn und müsse ihren Bauch anrufen, um ihr zu sagen, dass das Essen und Trinken käme. Ich tat so, als würde ich die 0800-Zentrale für den Bauch anrufen, aber auch andere Körperteile. Ich rief ihren Bauch an und sagte: »Hallo? Hallo? Hallo Phoebes Bauch! Ich wollte dir nur sagen, dass Chips und Wasser gleich kommen!« (Februar 2021)*

Ich hatte in dieser Zeit viele interessante Gespräche mit Phoebes Körperteilen, die mir das Gefühl gaben, einen vergessenen Körper ohne Verbindungen und organische Rhythmen zu beleben (Haag, 2006). In unserer Sitzung untersuchten wir auch die Abwesenheit unserer Körper im Online-Modus und wie unsere Fernverbindung zwar wichtig war, aber nicht die Erfahrung wiedergeben konnte, im selben Raum zu sein (Trub, 2021). Phoebe begann mit einer gemischten Diät und benötigte weniger tägliche Fütterungen. Sie hörte auf, mich Darth Vader zu nennen und fing an, mich bei meinem Namen zu nennen. Phoebe nahm meinen eigenen Rhythmus, meinen Akzent und wie unterschiedlich die Worte in meinem Mund tanzten, viel stärker wahr. Sie fragte mich, woher ich kam und warum ich so seltsam sprach. Nach eineinhalb Jahren Arbeit war es bewegend, als sie spielerisch fragte: »Also, Victoria, du bist meine Therapeutin, richtig?«

## Vierte Entwicklung: Leben in der Zukunft? Jenseits des psychischen Lockdowns

Mitte Juni hatte die Einführung des Impfstoffs die Quarantänebeschränkungen gelockert und das Leben kehrte zur »neuen Normalität« zurück. Die Klinik war wieder in Betrieb und meine Begegnung mit Phoebe war noch schwereloser:

*Ich ging die Treppe hinunter und sah Claire, Andrew und Phoebe. Ich war überrascht, dass sie ein rosa Kleid, Flip-Flops und eine kleine rosa Handtasche trug. Sie winkte mir schüchtern zu und ich bemerkte, dass ihr langes schwarzes Haar gekämmt war und glänzte. Ich war gerührt, sie zu sehen und fand sie hübsch. Ich sagte, es sei so schön, sie zu sehen, trat einen Schritt zurück, nahm meine Maske ab und zeigte ihr mein Gesicht. Sie lächelte, sah mich an, kam näher und blieb stehen. Sie sagte: »Luftumarmung! Luftumarmung!« und legte ihre Arme um sich selbst. Ich tat so, als würde ich das Gleiche tun. Sie zeigte auf meine Socken und sagte: »Wie cool!« Ich scherzte, dass ich sie extra für diesen Anlass angezogen hatte. (Juli 2021)*

Phoebe war anders, als sie aus der Isolation des Lockdowns kam und unsere Beziehung entwickelte sich in einem neuen Tempo. Ihre Mutter war nur in den ersten fünf Minuten anwesend und es folgte eine Phase der Neuverhandlung, in der wir die Schritte des Zusammenseins in dem Raum lernten. Im Gegensatz zu anderen Zeiten, in denen sie mich nur als Darth Vader sehen konnte, fühlte es sich jetzt so an, als könne sie mich anders benutzen, indem sie mir mehr

Freiheit gab, in den Schuhen einer anderen Figur zu tanzen und am Ende der Stunde in meine eigenen zurückzukehren (Winnicott, 1971).

Mit unseren Körpern gemeinsam im Raum schien Phoebe neugierig auf kleine und große Körper und auf das Erwachsenwerden zu werden und hatte interessante theoretische Überlegungen: »Man hat eine Kindheit und dann ist man erwachsen. Bumm!«, rief sie aus, während sie mich eilig in ihren sorgfältig gebauten Kriegsbunker führte. Das ließ mich an ihr wachsendes Bewusstsein für ihren verhafteten Körper denken und an die Angst, vom explosiven Rhythmus der Pubertät bombardiert zu werden (Knoblauch, 2005). Außerdem erinnerte es mich an ihr »emotionales und körperliches Erwachen«, an die Angst und Scham vor dem, was der weitere Kontakt mit der Realität der Welt nun bringen könnte, sowie an ihre Verwirrung über die verschiedenen körperlichen und emotionalen Stadien, in denen sie sich befand. Sie war auch neugierig auf das, was jenseits des Bunkers lag und sie wagte sich dann hinaus, um mit den Spielsachen und meiner Hilfe den »großen weiten Raum« zu erkunden.

Während dieser Zeit interessierte sie sich auch sehr für Musik und brachte ihr Telefon zu den Sitzungen mit, um eine Portalfunktion (Holloway, 2021) zu ihrer inneren Welt zu nutzen. Sie interessierte sich besonders für *den König der Löwen* und den Song »Circle of Life«, den sie als Soundtrack zu und von den Sitzungen benutzte, um ihren Ein- und Ausstieg zu erleichtern. Sie nutzte die Musik auch, um ihre Gefühle mitzuteilen und ihren dringenden Wunsch zum Ausdruck zu bringen, sich selbst zu finden und zu anderen Harmonien jenseits ihres psychischen Exils zu tanzen:

*Phoebe sang laut mit und legte ihre Hand auf ihre Brust: »Wenn es so viel gibt, was ich sein kann, kann ich dann noch einfach ich sein? So wie ich bin.« Das Lied endete und ich merkte, wie berührend dieses Lied war, vor allem der Teil, in dem das kleine Mädchen sie selbst sein wollte und dass ich mir das sehr gut merken* würde, da es sehr bedeutsam war. *(Oktober 2021)*

In ihrer Rückschau sprachen wir darüber, dass die Mutter in den Sitzungen nicht mehr gebraucht wurde und Phoebe in ihrer Abwesenheit mehr Raum hatte, um sich selbst zu entdecken und zu finden. Phoebes wachsende Fähigkeit, Trennungen zu tolerieren, wurde auch dadurch deutlich, dass unsere Pausen nun von einem »Soundtrack« begleitet wurden, der unsere Verabschiedung begleitete. Nach der Oktoberpause kehrte sie mit mehr Appetit in den Raum zurück. Phoebe schrieb, zeichnete und malte jetzt. Das war für mich ungewöhnlich, denn ich hatte sie noch nie gesehen, wie sie zur Melodie des normalen Lebens Walzer tanzte. Ich war sehr froh und berührt, die neue Phoebe kennenzulernen und ich glaube, sie war es auch:

*Wir haben auf dem Tisch gemalt und sie sagte: »Ich könnte eine Künstlerin sein, weißt du...« Ich lächelte vor mich hin. Dann sagte sie: »Du kannst auch eine Künstlerin sein« und bat mich, ihr zu helfen. Phoebe drückte ihren Daumen fest auf das Papier und markierte es. Ich bemerkte, dass sie ihr Zeichen, ihr Werk, betrachtete. Sie sah mich an und tat es noch einmal. Ich erzählte ihr von Fingerabdrücken und dass sie bei jedem von uns einzigartig sind. Sie betrachtete ihren eigenen und wollte ihn auf Papier malen. Sie fragte: »Kannst du meinen Daumen malen?« (November 2021)*

Phoebe schien ihr »Idiom« (Bollas, 2019) zum Ausdruck zu bringen: etwas, das lange Zeit geschlummert hatte, fand nun seinen Ausdruck und es bereitete mir große Freude, Zeuge dieser Wiederentdeckung und neu gefundenen Vitalisierung ihres Körpers zu sein. Der Wunsch, sich zu verwirklichen, wurde jedoch auch von Trauer, Rache, Scham und Wut begleitet, weil sie sich von den Erwachsenen verraten fühlte. In der Übertragung schwankte ich oft zwischen einer hilfreichen Victoria und einem wenig hilfreichen, faulen Erwachsenen, der ihr nicht helfen wollte, zu wachsen:

*Sie bereitete eine Bombe vor, die alle Erwachsenen auf der Erde in die Luft jagen sollte und ich hatte noch zwei Minuten bis zu meinem tödlichen Schicksal. Ich ließ sie wissen, dass ich es mit einer zu Recht wütenden Phoebe zu tun hatte: Sie hat das Gefühl, dass ihr niemand hilft, erwachsen zu werden und Dinge zu tun wie Essen, aufs Klo gehen, zur Schule gehen. Ich deutete an, dass sie vielleicht wütend auf diese »unsere erwachsenen Leute« sei. Sie schaute kurz zu Boden, als würde sie etwas aufnehmen, und fragte dann: »Kannst du mir jetzt bitte beim Ausmalen helfen?«, und ich nickte. (November 2021)*

Es war auch wichtig, diesen Konflikt mit den entwicklungsfeindlichen oder »faulen« Anteilen in ihr anzusprechen, da diese auch auftauchten, wenn es um gewöhnliche Grenzen ging. Es war daher wichtig, zwischen Grenzen aus einer Position der Fürsorge und nicht hilfreichen Türen in ihrer Entwicklung, die blockiert oder geschlossen waren, zu unterscheiden.

## Fünfte Entwicklung: Träumen, spielen, sein

Nach den Ferien kehrte Phoebe zu den Sitzungen zurück und war sehr daran interessiert, Wasser zu erforschen und damit zu spielen. Sie interessierte sich für die Wasserbehälter und dafür, was drinbleiben und was auslaufen würde. Parallel dazu spürte ich sehr starke Empfindungen in meinem eigenen Körper und bemerkte, dass ich auf die Bewegungen im Inneren meines Körpers als wichtige Kommunikation achtete (Lefebvre, 2013):

*Phoebe wollte mit Lego und Spielknete einen Teich bauen. »Oh, nein! Lass uns das Handtuch holen, unser Handtuch«, sagte sie. Ich bemerkte, dass Experiment Nummer eins nicht funktioniert hatte. Das gefiel ihr und sie sagte: »Versuchen wir es mit Experiment Nummer zwei.« Dann sagte sie: »Lass uns die Knete um das Lego legen, damit es nicht ausläuft.« Sie tat es und es lief nicht aus. »Experiment Nummer zwei hat funktioniert!« (Januar 2022)*

Wir führten viele Experimente mit Wasserbehältern durch, wobei Phoebe so tat, als sei sie eine Physikerin auf dem Gebiet der Teichforschung und ich ihre Assistentin. Ich zeichnete alle Daten in unserem Labor auf, während wir die Geheimnisse der Knetkonsistenz und des Auslaufens enträtselten. Parallel dazu kam sie dem Ziel näher, ihre Windeln abzulegen und in den Elternarbeitssitzungen wurde viel getan, um dieses Ziel zu unterstützen. Das Engagement der Eltern bei der wöchentlichen Elternarbeit während der gesamten Behandlung spielte eine entscheidende Rolle bei der Unterstützung und Umwandlung ihrer Projektionen von Phoebe als krankes und hilfloses Kind, während sie sich gleichzeitig mit ihren gemischten Gefühlen und Schuldgefühlen auseinandersetzten, als Phoebe sich von dieser unangenehmen Identität emanzipierte.

Auch in der Schule machte Phoebe Fortschritte und es fanden neue Treffen statt, um ihr den Übergang zu einer neuen Schule zu erleichtern, da das erste Treffen erfolglos war. Leider galt das nicht für ihre Essprobleme: Ihre Sitzungen mit den Ernährungsberatern wurden abrupt abgebrochen und unsere Überweisung an die Fachklinik wurde abgelehnt. Ich war frustriert über die Unzulänglichkeiten und den Stillstand des Netzwerks, der sich in der Behandlung fortsetzte. Es gelang uns, ein gutes Bündnis mit ihrer neuen Schule zu schließen, was ihr den Übergang enorm erleichterte. Außerdem waren in dieser Phase der gemeinsamen Arbeit Themen wie Geschwisterrivalität, Eifersucht, das Gefühl der Ausgrenzung und Neugier auf mein Privatleben präsent. Ihr Vater beteiligte sich auch viel stärker an ihrer Behandlung und brachte sie an manchen Tagen allein und unterstützte die Mutter bei der Elternarbeit.

Als Phoebe mehr am Alltagsleben teilnahm, wurde sie von verschiedenen Krankheiten (einschließlich COVID-19) und sogar einem gebrochenen Bein heimgesucht. Der Konflikt zwischen Größerwerden und Abhängigkeit war allgegenwärtig und wir besprachen in der Supervision, wie wichtig es ist, beide Teile von ihr im Auge zu behalten, was uns zu der Entscheidung führte, ihr Spielzeug um eine Babypuppe zu erweitern. Sie hasste sie absolut und innig, nannte ihre Puppe spielerisch »Mülleimer«. Mülleimer war nicht nur ein Objekt des Hasses, sondern wurde auch zum Sprachrohr für die Babyanteile, die Phoebe zu verleugnen versuchte, aber auch zu beherrschen suchte, um weiterzukommen. Allmählich wurde sie nachsichtiger mit Mülleimer und arrangierte sich damit, dass er auf einem Kinderstuhl sitzen blieb, während sie auf dem »großen Mädchenstuhl« saß. Während dieser Zeit führten wir ein berührendes und schmerzhaftes Gespräch über die »Geburt« ihrer Behandlung:

*Sie schnappte sich ihre Spielknete, sah mich eindringlich an und fragte: »Weißt du noch, wie wir uns kennengelernt haben?« Ich nickte zustimmend. »Wie war ich?«, fragte sie. Ich schlug vor, unsere Gedanken zusammenzulegen und zu sehen, woran wir uns beide erinnerten. Dann fragte sie: »Aber wie lange kennen wir uns schon?« Wir zählten die Jahre zusammen und sie sagte, es seien vier Jahre... Nein, es sind fünf.« Dann fragte sie: »Wie alt wäre ich, wenn ich bei der Geburt meines Bruders dabei gewesen wäre?« Wir haben zusammengerechnet und festgestellt, dass sie dann vier Jahre alt gewesen wäre. Sie sagte, sie wolle hierherkommen und mich dann kennen lernen. Sie riss die Knete mit aller Kraft auseinander und verzog das Gesicht: »Das war mein Tod«, sagte sie. Sie sah mich an, zerriss die Knete in zwei Teile und sagte: »Du warst nicht da.« Sie schien traurig zu sein und ich nahm ihren Schmerz darüber wahr, dass ich nicht da war, so wie die Erwachsenen in ihrem Leben vielleicht nicht für sie da waren, als sie sie am meisten brauchte. »Es war mein Tod!«, sagte sie wieder und fügte hinzu: »Und jetzt bin ich ein Geist!« (März 2022)*

Dies war eines meiner ehrlichsten und intensivsten Gespräche mit Phoebe und ich hatte das Gefühl, dass sie mir mutig verriet, wie unbegleitet sie sich als kleines Mädchen fühlte. Während dieser Zeit schwankte sie zwischen dem Wunsch, in der Zeit zurückzureisen oder sich weiterzuentwickeln und sprach über Pokémon-Trainer und ihre Entwicklungen. Es war eine sehr interessante Zeit und ich hatte oft das Gefühl, dass wir uns in mehreren unbewussten Erfahrungsdimensionen befanden (Nettleton, 2017). Zu Beginn der Sitzung sagte sie mir, ich solle ihr ein Bett machen und sie half mir beim Bau. Dann legte sie sich hin und wir »träumten« gemeinsam ihre »Albträume« (Ogden, 2004):

*Sie sagte, sie wolle Hilfe beim Einschlafen und bat mich, an ihrer Seite zu sein. Dann sah sie auf und sagte: »Die dummen Ärzte haben mich operiert und alle meine Organe entfernt.« Sie wälzte sich in Fötusstellung und schrie:*

*»Sie haben mich entführt!«, drückte meine Hand fest und rief: »Ich bin jetzt ein Geist!« Ich bemerkte, dass sie einen echten Albtraum durchlebt hatte. Sie stimmte mir zu: »Es ist ein Albtraum« – und zwar mit leiser Stimme. (Mai 2022)*

Ich hatte das Gefühl, dass sie ihre Erfahrungen in allen Einzelheiten preisgab: Obwohl es sich um äußerst schmerzhafte Sitzungen handelte, empfand ich eine Welle der Dankbarkeit für ihren Mut, mir die Schrecken ihres medizinischen Traumas mitzuteilen, aber auch die fremdartige Erfahrung und wie sie sich von anderen und deren gewalttätigen Projektionen bedrängt fühlte (Williams, 1999). Phoebe hatte auch angenehme Träume und wir verbrachten viele Sitzungen damit, uns gegenseitig Baby-Pokémon-Geräusche vorzumurmeln oder in Stille zu verharren. Sie kehrte auch in ihr »Aufladebett« zurück, aber ihr Interesse verlagerte sich darauf, ein Pokémon-Trainer zu werden.

## Sechste Entwicklung: Zwischen Evolutionen und Ewigsteinen

Phoebe begann sich dafür zu interessieren, Pokémon-Trainerin zu werden, kurz bevor sie eingeschult wurde. Sie erzählte mir, dass ihre Pokémons in eine Schule in einer anderen Region gehen würden und sie waren aufgeregt, aber auch ängstlich. In ähnlicher Weise wurde Phoebes sich erweiternder Horizont von großer Angst begleitet: Sie schwankte zwischen dem Wunsch, sich weiterzuentwickeln und dem Einsatz des Ewigsteins,[1] um die Entwicklung aufzuhalten. Parallel dazu wurden die dreimal wöchentlich stattfindenden Sitzungen reduziert, um mehr Raum für ihr Schulleben zu schaffen und sie auf den bevorstehenden großen Abschied vorzubereiten.

*Sie sagte, Riola würde sich jetzt nicht weiterentwickeln, weil sie ihr einen Ewigstein eingepflanzt hat, und sie klang wütend. Sie sah mich an und sagte: »OK, jetzt kannst du dir denken, was das für eine Entwicklung ist, sooo...« Sie gab mir weiter Tipps. Wenn ich versuchte mit ihr zu reden, sprach sie über mich hinweg oder sagte: »Pssst!« Dann wandte ich mich an Riola und sprach mit ihr. Ich habe ihr gesagt, dass sie ihre Ausbilderin kennt und dass*

1 Anmerkung des Übersetzers: Trägt ein Pokémon den Ewigstein, entwickelt es sich nicht weiter, ganz gleich ob es beispielsweise das nötige Level für die Weiterentwicklung erreicht hat.

*es schmerzhaft und schwierig war, an diese große Veränderung zu denken. Ich sagte ihr, dass ich sie schon lange kenne und obwohl sie mich immer wieder davon zu überzeugen versucht, dass sie sich niemals weiterentwickeln wird, glaube ich, dass ein großer Teil von ihr das wirklich will, aber Angst davor hat. (Oktober 2022)*

Die Evolution brachte große Risiken mit sich - die Veränderung des Körpers, die weitere Trennung von ihren Eltern und ihren Sitzungen – aber auch spannende Abenteuer. Wir mussten Phoebe und Riola, ihr Pokémon, immer wieder an beide Seiten der Erfahrung erinnern. Das war auch deshalb wichtig, weil so die Möglichkeit bestand, eine Trennung zu überstehen:

*Sie wütete: »Du kommst ins Gefängnis und in die Todeszelle!«, während sie das Klebeband mit einer Schere aus ihrer Schachtel entfernte. Dann sagte sie, ich sei eine dumme Bäuerin ohne Bildung. Ich gab zu, dass ich heute eine böse, böse Victoria war, und sie war so wütend auf mich. Sie erwiderte, dass ich schon immer böse gewesen sei und fügte hinzu: »Wir waren nie wirklich Freunde...« und sagte, dass sie mich umbringen würde. Ich sagte, dass ich vielleicht für sie da sein sollte, was auch immer sie fühlt, da dieser Abschied groß und schmerzhaft ist. Sie sagte dann, dass alle Sitzungen enden werden, weil es jetzt ein Abschied ist und dann werden sie enden. Ich sagte, dass dieser Abschied vielleicht Gedanken an zukünftige Abschiede auslöst und erklärte, wie schwer das ist: »So eine schluckaufige Zeit!« Sie fing an, laute Schluckaufgeräusche zu machen und sagte, alle Pokémons hätten Schluckauf. (November 2022)*

Riola und Snowy, ihr anderes Pokémon, hatten lange Zeit Schluckauf, und wir halfen ihnen beim Aufstoßen, während wir den Abschied von unserem geliebten Mittwoch verarbeiteten. Phoebe hasste mich abwechselnd leidenschaftlich und freute sich, wie ich glaube, vorsichtig darüber, dass wir ihr abnehmendes Bedürfnis nach Sitzungen erkannten und ihre Entwicklung förderten.

## Siebte Entwicklung: Die Choreographie des Abschieds

Wir kamen überein, Phoebe nach der Rückkehr aus den Ferien von unserem Abschied zu berichten, da mein Praktikum Ende Juli enden würde. Nach der ersten Woche schien sie bereits etwas mitgenommen zu haben. Ich brachte sie zur Sitzung ihrer Eltern und sie sagte »Abschluss?!«, und schaute uns alle an. Mama und Papa erklärten ihr, dass sie damit den Abschluss ihrer Sitzungen meinte. Ich fand das liebenswert, aber ich fragte mich, ob sie mit dem Gedanken an einen Abschluss ihre Traurigkeit und Wut verdrängen wollte und möglicherweise das Gefühl hatte, uns beide vor diesem schmerzhaften Abschied schützen zu müssen. Angesichts ihrer beträchtlichen Fortschritte seit Beginn unserer gemeinsamen Arbeit kam es mir jedoch auch echt vor. Ich bestätigte das Gefühl, dass unser gemeinsamer Weg wie ein Abschluss war, deutete aber an, dass er auch traurig und schmerzhaft sein könnte.

Als sie aus der Pause zurückkam, hatte Phoebe Geburtstag und kam mit einem personalisierten T-Shirt zur Sitzung, auf dessen Vorderseite stand: »Ich habe heute keine Zeit. Ich bin ausgebucht!« Ihre Mutter sagte auch, dass auf der Rückseite etwas stand, und sie drehte sich um. Darauf stand: »Vielleicht habe ich morgen Zeit für dich«. In der Sitzung fühlte ich mich von ihrer Wut völlig überrollt und sie versuchte, mich zu schlagen, das Spielzeug im Zimmer zu zerstören und sich auszuziehen:

*Sie schrie: »Lass mich los! Ich will dich töten!« Dann ging sie zur Mülltonne, nahm die Babypuppe heraus und sagte: »Es tut mir leid, dass ich das tun muss ... aber es ist Zeit für deinen Tod.« Sie rief: »Wirst du dich dann verabschieden? Lasst mich gehen! Lass mich los!«, und schrie laut. Ich sagte: »Phoebe«, und sie schrie: »Was?« Ich sagte: »Ich glaube nicht, dass ich dir helfen kann, wenn ich dich so wütend werden lasse. Ich glaube, du testest mich, um zu sehen, ob ich es tolerieren kann, dass du so wütend auf mich bist, besonders nachdem ich zwei Wochen lang weg war.« Sie seufzte und schrie, als sie das Klebeband von der Puppe entfernte. Ich sagte: »Mülleimer ist wütend, sie ist ein Mensch und sie hat eine Botschaft für mich.« Sie rief aus: »Ich bin es tatsächlich! Ich bin wütend und ich bin ein Mensch!« (Februar 2023)*

Diese Sitzung erinnerte mich an Winnicotts Beschreibung der Schreie eines Babys: »Ein Baby in Wut ist sehr wohl eine Person. Es weiß, was es will, es weiß, wie es es bekommen könnte, und es weigert sich, die Hoffnung aufzugeben« (Winnicott, 1945, S. 240). Dass Phoebe sich ihre Wut zu eigen machte, öffnete den Weg für die Lieder der Traurigkeit, des Kummers und der Trauer, die auch in unserem Abschiedslied vorkommen.

*Snowy begann zu weinen, und ich schlug vor, dass sie vielleicht eine Streicheleinheit von Phoebe brauchte. Sie nahm sie hoch und umarmte sie. Sie sagte: »Du machst Snowy traurig.« Ich sagte zu Snowy, dass wir traurige Gefühle hier willkommen heißen und dass ich weiß, wie schwer es für Snowy ist, trau-*

*rig zu sein...« Ihr Weinen machte murmelnden Geräuschen Platz. Ich fragte, wie alt Snowy war, als sie Lily verlor, und Phoebe antwortete: »Sie war erst einen Tag alt. Sie war gerade geschlüpft.« »Oh, ich verstehe! Sie hat also kaum Zeit mit Lily verbracht. Was für ein harter Anfang, Phoebe.« »Eine Tragödie!«, rief sie aus. Sie gab weinende Laute von sich: »Armes Snowy! Was für ein tragischer und verwirrender Anfang.« (März 2023)*

Phoebe erzählte mir die Geschichte von Snowy, wie sie mit dem Tod ihres ersten Ausbilders zurechtkam und ich konnte nicht umhin, auch an meinen Verlust zu denken: Phoebe war meine erste Patientin und, wie mein Supervisor es weise ausdrückte, auch meine erste Trainerin. Während unseres Abschieds war Phoebe auch in der Lage, unverarbeitete Schuldgefühle zwischen den Generationen (Faimberg, 2005), die ihre Entwicklung verfolgten, ans Licht zu bringen.

Phoebe sagte, Snowy sei nach Lilys Tod zu zerbrechlich geworden. Sie war zu zerbrechlich für die Welt und sollte für immer in ihrem Bau bleiben. In einer Sitzung haben wir herausgefunden, dass Snowy zwar nicht für Lilys Tod verantwortlich war, genauso wenig wie Phoebe für den Beinahe-Tod ihrer Mutter bei der Geburt. Dennoch fühlte sie sich zutiefst schuldig, was ihre Freude am Leben behinderte. Ich fragte Phoebe, ob sie wisse, was Snowy bei sich trug, das nicht zu ihr gehörte. Sie antwortete mir unheimlich: »Es ist die Schuld, nicht wahr?« (Juni 2023).

In den Monaten vor unserem Abschied gab sich Phoebe alle Mühe, mir ein schlechtes Gewissen einzureden, weil ich sie verlassen hatte. »Ich werde sterben, wenn du gehst!« oder »Du lässt mich verrotten!« waren häufige Aussagen. Interessanterweise fühlte ich mich nicht schuldig; ich sah das so, dass sie ein Objekt testete, das ihr Spektrum an Gefühlen während dieses großen Abschieds aufnehmen konnte, aber auch glauben konnte, dass unsere gemeinsame Arbeit ihr Ressourcen gab, um das Leben und das Wachsen anzunehmen (Joyce, 2023). Sie versuchte abwechselnd, das, was ich »meine Schuldtaste« nannte, zu betätigen und Bastelarbeiten für ihre Abschiedsfeier anzufertigen, wobei sie über unseren gemeinsamen Weg nachdachte.

Bei ihrer letzten Sitzung trug Phoebe ein rosa und lila Sommeroutfit und hatte eine riesige Reisetasche mit all ihren 35 Pokémon dabei. Sie wollte ein Foto von uns beiden. »Sie müssen sich alle von dir verabschieden«, rief sie aus. Wir machten ein rührendes Foto, auf dem sie winkte, während sie alle Pokémon auf den Stühlen positionierte. Sie gab mir eine Karte, auf der sie ihre gemischten Gefühle zum Ausdruck brachte, weil sie mich vermisste, mir aber auch den Tod wünschte, was angemessen ambivalent war.

Ich hatte das Gefühl, dass diese Sitzung wie im Fluge verging, aber wir wurden nicht überrannt und in gewisser Weise hatte ich das Gefühl, dass sie bereit war zu gehen. Ich packte alle Pokémon zurück in ihre Tasche und verabschiedete mich einzeln von jedem von ihnen. Am Ende wollte Phoebe unten auf ihre Eltern warten. Sie war ruhig und gelassen. Als ihre Eltern herunterkamen, stand sie auf und berührte meinen Arm, als sie sich näherten. Sie sprang auf mich zu und umarmte mich. Ich sagte ihr, dass ich sie vermissen würde, aber das es sich so anfühlt, dass sie jetzt bereit ist zu gehen. Sie sah mich an und sagte: »Ich werde dich auch vermissen, weißt du?« Ich sah zu, wie sie mit einem bittersüßen Geschmack voller Emotionen gingen.

## Schlussfolgerung

Der Titel dieser Arbeit ist mehr eine Aufforderung als eine Feststellung. Ich habe versucht, die Beziehung zwischen zwei Fremden zu erforschen, die in gewisser Weise eine »psychische Unterkunft« gefunden haben. Phoebe befand sich anfangs in einem Zustand primitiver Verstrickung mit ihrer Mutter, beide waren traumatisiert und wurden von nicht repräsentierten körperlichen und psychischen Gespenstern gequält (Roussillon, 2004; Fraiberg et al., 1975). Die Behandlung war schwierig für mich, da ich mich zu Beginn meiner Ausbildung wie ein unvorbereiteter Ersttherapeut fühlte. Mit Hilfe von Supervision und Lehranalyse fühlte ich mich eher in der Lage, Phoebes Rhythmus zu akzeptieren und ihr Tempo zu respektieren. Dies schien auch eine parallele Wirkung auf das Feld zu haben, denn ich fühlte mich besser auf Phoebes und Claires Kommunikation eingestimmt, und so konnten wir beginnen, die Melodie der Zweisamkeit zu tanzen.

In dieser Arbeit gibt es diverse Limitierungen, insbesondere in Bezug auf ihre Essprobleme. Es war sehr schwer, die Starrheit und die Unzulänglichkeiten der beteiligten Dienste im Netzwerk zu überwinden und ich fühlte mich oft wütend und gelähmt angesichts der mangelnden Unterstützung für Phoebe. Ihr nahendes Größerwerden wirft drängende Fragen auf: Wie werden sich die heftigen »Töne« der körperlichen und hormonellen Veränderungen der Pubertät auf ihr gerade erst entwickeltes und noch immer entstehendes Selbstgefühl auswirken? Die Eltern setzten die Elternarbeit fort, bis Phoebe sich in ihrem neuen schulischen Umfeld eingelebt hatte und an eine spezialisierte Ernährungsberatungsstelle überwiesen wurde.

Während unserer gemeinsamen Arbeit hatte ich das Gefühl, dass Phoebe in der Lage war, vielfältige Gefühle zu verarbeiten, die aus ihrem traumatischen

Start ins Leben herrührten und dass es eine Gelegenheit gab, eine Trennung zu modellieren, die nicht unbedingt eine Tragödie sein musste. Obwohl ich das Gefühl hatte, dass noch mehr hätte getan werden können, hatte ich das Gefühl, dass Phoebe die Erfahrung gemacht hat, durch mehrere Erfahrungs- und Entwicklungsbereiche »begleitet« zu werden. Vor allem aber werde ich ihr für immer dankbar sein für ihren enormen Mut, mich zum Tanzen mitzunehmen und mit mir durchzuhalten, auch wenn ich oft die Schritte verpasste.

*Übersetzung aus dem Englischen*
*von Sebastian Kudritzki, München*

# Literatur


Alvarez, A. (1988): Beyond the unpleasure principle: some preconditions for thinking through play. *Journal of Child Psychotherapy, 14(2)*, 1–13.

Alvarez, A. (2004): Borderline children: Differentiating disturbance and deficit. In: M. Rustin & E. Quagliata (Eds), Assessment in child psychotherapy with disturbed children. London (Karnac).

Alvarez, A. (2014 [2012]): *Das denkende Herz: Drei Ebenen psychoanalytischer Therapie mit gestörten Kindern*. Frankfurt a. M. (Brandes & Apsel).

Bion, W. (1992 [1962]): *Lernen durch Erfahrung*. Berlin (Suhrkamp).

Bollas, C. (2019): *Forces of destiny: Psychoanalysis and human idiom.* New York (Routledge).

Cunningham, M. (1970): Choreography and the dance. In: S. Rosner & L. E. Abt (Eds.), *The creative experience: Why and how do we create?* New York (Grossman Publishers).

Eliot, T. S. (1943): *Four quartets*. New York (Harcourt, Brace, & Co).

Faimberg, H. (2009 [2005]): *Teleskoping: Die intergenerationelle Weitergabe narzisstischer Bindungen.* Frankfurt a. M. (Brandes & Apsel).

Ferro, A. (2003 [1999]): *Das bipersonale Feld: Konstruktivismus und Feldtheorie in der Kinderanalyse.* Gießen (Psychosozial).

Fraiberg, S., Adelson, E. & Shapiro, V. (1975): Ghosts in the nursery: a psychoanalytic approach to the problem of impaired mother-infant relationships. *Journal of the American Academy of Child Psychiatry, 1*, 387–421

Green, V. (2009): Individual psychotherapy: Assessment, intensive an non-intensive work. In: M. Lanyado & A. Horne (Eds.): *The handbook of child and adolescent psychotherapy: Psychoanalytic approaches*, 175–191. London (Routledge).

Guerra, V. (2017): O ritmo, a musicalidade comunicativa e a lei materna na artesania da subjetivação humana. *Revista de Psicoterapia da Infância e da Adolescência* (Publicacao CEAPIA), *26*, 8–21.

Guerra, V. (2023): *Vida psíquica do bebê: a parentalidade e os processos de subjetivação*. São Paulo (Blucher).

Haag, G. (2006): Clivages dans les premières organisations du moi: sensorialités, organisation perceptive et image du corps. *Le carnet psy*, 8, 40-42.

Holloway, R. (2021): Psychodynamic functions of digital media within our child/adolescent sessions – From interference to enhancement: A benevolent viewpoint. *The Psychoanalytic Study of the Child, 74(1),* 349–378.

Hurry, A. (2011 [1998]): *Psychoanalyse und Entwicklungsförderung von Kindern.* Frankfurt a. M. (Brandes & Apsel).

Hustvedt, S. (2022): Umbilical phantoms. *The International Journal of Psychoanalysis, 103(2),* 368–380.

Joyce, A. (2023): The child analyst as a »new developmental object« to a developmentally delayed young child. In C. Bronstein & S. Flanders, *Child and adolescent psychoanalysis in a changing world: Children on the edge* (pp. 85–98). London (Routledge).

Knoblauch, S. H. (2005): Body rhythms and the unconscious: Toward an expanding of clinical attention. *Psychoanalytic Dialogues*, *15(6),* 807–827.

Konicheckis, P. A. (2015): Sensorialité et mouvement dans la transmission psychique familiale. *Le divan familial, (1)*, 83–94.

Lefebvre, H. (2013): *Rhythmanalysis: Space, time and everyday life.* London (Bloomsbury).

Levine, H. B. (2021): Further thoughts on trauma, process and representation. *The American Journal of Psychoanalysis, 81*, 164–177.

Mazéas, D., Rajak, J., Haag, M., & Haag, G. (2022): Naître aux autres, accueillir la chute. *Cliniques méditerranéennes, 105(1),* 19–32.

Meltzer, D. et al. (2018 [2011]): *Autismus: Eine psychoanalytische Erkundung.* Frankfurt a. M. (Brandes & Apsel).

Nettleton, S. (2017): *The metapsychology of Christopher Bollas: An introduction.* New York (Routledge).

Pontalis, J. B. (2005): *Entre o sonho e a dor*. São Paulo: Ideias & Letras.

Ogden, T. H. (2004): This art of psychoanalysis: Dreaming undreamt dreams and interrupted cries. *The International Journal of Psychoanalysis, 85(4),* 857–877.

Roussillon, R. (2012): La séparation et la dialectique présence/absence. *Le carnet psy, 165(7),* 49–53.

Roussillon, R. (2014): O trauma narcísico-identitário e sua transferência. *Revista Brasileira de Psicanálise*, *48(3),* 187–205.

Trub, L. (2021): Playing and Digital Reality: Treating Kids and Adolescents in a Pandemic. *Psychoanalytic Perspectives*, *18(2),* 208–225.

Williams, G. (1999): On different introjective processes and the hypothesis of an »omega function«. *Psychoanalytic Inquiry, 19(2)*, 243–253.

Winnicott, D.W. (1945): Why do babies cry?. In L. Caldwell & H. T. Robinson (Eds.), *The Collected Works of D. W. Winnicott: Volume 2, 1939–1945,* 237–246. London (Oxford University Press).

Winnicott, D.W. (1969): The Use of an Object. *International Journal of Psycho-Analysis*, *50*, 711–716.

Winnicott, D.W. (1971): *Playing and Reality*. London (Tavistock Publications).

Winnicott, D. W. (1975): Primary maternal preoccupation. In: D. W. Winnicott (Ed.) *Though Paediatrics to Psycho-Analysis* (300–305). London (The Hogarth Press and the Institute of Psycho-Analysis) (Original work published in 1956).

*Marti Ben Zur / Orna Wassermann*
(Tel Aviv)

# Zur Übertragung in der psychoanalytischen Behandlung von Verlust und Trauer

## Gedanken und Assoziationsketten nach David Grossmans Buch *Kommt ein Pferd in die Bar* und in Bezug auf drei Behandlungsberichte[1]

**Selda: Entferne Dich nicht**

Trauergäste füllen den Hof
Den äußeren
Stehen am Tor
Zum finsteren Tal
Und sein Schrecken ist überall.
Am Tor stehen ist alles was Trauergäste ertragen können.
Auch meine Seele steht ein wenig abseits
Vom weinenden Ich. So muss es sein.
Schöpfer der Nächte und des Windes
Dies schreckliche Klagen gilt gewiss dir,
Geh nicht fort
Es sollen Euch nicht trennen
Millionen Lichtjahre
Dich und Hiob

1 Basiert auf einem Vortrag am Israelischen Institut für Psychoanalyse, 2018, und auf dem Artikel: Ben Zur, M. (2020).

# Prolog

Wir schreiben den Prolog in für uns alle sehr schwierigen Tagen, inmitten eines schrecklichen Krieges, von dem wir nicht wissen, wie und wann er enden wird und was die Zukunft für uns bereithält. Es fällt schwer zu denken und erst recht, eine Perspektive aufzubauen. Der Verarbeitungsprozess von Verlust und Trauer, über den der Artikel, den wir präsentieren, geschrieben ist, ist gefärbt von einer erschütternden und destabilisierenden Gegenwart, in ständiger Angst und Besorgnis über die Zahl der Toten, Verwundeten, Entführten und Vertriebenen, die auf beiden Seiten ständig zunimmt. Selbst das Schreiben über die Entwicklung der Dinge, wie wir sie aus unserer sehr subjektiven Perspektive erlebt haben, kann angesichts der sich verschärfenden Katastrophe in Israel und Gaza beim Leser, der den Nachrichten ausgesetzt ist, Unbehagen hervorrufen.

Am 7. Oktober durchbrachen im Morgengrauen Tausende Hamas-Terroristen aus Gaza den Sicherheitszaun und griffen Militärstützpunkte, zivile Siedlungen und die Teilnehmer an einer Trance-Party im Süden des Landes an. Bei dem Angriff wurden viele Hunderte Israelis auf sehr brutale Weise ermordet und Gräueltaten gegen Babys, ältere Menschen, Frauen und Männer dokumentiert. Tausende wurden verletzt und über zweihundertfünfzig als Geiseln entführt. Über hundert von ihnen, von denen wir hoffen, dass die meisten von ihnen noch am Leben sind, werden bis heute in Gaza festgehalten und sind, soweit wir wissen, Misshandlungen ausgesetzt, die das kognitive und emotionale Fassungsvermögen übersteigen. Hunderttausende wurden aus ihren Häusern evakuiert und können bis heute nicht in ihre Häuser oder in die Ruinen ihrer Siedlungen zurückkehren. Seit dem terroristischen Überfall tobt ein sehr schwerer Krieg und die Zahl der zivilen Opfer ist in unvorstellbare Höhen gestiegen. Auch die Zerstörung ist schwer zu verdauen. Während wir diese Zeilen schreiben, geht der Kreislauf der Aggression weiter und weitet sich aus. Wir wissen nicht, wie es aussehen wird, wenn der Artikel veröffentlicht wird.

Der Staat Israel trat aus einer emotionalen Position in diesen schrecklichen Krieg ein, da der Holocaust, der vor 80 Jahren stattfand, nun gefühlt erneut an seiner Südgrenze stattfindet; die Schilderungen, die wir von dort hören, tragen die Signatur des Holocaust und der grausamen Pogrome, die Juden im Exil erlebten. Es bestehen tiefe existenzielle Fragen innerhalb der persönlichen Begegnung mit dem Verlust von Familienmitgliedern und Freunden und es findet ein Versuch statt, das Unverdauliche zu verdauen, die Bedeutung zu verstehen, nach einem Weg zu suchen, als Individuen und als Gesellschaft im Schatten und aus dem Verlust und den schwierigen Begebenheiten heraus zu leben.

Dies ist der emotionale Resonanzboden, vor dem wir einen Artikel senden, der zwar bereits vor dem Krieg geschrieben wurde, sich aber zu unserer Überraschung fast unbewusst mit dem verfluchten Rätsel der Kontinuität von Kriegen innerhalb der Geschichte und der Nationen befasst, so als ob die Wiederholung zwanghaft und unvermeidlich wäre.

In dem Artikel werden wir versuchen, die menschliche Bewegung von der Stelle aus zu beobachten, an der das Leben durch den Verlust in zwei Teile gespalten wurde; in das bewusste und unbewusste Selbst, in den sichtbaren und den verborgenen Kompass in der Seele des Patienten, bis hin zum Zentrum der Übertragung in der Therapie.

Wir werden uns mit der radikalen, tiefgreifenden und nicht selbstverständlichen Bitte – vielmehr Forderung – des Patienten befassen, der das ihm Liebste verloren hat, die Existenz des Verstorbenen in die Seele des Therapeuten zu pflanzen, in das Selbst des Therapeuten, im primärsten Sinne. Der Therapeut ist in dieser Zeit sowohl die reale Person, die so nah ist, als auch Repräsentant der jenseitigen Welt, eingepflanzt in die Welt, welche die Ewigkeit birgt, die zwischen Tod und Vergangenem und dem weiter Existierenden trennt… für immer und ewig… Vielleicht repräsentiert er auch eine Bitte um die Kontinuität der säkularen Seele... im Menschen und weniger im Himmel. Und vielleicht ist er eine Berührung der menschlichen Seele, eine Verbindung zum Himmel, eine winzige Berührung mit der Ewigkeit, ihrer Vermittlung und Rückkehr ins Leben, das sich für immer verändert hat, ein Leben, in dem sich die Dimension der Ewigkeit für immer verändert hat.

Die Sehnsucht, das Gebet und das Flehen des Trauernden hat eine entscheidende Bedeutung in der Übertragung und in der Existenz des Verstorbenen über die Generationen hinaus. in mir als derjenige, der ihn in sich trägt, und im Therapeuten, der die Welt darstellt. Wir werden uns mit der Gnade beschäftigen, die in der Bitte um Verewigung im Herzen des Analytikers liegt, und mit den komplexen Aspekten um die ewige Einpflanzung des Verlusts und des Schmerzes in den Stamm der Geschichte, damit er nicht vergessen wird und in der unbewussten Vorstellungskraft sogar die Zukunft schreiben oder zumindest daran teilnehmen kann: Manchmal als Gnade der Kontinuität und Erinnerung und manchmal als Zwang der Wiederholung in ihren schwierigen Erscheinungsformen.

Die Seele verlangt nach der kontinuierlichen Gegenwart des Verstorbenen in der Trauer… im Therapeuten und in der Welt… Es entsteht eine Angst, dass er verschwindet… nicht mehr ist… eine Angst um die Kontinuität des Seins. Die Übertragung… das Verlangen… die Verantwortung… Das Gedenken – für immer – wird zur Grundlage der Existenz der Hinterbliebenen… unserer Patienten; eine Grundlage, die an uns gerichtet wird zur Weiterführung eines inneren Protokolls… zum Gedenken… zur Kontinuität der Zusammengehörigkeit. Damit der oder die Verstorbenen weiterhin ein Teil von uns bleiben… weiter in uns existieren… sich in uns befinden… in der Welt… in den Anderen… eine Existenz weiterführen, die Wert und Bedeutung hat. Damit er oder sie weiterhin ein Teil dessen sind, was unser Leben darstellt… Teil unseres Selbst… Teil der uns Nahestehenden… Teil der Welt.

Wie bei Selda, die sich an ihren Gott wendet, ist diese enorme und einfache Forderung immer an das Leben, das Herz, die Seele und das Bewusstsein des Therapeuten gerichtet, und sie ist die Grundlage der besonderen Charakters der Übertragung in der psychoanalytischen Behandlung von Verlust und Trauer. Das Herzstück des Anliegens sind der Appell und die Forderung, welche von der schmerzenden und gebrochenen Seele des Patienten an die Seele des Therapeuten gerichtet werden… bewusst und unbewusst, zur Erinnerung und für das innere Protokoll, zur Kontinuität des Seins des Verstorbenen… eine wahrhaftige Eingravierung in unser Inneres… in uns… in unsere Welt… in die Teilchen unserer Existenzgrundlage… hinein in die Augenblicke, die Assoziationen… die Vertrautheit und die Präsenz. Das Fortdauern einer lebendigen Existenz, einer Zugehörigkeit und die Schaffung von Bedeutung dessen, der von uns gegangen ist… der uns genommen wurde.

Ich bitte Sie, heute meine Worte anzuhören, welche mit Angst und Bangen niedergeschrieben wurden und nun gesprochen werden. Ich möchte in einer Sprache sprechen, in der die Worte ihre Reise noch nicht beendet haben. Worte im Entstehen, mitten aus meinen Gedanken, noch bevor ich sie auf den Bildschirm oder zu Papier bringe. Worte und Zeilen, die, wenn auch nur für einen Moment, ein Blitzableiter für die Kräfte der Existenz, Vergänglichkeit, Endlichkeit und menschliche Kontinuität im Allgemeinen und in der psychoanalytischen Behandlung rund um Verlust und Trauer zwischen Patient und Therapeut und in beiden im Besonderen sein wollen.

Ich spreche ein Gebet, das unserem Thema nicht fremd ist… es ist unseren Worten und unserem Reden und den Verstorbenen angemessen…

Möge es nicht landen und seine Reise beenden... Möge es nicht sein Ende erreichen… Möge es nicht enden… Mögen sie gehört werden und fortbestehen und das Echo der Gedanken bilden… das Echo der Erinnerung… das Echo des Bildes… der Klang der Präsenz… Möge es weiterhin gehört werden, weiter existieren und geformt werden, auch wenn es bereits geschrieben und besiegelt wurde am Tag seiner Beendigung. Möge das Echo der Worte bewahrt und nicht vergessen werden, möge es fortbestehen und auch weiter entstehen, selbst wenn es schon geschrieben und Ihnen, den Zuhörern, vorgelegt wurde… Möge es bewahrt werden und weiter bestehen…

## Das Laufen auf Händen – eine kurze Erklärung für diejenigen, die das Buch nicht gelesen haben

Ich möchte heute mit der Geschichte von Dovele beginnen, des Protagonisten in David Grossmans Roman *Kommt ein Pferd in die Bar*.

Das Buch dreht sich um einen Stand-up-Auftritt, den Dovele – vielleicht zum letzten Mal – gibt und zu dem er einen Freund einlädt, der ihn verlassen hatte und der vor etwa vierzig Jahren seine Augen und sein Herz von ihm abgewendet hatte. Die Aufführung wird immer persönlicher, exponierter, überraschender, präziser und wilder; sie erzählt wie zum ersten Mal auf beunruhigende, kraftvolle und rücksichtslose Weise Doveles wahre Lebensgeschichte. Vom Stehen auf seinen Händen und dem Laufen auf ihnen, in für seine Seele unerträglichen Momenten, von klein auf, bis zu ihrem konkreten und symbolischen Zusammenbruch bei der Beerdigungszeremonie und der letzten Begegnung mit seiner Mutter, als er verstand und sich die Schuld an ihrem Tod gab...

Die Idee, auf Händen zu laufen… die Sichtweise umzukehren, wenn einem alles aus der Tasche fällt, ist literarisch, visuell, psychologisch und spirituell genial. Trotz ihrer Zerbrechlichkeit und Verletzlichkeit ist sie machtvoll und wunderbar. Die Kraft der Bewältigung, des Widerstands und des Überlebens… Eine ganze Welt öffnet sich... Bis zum Himmel. Ich sehe Dovele vor meinem geistigen Auge, wie er auf seinen Händen herumwandert und auf magische Weise über mich läuft und ein warmes und sanftes Lächeln hervorruft, wie im schmerzvollen und mitfühlenden Herzen seiner jungen Nachbarin, der sich mit Liebe, Wärme und Hingabe an ihn erinnert und ihm heute genauso treu ist wie vor vierzig Jahren.

Wenn nichts mehr geht... wenn alles vorbei ist... üben wir uns in einem kindlichen Jongleurakt, für den wir ein Leben lang trainieren, und er ist an eine langjährige Fähigkeit gebunden, ist immer verfügbar und von nichts abhängig… ein kleiner Zaubertrick, der die geschaffene Ordnung und die unmögliche Realität herausfordert… eine innere Flucht in die Freiheit… eine innere Flucht in die Freiheit: Die Katastrophen der Mutter… ihre Augen… die Dämonen von dort und die Dämonen von hier… die Abgründe ihrer Vergangenheit, die Fragmente ihres Lebens und ihrer Welt… alle, die sie liebte und die nicht mehr da sind… heute ist der Tag eines solchen Schreckens… der Zusammenbruch ihrer Seele… und die kindliche Hilflosigkeit, die angesichts all dessen so großen Schrecken erzeugt.

Und dann... bei einem seiner Versuche, sie in ihrer Deprimiertheit glücklich zu machen... im dunklen Raum... wie ein genialer Zauberstab springt Dovele und stellt sich auf seine Hände. So wird der Jongleur geboren. So werden unsere Jongleure geboren… die Mutter lächelt überraschenderweise… vielleicht rette ich ihre Seele... vielleicht wurde der geheime Schlüssel zu allen Rätseln enthüllt… im Bruchteil einer Sekunde stellte sich alles auf den Kopf und seitdem steht Dovele auf seinen Händen. Die Perspektive ändert sich und alles steht auf dem Kopf. Eine völlige Veränderung. Die Regeln sind gänzlich verschieden… Nichts kann mich verletzen… nichts mir wehtun… Ich habe die Regeln des Spiels verändert, welches meiner Seele gefährlich geworden war… ihrer Seele... Ich habe neue Gesetze der Schwerkraft erlassen... Ich habe den Tod in ihr – in mir – überwunden… ein neuer Standpunkt… eine schützende Blase… Stille außerhalb und im Inneren... eine Art Freimal, bei dem wir als Kinder vor dem Zugriff des Fängers sicher waren.

Und in Grossmans Sprache:

> … und Stille, Ruhe von allem, und ich hatte das Gefühl, einen Ort im Äther der Welt gefunden zu haben, an dem niemand außer mir ist. Mir kann nichts angetan werden, wenn ich so bin, und so gibt es auch keine Gedanken. Es gibt keine Ged… Es gibt niemanden, der denkt. Wer findet mich wohl, wenn ich auf dem Kopf stehe, wer kann mich einfangen...

Doveles ultimatives Jonglieren um seine Selbsterhaltung in Momenten großer Gefahr und um seine verletzte Mutter und das traurige Mädchen, seine Nachbarin, die er liebte und vor den Gefahren des Schicksals, der Welt und der Erinnerung an den schrecklichen Verlust beschützen wollte, zu schützen und ihnen das Lächeln wiederzugeben... hebt die Demütigung auf... den Schmerz und die Unmöglichkeit der Existenz... und zaubert ein seltenes und kostbares Lächeln auf ihre Gesichter und in ihre Herzen. Dieses Mädchen wird unerwartet Zeugin einer Stand-up-Komödie, liebt und erinnert sich nach vierzig Jahren an alles…

Und wir können über den Handstand nachdenken, den wir haben oder nicht haben... es ist unser privater… ein persönlicher Jongleurakt, der uns aus äußeren und inneren Zwängen rettet…

Ich kehre zum Buch zurück... als der Blick abgewandt wurde, als er im vormilitärischen Übungslager im Süden des Landes auf Händen lief, um die Botschaft zu hören, und als seine wundersamen Hände während der Beerdigung versagten, das schützende Geheimnis zu erschaffen, sein Leben und das seiner Mutter zu versöhnen... das Unmögliche erträglich zu machen, wie es ihm in der Vergangenheit so oft gelang, und als sein schmerzerfüllter und gebrochener Vater ihn ebenfalls nicht auffangen konnte, scheiterte Dovele und fiel... scheiterte und ergab sich für immer… etwas ist geschehen… es geschieht seit vierzig Jahren bis heute, wahrscheinlich bis kurz vor dem Ende von Doveles Leben, der die Show abzieht, als er weiß, dass er krank ist… und jetzt der

Freund, der versagt hat… Zusammen mit uns, sind Sie das ganze Buch hindurch eingeladen zu einer Reise in die Tiefen der Abgründe der Erinnerungen und des Abschieds. Zu einem Stand-up der letzten Umarmung… der Illusion einer kleinen menschlichen Zärtlichkeit am Vorabend des Abschieds… der Seelen-Suche… eine letzte Bitte… welche nach und nach im Laufe des Buches und des Stücks auf der Bühne und in uns entsteht. Kostbar, aufrührend und berührend, aber jedesmal auch zu spät.

Für mich ist das der entscheidende Moment des ganzen Buches, als Dovele bei der Beerdigung seiner Mutter, wenige Minuten nachdem er beschlossen hatte, dass die Beerdigung ihre und nicht die seines Vaters sein würde, versucht, auf seinen Händen zu laufen und aufgrund seiner Kraftlosigkeit und Einsamkeit zusammenbricht.

In diesem Moment, in dem alles zerbricht, zerbricht die menschliche Kapazität… zerbröckelt die menschliche Substanz… scheitert unser lebensrettender Jongleurakt… unsere tägliche Routine, die uns in Ordnung hält… definiert, wer wir sind… das Schreiben… das Schaffen… die Abwehrkräfte… die Theorie… die Zugehörigkeit… die Worte… unsere menschliche Berührung… unser Platz in der Welt… unser Körper... unser Selbst… Von diesem Moment an und in alle Zukunft ist nichts so, wie es war… nicht mehr… alles ist anders… dieses Wesen, das wir sind… wie der Richter sagt, so Grossmann in einer seiner wundervollen Beschreibungen: »… diese Eigenschaft, die aus dem Menschen herausbricht, ohne dass er es kontrolliert... vielleicht hat nur ein Mensch auf der Welt diese Eigenschaft«... wer wir sind... wer wir waren und wer wir sein sollten… und wie unsere Liebsten sein sollten… und von hier aus… nur von hier aus… können wir es erneut versuchen…

Eine mir liebe Patientin hat in sehr jungem Alter ihren Vater im Krieg verloren. Vor ein paar Jahren, in der Verbindung zwischen einem Album mit Fragmenten von Familienfotos, die sich in ihre Seele und ihren Körper eingeprägt hatten und die während der Therapie in Assoziationen auftauchten, und einem künstlerischen Werk, das sie aus der Suche nach ihrem Vater in sich und aus dem Familienalbum schuf, kamen ihr zunächst das Bild und dann der Gedanke in den Sinn, vor der Residenz des Präsidenten auf dem Kopf zu stehen, wenn die Sirene ertönt, als Protest gegen die Verherrlichung der Kriege. Die ernsthaft-spielerische Arbeit in der Behandlung versucht mit beinahe religiöser Inbrunst, in jeder Sitzung jeden Bruchteil von Ton, Bild, Gedanken oder Emotion zu begleiten, der ihr in den Sinn kommt, durch unzählige Assoziationen, darunter Fotos ihrer Geburt.

Und ein Bild des Grauens steht auf dem Kopf, und zusammen mit ihrem intensiven Kopfstand-Training, das sie und das menschliche Netzwerk ihrer Freunde praktizieren, tauschte sie für uns fast unspürbar das nach außen gerichtete Element der Wut, des Protestes und der Weigerung gegen einen stillen und wortlosen, stark auf die Handlung selbst konzentrierten, gezielten, genauen und vor dem Lärm der äußeren und inneren Umgebung geschützten Kopfstand aus.

An diesem Gedenktag... eine Stunde vor dem Ertönen der Sirene[2] versammelten sich mehrere Dutzend Familienmitglieder und Freunde in Jerusalem, ein paar Dutzend Meter von der Stelle entfernt, an der ihr Vater gefallen war, und die meisten von ihnen standen mit wortloser, klarer Einfachheit für die Dauer der Sirene auf dem Kopf. Es war die beeindruckendste, präziseste, erschreckendste und friedlichste Memorial Day-Zeremonie, an der ich je teilgenommen habe. Als sie die Herzen und Körper auf den Kopf stellten, wobei der Kopf zum Boden und die Füße in den Himmel zeigten, fühlten sie sich vielleicht zum ersten Mal am richtigen Ort für dieses Ereignis des Sirenenalarms am Gedenktag.

## Die Botschaft der Endgültigkeit... der Zusammenbruch aller Handstände

Die Botschaft schlägt zu und wieder zu und nistet sich mitten in der Magengrube ein... wahrscheinlich im Zwerchfell... im Zentrum des Seins... im Moment des Geschehens, wie im Titel von Yoram Hazans Buch... für die Dauer eines Augenblicks und für immer. Der Bruchteil einer Sekunde, der die Zukunft, wie sie bisher war, verändert. Das Selbst, die ganze Welt, innen und außen. Alles wird erschüttert und bricht allmählich zusammen, bricht ganz allmählich zusammen, in der Zeit und im Körper und es geht uns die Luft aus. Der Bruch wird breiter und bricht weiter. Brüche brechen weiter und weiter und weiter. Die elementarsten Teilchen der Seele, die grundlegenden menschlichen Moleküle, werden durchbrochen, gewaltsam durchdrungen, mit unbekannten Fremdstoffen bombardiert… die verborgenen Felder des Schreckens.

Einige von uns haben sie in der Vergangenheit für eine Sekunde vor Augen gehabt, vielleicht auch länger… schon im Moment der Geburt… in den ersten Tagen… zumindest bei den Jungen… denn uns ist der Tod unserer Liebsten seit jeher vertraut.. der Abgrund des Grauens… nicht unser Tod… der unseres Kin-

2 In Israel ertönt an den Gedenktagen ein ein- bis zweiminütiger Sirenenalarm zur Mahnung und Erinnerung an die Gefallenen, und es ist üblich, während des Alarms stillzustehen.

des. Ja, genau diese Moleküle… schneller als jedes Verständnis, jedes Wort… jeder Verdauungs- und Verarbeitungsprozess. Alles bewegt sich, ist anders und irreführend, weil es ähnlich aussieht und vertraut klingt und die Sprache und die Wörter dieselben Wörter sind und die Sprache dieselbe Sprache ist… und die Bilder und die Ansichten… dieselben Wörter… so verschieden… so ihrer Bedeutung enthoben, die bis vor einer Sekunde Gültigkeit besaß...

So ist es auch mit dem Selbst… wir befinden uns im selben Moment und für immer… so seiner Bedeutung enthoben, die bis vor einer Sekunde Gültigkeit besaß... es wird nie wieder so sein wie vorher... derselbe Körper, dieselbe Geschichte, dieselben Menschen um uns herum, bekannte Gesichter und Ansichten. Und alles, alles, alles, alles... innen und außen... ist anders, anders, so anders...

So packt uns Grossman in dem uns vorliegenden Buch, das sich von all seinen anderen Büchern unterscheidet, an der Gurgel und lässt nicht locker. Dovele fällt auf der Bühne in sich zusammen, bricht in uns zusammen, nimmt uns auseinander... wahrscheinlich in seiner unheilbaren Krankheit, und das Atmen des Lesers und des Zuschauers fällt immer schwerer, wird immer mühsamer… die Seele möchte entfliehen… rauskommen... wie die meisten Stand-up-Zuschauer… sie wird vom Sturm mitgerissen bis zur Klimax des Buches. Es erzählt in einer so machtvollen Gegenwart, geradezu körperlich... das Geschehen von vor vierzig Jahren... das, was all diese Jahre in ihm wohnt, außerhalb der Möglichkeiten seiner Seele zu Lebzeiten, außerhalb der weiten Bandbreite unserer menschlichen Möglichkeiten... er fällt... und fällt... und fällt... eine lange, kontinuierliche und beständige Gegenwart, die nicht aufhört… ein ganzes Leben… die Vergangenheit, Gegenwart und Zukunft durchdringt und überflutet… alles Bekannte... ein Ende ohne Antwort…

Die Endgültigkeit ist der Moment, in dem unser Handstand zusammenbricht… der Handstand unserer Patienten… der Jongleursakt unseres Lebens und der des Lebens von Dovele. Er liegt gebrochen und zerschlagen auf dem Feld neben dem Bestattungshaus und sein Vater winkt ihm mit schwacher, abwehrender und verzweifelter Hand, bevor er sich wieder dem ordentlichen Ablauf der Beerdigungszeremonie ergibt. Der Widerstand ist gebrochen… von nun an bist Du allein… von nun an sind wir nicht mehr zusammen… Du fällst aus der Welt… fällst vielleicht aus der Zeit… vielleicht bis zur Öffnung des Kreises oder seiner Schließung, mehr als vierzig Jahre später… zu spät… alles ist bereits gefallen.

Grossman, der bis heute – obgleich er aus der Zeit gefallen ist – das Unmögliche für uns erträglich gemacht hat, den menschlichen Schrecken, und uns mit liebender, menschlicher und mitleidvoller, vielleicht sogar elterlicher Hand zu einem sicheren Hafen geführt hat, in dem das Atmen möglich war, um Mensch zu sein angesichts dieser schwersten Ereignisse des Lebens, macht in diesem Buch eine Vollbremsung… in diesem Buch fallen die meisten Menschen auf… keiner kann hier ruhig bleiben… maßvoll… zustimmend… hier bricht man völlig zusammen… und allein… Grossmann führt uns hier zum totalen und ewigen Zusammenbruch… im Augenblick, seit jeher und für immer. Und seitdem – so Grossman und so auch die psychoanalytische Behandlung bei Trauer und Verlust – ist der einzig mögliche Heimathafen, von dem aus man segeln und zu dem man zurückkehren kann dieser Sturm… der Heimathafen… das Erdbeben… von hier aus segelt man… auch zu weiten und schönen Fahrten… und hierher kehrt man zurück… hier ist das neue Heim… hier die mögliche Begegnung… das neue Heim… hier ist, wenn überhaupt… wenn überhaupt jemals… der Neuanfang…

Und uns, den Therapeuten, die verstehen und aus der Nähe die Seele unserer Patienten berühren und unseren Weg in ihr Inneres machen wollen… uns mit ihnen auf den Weg machen möchten… präsentiert er sich als erster und wahrscheinlich einziger Ausstiegspunkt in der Begegnung und in der Übertragung…

## Über die Übertragung in der psychoanalytischen Begegnung mit Verlust und Trauer... der eigentliche Grund für die Verfassung dieses Artikels

Im Laufe der Jahre habe ich festgestellt, dass Therapeuten, selbst die erfahrensten, bei der Behandlung von Menschen, die Verluste und Trauer erlebt haben, das Nachdenken über und die Arbeit mit der Übertragung offenbar vermeiden oder sich davon fernhalten. Die Behandlungen befassten sich hauptsächlich mit der inneren Gefühlswelt und den Beziehungen, die die Patienten zu den Verstorbenen hatten und haben… Schwierigkeiten… Brüche… Schuldgefühle… Sehnsucht und Liebe. Ich denke, wir haben das Gefühl, dass die Angelegenheit so innerlich, nuklear, kraftvoll und privat ist und dass es verboten und vielleicht beängstigend ist, sie zu berühren. Die Angst, einen Fehler zu machen und zu verletzen, eine offene Wunde aufzureißen, die Person, die in unserer Gegenwart leidet, auf unangemessene Weise zu berühren.

Das Bemühen, eine andere Sprache zu finden, die uns nicht möglich ist… die Angst, die falschen Worte zu wählen… zum unangemessenen Zeitpunkt… in unangemessener Nähe… aus dem Augenblick unangemessener Entfernung… die tiefe Furcht, in die Privatsphäre ihres verletzten, nuklearen Selbst einzudringen… das Private… Heilige… was nicht berührt werden darf… heilige Ehrfurcht… heilige Ehrfurcht und Lähmung… Einsamkeit…

Und auch…

Und wahrscheinlich hauptsächlich…

Von unserer Seite… in der Gegenübertragung angesichts der gewichtigen Forderung… **unsere gut funktionierende Verteidigung der Grenze der Selbsthingabe... die Verteidigung der Grenze der Selbsthingabe arbeitet mit aller Kraft, um unsere Seele zu schützen.**

Der Therapeut verspürt körperliche Schwäche… die Erfahrung durchdringt uns… Zittern… Angst… größer als wir… liebevolle Vorsicht… bewahrt… Distanz… Erstarren… nicht ich… Einsamkeit… zuerst durchdringt der Zerfall der Partikel mein Leben… von außen… aus meiner verängstigten Seele heraus… in mein Bewusstsein… in meinen Körper… in meine Vergangenheit… in meine Zukunft… in meine Kinder… nein, nein… nicht meine Kinder… nicht meine Enkelkinder… Dieser größte Schrecken angesichts des Abgrunds… die Etablierung der Pflicht… des Müssens… der wahrhaftigen Angemessenheit… des Menschseins… der Schrecken der Ansteckung... der Schrecken, dass es an uns hängenbleibt… Und, oh Schauer... an unseren Liebsten... an unserem Kind... an uns…

Vielleicht wurde dort, angesichts des unerträglichen Schmerzes, angesichts der großen Desintegration, die in unser Innerstes eindringen wollen und größer zu sein scheinen als unsere Fähigkeit zur Empathie, unsere Fähigkeit zum Verstehen und zur Identifikation... größer als unsere Fähigkeiten, sodass sie uns manchmal in unseren Augen und in unserer Seele an die Grenze der Möglichkeit zu Empathie treiben... die Idee des Konzepts des Zeugnisses über das Trauma in der Psychoanalyse geboren. Ich kann dem nicht ganz zustimmen, ich bin auf der Suche nach dem Prozess, in dessen Verlauf das Seelenmaterial des Menschen von Dir aufgenommen wird, wenn sie zu Dir werden.

Der Zeuge seines Schmerzes… der Geschichte seiner Trauer… seiner niederschlagenden Einsamkeit, wie bei Grossman… er ist auf der Bühne und ich bin im Publikum… ich befinde mich ihm gegenüber und fühle mit ihm… der Zeuge, der das Erzählen der Geschichte möglich macht… endlich.

In unserer Geschichte senkte der Zeuge vor mehr als vierzig Jahren im vormilitärischen Lager im Negev den Blick… und Dovele wartet ein Leben lang, vielleicht bis zur Schwelle seines Todes, darauf, dass seine Augen wieder sehen… ein Leben lang auf die Wiederherstellung seiner Augen, dass sie sehen… um das Ende der Geschichte zu erfahren… um etwas über sich selbst zu erfahren… darüber, wer er ist… von allen Bitten der Welt… sag mir, was du siehst… wen du siehst… erzähl mir etwas über mich… über mich… etwas, das ich nicht selbst weiß… das ich nicht allein weiß… so allein… ich weiß nicht, wie ich aussehe… wie ich bin… ich sehe es nicht… sag es mir… sei bei mir… er weiß etwas… weiß es vorher… macht mich damit vertraut… erklärt es mir… ich verstehe nichts… eine Sturzflut in meinem Körper und meiner Seele… ich weiß nichts… ich weiß nicht… bitte… ich bitte dich… lass mich nicht aus den Augen… lass sie nicht aus den Augen… ich sehe nichts… sag mir, was du siehst… wer bin ich… schau zu mir aus deinen Tiefen auf… aus deinen tiefsten… von dort erzähle mir… erzähle mir… komm zu mir… nahe heran…

## Ilan

Ilan, 15 Jahre alt, kam zu mir, nachdem er zwei frühere Therapeuten abgelehnt hatte. Auf meine Frage, was dort nicht funktioniert habe, antwortete er: »Ich verstehe nicht, was sie von mir wollen, sie schweigen und ich verstehe nicht, was ich tun muss. Ich habe ihnen nichts zu sagen. Warum zwingen sie mich überhaupt...?« Diese Sätze, die im Eröffnungsgespräch gesagt wurden, stellten in erster Linie eine Vorschulung für die Behandlung dar.

Damals kam es zu einer gravierenden Verschlechterung des Lernens und des Verhaltens in der Schule. Ilan, ein kluger und sensibler Junge, scheiterte in den meisten Fächern und besuchte selten die Schule. Herumlungern, Drogenkonsum und unkontrollierter Alkoholkonsum haben alarmierend zugenommen. Die Polizei beschlagnahmte bei ihm eine große Menge Drogen und ihm wurde eine Bewährungshelferin zugeteilt. Die Schule gab ihm eine letzte Chance unter der strengen Bedingung, dass er die Behandlung regelmäßig fortführt. Nachdem er die letzte Behandlung voller Wut und Schuldgefühle verlassen hatte, schlug er seinen Eltern vor, mich zu treffen, einen Bekannten der Familie, der ihre Geschichte gut kennt. Er kennt mich nicht gut, weiß aber, dass ich Therapeut bin. Er glaubt, mit mir reden zu können. Nach kurzem Zögern stimmte ich zu. Ich übernehme normalerweise keine Behandlung von Bekannten oder Verwandten. Die einzigen drei Male, bei denen ich zustimmte, handelte es sich um Menschen, die einen Trauerfall und den Verlust eines geliebten Menschen erlitten hatten, und wo ich die Verstorbenen oder Sterbenden persönlich kannte, und die mich ausdrücklich darum gebeten hatten, weil sie das Gefühl hatten, mit mir reden zu können.

Ich mochte den Jungen. Ich hörte die Sorge der Eltern und kannte die Familiengeschichte. Ich war mir bewusst, dass große Gefahr bestand, dass er die Schule verlässt und auf die schiefe Bahn gerät, und ich dachte, wenn er inmitten dieses Sturms in ihm und um ihn herum mich klar darum bittet, dass es angemessen ist, seiner Bitte zu entsprechen... ihm entgegenzukommen... vielleicht hat er sich unbewusst für mich entschieden, weil ich seine Schwester kannte, die vor längerer Zeit ums Leben gekommen war... so verstand ich es im Nachhinein... Zu dieser Zeit war die Realität seines Lebens sehr, sehr dominant und beängstigend.

Ilan war immer freundlich, auch in den Wochen, in denen in Wirklichkeit geradezu der Teufel los war. Er erschien oft nicht. Aufgrund der Qualität der Kommunikation während der Sitzungen, die stattfanden, konnte ich schließen, dass die Vergesslichkeit, Verspätungen und Abwesenheiten kein Widerstand gegen die Behandlung waren, sondern eine tiefe, unbewusste und an mich gerichtete Bitte, an seiner Stelle etwas über Gefühle zu erfahren, die ihm nicht bewusst sind oder über Verhaltensweisen, manchmal extreme oder gefährliche, die er annimmt und nicht versteht, warum Dinge passieren. Wenn er zu spät kam, rief ich ihn nach etwa 15 Minuten an, fragte, wie es ihm ginge, und sagte, dass es mir leid tue, dass er nicht gekommen ist – ich fragte jedoch nicht nach dem Grund, versuchte nicht, ihn herauszufinden. So hätten sich die Dinge damals abspielen müssen, damit ich etwas über seine seelische Existenz und die darin eingebetteten Abwesenheiten als einen zentralen Teil verstehe, der derzeit nicht gesprochen, verstanden oder in Worte gefasst werden konnte. Ich konnte sehen, dass er auf diese Weise, ohne es zu wissen, mit mir über das Vorhandensein einer unverständlichen Abwesenheit sprach und unbewusst mit einer tiefen Leere in seinem Leben kämpfte. Über das, was war und nicht ist und ebenso viel über das, was hätte sein sollen und nicht sein wird.

### *Gespräch – nach einigen Monaten der Behandlung*

Ilan ist ein sehr großer und dünner Junge, geboren in Israel, Mitglied einer Familie, die vor langer Zeit aus der Russischen Föderation eingewandert ist, nachlässig gekleidet und voller Tätowierungen, mit Ohrringen und Piercings in Zunge und Nase. Er kommt lächelnd herein, umarmt mich mit heimeliger Vertrautheit, setzt sich und bittet um Wasser. Ich bringe ihm und mir Wasser und sage: »Was ist los?« Ilan entschuldigt sich ausführlich (es ist ihm wirklich unangenehm...), dass er in den letzten zwei Wochen nicht gekommen ist, und fügt hinzu, dass er nicht weiß, warum, aber er hat die Sitzungen vergessen, und als er sich daran erinnerte, war es zu spät. Ich hake nicht nach. Aus früheren Erfahrungen habe ich gelernt, dass er, abgesehen von seinen Schuldgefühlen und seiner gefühlten Unannehmlichkeit nicht weiß, was er sagen soll. Vor allem hatte ich den Eindruck, dass eine direkte Nachfrage zu nichts führt und das

Gefühl der Hilflosigkeit verstärkt, dass er sein Leben zerstört, und er mich unter Umständen sogar beleidigt. Die Antwort wird, wie Ilan mich in den ersten Monaten der Behandlung »gelehrt« hat, sehr schnell in der nächsten Assoziation gefunden. Nach einer Minute des Schweigens erzählt er, wie er während des letzten Treffens, das er verpasst hatte, durch die Innenstadt schlenderte, weder betrunken noch unter Drogen, einfach so verloren und plötzlich nicht mehr wusste, wo er war. Es war eine sehr seltsame, nicht jedoch beängstigende Erfahrung, die ihm nur im Stadtzentrum widerfährt. Er sagt, er vergesse, wo er ist und vielleicht auch, wer er ist und in welcher Welt er lebt. Ilan fährt fort und beschreibt, so als befinde er sich außerhalb seiner selbst, eine starke Erfahrung der Unschärfe und Trennung von der normalen Realität und von seltsamen und ungewohnten Empfindungen im Körper... nicht wie bei Drogen.

Ich höre ruhig zu. Obwohl er eine Art Dissoziation oder Selbstabwesenheit beschreibt, sind er und damit auch ich zu meiner Überraschung nicht so besorgt, wie man erwarten könnte. Ich sage, dass ich ihm etwas Seltsames sagen möchte… dass es sich für mich so anfühlt, als ob etwas Wichtiges passiert und wir deshalb nicht beunruhigt sind. Vielleicht ist er sogar auf der Suche nach etwas, das ihm fehlt oder dass ihm in sich selbst oder in der Innenstadt verloren gegangen ist. Ilan wirft mir den vertrauten Blick zu, als ich »nicht so sprechend, wie Menschen sprechen«, sage: »Was? Machst du mich wieder verrückt?« Aber es ist klar, dass er mir mit der größten Aufmerksamkeit zuhört. Ich füge hinzu, dass ich nicht sicher bin, aber vielleicht sucht er, während er so herumläuft, vielleicht sogar dieses ganze Jahr hindurch, wenn er einfach so durch die Straßen der Innenstadt läuft, nach seiner Schwester Miriam. (Miriam, Ilans Schwester, wurde vor zehn Jahren bei einem Busattentat in der Nähe des Mahane Jehuda Markts getötet, als er fünf Jahre alt war.) Er erinnerte sich daran, wie er die Jaffa-Straße in der Gegend von Mahane Jehuda entlangging und an nichts dachte, als wüsste er nicht, wo er war oder was mit ihm geschah. Ich erinnerte ihn an einen Gedanken, über den wir bei früheren Gelegenheiten gesprochen hatten; dass er sich nicht genug an sie (Miriam) erinnert, und schlug vor, sie an dem Ort zu suchen, an dem sie zuletzt am Leben war, vielleicht um sich zu verabschieden, sich vielleicht zu erinnern, sich vielleicht für einen Moment zu treffen; sag' etwas zu ihr, höre... spüre sie... vielleicht ist sie da irgendwo… um etwas zu finden, um irgendwie mehr zu erfahren. Ilan sagt, dass er sich an nichts erinnern kann, weil er sie im Alter von fünf Jahren verloren hat. Er hat fast keine eigenen Erinnerungen. Alles, woran er sich erinnert, ist aus niedergeschriebenen Geschichten und Fotoalben, und das macht ihn verrückt. Er sinniert mit leiser Stimme, dass sie dieses Jahr beide in dem Alter sind, in dem sie getötet wurde, und dass er sie von jetzt an im Alter überholt. Er schweigt und fährt nach ein paar Sekunden fort, laut darüber nachzudenken, was passieren würde, wenn sie sich treffen würden... und zitiert mich aus anderen Gesprächen: »Und wie kann es sein, dass du älter bist als deine ältere Schwester?«

Solche Gesprächsmomente erscheinen in der Therapie wie plötzlich, immer überraschend, immer traurig und immer offen und aufregend... eine Gelegenheit, bei der ich ihn höre und an seiner Stelle weiß, dass er eine Begegnung mit Miriam sucht und sie beschwört, sowie auch die Gelegenheit zu einer Begegnung mit sich selbst und zwischen ihm und ihr. Ilan sagt, dass es ihn erstaunt, wie ich immer an Miriam denke und dass das, was mit ihm passiert, etwas mit ihr zu tun hat, er aber nie. Er findet es falsch, dass er nicht von sich aus an sie denkt. Ich frage: »Warum denkst du, dass sie nicht genug in deinen Gedanken ist?« Und er antwortet, dass es vielleicht daran liegt, dass er sie in so jungem Alter verloren hat. Ich sage: »Das ist wahr, und vielleicht suchst du deshalb ständig auf der Straße nach ihr und willst sie fühlen.« Er schaut mir schmerzerfüllt tief in die Augen: »Ich kenne dich, du wirst bald sagen, dass das alles nur wegen Mimi ist…« »Und was sagst du?«, frage ich. »Ich habe keine Ahnung«, lächelt er leicht, »deine Tricks sind gut, Matti.« Ich sage ernst, und Tränen steigen mir in die Augen: »Es ist nicht leicht, Mimi zu verlieren und so die Bilder und die Eltern zu sehen und die ganze Zeit das Gefühl zu haben, dass man nicht genug trauert und sie nicht in seinem Herzen trägt... Und sie zu vermissen und überhaupt nicht an sie zu denken, als ob sie nicht wirklich in deinem Herzen wäre.« Ilan antwortet, dass er wirklich nicht genug trauert. Ich antworte ihm aus dem Bauch heraus, ohne nachzudenken: »Nein, überhaupt nicht. Du ruinierst nur systematisch dein Leben, jeden Tag, seit einem ganzen Jahr.« Ilan wird blass; in diesen Momenten hört er zu wie ein Schüler, der seit Jahren auf ein einfaches Gespräch wartet, das ein wenig Ordnung, Logik und Linderung der Schuldgefühle in die Vielzahl der Emotionen und Nicht-Emotionen bringt, die in ihm toben. Ein Gespräch, das ihn der Mimi in seinem Innern näherbringt, nach der er so sehr sucht. Er braucht einen Blick, der ihn, die Begegnung und nicht weniger den Mangel an Begegnung zwischen ihnen ruhig umfängt. Seine sehr komplizierte und unklare Beziehung zu ihr. Er braucht eine Erklärung und vor allem eine emotionale Umhüllung, die sich Mimis bewusst ist und dem mentalen Aufruhr und der Entladung, die sein Leben überschwemmt hat, Worte und Bedeutung verleiht, ohne dass er damals oder heute die Mittel hatte, damit umzugehen. Er schaut mir in die Augen und fragt nach den Tränen. Ich sage, dass ich auch traurig um ihn bin und um das, was er durchmachen muss, und auch um Mimi, die nicht hier ist. »Ich weine nicht um Mimi«, sagt er, und ich antworte, dass ich inzwischen auch für ihn um sie weine – bis es ihm gelingt. »Das hoffe ich«, flüstert er.

# Eine weitere Gesprächsrunde zur Übertragung in der psychoanalytischen Begegnung mit Verlust und Trauer

Über die Übertragung in der psychoanalytischen Behandlung von Verlust und Trauer möchte ich mit äußerster Vorsicht sprechen… Ja, ganz recht. Dies erstens aus Angst vor einer ungenauen und überhaupt vor der Berührung einer endlosen offenen Wunde, die einigen von uns aus ihrer eigenen persönlichen schmerzlichen Erfahrung und den Erfahrungen ihrer Angehörigen und Patienten bekannt ist [wenngleich mich meine Patienten gelehrt haben, dass ich sie niemals an etwas erinnere, das vergessen ist]... Und auch, weil dieser Schmerz und die daraus resultierende und sich ihm zugesellende Übertragung besonders schwierig zu konkretisieren sind; sie können nicht beschrieben und quantifiziert werden und sind persönlich, privat und lassen sich niemals verallgemeinern. Sie existieren immer in der Geschichte des Lebens, des Alters, des Charakters und der Persönlichkeit des Trauernden und nicht weniger in der des Verstorbenen.

Zum Glück gibt es für uns kaum eine Möglichkeit, uns vorzustellen oder zu verstehen, was im Geist und im Körper eines Kindes vorgeht, das seine Mutter verloren hat... in dem Pferd, das die Bar betritt, oder in einer Mutter, die ihren Sohn oder ihre Tochter verloren oder in einem Kind, das seine Schwester verloren hat. Mit großem Mut versucht Grossman zu beschreiben, zu berühren, zerlegt für uns die Unmöglichkeit der Berührung während eines ganzen Buches… die Erschütterung… die Unfähigkeit der Seele und des Körpers, standzuhalten… die schreckliche Einsamkeit… die Zersplitterung… die Demütigung… das Stolpern von Scheitern zu Scheitern… Er hält uns fest… dass wir nicht weglaufen… dass wir nicht wegschauen wie Doveles Freund, der Richter…

So tief sind der Schmerz, die Zersplitterung und die jahrhundertealte Übertragung, die seit unseren Anfängen in uns existieren… vielleicht seit den Anfängen unserer Eltern und Großeltern, die von Anfang an das Objekt im Schrecken des Zerfalls und der Trennung sucht, im Schrecken des Verlusts und in der Zerbrochenheit meines Selbst und des meiner Lieben… die mir teuren Teile meines Selbst, die in der Welt sind… die, welche aus der Sehnsucht nach dem Verstorbenen entsteht und ein Echo der zuvor Verstorbenen ist. Eine uralte Urangst, welche die totale Vernichtung und die auf uns gerichtete Auslöschung kennt, erschüttert uns und stellt den Schutz der Fremdheit, die uns so gut schützt, in Frage… Menschen und Therapeuten... den Schutz der Fremdheit... er und sie haben die Botschaft erhalten… ich bin es nicht... ein unüberwindbarer Ozean liegt zwischen uns. Getrennte Kontinente… Gott sei

Dank, wenn ich sagen darf… möge ich nie dorthin gehen müssen… Ich erkenne für bloße Sekundenbruchteile… das kann nicht die ganze Zeit sein…

## Nurit und Nathan

Jahrelang begleitete ich Nurit in tiefer Sorge um ihren ältesten Sohn. Ein Wunderkind, gutaussehend, musikalisch und talentiert, das seinen Platz in der Welt und in der Beziehung zu seinen Eltern nicht fand… Er distanzierte sich und verschloss sich ihnen gegenüber. Jahre voller Zweifel, Wut… voller Missverständnisse und Ängste… Endlose Versuche, voller Liebe und Sehnsucht, ihn zu erreichen, zu berühren und zu verstehen, zu helfen und ihm näherzukommen, waren nutzlos. Später wurde er für einige Monate stationär behandelt… Während des Krankenhausaufenthalts unternahm er einen Selbstmordversuch und wurde von einem der Brüder aus der Station gerettet. Nach einiger Zeit wurde er entlassen und man hatte das Gefühl, dass er sich in gewisser Weise an das Leben in unserer Welt zu gewöhnen begann, aber weit weg und losgelöst von seinen Eltern. Zusammengekrampfter Magen... Wut... Angst und Schuldgefühle... und vielleicht ist er ohne uns doch besser dran... Jahre des Unwissens.

Nach vielen Jahren des Schweigens beging Natan auf dramatische Weise Selbstmord. Während der Beerdigung stand ich Nurit gegenüber, näherte mich aber nicht. Ich zögerte… verängstigt… innerlich gelähmt. Jahrelang wollte Nurit mich nicht in der Öffentlichkeit treffen… Ich zögerte… Ich scheute zurück… Ich erstarrte an meinem Platz… Ich stand ein paar Meter von ihr entfernt... Gehört das zu mir? Vielleicht ist es möglich, dass ich nicht… eintrete? Ich schütze mich… Komme nicht näher…

Wir trafen uns nach ein paar Tagen in der Klinik. Nurit ist voller Schmerz… gebrochen… wütend, verliert sich jedoch nicht und gibt nicht auf… fordert die Fortsetzung unserer Verbindung… glaubt an uns… Warum bist du nicht zu mir gekommen? Ich fürchte mich vor diesem Augenblick seit der Beerdigung, stammele etwas... sie ist voller Schmerz, tief beleidigt und enttäuscht, ist wütend auf mich… Ich habe dich gesucht… Alle kamen auf mich zu. Alle umarmten mich. Du bist der einzige Mensch, der alles weiß… dem ich alles gesagt habe… Du weißt, was war und was ich durchgemacht habe. Und was Natan durchgemacht hat. Natan… In seinem Namen… ist er nicht mehr er… Nicht was er durchgemacht hat, ist dort… Was Nathan durchgemacht hat und was er uns an Leid beschert hat… Und was all diese Jahre passiert ist… wie konntest du… Ich habe nicht verstanden, wo du warst… Du bist der Einzige, der weiß, was wir in diesen Jahren durchgemacht haben… Wie konntest du einfach verschwinden, ohne zu mir zu kommen.

Seit diesen schwierigsten Momenten in meinem Leben als Mensch und als Therapeut… würde ich mich gern als Mensch und als Therapeut sehen, der sich annähert. Ich sagte, sie habe Recht und dass es mir sehr leid tut… Die künstliche Trennwand ist verschwunden… Ich bin wieder drinnen… Nathan und sie sind in mir… gehören zu mir… sie sind keine Fremden auf einem anderen Kontinent…

Für mich steht die Frage, ob der Therapeut sich in diesem Moment oder in jedem anderen Moment annähert, im Zentrum der Erwägungen zur psychoanalytischen Behandlung von Verlust und Trauer… Wer ist in diesem Moment das Selbstobjekt… das näherkommt… Anteil nimmt… diese Materie durchdringt dich… etwas ist anders… etwas ist geschehen in der Welt… in deiner Welt… das macht in meinen Augen die Psychoanalyse aus… dieses Durchdringen… die Welt ist nicht mehr dieselbe Welt… etwas hat sich verändert… auch ich habe mich verändert…

Ich habe mich angenähert… nähere mich schon seit einigen Jahren an… Nurit spricht unter Tränen… die Schuldgefühle, die Sehnsucht und die wahnsinnigen Zweifel… normale, aber wahnsinnige Zweifel… Wo habe ich gefehlt… wo haben wir gefehlt… wir sprechen schon Jahre über ihn… ich habe ihn nicht gerettet… wir haben ihn nicht gerettet… du hast ihn nicht gerettet…

Er ist tot… mein Bauch ist leer… meine Gebärmutter verbrannt… meine Brüste ausgetrocknet… sein Tod ist mir voll bewusst in all seiner Endlichkeit… was für ein Versäumnis… was für ein Versäumnis… ich habe ihn nicht geschützt… ich habe ihn nicht geschützt… wir haben ihn nicht geschützt… Du siehst ja… er ist nicht da… nicht da. Ich bin mir dessen bewusst… ständig… ich werde ihn nie mehr sehen… er wird niemals wissen, was Liebe ist… er wird nie eine Frau haben… mein Mann schwindet zusehends dahin… sein Leben verlässt ihn… wir kämpfen… verbergen die Tiefe der Zerbrochenheit vor den Kindern… nicht vor dir… vor dir verberge ich nichts… er wird nicht weiter wachsen… wird nicht heiraten… wird keine Kinder zeugen… es gibt kein Jetzt… kein Morgen… kein Gestern… die Leute sprechen seinen Namen nicht vor uns aus… Nathan… sag seinen Namen… sie zittert am ganzen Körper… ganz wirklich… ich zittere auch… die Tränen… sag' du es… er ist hier mit uns… sag' seinen Namen… es tut weh… keiner spricht mit mir über ihn… sie wissen nicht, dass sie mich niemals erinnern können… dass ich niemals vergesse… du sprichst immer über ihn… du weißt, dass er jetzt alles ist… alles wird jetzt durch sein Bild wiedergegeben… durch sein Sein… er ist aller Anfang und Ende… und neben ihm, in einer anderen Galaxis, ein ganzes Leben entfernt, geht alles weiter seinen Gang… die Worte, die Dinge, die wir sehen, die Zeit, die weiterläuft, und die Zeit, die unterbrochen wurde und stillsteht. Die Zeit, als ich von ihm abfiel, und die Zeit, als ich zu ihm hinfiel… du lehrst mich… die Zeit, die weiterläuft, und die Zeit, die unterbrochen wurde… unterbrochen wurde und weitergeht… unterbrochen wurde und stillsteht und weitertickt… **Sie bittet mich inständig… fordert… man kann ein totes Kind nicht fühlen… nicht denken…** über ein totes Kind nicht sprechen**… nur über ein lebendes…** Man kann ein totes Kind, das nicht mehr da ist, nicht fühlen… ein totes Kind denken… Die Zeit, als ich zu ihm hinfiel… du erklärst mir, dass das so ist und dass ich nicht erschrecken soll… das ist normal… so… ununterbrochen zu weinen… zu denken und mir wahnsinnigerweise vorzustellen, wie ich ihn in mir und zwischen uns bewahre... mir verrückterweise vorzustellen, er sei hier… ihn zu rufen… seine Berührung zu spüren… seinen Geruch… wach zu werden, zerrissen zu werden und wieder danach zu suchen… nur danach… nur sein Gesicht zu berühren noch einen Augenblick lang, noch für einen Moment ihn zu berühren… ihn noch einmal in mich einzugravieren… du sagst, das sei nicht verrückt… es sei ganz normal… ihm nah zu sein… in seiner Zeit… mit ihm zu fühlen… ihn zu spüren… in meinem Körper… dass er nicht in Vergessenheit gerät… dass er nicht zu Ende geht… ich bitte dich… **graviere ihn in dich ein… in deinem Herzen… ins Zentrum deines Seins… bitte schmelze das endlose Eisfeld… die Fremdheit zwischen ihm und mir… zwischen dir und mir… zwischen dir und mir… zwischen ihm und der Welt… so dass er nicht für immer geht…** nicht Zeugnis… Erinnerungen… Erinnerungsalben… des Verzichts… der Zustimmung… des Loslassens und ihn seinen Weg gehen lassen… ich habe losgelassen… wir haben losgelassen… schau, was passiert ist… pflanze ihn in dein Leben… denke an ihn… berühre ihn… schaue hin und sehe… schaue ihn an… schaue mich an… schaue uns an… schaue uns an… damit wir in uns sind… erinnere dich an ihn… schaue die Bilder an… so dass er auch in dir lebt… dass mein Sohn auch in dir sei… für immer… graviere ihn in deine Welt… sein Tod braucht nicht vergessen zu werden… ich möchte zwischen seinem Tod und seiner Existenz unterscheiden… zwischen seinem Tod und seiner Existenz unterscheiden… dass er weiterlebt… weiter existiert… ich habe ihn geboren… ich habe ihn nicht gut genug geschützt…

Erzähle mir mehr von ihm… ich erzähle dir… auch die Bilder… ich wage es, etwas vorzuschlagen… einen Vorschlag… eine Interpretation… ein Fenster… eine Interpretation muss ein geschlossenes Fenster öffnen… Ich sage: Es ist nicht nur das sinnliche Gedächtnis… das wird von Natur aus undeutlicher. Wir werden älter… werden alt… ich lächle… hab keine Angst, er ist in dir verwurzelt… er ist Teil eines jeden Moments deiner Existenz… so dass auch du aus seinen menschlichen Teilchen bestehst und von ihnen lebst… er wird nicht verschwinden… du bestehst aus seinen Teilen… seine Geschwister auch…

Das dem Analytiker präsentierte Lebenswerk der trauernden Eltern, Kinder, Geschwister und Ehegatten ist mit einer Forderung verbunden… einer Bitte… einem Plädoyer für die Existenz einer Kontinuität neben dem Bruch… gleichzeitig… einer wesentlichen Kontinuität… der Kontinuität der Existenz des Verstorbenen in der Welt der Menschen... in ihrem Leben... Er soll weiter dasein. Der zusätzliche Schrecken, der sich sozusagen in meinen Magen schleicht, ist der Schrecken seines völligen Verschwindens… seiner Nichtexistenz… nicht nur der Schrecken seines Todes… sein Bild, sagt sie und zeigt mir sein strahlendes Gesicht mit schneebedeckten Bergen im Hintergrund… bittet mich, hier zu bleiben… bei mir… Es hat eine Sekunde gedauert, bis ich mich an sein Lächeln erinnert habe, fügt sie hinzu… ich war in Panik… sein Geruch verschwindet aus mir… seine Bewegungen… der Blick seiner Augen... du sagst, ich soll keine Angst haben… das ist doch klar, sagst du, es ist klar, dass ich davor erschrecke, doch so geschieht es… es ist logisch, dass es so geschieht… ich soll keine Angst haben… er verschwindet nicht aus mir… die Teilchen seines Seins existieren in mir… ich setze mich aus ihnen zusammen… die Teilchen seiner Seele in meiner Seele… ich trage ihn in mir… du auch… lass' nicht los… du sprichst von einer säkularen Seelenwanderung… das ist einfach so… er ist in mir eingraviert… die Teilchen seiner Existenz… obwohl ich ihn schon geboren habe… seine ersten Teilchen, die er ist… die menschlichen Teilchen, aus denen er bestand… so wie Grossman sagte, dieses Ding… dieses einzigartige Ding, das wir sind… dieses einmalige… ist in mir eingraviert… in dir… in uns…

## Epilog

Wir möchten den Epilog auf zwei miteinander verbundenen imaginären Ebenen schreiben.

Die erste ist eine Art zusätzliche klinische Berichtesammlung aus der Behandlung von Nurit, Natans Mutter aus dem Artikel.

Die zweite ist versunken in der schrecklichen Realität des Krieges, in der wir leben und in deren Schatten wir die Psychoanalyse durchführen, die uns so am Herzen liegt; in Behandlungen, Schulungen, im Unterricht und im Alltag. Eine chaotische Realität, die nicht geordnet und zum Schweigen gebracht werden kann, und dennoch möchten wir einige unserer Gedanken mit Ihnen teilen.

Nicht weniger schockierend war für uns die Realisierung der Bedeutung des Wunsches der Mutter, die Erinnerung an ihren Sohn im Herzen des Therapeuten und damit für ewig zu verankern. Gibt es auf diesem Weg voller Güte und Liebe den bewussten und unbewussten Wunsch, die Zukunft als Nachbildung der Vergangenheit, als Erinnerung an die Vergangenheit zu gestalten… Sehen wir hierin einen Teil des Mechanismus, der die zwangsweise Wiederholung von Kriegen vorantreibt…?

Nachdem wir uns mehrere Monate lang nicht gesehen haben, bringt mir (M. B. Z.) Nurit ein Buch von Siw Jonathan, dem Sohn von Natan Jonathan, einem der großen Dichter Israels... Natan Jonathan verlor seinen Sohn Lior, Siws Bruder, im Krieg... gegen Ende des Lebens seines Vaters bat Ziv, der nicht in der Lage ist, mit seinem Vater einen verbindenden, emotionalen Diskurs zu halten, seinen Vater darum, zehn Bücher auszuwählen, die er liebte oder hochschätzte, und ihm über jedes davon eine Seite zu schreiben... Nurit gab mir das Buch in unserer Sitzung als Geschenk... Ich habe Sie gebeten, einen Begleitbrief, eine Widmung zu schreiben... Ich zitiere hier einen Teil davon...

*Lieber Matti,*
*In den letzten acht Jahren suche ich in den Texten von Menschen, für die das geschriebene Wort die Essenz ihres Lebens ist, nach mir selbst und nach Nathan, nach der Verbindung, die zwischen uns bestand, und der Verbindung, die nicht zwischen uns bestand... ich suche nach den Worten, die meine Gefühle exakt beschreiben, die Gefühle der Mutter, die ich war, und der, die ich nicht war, nach dem Schmerz, den ich ertrug, solange Nathan lebte, und den ich heute, nach seinem Tod, ertragen muss.*

*Wenn ich die richtigen Worte finde, ist mein Herz voller Freude, gemischt mit großer Trauer… Ich bitte Dich, diese exakten Worte zu lesen, weil ich glaube, dass ich sie während unserer Sitzung nicht werde aussprechen können.*

*Ich habe keinen Zweifel daran, dass Du mich genau verstehst, das spüre ich, gleichzeitig möchte ich jedoch Deine Deutungen von mir verfeinern.*

*Siw Jonathan möchte seinem Vater die Masken abnehmen, die er sein ganzes Leben lang und insbesondere nach dem Tod seines Sohnes trug, und verstehen, wer sein Vater wirklich war und was die Essenz der Beziehung zwischen ihnen während seines gesamten Lebens ausmachte. Er bittet seinen Vater, seinen Weg durch die Texte zu ebnen, die ihn beeinflusst haben… vielleicht wird er so etwas verstehen... Und wirklich wühlt er sich durch die Texte und vertieft sich in sie, um seinen echten Vater in den Büchern und in den Briefen zu finden, die er in jedem Buch hinterlässt. Den Hinweisen nachgehend, die sein Vater bewusst und unbewusst in die Bücher einpflanzt, scheint es, als würde Siw Schritt für Schritt auf einem wahrlich faszinierenden Weg zum Herzen seines Vaters vordringen. Anscheinend tue ich das Gleiche, um Nathan kennenzulernen, der für mich zu seinen Lebzeiten verloren war und erst recht jetzt nach seinem Tod.*

Ich stelle mir vor und möchte glauben, dass ich, indem ich Dir dieses Buch wie die anderen Bücher gebe, Dich dazu bringe, mich wirklich kennenzulernen, mich zusammen mit Nathan, in unserem Leben und inmitten des großen Verlusts.

Danke.

* * *

Wir sehen immer wieder, wie die Übertragung zu einem Zwischen-Raum wird, der zwischen einer unverdaulichen Realität und der Gefahr, sich von ihr zu lösen, entsteht. Ein Raum, in dem der Therapeut aus Fleisch und Blut bereit ist, sich als Boden zur Verfügung zu stellen, nicht für die Bestattung des Verstorbenen oder der unverdaulichen Vergangenheit, nicht als Katalysator für den Trauernden, seinen Blick auf das »Leben« zu richten und gleichzeitig dem Verstorbenen den Rücken zu kehren, sondern als fruchtbarer, gnädiger Boden, der ein Substrat für die Einpflanzung des Verstorbenen sein kann, um ihm zu ermöglichen, ein Teil der Geschichte zu werden, die auch nach seinem Tod irgendwo im Herzen des Therapeuten als kommunikativer und existierender Lebenspartner fortbesteht. Im Gegensatz zu dem Versuch, dem Patienten zu helfen, die tiefe Trauer zu heilen oder sie gar zu »überwinden«, ist der Therapeut eine Plattform für die Fortsetzung, **für die Rückkehr des Verstorbenen aus dem Nichts in die Ewigkeit.** Es geht darum, den Schmerz gemeinsam mit dem Patienten zu ertragen und ihm zu ermöglichen, sich einen Lebensweg aufzubauen, der auch einen Weg zu denen beinhaltet, die nicht mehr hier sind.

Auf diese Weise öffnet sich der Therapeut der Übertragung über mehrere Generationen hinweg, bietet sich als Bestandteil der Generationenkette an, bietet sich als Bestandteil an, auf den das Unverdauliche übertragen werden kann, um dafür einen Platz in der Welt zu finden, einen ewigen Aufenthaltsort…

Ist der Begriff der Übertragung hier noch zutreffend? Umfasst er die volle Komplexität der Präsenz des Therapeuten? Eine Übertragung, die bis in die Grauzone des Transzendenten reicht und es im Leben des Patienten und auch in dem des Therapeuten verankert. Es scheint, dass wir die Bereitschaft des Therapeuten anerkennen müssen, sich für den Patienten hinzugeben, sein Herz zu öffnen – nicht das Symbolische, sondern das Tatsächliche, sein Herz zu öffnen, um den im Raum anwesenden Patienten ebenso zu akzeptieren wie den, der nicht mehr unter uns ist und ihm dadurch seine ewige Existenz wiederzugeben.

Gleichzeitig wird die Psychoanalyse dazu aufgefordert, ihren theoretischen Raum zu öffnen. Das Konzept der Übertragung birgt die Möglichkeit, die

Vergangenheit im Behandlungsraum wiederzubeleben, sich inhaltlich und in der Interaktion zwischen Patienten und Therapeut wiederzuerwecken. Die erlebten Wiedererweckungen sind manchmal realer als die »echte« Interaktion zwischen den beiden Personen im Raum. Vergangenheit und Gegenwart sind miteinander verwoben, existieren jetzt und damals und verlangen die Anwesenheit des Therapeuten als jemand, der bereit ist, diese Erfahrung mitzuerleben, und der, indem er sich jetzt auf die Gegenwart bezieht, nicht nur Licht auf das Verstehen der Vergangenheit und ihren Einfluss auf die Gegenwart wirft, sondern auch neue Elemente in die Vergangenheit einbringt, die jetzt im Raum präsent ist und die sich durch diesen Eingriff rückwirkend verändert, und sei es nur aus einer anderen Dimension heraus, die sich mit ihr verbindet und die ursprünglich nicht darin war (Ferenczi 1932).

Während wir versuchen, über die Funktion des Therapeuten in der Übertragung in einer Situation des Verlusts nachzudenken, möchten wir vorsichtig darauf hinweisen, dass die Übertragung sozusagen dazu animiert wird, in die Grauzone des Transzendenten einzutreten. Ein Bereich, in dem der Appell an das Herz des Therapeuten eine »Jakobsleiter« zu dem über die Grenze von Leben und Gegenwart hinaus Befindlichen baut, das Transzendente verwirklicht und es von nun an in das Leben integriert. Nicht als Flucht vor der Gegenwart und Realität und nicht als Stagnation, sondern als Leiter zum Auf- und Absteigen, wie geistige Flügel, mit den Füßen tief im Boden verwurzelt, in all der schmerzhaften und erschreckenden Bedeutung, die dieser Satz impliziert.

Wir stellen fest, dass die Loyalität des trauernden Elternteils, die bewusste und die unbewusste, das Ziel der Seele des Trauernden, wenn wir es so ausdrücken können, über die Art und Weise hinaus, wie sich der Tod ereignete, über die Unterschiede zwischen Müttern und Vätern hinaus und über die Unterschiede zwischen Nationen und Kulturen hinaus darin besteht, die Seele des Verstorbenen zu einem Teil des Gerüsts der generationenübergreifenden Existenz der Welt werden zu lassen, über die übliche Lebensdauer hinaus. Den Verstorbenen in eine Art ewigen Garten einzupflanzen... in den Garten des Schöpfers in monotheistischen Religionen, in den universellen Puls des Lebens in anderen Religionen, aber nicht nur dort. Wir haben festgestellt, dass diese tiefe Seelenforderung gleichermaßen auf völlig säkulare Menschen zutrifft, wenn auch vielleicht in anderen Färbungen.

Wir möchten vorsichtig anregen, dass mit dem Tod eines geliebten Menschen und als grundlegender Teil des Trauerprozesses das Selbst des Hinterbliebenen ein grundlegendes Handlungsprinzip ändert. Die Bewahrung des Narzissmus und der Zusammenhalt des Selbst konzentrieren sich auf das Kind, das gestorben ist... das tote Kind.

Und vielleicht geht es nicht nur um Gedenken und Einpflanzen in die Ewigkeit, sondern vielleicht auch um eine fortgesetzte Suche nach einer Begegnung. Vielleicht ist es wie bei Ilan, dem Jungen, der seine Schwester verloren hat, der unbewusst nach dem Ort suchte, an dem sie starb, nach dem Ort, an dem sie ihre letzten Momente verbrachte, ihre letzten Gedanken dachte, ihre Gefühle erlebte, an dem sie vielleicht innerlich zu ihm oder mit ihm sprach... etwas davon bleibt – vielleicht genau dort, und wenn er dort ankommt, wird er es finden, wird er es berühren, fühlen können, in der Realität oder in sich selbst... vielleicht ist es wie in Grossmans Buch *Aus der Zeit fallen*, in dem er seine innere Reise zu seinem Sohn beschreibt, der im Krieg getötet wurde, eine Reise an den Rand des Lebens, um ihn wieder ins Leben zurückzuholen, vielleicht auf dem Schlachtfeld, das zu neuem Leben erwacht. Und vielleicht gibt es die Hoffnung, dass wir in der Lage sind, den Verstorbenen aus dem Nichts zu uns zurückzuholen, gerade dann, wenn wir auf tragische Weise in einer grausamen Realität aufwachen, in der der Verlust endgültig und absolut ist.

Und vielleicht... vielleicht... wenn sich herausstellt, dass das Herz des Analytikers der Ort ist, in den die Existenz des Verstorbenen eingepflanzt werden kann, vielleicht... vielleicht... mit ein wenig Hoffnung... wird es möglich sein, den Verstorbenen dort im Herzen dessen zu finden, der den Raum zum Transzendenten schafft, und nicht auf dem Schlachtfeld oder in der nächsten Katastrophe...?

Wir möchten einen Moment innehalten und den unbewussten existenziellen und emotionalen Denkprozess betrachten, den wir hier vorgestellt haben. Und mehr als das... Wir befinden uns nicht in der Lage unbefleckter Friedensengel, die den Verrückten zusehen, die immer wieder Kriege anzetteln, sondern sind Teil des menschlichen Gefüges, das diese Vorgänge hervorbringt. Im Moment möchten wir davon absehen, klinische oder andere Schlussfolgerungen zu ziehen, sondern den beschriebenen Prozess zu beobachten und darüber nachzudenken...

Zum Schluss noch ein paar Worte, um daran zu erinnern, dass wir uns mitten in einem Ereignis befinden, das viele als biblisch in seinen Dimensionen definieren und erleben, in seiner Komplexität und darin, »eine Nummer zu groß« für uns zu sein – politisch, praktisch, emotional und spirituell. Die Größe des Ereignisses mahnt uns, bescheiden anzuerkennen, dass wir kein Verständnis und schon gar keine »Lösung« in der Hand haben, lädt aber gleichzeitig zu persönlichem Engagement und Handeln ein – so minimal es auch sein mag, jede/r einzelne auf dem Gebiet der eigenen Fähigkeiten und nach eigenem Verständnis. In der Hoffnung, dass diese persönlichen Bestrebungen zu einer bedeutsamen Masse heranwachsen. Wir finden, dass die Art und Weise, wie wir als Analytiker einen Beitrag leisten können, wenn auch nur in geringem

Umfang, das Denken und Handeln betrifft, das die Bereitschaft zum Zuhören voraussetzt und, mittels dieses Artikels, auch zur Äußerung. Das Zuhören ist das Hören mit dem Herzen (Hazan 2014). Dies ist unser Hilferuf, unser kleiner Beitrag. Möge es ein Beitrag dazu sein, aus dem Kreislauf des Leidens und der Trauer ausbrechen zu können.

## Literatur


Ben Zur, M. (2020): On Transference in Psychoanalytic Psychotherapy for Loss and Bereavement: Thoughts and Associations Inspired by David Grossman's *A Horse Walks into a Bar* and by Three Vignettes. *Psychoanal. Inq. (40)(7)*:497–506

Ferenczi, S. (1932): *Ohne Sympathie keine Heilung. Das klinische Tagebuch von 1932.* Frankfurt a. M. (Fischer) 1999.

Grossman, D. (2014/2017): *Kommt ein Pferd in die Bar.* Anne Birkenhauer Molad (Übersetzerin). Frankfurt a. M. (Fischer) 2017.

Hazan, Y. (2014): *For an instant and forever.* Hazan, M. (Ed.). Modan.

Winnicott, D. W. (1974): Fear of breakdown: A clinical example. *The International Review of Psychoanalysis, 1*, 103–107. https://www.pep-web.org/ document.php?id=IRP.001.0103A

Zelda (1974): Be not far. Ed. Hakibutz hameuhad. English translation: Robert Alter (2015). »Hebrew poems rewriting Job«. In Batnitzky, L. & Padres, I. (Eds.), *The book of Job: Aesthetics, ethics, hermeneutics* (173–184). Berlin (De Gruyter).

*Jack Novick / Kerry Kelly Novick*
(Chester, NJ)

# Wie interdisziplinär ist die Psychoanalyse? – Warum diese Frage?

## Überlegungen zur integrierten psychoanalytischen Ausbildung und Identität[1]

Nehmen wir die Kinderanalyse in der Tradition von Anna Freud in unsere psychoanalytischen Überlegungen herein, dann erweist sich die Psychoanalyse grundlegend als interdisziplinär und entwicklungsorientiert. Aber weltweit denken viele Analytiker und Analytikerinnen spezifisch mit ganz anderen psychoanalytischen Konzepten. Die Grundlage dafür scheint die Analyse von Erwachsenen mit neurotischen Schwierigkeiten zu sein, bei der Übertragung und Gegenübertragungen helfen, unbewusste Motivationen, Phantasien und Wünsche mittels klar definiertem Setting und entsprechender Behandlungstechnik mit absolut vertraulicher Schweigepflicht aufzudecken. Diese enge Definition gilt als das traditionell »klassische«, übliche und angemessene Verfahren.

Wir schlagen mit unserem Vortrag vor, dieses Bild der Psychoanalyse zu hinterfragen. Stattdessen befürworten wir, bewusst die Ausrichtung auf den ganzen Lebenszyklus zu erarbeiten, wodurch unser Feld sowohl vertikal wie horizontal um all das erweitert wird, was zum ganzen persönlichen Leben gehört. Dazu werden wir manches in der frühen Geschichte aufsuchen, um den ursprünglichen Geist der Psychoanalyse wieder in Besitz zu nehmen, und dabei bedenken, wie verschiedenen Denkrichtungen zueinander finden, wodurch eine neue integrierte Position der psychoanalytischen Ausbildung und Identität erwächst.

In seiner Einleitung zum Programm der Konferenz der Amerikanischen Psychoanalytischen Vereinigung im Juni 2023 formulierte Donald Moss, welche gegenwärtigen Herausforderungen er sich gegenübersieht: »Die Zeit ist längst vorbei, in der wir die menschliche Erfahrung voller Zuversicht in die psychische Realität hier und die materielle Realität dort einteilen konnten.« Er fragte sich: »Welche Bedeutung hat es, jetzt in Ausbildung zu sein, jetzt in der Minderheit zu sein, jetzt im Krieg zu sein?«

---

1 Vortrag, gehalten auf der Jahrestagung der MAP, November 2023.

Dazu ein Brief von Anna Freud an einen jungen Mann, der Analytiker werden wollte:

> Lieber John,
> Du fragst mich, welche persönlichen Eigenschaften ein zukünftiger Psychoanalytiker meiner Meinung nach haben sollte. Die Antwort ist relativ einfach. Wenn Du ein richtiger Psychoanalytiker werden willst, musst Du die Wahrheit wirklich lieben, die Wahrheit der Wissenschaft, genauso wie die persönlich-menschliche Wahrheit. Und Deine Anerkennung der Wahrheit musst Du wichtiger nehmen als jeglichen Unbill, wenn Du auf Unerfreuliches stößt, das zur äußeren Wirklichkeit oder zu Deiner persönlichen Innenwelt gehört.
> Außerdem glaube ich, dass ein Psychoanalytiker sich über die Grenzen der Medizin hinaus interessieren sollte für den Wissensschatz der Soziologie, der Religion, der Literatur und der Geschichte, weil sonst sein Blick auf seinen Patienten zu eingeengt bliebe. Diese notwendige Ausrichtung geht deutlich über die Anforderungen der Institute an die psychoanalytischen Ausbildungsteilnehmer hinaus. Du solltest ganz viel lesen und Dich mit der Literatur vieler Länder und Kulturen vertraut machen. In den großen literarischen Gestalten wirst Du Menschen begegnen, die mindestens so viel über die Natur des Menschen wissen, wie dies Psychiater und Psychologen versuchen.
> Beantwortet dies Deine Frage?
> (zit. v. Kohut 1968:552; Übers. P. B.)

Auch wenn Anna Freud dies viel später schrieb, so evoziert ihre Beschreibung doch Vorstellungen aus den Anfängen der Psychoanalyse, die aufregend zum radikal intellektuellen und sozialen, politischen, visionären Umbruch in vielen Lebensbereichen beitrug. Anfänglich verstand die Psychoanalyse sich als eine Allgemeine Psychologie, die auf die Künste, die Geschichte, auf Religion, Anthropologie, Politik und auf Mythen anwendbar wäre.

1966 beschrieb Anna Freud die Metapsychologie als die »Sprache der Psychoanalyse« (1966:70). In ihrer so kenntnisreichen Anwendung dieser Formulierung kann und sollte jedes Phänomen aus einer Vielzahl von Blickwinkeln betrachtet werden, um es zu begreifen. Dabei wird angenommen, dass der persönliche Mensch so komplex ist, dass er nicht aus nur einer Perspektive angemessen erfasst werden kann. Sie stellt in Frage, »ob und durch welche Schritte der angehende Psychiater von der anfänglichen Begegnung mit manifesten analytischen Daten zu dieser besonderen Verbindung genetischer, dynamischer, struktureller, quantitativer und adaptiver Gesichtspunkte gelangen kann, die dem Analytiker selbstverständlich geworden ist« (IX:2428). Es fällt auf, dass in ihrer Auflistung der metapsychologischen Perspektiven traditionell die »genetische« dazugehört, um die Auswirkung früher Erfahrung auf spätere Funktionsweise zu beschreiben. Gut zwölf Jahre später benennt Anna Freud die grundlegende Differenz zwischen der genetischen und der entwicklungsspezifischen Betrachtungsweise. Sie tut dies, indem sie vorschlägt, dass die unterschiedlichen kontroversen Theorien über die Verursachung (d. h. die kontrastierenden kleinianischen und freudianischen Betrachtungsweisen) möglicherweise die Kinderanalyse davon abgehalten hat, wahrzunehmen, welch potenziell einzigartige Beiträge sie an das Gesamtfeld der Psychoanalyse weitergegeben hat. Dazu schreibt sie:

> Ich glaube, dass es die Vielfalt dieser in Konflikt miteinander stehenden Aufgaben war, die die Analytiker nicht bemerken ließ, dass es noch ein anderes Gebiet gibt, eines, das möglicherweise ihnen allein vorbehalten ist. Während die Zerlegung psychischen Materials und die Rekonstruktion vergangener Ereignisse Kennzeichen der klassischen Psychoanalyse sind, kann die Kinderanalyse auf der Grundlage ihres direkten Kontakts mit den sehr jungen Menschen entgegengesetzte Forschungsrichtungen beitragen, d. h. sie kann die Wechselfälle der Entwicklung und die Erforschung der synthetischen Funktionen des Ichs zu ihren spezifischen Zielen machen. […] Während (die Psychoanalyse) als Krönung ihrer Leistungen die metapsychologische Theorie geschaffen hat, kann (die Kinderanalyse) (der Psychoanalyse) eine neue, entwicklungsorientierte psychoanalytische Theorie der Kinderpsychologie hinzufügen. (IX:2721f.)

Wenn wir uns auf die Vorstellung von der entwicklungsorientierten psychoanalytischen Theorie beziehen, dann müssen die fundamentalen Beiträge von Erik Eriksons mit seiner hervorragenden Beschreibung des gesamten Lebenszyklus (1968, 1982) grundlegend einbezogen werden. Er erklärt ausdrücklich, dass sein Konzept vom Lebenszyklus mit Freuds psychosexuellen Phasen und Anna Freuds Entwicklungslinien übereinstimmt und sich daraus ableitet, einschließlich der sozialen Dimensionen des Erlebens, die er betont. Er unterstreicht: »An art-and-science of o the human mind […] must be informed by a developmental, or shall we say, life-historical orientation, as well as by a special historical self-awareness.« (1982:96)

Unserer Ansicht nach ist es von großem Nutzen, die genetische Perspektive von der entwicklungsorientierten zu unterscheiden. Die genetische Betrachtungsweise würden wir als rekonstruierende Hypothese umschreiben. die aus der Gegenwart zurückschaut, um zu bedenken, was möglicherweise in der Vergangenheit wirksam war und so dieses Ergebnis hervorbrachte. Dagegen entspringt die Entwicklungsperspektive andererseits daraus, was Young-Bruehl und Bethelard als das Wachstumsprinzip definiert haben (1999). Sie ist eine umfassend dynamische Perspektive, die die aus genetischen Rekonstruktionen erwachsenen Hypothesen überprüfen kann. Sie umfasst die wirklichen Einflüsse von innen und von außen und erstreckt sich auf beide Richtungen der zeitlichen Dimension.

Offensichtlich wird kohärent die Weiterentwicklung der Psychoanalyse, die Mitte des 20. Jahrhunderts sich fest etabliert hatte, vorangetrieben durch das Revival von Freuds besonderer Idee von der Nachträglichkeit. Durch Nachträglichkeit können Kindheitserfahrungen ein traumatisches Niveau erlangen, obwohl es zum Zeitpunkt der schwierigen Kindheitserfahrung keinen Hinweis auf eine traumatische Einwirkung gab (beispielsweise Greenacre 1950; A. Freud 1967; Modell 1999). Als wir damals im Jahr 2002 (J. & K. K. Novick 2001a) Nachträglichkeit diskutierten, war dieses Konzept vorher nur selten erwähnt worden. Von seiner ersten Erwähnung der Nachträglichkeit im Projekt von 1895 an benutzte Freud diesen Gedanken, um ersichtlich vorwärts und rückwärts gerichtete Transformationen von Bedeutungen innerer und äußerer Erfahrungen in unterschiedlichen Entwicklungsmomenten zu beschreiben. Freud verortete die Auswirkungen von Nachträglichkeit in der Adoleszenz. Unsere eigenen klinischen Erfahrungen und die von anderen bestätigen dies (J. & K. K. Novick 2001a, 2023; Ferraro & Garella 2009). Dabei ist besonders anzumerken, dass Pearl King in Auseinandersetzung mit der traditionellen Abweisung alter Patienten, bei den Schwierigkeiten ihrer älteren Patienten zentral auf die adoleszenten Erfahrungen fokussiert: »Die Entwicklungsphasen, die bei Patienten nach der Lebenshälfte am dringendsten in der Übertragung durchgearbeitet werden müssen, sind die Pubertät und die Adoleszenz. Dabei wird der Analytiker bzw. die Analytikerin (unabhängig vom jeweiligen Alter) als bedeutsamer Erwachsener aus diesen Phasen des Patienten in seinem Lebenszyklus erlebt.« (King 1980:154; Übers. P. B.) Das ist in Übereinstimmung mit unseren klinischen Erfahrungen von der Adoleszenz als entscheidende Weichenstellung in der Entwicklung (K. K. & J. Novick 2022/dt. 2023).

Obwohl allgemein die Psychoanalyse fortschreitet und derzeit zahlreiche Veröffentlichungen zum entwicklungsorientierten Denken beinhaltet, muss doch gefragt werden, wie es dazu kommen konnte, dass Donald Moss heuer die Hinwendung zur äußeren Realität als etwas ganz Neues bezeichnen konnte.

Und die Jahrestagung der MAP stellt die Frage, wie interdisziplinär die Psychoanalyse ist.

1977 präsentierte Anna Freud als Neuformulierung »die entwicklungsorientierte Theorie der Kinderpsychologie«, wobei gleichzeitig ein starkes und tiefes Interesse an Entwicklung und an interdisziplinärer Arbeit durch Freud selbst in den ganz frühen Jahren der Psychoanalyse sich feststellen lässt.

Schon 1913 vertrat Freud den Standpunkt, dass von Anfang an die Psychoanalyse darauf ziele, den Entwicklungsprozess aufzuzeigen (Freud 1913, S. 183).

Er verfügte bereits über jahrelange Erfahrung in der Behandlung von Kindern in einer Neurologischen Klinik, veröffentlichte gleichzeitig mit seinen anfänglichen psychoanalytischen Aufsätzen zahlreiche Arbeiten zur Neurologie. Während Freud um seine ersten psychoanalytischen Konzepte rang und er in die erste Periode großer psychoanalytischer Entdeckungen eintrat, umfasste sein Berufsleben extensive Beziehungen zu Kindern. Zwischen 1887 und 1895 wurden den Freuds sechs Kinder geboren, drei Jungen und drei Mädchen. Freud war also privat und beruflich eng mit Kindern vertraut, als er 1897 seine Selbstanalyse aufnahm, sich selbst den Erfahrungen seiner eigenen Kindheit öffnete und dabei aus der Tiefe wichtige Kindheitserinnerungen zurückholte (vgl. J. Novick 1989; J. & K. K. Novick 2022).

In seiner gesamten Laufbahn wies Freud auf die Bedeutung der Kinderanalyse für die Theorie der Psychoanalyse hin. In »Der Mann Moses und die monotheistische Religion« (1937), geschrieben gegen Ende seines Lebens, stellte er fest, dass die Erforschung des kindlichen Seelenlebens unerwartet reiches Material hervorbrachte, das die Erkenntnislücken der ganz frühen Jahre aufgefüllt hat (vgl. ebd., S. 84). Mit seiner Geschichte von Erfahrungen bezeugt Freud, wie er kontinuierlich zur Weiterentwicklung der psychoanalytischen Theorie und Behandlungstechnik Beobachtungen und klinisches Wissen über Entwicklung und Funktionsweisen von Kindern integriert hatte.

Abstand nehmend von diesem potenziellen Streben nach Integration in unserem Gesamtfeld entwickelte sich in den letzten 70 Jahren eine sich zunehmend verengende Theorie. In Nordamerika wurde in der Ich-Psychologie die Strukturperspektive umformuliert und gleichwertig den anderen metapsychologischen Betrachtungsweisen gesetzt. Später erhoben Arlow und Brenner (1964) sie zum Status der STRUKTURTHEORIE; die anderen Betrachtungsweisen wurden in ihrer Bedeutung eingeschränkt oder unter der Strukturtheorie subsumiert bzw. gemeinsam mit den gesamten metapsychologischen Bemühungen verworfen.

Andere Schulen verneinen die Rolle der Familie, der Umwelt, der Gesellschaft und der Geschichte unter ausschließlicher Betonung der Innenwelt und der Vorstellung intrinsischer, universaler, vom frühsten Lebensalter an wirksamen Phantasien. Eine dialektische und dynamische Entwicklung hat in diesem theoretischen Universum kaum Platz. Das Hauptgewicht liegt auf Übertragung und Gegenübertragung als Hauptquelle zur Erforschung des Patienten. Das stellt einen weiteren einengenden Einfluss dar. Ein ausschließlicher Fokus auf das aktuelle Erleben in der Sitzung schafft ähnlich kaum Raum, um die Rolle der Geschichte, der Kultur mit deren Umgestaltungen und die dynamische gegenseitige Bezogenheit der unterschiedlichen Phasen und Linien in der Entwicklung zu erforschen.

Druck, der zur Verengung von psychoanalytischer Theorie und Praxis beiträgt, entsteht dadurch, dass die verschiedenen alternativen Modelle von Entwicklung in den Schriften Freuds übersehen wurden, um ein einziges auf Pathologie basierendes Model von Entwicklung nachdrücklich zu postulieren. Wir haben das vorherrschende Entwicklungsmodell als »single-track«-Theorie bezeichnet (Novick & Novick 2001b), bei dem normale Zustandsweisen von Kleinkindern pathologisch und die Pathologie von Erwachsenen als Fixierung oder Regression auf diese infantilen Zustände begriffen werden. Die hervorragende kleinianische Theoretikerin Tustin bezeichnete solche Formulierungen als einen perpetuierenden Irrtum (1994). Die »single-track«-Theorie hat sich in allen Schulen psychoanalytischen Denkens ausgebreitet. Begleitet wird diese Verengung der Theorie durch Beschränkung der Behandlungstechnik auf ein schmales Interventionsrepertoire, anstatt dieses ständig zu revidieren und zu erweitern, wie es sich auch in Freuds Berichten über seine klinische Arbeit und in der Weiterentwicklung seines theoretischen Denkens zeigt. Deshalb mag die Einengung zur Explosion von psychoanalytischen Gedankengebäuden im ausgehenden 20. Jahrhundert geführt haben, von denen das eine oder das andere eine metapsychologische Perspektive betont auf Kosten einer umfassenden multidimensionalen Herangehensweise.

Wir haben bereits berichtet, wie die altruistische Strömung die Arbeit im frühen Wien prägte, die für die Kinderpsychoanalyse weltweit eine starke Kraft und ein gewichtiges Erbe wurde (J. Novick & K. K. Novick 2012). 1918 forderte nach dem Ersten Weltkrieg Freud seine psychoanalytischen Kollegen dadurch heraus, dass er eine Einrichtung bzw. Ambulanz für kostenlose Behandlungen eröffnete. Eine kleine Gruppe von Analytikern stellte sich dieser Herausforderung. In den Jahren zwischen den Kriegen entstanden in sieben Staaten und in Großstädten von London bis Zagreb (Danto 1998, 1999) etwa ein Dutzend Kliniken für kostenlose Behandlungen. In dieser Zeit fühlten sich die Analytiker als Teil einer größeren Umwälzung, die in Kunst, Kultur und Politik zum Ausdruck kam. In dieser Entwicklung spielten die Kinderanalytiker, die erst anfingen sich als solche zu bezeichnen, eine große Rolle.

Das von Anna Freud gegründete Kinderseminar traf sich regelmäßig im Wartezimmer, das sie mit ihrem Vater teilte. Willi Hoffer, Siegfried Bernfeld, August Aichhorn, Peter Blos, Erik Erikson entwickelten mit vielen anderen Analytikern und Analytikerinnen wichtige Konzepte, wie die Psychoanalyse in Schulen, in Programmen für delinquente Jugendliche, für arme und geflüchtete Kinder hilfreich und nützlich sein kann. Sie sprachen und dachten nicht nur darüber nach, sondern setzten sie auch um, mit Schulberatungen, öffentlichen und wissenschaftlichen Vorträgen, durch Eröffnung ihrer eigenen experimentellen »progressiven« Schule im Hinterhofgarten von Eva Rosenfeld, die

»Burlingham-Rosenfeld Schule« oder wie sie zuweilen auch die »Matchbox-Schule« hieß wegen ihrer Kleinheit.

In den frühen 1920er-Jahren taten sich Mitglieder des Kinderseminars zu einer Gruppe zusammen zur Erforschung der Möglichkeit, durch eine angemessene Elternschulung Neurosen zu verhindern und wie im normalen Schulbetrieb Psychoanalyse anwendbar wäre. 1937 gründeten Anna Freud und Dorothy Burlingham in Wien die Jackson Nurserey zur Versorgung benachteiligter Kleinkinder. So zeigt sich, wie die drei Richtungen der Kinderanalyse, Altruismus, soziale Gerechtigkeit und Bemühungen um Interdisziplinarität im Kinderseminar mit seinen Ablegern zusammen kamen. Willi Hoffer formulierte es später so, als er weiterhin dazu stand, dass die klinische Arbeit Erziehung befördern solle und rückwendig die Analytiker über das Leben der Kinder außerhalb der Praxis neue Kenntnisse gewinnen sollten. Seiner Meinung nach wäre das nur möglich, wenn die Zentren der psychoanalytischen Lehre, die Institute und Gesellschaften, sich an alle richteten, die sich um die Kinder kümmern (Hoffer 1945). Bertram Cohen hat diese Geschichte im Detail beschrieben. Dabei zeigte er die wegweisenden Gedanken auf, die von den Gründern, deren Schüler und Kollegen in ihren Bemühungen anhaltend fortgeführt wurden (2008).

Diese integrierte, interdisziplinäre, sich über den gesamten Lebenslauf erstreckende Arbeit setzte sich in den Hampstead War Nurseries fort, die 1940 ihren Anfang nahmen. Unmittelbar nach dem Krieg organisierte Anna Freud Heime für Kinder aus Konzentrationslagern, deren ungewöhnliche Erfolge Sarah Moskowitz in ihrem Buch *Love despite Hate* (1983) im Einzelnen beschrieb. Die Erfahrungen mit den War Nurseries führten zur Einrichtung der Hampstead Clinic and Training mit einer Fülle von Dienstleistungen, einschließlich einer Ambulanz gegen niedriges Honorar für Kinder und Jugendliche, Einrichtungen für Eltern, die Well-Baby-Clinic, der Kindergarten für blinde Kinder, die Kindergartenschule, die Borderline-Studiengruppe und vieles andere mehr über viele Jahre hinweg.

Nach Abschluss ihrer Ausbildung an Hampstead verstreuten sich diese Personen auf der ganzen Welt und brachten die Tradition der fürsorgenden Arbeit, das Engagement für soziale Verbesserungen und die Anwendung kinderanalytischen Wissens in alle Bereiche, die Einfluss auf das Leben von Kindern haben. Man machte diese Arbeit nicht, um dadurch reich zu werden, akademisch zu avancieren, Forschungsgelder oder berufliche Bekanntheit zu erhalten – gerade deshalb bezeichneten wir das Spektrum dieser kreativen Anwendungen als »altruistische Analyse«. Danto stellt fest, dass überwiegend die Erwachsenenanalytiker diese altruistische Haltung nicht mitbrachten, als sie nach Amerika kamen, im Gegensatz zu den Kinderpsychoanalytikern, die diese Haltung beibehielten und es immer noch tun.

Um Ihnen aus dem wirklichen Leben ein Bespiel zu geben, was in dieser Arbeitstradition möglich ist, möchten wir Ihnen einige Aspekte der psychoanalytischen Schule vermitteln, die wir vor 30 Jahren in Ann Arbor in Michigan gegründet haben. Damals führten wir Analysen durch, arbeiteten in der psychiatrischen Abteilung der Universität und arbeiteten intensiv an der örtlichen psychoanalytischen Gesellschaft und dessen Institut mit. Ab den 1970er-Jahren arbeiteten viele von uns regelmäßig beratend an Vorschulen, Schulen und Tageseinrichtungen. Wir arbeiteten mit hinzukommenden anderen Kollegen viele Jahre zusammen und besprachen zusammen unsere Erfolge, unsere Kümmernisse, Einsichten und Anstrengungen in den vielen verschiedenen Einrichtungen, an denen wir tätig waren.

Allmählich aber wurde uns klar, dass das Modell der Konsultation gewisse Probleme beinhaltet. Es trug dazu bei, die Vorstellung aufrecht zu erhalten, die Psychoanalyse wäre nur für Pathologie da, die Analytiker seien gezielt dazu da, Probleme ausfindig zu machen und dass ihre Präsenz tatsächlich ständig die Mängel, Fehler oder die Begrenzungen der Lehrer und der Eltern in Erinnerung bringt. Wir kamen zu dem Schluss, dass grundlegend für die Zusammenarbeit mit Schulen die Vorstellung von Psychoanalyse als einer allgemeinen Psychologie ist, dass die grundlegenden Vorstellungen sich auf jeden anwenden lassen. Dies steht im Gegensatz zu Theorien oder Modellen, die sich nur mit der Pathologie beschäftigen oder mit Vorstellungen von Normalität abgeleitet aus der Beschreibung pathologischer Funktionen. Diese Einsicht erwies sich als entscheidend in unseren Bemühungen um die Schulen und ließ die zu gründende Allen Creek Vorschule Gestalt annehmen. Im Nachdenken darüber, wie die Schule den zahlreichen Bedürfnissen der Kinder und ihrer Familien entsprechen kann, kamen wir zur endgültigen Entscheidung, die Schule sollte durch unsere psychoanalytische Herangehensweise charakterisiert sein und nicht durch ein Zielklientel. Wir wollten unser Programm jedem Kind und jeder Familie anbieten, die es für sich gut nutzen könnte, gestützt auf ein robustes Stipendienprogramm. So wurde Allen Creek eine »gewöhnliche« Vorschule, die der gesamten Bevölkerung offen stand. Wir [illegible]en klar, dass in einer psychoanalytischen Schule dem Innenleb[illegible]so viel Aufmerksamkeit zukommt wie den Faktoren der Au[illegible]. Die Schule betrachtet Kinder als Teil ihrer Familie, die sich i[illegible] dynamischen Entwicklungsprozess befinden, die Schule nim[illegible] die Entwicklungsbedürfnisse der Eltern in den Blick. Für di[illegible]hrenden Konzepte unserer Herangehensweise bezogen wir un[illegible]sere grundlegende Vorstellung von Psychoanalyse.

Auf Grundlage der Psychoanalyse verstehen wir die Beziehungen in der Zusammenarbeit im Sinne des »therapeutischen« oder des »Arbeits«-Bündnisses. Diese Vorstellung geht auf Freud zurück, der früh beschrieb, wie wichtig der von ihm sogenannte »therapeutische Pakt« ist (1913). Das war eine radikale Wegwendung vom traditionell autoritären Behandlungsmodel in der Medizin, das damals vorherrschte. Wir haben über das Arbeitsbündnis im klinischen Setting veröffentlicht und schlagen vor, dass es sich in zahlreichen Beziehungen anwenden lässt, die sich in jeder Schule finden lassen, wo Lehrer in Beziehung sind zu Kindern, Eltern sowie Analytikern; die Eltern sind in Beziehung zu all den anderen Eltern, die Kinder verhandeln ihre Interaktionen untereinander auf vielfältige Weisen, die beteiligten Analytiker tun dies gleichermaßen.

Die klinische Erfahrung zeigt uns auch, dass ein Arbeitsbündnis nicht einfach passiert. Es muss mit der Zeit und mit den Anstrengungen aller Beteiligter aufgebaut werde. Es muss ständige aufrechterhalten werden, weil immer Hindernisse aus den verschiedensten Gründen entstehen können (K. K. Novick & J. Novick, 1998). Umfangreiche Forschung hat wiederholt nachgewiesen, dass das Bündnis am sichersten das Behandlungsergebnis voraussagt (Karon 1989). Ähnlich haben seit Jahren Studien zur Kinderentwicklung unwiderlegbar nachgewiesen, dass die optimale Entwicklung des Kindes vom Beziehungskontext abhängt, den die Eltern zur Verfügung stellen. Aber das ist keine beliebige Beziehung, sie sollte eine warmherzige, wohlwollende Zusammenarbeit zwischen den Eltern und dem Kind sein, nicht missbräuchlich oder autoritär oder feindselig (Macroby / Martin 1983). So bezogen wir unser Wissen von einer Nachbardisziplin, schufen ein interdisziplinäres Model der psychoanalytischen Schule. Wir entwickelten so etwas aus sich gegenseitig bedingenden Ergebnissen, aus der psychoanalytischen Theorie und der klinischen Arbeit: das Modell der Schule. Und die Erfahrungen in der Schule ließen uns unser Denken im Behandlungsraum differenzierter reflektieren.

Wir beteiligten uns auch an möglicher Forschung über die kleinteilige Teamarbeit für kleine Kinder und ihre Familien, für die wir uns engagierten. Im immer noch aktuellen Geist der frühen Wiener Arbeiten und in der Tradition unserer Ausbildung in Hampstead folgten wir Anna Freud, Peter Neubauer u. a. und unterschieden zwischen der genetischen Perspektive auf das, was theoretisch feststand einerseits und andererseits der Entwicklungsperspektive, die für empirische Entdeckungen und Beobachtungen offen ist, uns in unseren Vorstellungen herausfordert, uns hilft, zu bestätigen oder zu verändern (Neubauer 1980).

In dieser Weise zeigte sich allmählich eine interdisziplinäre Psychoanalyse, die ihr klinisches Setting nicht vergisst, aber sich nicht darauf beschränkt. Wir fingen an, die Entwicklung des Kindes und die der Eltern in bislang unbekannter Feineinstellung besser zu verstehen in befruchtender Interdependenz mit der gleichzeitigen Erarbeitung unserer Konzepte von der dynamischen Elternarbeit parallel zur analytischen Arbeit mit Kindern und Jugendlichen (K. K. Novick & J. Novick 2005). Das inspirierte, motivierte, begeisterte uns und machte uns neugierig.

Rückblickend auf die ersten dreißig Jahre der Allen Creek Schule wird deutlich, dass das Modell funktioniert, den Kindern, Eltern und den Lehrern viel bringt. Es ist aber auch wichtig zu untersuchen, was mit dem Analytiker, der Analytikerin geschieht, wenn er/sie sich an einer solchen Arbeit beteiligt. Konkret gefragt: Warum sollte der Analytiker ehrenamtlich in einer Vorschule Familien beraten oder Lehrer, Mitglied des Aufsichtsrats oder in der Leitung tätig sein? Wir hatten bereits auf die altruistischen Motive der ersten Kinderanalytiker hingewiesen. Kinderpsychoanalytiker der nachfolgenden Generationen etwa Moses und Eglé Laufer, Erna und Robert Furman, Rudi Ekstein, Miriam Williams, Bruno Bettelheim, Al Solnit, Sam Ritvo und viele andere mehr waren für uns wichtig. Jedoch jenseits der Anregungen durch früheren Generationen profitierten wir klinisch und theoretisch durch die Arbeit in der Vorschule sehr.

Persönlich gesagt, ist es uns klar, dass die Arbeit mit »normalen« Eltern und deren Kindern unsere klinische Arbeit mit Patienten aller Altersstufen bedeutsam verändert hat. Allen Creek ist erklärtermaßen kein therapeutisches Setting. Eltern schreiben sich notwendigerweise nicht deshalb ein, weil sie bei ihrem Kind ein spezielles Entwicklungsproblem wahrgenommen haben. Abgesehen von der normal narzisstischen Verletzlichkeit jeder Eltern mussten wir uns der Realität stellen, dass unsere Eltern es nicht erwarteten und es auch nicht wollten, gesagt zu bekommen, dass irgendetwas »falsch« ist. Wir respektierten zunehmend die ganz besondere Empfindlichkeit von Eltern gegenüber dem leisesten Hauch von Kritik. Dadurch bedingt arbeiteten wir intensiv daran, eine klare verständliche Sprache und Behandlungstechnik zu entwickeln, um Entwicklungen anzusprechen, seien sie nun ein gewöhnlicher Sprung auf dem Entwicklungsweg oder eine außergewöhnliche Schwierigkeit auf Grund der Umstände oder von Pathologie.

Die Arbeit in diesem Setting bewegte uns nachdrücklich, den Eltern dort zu begegnen, wo immer sie auch in ihrer eigenen Entwicklung sich befanden, über welches Niveau von Einsicht sie auch verfügen konnten. Wir begriffen, dass wir so die Stärken jeder Elternfigur ansprechen mussten, ihre »emotionalen Muskeln« herausfordern und stärken mussten, den Wunsch jeder Elternfigur berücksichtigend, ihren Job gut zu machen und ihr Kind und sich selbst gut zu empfinden. Das Konzept der emotionalen Muskeln entstand aus unserem Bedürfnis, uns einfach und klar ohne professionellen Jargon mitzuteilen. Das überschneidet sich auch mit dem, was Erikson als die »Grundstärken« (1982:33) bezeichnete.

Einzelpersonen und Familien mit Selbsteinsicht in ihre Schwierigkeiten und Kummer kommen zu uns in die Praxis. Aber sie sind nicht weniger verletzbar und leicht verwundbar und verärgert, wenn sie sich abgefragt oder kritisiert fühlen als die Familien in der Vorschule. Die taktvolle Haltung, die wir in der

Vorschule entwickelten, führte bei unseren Patienten zu unserer erweiterten Selbstbeobachtung in Hinblick auf unsere Tonlage, unser Vokabular und unserer inwendigen wie ausgesprochenen Achtsamkeit dem gegenüber, wie Patienten die Fähigkeiten ihres Ichs einsetzen und sie ihre Konfliktlösungsversuche damit stärken. Zunehmend verstehen wir nun, dass selbst die pathologischsten Symptome, Annahmen und Verhaltensformen zu respektierende Anstrengungen sind, ein Problem zu lösen. Davon ausgehend können wir und der Patient zusammen die Folgen, den Nutzen und die wirklichen Kosten solcher Lösungen, die Gefühle und daraus entstehenden Konsequenzen betrachten. In unserer Behandlungstechnik bewirkt diese Perspektive eine Veränderung, wie wir Dinge aufgreifen. Meist denken wir inzwischen, schau zu und sprich erst darüber, was der Patient vielleicht erreichen wollte, welche Bedürfnisse er zu stillen versuchte und auf welche Kräfte er bei seinem Versuch zurückgriff. Offensichtlich schützt diese Haltung davor, unmerklich eine kritisierende, sadistische und autoritäre Haltung einzunehmen – die Patienten reagieren weniger abwehrend und masochistisch – und Funktion und Status des therapeutischen Bündnisses lassen sich leichter überschauen. Das ist, was wir dann die Herangehensweise im »offenen System« genannt haben (Novick & Novick 2003).

Das wirkte sich auch auf das Theorieverständnis aus. Die klinischen Erfahrungen führten dazu, dass wir einen Strang in den Schriften von Freud und denen von anderen wiederentdeckten, die Entwicklung als einen zweikreisigen Prozess verstehen. Weil wir täglich in der Vorschule mit winzigen Veränderungen konfrontiert sind, dem ständigen Spiel mit unterschiedlichen Lösungsansätzen für Entwicklungskonflikte, scheint es zunehmend unhaltbar zu glauben, dass spätere pathologische Erscheinungen etwas Normales aus der Säuglings- oder Kleinkindzeit widerspiegeln. Wir dagegen sahen ein Spektrum an Entwicklungsmustern: Es gibt kontinuierliche pathologische Konfliktlösungen, es gibt bemerkenswerte Diskontinuitäten, bei denen man dem Eltern-Kind-Paar helfen kann, andere Entscheidungen zu treffen; neue Schwierigkeiten können sich einstellen und werden entsprechend der vielen überdeterminierten Variablen als adaptiv oder pathologisch angesprochen. Aber stets finden sich überall Trennung und Getrenntheit. So verstanden wir, dass in allen Entwicklungsphasen zur optimalen Entwicklung Transformation gehört.

Sie merken sicher, dass wir versuchen zu beschreiben, was mit unserer Arbeit und unserem Denken geschieht, wenn wir offen bleiben für die Ausweitung unseres Feldes in viele Richtungen, wenn wir Wissen aus vielen Quellen integrieren, aus den Beiträgen der Kinderpsychoanalyse Kapital schlagen und unsere Ideen in vielfältigen Settings anwenden. Was macht dies möglich?

Unserer Meinung nach bietet eine integrierte psychoanalytische Ausbildung, die eine Psychoanalyse für den ganzen Lebenszyklus beinhaltet, die notwendige Grundlage.

1966 trug Anna Freud auf Einladung von Heinz Kohut in Chicago ihre wegweisende Arbeit »Das ideale Institut. Eine Utopie« vor. Dies ist die Blaupause für eine integrierte Ausbildung. 1970 kehrte sie zu diesem Gedanken in »Kinderanalyse – eine Unterspezialität der Psychoanalyse« zurück. Dort heißt es : »Kein Analytiker soll sich als voll ausgebildet betrachten, solange seine klinische Erfahrung und seine technischen Fertigkeiten auf eine einzige Altersgruppe oder Entwicklungsstufe beschränkt sind; dass alle Kinderanalytiker ermutigt werden sollen, sich auch mit Erwachsenen-Erfahrungen zu beschäftigen und alle Erwachsenenanalytiker zumindest eine Stichprobe von Kindern zu analysieren. Dass ein Analytiker, dem es an solchen Gelegenheiten oder an der Bereitschaft, sie zu ergreifen, fehlt, in seinem Verständnis für die Vergangenheit, Gegenwart und Zukunft seiner Patienten verkürzt ist.« (2565) Dies ist die Blaupause für eine Lebenszyklus-Ausbildung, für eine Integration der Erwachsenen- und der Kinderanalyse.

Die weltweit am besten entwickelte integrierte Ausbildung begann 1984 in Michigan, genannt das Michigan Model (MMIT). Im Verlauf der letzten 40 Jahre war es die anregende Vorlage für weitere ähnliche Ausbildungen in Nordamerika und für den Integrated Training Track der IPA. Die umfassende Beschreibung findet sich in unserer Arbeit von 2022 in der Sektion Ausbildung des *Psychoanalytic Study of the Child* (deutsch im *Jahrbuch Kinder- und Jugendlichen-Psychoanalyse,* Bd. 12, 2023); jedoch möchten wir jetzt nur einige Elemente seiner Struktur, seiner Entwicklung sowie einige Veränderungen, Variationen und Probleme vortragen (J. Novick & K. K. Novick 2022).

Die wichtigste Komponente des MMIT ist das Kontinuierliche Fallseminar mit abwechselnd einem Kinderfall und einem Erwachsenenfall. Es wird stets gemeinsam von einem Kinderanalytiker und einem Erwachsenenanalytiker geleitet. Der wöchentliche Kurs erstreckt sich über ein ganzes Jahr; er beginnt im ersten Jahr und wird über all die Jahre der Pflichtseminare hinweg geführt. Dies garantiert allen Ausbildungsteilnehmern, welchen Track sie auch belegt haben mögen, Erfahrungen mit dem gesamten analytisch-klinischen Material und der gesamten analytischen Behandlungstechnik zu sammeln. Alle anderen Seminare integrieren inhaltlich Aspekte der Kinder- und der Erwachsenenentwicklung. Beispielsweise behandelt das Traumseminar auch Kinderträume und wie in der klinischen Arbeit damit umgegangen werden kann. Das Seminar Entwicklung in der Latenz zeigt auch latenzspezifisches Funktionieren und Abwehr in der Arbeit mit Erwachsenen auf. Die merkliche Hinwendung zur begleitenden Elternarbeit in der Kinder- und Jugendlichen-Psychoanalyse lässt die analytische Arbeit mit Erwachsenen für die Kinderanalytiker in Ausbildung besonders wichtig werden. Dabei soll angemerkt werden, dass es für das MMIT keine dramatischen Veränderungen des Curriculums bedarf. Sorgen um das Curriculum verhindern oft die Einführungen des ITT, Kinderanalytiker in ihrem Drang, viel über ihre jungen Patienten in Erfahrung zu bringen, müssen sich unvermeidbar jenseits der Wände ihres Behandlungsraums und der Grenzen der seelischen Realität des Kindes hinausbewegen.

Sie arbeiten mit den Eltern, zuweilen den Großeltern, sie sprechen mit Lehrern und Trainern, Kinderärzten und Kindermädchen; sie begegnen unmittelbar der familiären Kultur und Geschichte sowie den Einwirkungen der transgenerational weitergegebenen Erfahrungen. Wir haben da keine andere Wahl, um die Behandlung aufrecht zu erhalten und sie gut zu beenden – genauso notwendig, wie es zig Kliniker der letzten 100 Jahre beschrieben haben. Trotzdem stellen sich immer noch viele Analytiker die Frage, ob dies die Kinderanalyse delegitimiert, und erklären die Arbeit mit Erwachsenen zur Norm.

In vielen Gesellschaften und Ausbildungsinstituten, die mit der American Psychoanalytic Association affiliiert sind, in vielen Gruppierungen in Lateinamerika und Asien gibt es derzeit (2023) eine fast weltweite Zustimmung zur VORSTELLUNG von Integrierter Ausbildung, aber ein sehr weites Spektrum von Umsetzungen oder Durchführungen der Veränderungen, die notwendig wären für ein umfassend integriertes Ausbildungsangebot.

Dies bringt uns zu dem Punkt der Opposition gegen den Integrierten Track.

Anna Freud wies auf den »revolutionären Geist« in den Anfängen der Psychoanalyse hin. Der »die damals geltenden Vorstellungen der wissenschaftlichen Welt und der allgemeinen Öffentlichkeit in mehrfacher Hinsicht erschütterte« (2553f.). In dieser Arbeit von 1970 »Kinderanalyse als ein Spezialfach der Psychoanalyse« unterstrich sie die Koinzidenz von einerseits »Aufschwung und Ausweitung« von Theorie und Technik, aber andererseits »finden wir auf der Organisation Rigidität, Konservatismus und Erstarrung« (2557). Bezüglich der Kinderanalyse wirke beides zusammen. Sie beschreibt direkte Auswirkungen der sich seit den 1920er-Jahren entwickelnden Kinderanalyse und stellt dabei fest, dass die Kinderanalyse »die einzige Neuerung (war), die es erlaubte, die Richtigkeit von Rekonstruktionen in der Erwachsenenanalyse nachzuprüfen […]. Das, was bisher nur erraten und erschlossen werden konnte, (wurde) zum ersten Mal lebendige, sichtbare Realität« (2558f.). Sie und andere Kinderanalytikerinnen erhofften, kaum überraschend, dass die Erwachsenenanalytiker die Möglichkeit begrüßten, ihre Konzepte zu überprüfen, zu differenzieren, und dass sich diese tatsächlich wünschten, sich deshalb selber kinderanalytisch weiterzubilden. Sie beschreibt, wie enttäuscht sie war, dass dies nicht eintraf. »Die Erwachsenenanalytiker hielten sich von der Kinderanalyse mehr oder minder fern, beinahe als wäre sie eine minderwertige Form der Berufstätigkeit.« (2559) Ausführlich zählt sie die deshalb vorgebrachten Gründe auf, die ihrer Meinung nach Ausflüchte waren, und bemerkt abschließend:

»Es ist schwer, sich des Verdachts zu erwehren, dass die meisten Analytiker das Bild der rekonstruierten Kindheit bei weitem den wirklichen Kindern vorzogen, an denen sie uninteressiert blieben.« (2560)

Dies ließe sich auch beschreiben als Hinweis darauf, dass an der genetischen Betrachtungsweise auf Kosten der Entwicklungsperspektive mit allen damit einhergehenden Verlusten festgehalten wird. Der Wunsch, angesichts evidenter Konflikte in der klinischen Arbeit und Forschungsergebnissen aus Nachbarwissenschaften am Wunsch festzuhalten, geliebte Theorien beizubehalten, steht der wirklichen Kraft entgegen, die aus den gemeinsamen Lern- und Denkprozessen erwachst, wie oben beschrieben. Festzuhalten ist nur möglich, wenn man sich innerlich einer sich ständige einengenden Wissenschaftsdisziplin überlässt.

Was Anna Freud wahrgenommen hatte und worauf sie verwies, war möglicherweise das, was später Elizabeth Young-Bruehl erklärte und als »Kindischheit« (childism) formulierte. Young- Bruehl verstand »Kindischheit« als Vorurteil, das alle weiteren Vorurteile durchdringt, die das Gegenüber verachtet, so als sei es ein Kind, d. h. primitiv, impulsiv, unordentlich, unkontrolliert, unfähig, aggressiv, schmutzig usw. Bei ihr heißt es: »Auf der grundlegenderen Motivation- bzw. Phantasieschicht kann Kindischheit als ein Glaubenssystem definiert werden, das sich sein Zielpublikum sucht, nämlich ›das Kind‹ als unreifes Wesen, das von seinen Eltern erschaffen und in Besitz genommen wurde, im Dienste ihrer eigenen Bedürfnisse und Phantasien. Dieses Glaubenssystem kehrt die biologische und psychologische Ordnung der Natur um, in der die Erwachsenen für die Entsprechung der nicht reduzierbaren Bedürfnisse der Kinder verantwortlich sind.« (2011:35f., Übers. P. B.) Kindischheit generalisiert sich auf alles, was mit Kindern zusammenhängt, seien es ihre Mütter, Lehrer, Pflegekräfte. Kinderärzte. Kindertherapeuten usw.

Im gegenwärtigen Kontext von gesteigerter Wahrnehmung unbewusster Faktoren, die zu Vorurteilen, Exklusivität, Diskriminierung und Befremdung führen, sollten wir in unseren Ausbildungsgängen und Institutionen die Auswirkung der systemisch wirkenden Kindischheit ansprechen.

Vielleicht verwirklicht sich letztendlich Anna Freuds Traum und die Lebenszyklus-Psychoanalyse wird zur Norm. Wir stimmen mit ihr überein, dass mit Offenheit, durch Überwindung künstlicher Hindernisse und Beschränkungen, durch das Studium der Arbeit benachbarter Disziplinen und durch die Überprüfung unserer Ideen in Zusammenhängen jenseits des Behandlungszimmers, es wahrscheinlich nichts gibt, »was einer Verwandlung der Utopie von heute einer Realität von morgen im Wege steht« (2450). Psychoanalytiker mit einer solchen Ausbildung werden den Widerhall aus jeder Entwicklungsphase besser hören können und beim Zuhören ihrer Patienten jeglichen Alters im Lebenszyklus frühere und spätere Resonanzen sich besser vorstellen können. Um Cohler zu zitieren: »Die Nachrichten des Kinderseminars sind ganz aktuell. Die Psychoanalyse, die Erziehung und die Gesellschaft profitieren alle von der Anwendung der Kinderanalyse auf Lehre und Lernen.« (Übers. P. B.).

Mit diesem Vortrag haben wir uns bemüht, die unterschiedlichen Strömungen psychoanalytischen Denkens zusammenzuführen entgegen a-historischen, selbst anti-historischen Tendenzen in manchen Teilen unserer psychoanalytischen Welt. In unserer Neureflexion von Freuds »Ein Kind wird geschlagen« erklärten wir: »Um Analytiker, Analytikerin zu sein, muss man in die Geschichte eintauchen, in die Geschichte der Stunde, der Analyse, in das Leben des Individuums und seiner Familie, in unsere eigene Geschichte und in die Geschichte der Psychoanalyse. Aber wir wissen nur allzu gut, dass in der Gegenwart Geschichte umgeschrieben werden kann entsprechend aktueller Bedürfnisse. Das zeigen uns auch unserer Patienten, und wir verbringen unsere Tage im Kampf mit tendenziösen Umschriften der persönlichen Geschichte. In den *Gesammelten Aufsätzen* des Philosophen Isiah Berlin (1991) bemerkte er. »Nur Barbaren zeigen keine Neugier dafür, woher sie kommen, wie sie zu dem wurden, was sie sind, wohin sie wohl gehen werden, wo sie gerne sein möchten und, wenn dem so ist, warum. Und wenn dem nicht so ist, warum nicht.« (J. Novick & K. K. Novick 1997:44)

*Übersetzung aus dem amerikanischen Englisch*
*von Peter Bründl, München*

## Literatur

Arlow, J. A. / Brenner, C. (1964): *Psychoanalytic Concepts and Structural Theory*. New York (International Universities Press).

Cohler, B. J. (2008): Child analysis and education: the contributions of Anna Freud and the Kinderseminar. *Annual of Psychoanalysis*, 2008–2009 36/37: 31–44.

Danto, E. A. (1998): The Ambulatorium: Freud's free clinic in Vienna. *Int. J. Psycho-Anal. 79*: 287–300.

Ders. (1999): The Berlin Polyklinik: psychoanalytic innovation in Weimar Germany. *J. Amer. Psychoanal. Assn. 47*: 1269–1292.

Erikson, E. H. (1968): *Identity: Youth and Crisis*. London (Faber and Faber).

Ders. (1982): *The Life Cycle Completed: A Review.* New York (W.W. Norton and Co.).

Ferraro, F. / Garella, A. (2009): *Endings: On Termination in Psychoanalysis.* New York (Rodopi).

Freud, A. (1966): Some thoughts about the place of psychoanalytic theory in the training of psychiatrists. *Writings VII:* 59–72. New York (International Universities Press).

Dies. (1967): Comments on psychic trauma. *Writings V* :221–241. New York (International Universities Press).

Dies. (1971 [1966b]): The ideal psychoanalytic institute: a utopia. *Writings VII* 73–93. New York (International Universities Press).

Dies. (1971 [1970]): Child analysis as a subspecialty of psychoanalysis. *Writings VII:* 204–219.

Dies. (1978 [1977]): The principal task of child analysis. *Writings VIII:* 96–109.

Freud, S. (1895): Project for a scientific psychology. *S. E.* 1:283–397.

Ders. (1913a): The Claims of Psycho-Analysis to Scientific Interest. *S. E.* 13:163–190.

Ders. (1913b): On beginning the treatment. *S. E.* 12: 123–144.

Ders. (1939): Moses and Monotheism. *S. E.* 23: 3–137.

Greenacre, P. (1950): The prepuberty trauma in girls. In: *Trauma, Growth and Personality.* New York (Norton), pp. 204–223.

Hoffer, W. (1945): The psychoanalytic approach to education. In: *Early Development of the Child*, ed. M. Brierley. New York (Jason Aronson), 1981, pp. 191–206.

Karon, B. P. (1989): The state of the art of psychoanalysis: science, hope, and kindness in psychoanalytic technique. *Psychoanalysis and Psychotherapy 7*:99–115.

King, P. (1980): The life cycle as indicated by the nature of the the transference in the psychoanalysis of the middle-aged and elderly. *Int. J. Psychoanal., (61)*: 153–160.

Kohut, H. (1968): The Evaluation of Applicants for Psychoanalytic Training. *International Journal of Psychoanalysis 49*:548–554.

Maccoby, E. E., & Martin, J. A. (1983): Socialization in the context of the family: Parent-child interaction. In P. H. Mussen (Ed.) & E. M. Hetherington (Vol. Ed.): *Handbook of Child Psychology: vol. 4.* Socialization, personality, and social development (4th ed., pp. 1–101). New York (Wiley).

Modell, A. (1989): The psychoanalytic setting as a container of multiple levels of reality: a perspective on the theory of psychoanalytic treatment. *Psychoanal. Inquiry 9*:67–87.

Moskowitz, S. (1983): *Love Despite Hate.* New York (Schocken).

Neubauer, P. (1980): The life cycle as indicated by the nature of the the transference in the psychoanalysis of children. *Int. J. Psychoanal., (61)*: 137–144.

Novick, J. (1989): How does infant research affect our clinical work with adolescents? A case report. In: *The Significance of Infant Observational Research for Clinical Work with Children, Adolescents, and Adults*. Eds: S. Dowling and A. Rothstein. Madison CT (International Universities Press).

Novick, J. and Novick, K. K.: Not for barbarians: An appreciation of Freud's »A child is being beaten«. In: E. Person, P. Fonagy, and S. Figuera (Eds.): *On Freud's »A child is being beaten.«* New Haven, CT (Yale University Press). 1997, pp. 31–46.

Dies. (2001a): Trauma and deferred action in the reality of adolescence. *Am. J. Psychoanal., 61*:43–61.

Dies. (2001b): Two systems of self-regulation, In: Psychoanalytic approaches to the treatment of children and adolescents. *Journal of Psychoanalytic Social Work 8*: 95–122.

Dies. (2004): The superego and the two-systems model. *Psa. Inq. 24*: 232–256.

Dies: Altruistic Analysis. In: N. Malberg and J. Raphael-Leff (Eds.): *The Anna Freud Tradition.* London (Karnac Books) 2012, pp. 365–368.

Dies. (2016/2019): *Freedom To Choose: Two Systems of Self-Regulation.* New York (IPBooks). Dtsch.: *Die Freiheit des Selbst. Die zwei Systeme der Selbstregulation.* Frankfurt a. M. (Brandes & Apsel).

Dies. (2022): Training life-cycle psychoanalysts: Integrated psychoanalytic education. Psychoanal. *Study Child, 75*:343–351.

Novick, K. K. and Novick, J. (1998): An application of the concept of the therapeutic alliance to sadomasochistic pathology. *Journal of the American Psychoanalytic Association 46*: 813–846.

– Dies. (2005): *Working With Parents Makes Therapy Work.* Lanham, Maryland (Jason Aronson/Rowman and Littlefield).

–Dies. Emotional Muscle: *Strong Parents, Strong Children.* Indiana (XLibris) 2010.

– Dies. (2011): Building Emotional Muscle in Children and Parents. *Psychoanal. St. Child, 65*:131–151.

– Dies.: *Psychoanalysis and Child-Rearing. Essays From Cradle To Couch: In Honor Of The Psychoanalytic Developmental Psychology Of Sylvia Brody.* Eds: Burton N. Seitler & Kim S. Kleinman. 2017, New York (IPBooks), pp. 13–37.

– Dies. (2018): »Let's get together and…«: starting and continuing Allen Creek, a psychoanalytic school. *Psychoanalytic Study of the Child 71*: 170–182.

– Dies. (2023): A two-systems engagement with the psychoanalytic model of adolescence. Psychoanal. *Study Child*, Vo*l. 76, 1*: 148–167.

Rapaport, D. / Gill, M. (1959): The points of view and assumptions of metapsychology. In: *The Collected Papers of David Rapaport,* ed. M Gill. New York (Basic Books). Pp. 795–811.

Rosenblitt, D. (2005): Translating Child Analysis from the Playroom to the Classroom: Opportunities and Choices. *J. Amer. Psychoanal. Assn., 53*:189–211.

Tustin, F. (1994): The perpetuation of an error. *J. Ch. Psychotherapy* 20: 3–23.

Young-Bruehl, E. / Bethelard, F. (1999): The hidden history of the ego instincts. *Psychoanalytic Review 86 (6)*: 823–851.

Young-Bruehl, E. (2009): Childism – Prejudice against children. *Contemporary Psychoanal. 45*:252–265.

Dies. (2011). *Childism: Confronting Prejudice Against Children.* New Haven (Yale University Press).

# Die Autorinnen und Autoren

*Denia Barett,* M.S.W., Supervisorin für Kinder- und Jugendlichen-Psychotherapien am Chicago Psychoanalytic Institute. Co-Editorin-Chief des *Psychoanalytic Study of the Child* und Past President der Association for Child Psychoanalysis.
E-Mail: deniabarrett@gmail.com

*Mati Ben Zur,* Klinischer Psychologe und leitender Psychoanalytiker der Psychoanalytischen Gesellschaft von Israel (IPS). Niedergelassen in eigener Praxis in Tel Aviv und Jerusalem, Dozent, Lehranalytiker sowie ehemaliger Vorsitzender des Unterrichtsausschusses der ISP. Zusammen mit Dr. Itmar Luria beschäftigt er sich seit vielen Jahren mit der Anwendung analytischen Denkens in der Arbeit mit hochrangigen Erziehungsteams im Bildungssystem, insbesondere mit gefährdeten Kindern und Jugendlichen. Aktuell ist er an der Begleitung und Anleitung von Psychologen und Erziehungsteams im Gazastreifen nach dem 7. Oktober 2023 beteiligt. Partner beim Aufbau eines dreijährigen Psychotherapielehrgangs für ultraorthodoxe Therapeuten. Publikationen u. a. zu Scham- und Schuldgefühlen im Umgang mit Opfern und Sexualtätern, zur Behandlung von Verlust und Trauer, zur Rolle von Gott und Gebeten bei der Bildung des Kernselbst mit seinen späteren Übertragungen.
E-Mail: Com.mail@benzur.mati

*Peter Bründl,* Dr. phil. Psychoanalytiker für Kinder, Jugendliche und Erwachsene (MAP, DGPT, VAKJP, ACP) niedergelassen in eigner Praxis in München. Dozent, Lehranalytiker und Supervisor der Münchner Arbeitsgemeinschaft für Psychoanalyse (MAP), Mitherausgeber dieser Jahrbuchreihe und dieses Bandes.
E-Mail: peterbruendl@t-online.de

*Benedykt Fink,* Dr. phil. (DGfP, VAKJP), Psychoanalytiker für Kinder und Jugendliche, niedergelassen in eigener Praxis in Dachau. 2004–2012 Leiter der poliklinischen Ambulanz für Kinder und Jugendliche an der Akademie für Psychoanalyse und Psychotherapie München. Dozententätigkeit an der Akademie für Psychoanalyse und Psychotherapie, der Münchner Arbeitsgemeinschaft für Psychoanalyse (MAP) und der Ärztlichen Akademie für Psychotherapie von Kindern und Jugendlichen, München.
E-Mail: dr.bfink@gmx.de

*Robert A. Furman* (1924–2002), Mitglied des Lehrkörpers des Cleveland Psychoanalytic Institute, Lehranalytiker und Supervisor für Erwachsene, Kinder und Jugendliche; Professor an der Case Western Reserve University School of Medicine für Pädiatrie, Psychiatrie und Kinderpsychotherapie; Direktor der Hanna Perking Therapeutic Preschool und ihres Kindergartens. Verfasser von 50 psychoanalytischen Arbeiten und Co-Autor zusammen mit Dr. Anny Karan der Therapeutic Nursery School. Ehemaliger Präsident der Association for Child Psychoanalysis.

*James M. Herzog*, M. D., Psychoanalytiker (ApsaA, IPA), Professor für Psychiatrie, an der Harvard Medical School, Lehranalytiker und Supervisor (Kinder, Jugendliche Erwachsene). Mitglied des Boston Analytic Institute und der Boston Analytic Society. Niedergelassen in eigener Praxis in Boston. Zahlreiche Veröffentlichungen zu Entwicklungspsychologie, Theorie und Klinik von Entwicklungspathologien, Theorie und Praxis von Kinder-, Jugendlichen- und Erwachsenenanalysen; u. a.: *Father Hunger. Explorations with Adults and Children* (2014).
E-Mail: jim@herzogmail.com

*Agathe Israel,* Dr. med., Fachärztin für Psychotherapeitische Medizin, Psychiatrie/ Neurologie, Psychoanalytikerin für Erwachsene, Kinder und Jugendliche (VAKJP), Lehranalytikerin (DGPT), Supervisorin und Dozentin am Institut für analytische Kinder- und Jugendlichen-Psychotherapie – Esther Bick, mit dem Schwerpunkt SKEPT und der Erforschung frühen psychischen Erlebens von Babys. Lehrtätigkeit und zahlreiche Publikationen.
E-Mail: agathe.israel@gmx.de

*Victoria Nicolodi*, Psychoanalytische Kinder- und Jugendlichen-Psychotherapeutin, Mitglied der Independent Psychoanalytic Child and Adolescent Psychotherapy Association (IPCAPA) und des Anna Freud Centre (AFC/UCL) und der Association of Child and Adolescent Psychotherapists (ACP). Vor ihren qualifizierenden Ausbildungen in Großbritannien ließ sie sich zur Klinischen Psychologin in Brasilien ausbilden. Sie war Mitbegründerin des Latin American Psychoanalytic Hub (LAPH – https:/laph.info). Sie ist besonders an der gegenseitigen Beeinflussung von kulturell-sozialen Strukturen und der Psychoanalyse interessiert und leitete als Co-Autorin die Seminarreihe »Without Borders« bei der BPF. Derzeit arbeitet sie im staatlichen Auftrag mit Adoptiveltern und deren Kleinkindern und für das National Health Service mit Kindern, jungen Erwachsenen und Kindern unter 5. Sie lebt und arbeitet in London.
E-Mail: nicilodivictoria@gmail.com

*Jack Novick,* Ph. D., Lehranalytiker und Supervisor für Erwachsenen-, Jugendlichen- und Kinder-Psychoanalyse. Mitbegründer der Allen Creek Preschool. MPI Kinderanalyse und Integrierte Ausbildungsprogramme, Alliance for Psychoanalytic Schools, ehemaliger Präsident der Association for Child Psychoanalysis und ehemals Mitglied des IPA Boards und dessen Executive Committee. Autor und Co-Autor zahlreicher Arbeiten zur Beendigung, zum Sadomasochismus, zur Behandlungstechnik und von sechs Büchern. Bei Brandes & Apsel sind erschienen: *Ein guter Abschied. Die Beendigung von Psychoanalysen und Psychotherapien; Elternarbeit in der Kinderpsychoanalyse. Klinik und Theorie; Die Freiheit des Selbst. Zwei Systeme der Selbstregulation in der psychodynamischen Therapie und der Persönlichkeitsentwicklung* sowie Beiträge in den *Jahrbüchern der Kinder- und Jugendlichen-Psychoanalyse.*
E-Mail: jacknovick@gmail.com

*Kerry Kelly Novick,* FIPA, Psychoanalytikerin für Kinder, Jugendliche und Erwachsene, ehemalige Präsidentin der Association for Child Psychoanalysis, Gründerin der Allen Creek Preschool, Veröffentlichungen zur Entwicklung, zur Abwehr, zu den beiden Systemen der Selbstregulierung, zum Sadomasochismus, zur Integrierten Ausbildung und weiteren Themen sowie Co-Autorin von sechs Büchern, bei Brandes & Apsel, s.o.
E-Mail: kerrynovick@gmail.com

*Christian Thienel,* Psychoanalytiker für Kinder, Jugendliche und junge Erwachsene (MAP, VAKJP) in eigener Praxis in München. Dozent an der Münchner Arbeitsgemeinschaft für Psychoanalyse (MAP), an der Ärztlichen Akademie für Kinder und Jugendliche sowie an der Universität Vilnius, Litauen. Supervisor am »Zentrum zur Unterstützung von Kindern« (Paramos Vaikams Centras) in Vilnius.
E-Mail: kj-praxis.thienel@freenet.de

*Alfred Walter*, Dr, phil., Psychoanalytiker für Kinder, Jugendliche und Erwachsene (DPV, VAKJP), analytischer Paar- und Familientherapeut (GaG), Gruppenanalytiker und Gruppenlehranalytiker (D3G). Seit 20 Jahren niedergelassen in eigener Praxis in Augsburg. Langjähriger Dozent und Supervisor beim Centrum für Integrative Psychotherapie München (CIP) sowie beim Freien Musikzentrum München und beim Masterstudiengang Musiktherapie am Leopold-Mozart-Zentrum Augsburg. Schwerpunkte: Tiefenpsychologie, Psychoanalyse, Kinder- und Jugendlichen-Psychotherapie, Familientherapie, Gruppentherapie. Dozent und Supervisor der Münchner

Arbeitsgemeinschaft für Psychoanalyse (MAP), Mitglied des Arbeitskreises der Kinderanalyse der Deutschen Psychoanalytischen Vereinigung. Seit über 10 Jahren Dozent und Supervisor bei der Fundacia Pomorskie psychotraumalogiene in Danzig/Polen. Publikationen u.a. zu Trauma, Behandlungstechnik in der Kinder- und Jugendlichenpsychotherapie und -analyse und zur therapeutischen Beziehung,
E-Mail: alfredwalter.praxis@t-online.de

*Orna Wassermann*, Psychoanalytikerin, niedergelassen in eigener Praxis in Tel Aviv. Mitglied der Israelischen Psychoanalytischen Gesellschaft (IPS) und der IPA. Sie lehrt und supervidiert in der IPS und an der Psychologischen Abteilung der Tel Aviv Universität (TAU). Sie hat das klinische Tagebuch von Ferenczi ins Hebräische übersetzt.
E-Mail: ownsec@gmail.com

*Peter Bründl*
*Vera King (Hrsg.)*

**Adoleszenz:**

**gelingende und misslingende Transformationen**

*Jahrbuch der Kinder- und Jugendlichen-Psychoanalyse, Band 1*

*Mit Beiträgen von*
*P. Bründl, D. Bürgin, Y. Cohen, K. Flaake, B. Gerisch, S. Hauser, V. King, Z. Kovacs, F. Ladame, G. Monniello, J. Novick, K. Novick, K. Schier*

*268 S., geb. mit Fadenheftung und Lesebändchen, € 29,90, ISBN 978-3-86099-934-9*

---

*Fernanda Pedrina*
*Susanne Hauser (Hrsg.)*

**Babys und Kleinkinder**

*Praxis und Forschung im Dialog*

*Jahrbuch der Kinder- und Jugendlichen-Psychoanalyse, Band 2*

*Mit Beiträgen von*
*T. Baradon, K. H. Brisch, A. Budke, F. Dammasch, B. Forstner, Y. Gauthier, C. Kern, S. Maiello, V. Menken, M. Mögel, C. Paul, F. Pedrina, I.-M. Pretorius, J. Quehenberger, S. Reisch, B. Salomonsson, F. Thomson-Salo, B. Kalckreuth, W. Kalckreuth, C. Wiesler*

*324 S., geb. mit Fadenheftung und Lesebändchen, € 29,90, ISBN 978-3-95558-038-4*

---

*Manfred Endres*
*Catharina Salamander (Hrsg.)*

**Latenz:**

**Entwicklung und Behandlung**

*Jahrbuch der Kinder- und Jugendlichen-Psychoanalyse, Band 3*

*Mit Beiträgen von*
*D. Bürgin, M. L. Castrechini-Franieck, Y. Cohen, E. Fietzek, M. Günter, H. Hopf, E. Lang-Langer, D. Lehmhaus, N. Midgley, M. Mögel, J. Novick, K. K. Novick, F. Pedrina, E. Rass, S. E. Tömmel, M. Wencke, U. Wienberg*

*280 S., geb. mit Fadenheftung und Lesebändchen, € 29,90, ISBN 978-3-95558-071-1*

---

*Peter Bründl*
*Carl E. Scheidt (Hrsg.)*

**Spätadoleszenz:**

**Identitätsprozesse und kultureller Wandel**

*Jahrbuch der Kinder- und Jugendlichen-Psychoanalyse, Band 4*

*Mit Beiträgen von*
*P. G. Atkeson, M. Bircheneder, P. Bründl, M. Erdheim, J. M. Herzog, J. Novick, K. K. Novick, A. Özdaglar, B. Saegesser, C. E. Scheidt, A. G. Schmuckler, A. Staehle, K. Trübel, E. Vogel-Urban*

*252 S., geb. mit Fadenheftung und Lesebändchen, € 29,90, ISBN 978-3-95558-154-1*

---

*Peter Bründl*
*Manfred Endres*
*Susanne Hauser (Hrsg.)*

**Elternschaft:**
**klinische und entwicklungspsychologische Perspektiven**

*Jahrbuch der Kinder- und Jugendlichen-Psychoanalyse, Band 5*

*Mit Beiträgen von*
*T. Baradon, J. Bründl, P. Bründl, A. Grotta, J. Herzog, P. Heymann, M. Mögel, P. Murra, J. Novick, K. K. Novick, F. Pedrina, E. Rass, G. Roth, D. Schechter, K. Schier, H. Timmermann, E. Willheim*

*280 S., geb. mit Fadenheftung und Lesebändchen, € 29,90, ISBN 978-3-95558-182-4*

Peter Bründl
Fernanda Pedrina (Hrsg.)

## Abklärung – Diagnose – Fallbeschreibung

*Forschung und Behandlungsplan*

*Jahrbuch der Kinder- und Jugendlichen-Psychoanalyse, Band 6*

*Mit Beiträgen von*
*D. Bürgin, Y.Cohen, A. Grotta, É. Hédervári-Heller, R. Laschinger-Peter, M. Mögel, P. Morra, F. Pedrina, I.-M. Pretorius, B. Saegesser, C. Salamander, D. Schechter, M. Sobanski*

*220 S., geb. mit Fadenheftung und Lesebändchen, € 29,90, ISBN 978-3-95558-210-4*

---

Peter Bründl
Carl E. Scheidt (Hrsg.)

## Psychosomatische Prozesse

*Ätiologie, Krankheitsverlauf und Behandlung*

*Jahrbuch der Kinder- und Jugendlichen-Psychoanalyse, Band 7*

*Mit Beiträgen von*
*C. Anzieu-Premmereur, D. Bürgin, A. Grotta, J. M. Herzog, A. Israel, P. Morra, F. Pedrina, M. Rauwald, B. Saegesser, V. Schmid-Arnold, B. Steck, A. Walter, A. von Schelling*

*240 S., geb. mit Fadenheftung und Lesebändchen, € 29,90, ISBN 978-3-95558-238-8*

---

Peter Bründl
Helene Timmermann (Hrsg.)

## Geschlechterdifferenzen im Spielraum

*Entwicklung und therapeutische Prozesse bei Mädchen und Jungen*

*Jahrbuch der Kinder- und Jugendlichen-Psychoanalyse, Band 8*

*Mit Beiträgen von*
*C. Anzieu-Premmereur, C. Burkhardt-Mußmann, F. Dammasch, H. Hopf, J. M. Herzog, K. Hörter, M. Kratz, F. Pedrina, I.-M. Pretorius, B. Saegesser, G. Schleske, A. Walter*

*288 S., geb. mit Fadenheftung und Lesebändchen, € 29,90, ISBN 978-3-95558-265-4*

---

Peter Bründl
Carl E. Scheidt (Hrsg.)

## Psychosomatik – Sadomasochismus – Trauma

*Klinische und theoretische Perspektiven*

*Jahrbuch der Kinder- und Jugendlichen-Psychoanalyse, Band 9*

*Mit Beiträgen von*
*D. Bürgin, C. Burkhardt-Mußmann, B. Gerisch, J. Herzog, J. und K. K. Novick, S. Kudritzki, J. Küchenhoff, B. Saegesser, C. Salamander, H. Salge, S. Saß, G. Schleske, T. Storck, A. Walter*

*276 S., geb. mit Fadenheftung und Lesebändchen, € 29,90, ISBN 978-3-95558-289-0*

---

Peter Bründl, Kathrin Hörter, Sebastian Kudritzki, Isabelle Schuber (Hrsg.)

## Stimmenvielfalt in den Spielräumen

*Zugänge zur Kinder- und Jugendlichen-Psychoanalyse weltweit*

*Jahrbuch der Kinder- und Jugendlichen-Psychoanalyse, Band 10*

*Mit Beiträgen von*
*C. Anzieu-Premmereur, O. Wassermann, A. Belchior Melícias, H. Suarez Labat, J. Girard-Frésard, S. Maiello, M. Linková, J. Dhillon, D. Khouri Dahdouh, D. A. Katz, Y. Korkut, A. Joyce, K. Schier, B. Saegesser*

*284 S., geb. mit Fadenheftung und Lesebändchen, € 29,90, ISBN 978-3-95558-304-0*